Karl-Dieter Johannsmeyer/Gabriela Lehmann-Carli/Hilmar Preuß (Hg.)
Empathie im Umgang mit dem Tabu(bruch)

Ost-West-Express. Kultur und Übersetzung,
herausgegeben von Jekatherina Lebedewa
und Gabriela Lehmann-Carli, Band 19

Karl-Dieter Johannsmeyer/Gabriela Lehmann-Carli/
Hilmar Preuß (Hg.)
unter Mitarbeit von Betty Johannsmeyer

Empathie im Umgang mit dem Tabu(bruch)

Kommunikative und narrative Strategien

Frank & Timme

Verlag für wissenschaftliche Literatur

Umschlagabbildung: © Gabriela Lehmann-Carli

ISBN 978-3-7329-0066-4
ISSN 1865-5858

© Frank & Timme GmbH Verlag für wissenschaftliche Literatur
Berlin 2014. Alle Rechte vorbehalten.

Das Werk einschließlich aller Teile ist urheberrechtlich geschützt. Jede Verwertung außerhalb der engen Grenzen des Urheberrechtsgesetzes ist ohne Zustimmung des Verlags unzulässig und strafbar. Das gilt insbesondere für Vervielfältigungen, Übersetzungen, Mikroverfilmungen und die Einspeicherung und Verarbeitung in elektronischen Systemen.

Herstellung durch das atelier eilenberger, Taucha bei Leipzig.
Printed in Germany.
Gedruckt auf säurefreiem, alterungsbeständigem Papier.

www.frank-timme.de

Inhaltsverzeichnis

KARL-DIETER JOHANNSMEYER, GABRIELA LEHMANN-CARLI,
HILMAR PREUß
Empathie im Umgang mit dem Tabu(bruch)?! Vorwort der Herausgeber 9

I   PLACEBO „SPRECHENDE" MEDIZIN? ÄRZTLICHE EMPATHIE
IN DER KOMMUNIKATION ÜBER DIE TABUZONEN
KRANKHEIT UND TOD

KARL-DIETER JOHANNSMEYER
Empathie als Voraussetzung für den Erfolg ärztlichen Handelns – quo
vadis? 23

UTE BERNDT
Empathie und Tabu(bruch) in der ärztlichen Kommunikation mit
Karzinompatienten 47

GABRIELA LEHMANN-CARLI
Empathie im Umgang mit dem Tabu(bruch)? Arzt-Patient-
Kommunikation in Aleksandr I. Solženicyns *Rakovyj Korpus*
(*Krebsstation*) 67

CHRISTINE KLAPP
Überbringung schlechter Nachrichten: Der Dialog mit dem/der
(onkologischen)Patienten/in in Krisensituationen 107

JOACHIM KORNELIUS
Euphemismen in der Arzt-Patient-Kommunikation: Über den Schrecken
der Wörter, Kollokationen und Partikel im Kopf des Patienten beim
Zahnarzt 121

II EMPATHIE UND TABU BEI DER BEWÄLTIGUNG VON PERSÖNLICHEN KRISEN UND EXISTENTIELLEN GRENZERFAHRUNGEN

ROMUALD CUDAK
Tabu und der thanatologische Diskurs 135

HANS LEHNERT
Beamtinnen in Polizeieinsätzen mit psychiatrischem Hintergrund 145

MAIKE SCHULT
„Von Amts wegen barmherzig"? Empathie und Tabu(-bruch) im Pfarrberuf 157

CHRISTIANE LUDERER
Empathie im Umgang mit dem Tabu(bruch) – Feinfühligkeit in der Gesundheitsversorgung. Dyaden in der Videointeraktionsanalyse 177

MARKUS WÜBBELER
Empathie im Spannungsfeld der Demenz 197

III EMPATHISCHE (NARRATIVE) STRATEGIEN IM UMGANG MIT DEM TABUBRUCH

WERNER NELL
Tabubruch mit und Tabubruch ohne Empathie – zwei Erzählungen von Philip Roth und eine von Maxim Biller 215

EVA KOWOLLIK
„Ich schaue sie an". Empathie als künstlerischer Zugang in Dragana Mladenovićs *Rodbina* 237

HILMAR PREUß
Empathiepotentiale in Vladimir Korolenkos *Slepoj muzykant* (*Der blinde Musiker*) 267

AGNIEZKA TAMBOR
Tabus im Film – gestern und heute 285

IV TABUFELDER KÖRPER UND SEXUALITÄT IN DER RUSSISCHEN UND POLNISCHEN KULTUR

JEKATHERINA LEBEDEWA
Körper und Tabu – zur ambivalenten Körperauffassung in der russischen
Kultur 297

JOLANTA TAMBOR
Scham als Basis moderner Tabus. Das Sprechen über Sexualität in der
polnischen Gegenwartssprache 305

BJÖRN SEIDEL-DREFFKE
Jugend als unerreichbares Begehren – Überlegungen zu den Texten
Evgenij V. Charitonovs 321

Zu den Autorinnen und Autoren 337

Karl-Dieter Johannsmeyer, Gabriela Lehmann-Carli, Hilmar Preuß

Empathie im Umgang mit dem Tabu(bruch)?! Vorwort der Herausgeber

„*Wir versetzen uns gedanklich in einen anderen Menschen [...]. Mit dieser Methode begreifen und bauen wir von innen heraus die ganze Welt auf, wie wir sie kennen [...]. Es ist die Wiederherstellung der gleichsam zerstörten Einheit zwischen den Wesen. Man tritt aus sich selbst heraus und in einen anderen ein.*"[1] *(Lev Tolstoj)*

Im Band *Empathie im Umgang mit dem Tabu(bruch): Kommunikative und narrative Strategien* werden in Anknüpfung an die Pilotpublikation von 2013[2] spezifische Empathie-Konzepte im Hinblick auf ihre funktionalen Prämissen interdisziplinär diskutiert. Analysiert werden kommunikative und narrative Aspekte im Umgang mit dem Tabu bzw. zur Bewältigung von Tabubruch im medizinischen und psychotherapeutischen Bereich, in verschiedenen lebensweltlichen Konstellationen, beim Sprachgebrauch sowie in der Literatur und im Film.

Wie verschieben sich ggf. Grenzen in den Tabufeldern wie Krankheit, Tod, Körperlichkeit und Sexualität? Inwiefern zeigen sie Identitätsveränderungen an? Die interkulturelle Perspektive ist besonders durch Themen aus dem polnischen, russischen, serbischen und amerikanischen Bereich präsent.

Was fördert oder blockiert Empathie? Welche Formen von Empathie werden zur Bewältigung des Tabu(bruch)s und zur Verschiebung von Tabuschwellen eingesetzt? Welche Tabus und Tabubrüche können in besonderem Maße Empathie induzierend (oder auch blockierend) auf den Beteiligten, den Beobachter, den Leser oder den Zuschauer wirken?

---

1 Tolstoi, Lew (1979): *Tagebücher 1847–1910.* München: Winkler, S. 460.
2 Lehmann-Carli, Gabriela (Hg.) (2013): *Empathie und Tabu(bruch) in Kultur, Literatur und Medizin.* Unter Mitarbeit von Hilmar Preuß, Berlin: Frank & Timme (=Ost-West-Express. Kultur und Übersetzung, Bd. 14).

Die Autoren der Beiträge dieses Bandes sind Mediziner, Komparatisten, Kultur-, Literatur-, Sprach- und Übersetzungswissenschaftler, Sozialpädagogen und Psychotherapeuten, Praktische Theologen, Gesundheits- und Pflegewissenschaftler. Als eine Diskussionsplattform diente der vom 2. bis 3. Mai 2013 an der Universität Halle durchgeführte Workshop des IFETÜ „Empathie im Umgang mit dem Tabu(bruch): Kommunikative und narrative Strategien".

Empathie als resonantes Mitfühlen ist inzwischen zu einem Schlüsselthema ganz verschiedener Disziplinen avanciert. Nach der Entdeckung der „Spiegelneurone" werden immer mehr Hirnareale identifiziert, in denen sie ihre Wirkung entfalten. Ist Empathie ausschließlich ein Ergebnis ihres Feuerns, ihrer Aktivität oder sind ggf. noch andere neuronale Prozesse daran beteiligt?[3] Wie viel empathisches Potential ist im Menschen schon evolutionär oder genetisch angelegt? Inwieweit ist empathisches Vermögen zudem in der Sozialisation erworben und durch entsprechende Erfahrungen trainierbar? Und fördert Empathie eigentlich prosoziales Verhalten? Kann sie andererseits nicht nur funktional, sondern womöglich auch manipulativ eingesetzt werden? Hier seien nur einige der zahlreichen Fragen angedeutet, die sich bezüglich des anthropologisch so relevanten Phänomens der Empathie immer wieder stellen.

Claudia Breger und Fritz Breithaupt zufolge ist das in unserer Sozialisation erworbene Wissen über die Kodierungen von Emotionen[4] und kognitiven Prozessen Voraussetzung für das Verstehen anderer:

> Selbst die automatisierten, im Moment des Geschehens zweifellos präreflexiven Prozesse der Empathie, die die Gehirnforschung aufzeichnet, verweisen in diesem Sinne nicht notwendig darauf, dass wir unser Gegenüber schlicht qua geteilter Menschlichkeit verstehen, sondern auch darauf, dass wir gewohnt sind, auf bestimmte Kodes zu reagieren. Durch derartige Kodes werden wir von unserem kulturellen Umfeld auf bestimmte Aus-

---

3 Siehe dazu: Häusser, Leonard F. (2012): „Empathie und Siegelneurone. Ein Blick auf die gegenwärtige neuropsychologische Empathieforschung". In: *Prax. Kinderpsychol. Kinderpsychiat.* 61 (5): S. 322–335; Ruckmann, Judith/ Rief, Winfried (2013): „Empathie: neurowissenschaftliche Grundlagen, klinische Implikationen und offene Fragestellungen". In: *Verhaltenstherapie* 23: S. 23–34.

4 Siehe auch die Forschungen des seit Ende 2007 existierenden Exzellenzclusters „Languages of Emotion": Freie Universität exzellent. Eine Zwischenbilanz. Gefühle sprechen lassen. Wie Kunstwerke uns emotional bewegen ist einer der Schwerpunkte, mit denen sich Wissenschaftler des Clusters „Languages of Emotion" beschäftigen (*Der Tagesspiegel*, FREIE UNIVERSITÄT BERLIN, 16. April 2011, Nr. 28949. B 7).

drucksformen sensibilisiert und zur Empathie – in bestimmten, historisch-kulturell variierenden Formen – trainiert.⁵

Thiemo Breyer geht von einer Performativität sozialer Empathie-Rollen sowie einem empathischen Habitus aus und verweist darauf, dass Empathie eine soziale Praxis ist, die „zur Entwicklung und Regulierung von Affekten maßgeblich beiträgt. Als soziale Form des Umgangs unterliegt sie kulturellen Kodierungen, die von den Mitgliedern einer Gemeinschaft in typischen Interaktionen habitualisiert werden".⁶

Auch lassen sich von der menschlichen Fähigkeit zur Fiktion Aufschlüsse über die kognitiven Fähigkeiten des Menschen per se erwarten. Die beim Menschen entwickelte narrative Empathie erfasst „Formen des Gedankenlesens, Mitfühlens und Mitleidens⁷ und ordnet sie ihrer Struktur unter"; Menschen besitzen also „die Fähigkeit zu fiktivem Denken und zur Erschaffung elaborierter imaginärer Welten"⁸:

> Möglicherweise hält narrative Literatur also einen Schlüssel zu dem erstaunlichen menschlichen Vermögen der Empathie bereit. Zugleich aber hat erzählende Literatur auch einen wohl nicht unwesentlichen Anteil in dem Einüben von Mustern der Empathie.⁹

Martin Fontius hat im historischen Wörterbuch „Ästhetischer Grundbegriffe" das komplexe Stichwort „Einfühlung/Empathie/Identifikation" begriffsgeschichtlich reflektiert. Dabei legt er besonderen Wert auf die Verbindung von Einfühlung und Distanz. Der Therapeut oder Arzt muss nach dem Einfühlen in den Patienten wieder das Ich vom Nicht-Ich trennen, um rational agieren zu können. Ebenso bedarf es in der ästhetischen Erfahrung nach der Einfühlung der Distanz.¹⁰ Analog dazu hatte Hans Robert Jauß bereits 1976 in

---

5 Breger, Claudia/Breithaupt, Fritz (2010): „Einleitung". In: Breger, Claudia/Breithaupt, Fritz (Hg.): *Empathie und Erzählung*. Freiburg i. Br., Berlin, Wien: Rombach, S. 12.

6 Breyer, Thiemo (Hg.) (2013): *Grenzen der Empathie. Philosophische, psychologische und anthropologische Perspektiven*. München: Wilhelm Fink Verlag, S. 24–26.

7 Großmann, Hans-Heinrich (2012): „Von Mitleid und Empathie. On pity and empathy". In: *Deutsche Medizinische Wochenschrift* 137, S. 2689–2690.

8 Breithaupt, Fritz (2009): *Kulturen der Empathie*. Frankfurt a. M.: Suhrkamp (=suhrkamp taschenbuch wissenschaft 1906), S. 14.

9 Ebd.

10 Fontius, Martin (2001/2010): „Einfühlung/Empathie/Identifikation", Stuttgart. In: Barck, Karlheinz/Fontius, Martin/Schlenstedt, Dieter/Steinwachs, Burkhardt/Wolfzettel, Friedrich: *Ästhetische Grundbegriffe (ÄGB). Historisches Wörterbuch in sieben Bänden*, Bd. 2 Dekadent – Gro-

seiner Theorie ästhetischer Erfahrung den unentbehrlichen Akt der Distanznahme mit dem ästhetischen „Affekt des Sich-Einfühlens in das fremde Ich" verbunden.[11]

Wie weit geht das Sich-Einfühlen überhaupt? Glauben wir in unserer Annahme von Ähnlichkeit vielleicht, uns viel besser in den Anderen hineinversetzen zu können, als dies tatsächlich der Fall ist und sein kann? Malte-Christian Gruber hat darauf hingewiesen, die „eingefühlte" Wahrnehmung unterscheide sich

> nicht bloß in ihrer Intensität und Lebendigkeit vom eigenen Erleben. Vielmehr ist diese Erfahrung insofern andersartig, als dem Erfahrungssubjekt neben der unmittelbaren Aktivierung seiner Spiegelneurone regelmäßig auch unmittelbar klar ist, dass es sich dabei um die simulierte Erfahrung des Anderen handelt.[12]

In diversen Konstellationen von Einfühlung und Distanz wird in diesem Band das Problem erörtert, welche Folgen das empathische Vermögen bzw. empathische Strategien des Arztes, des Therapeuten, des Seelsorgers usw. für den Umgang mit dem Tabu in der Praxis haben (u. a. Bewahrung des Tabus, z. T. ritualisierte temporäre Tabuaufhebung, Umgehungsstrategien oder Tabubruch). Wie und mit welchen narrativen Mitteln kann dieser Zusammenhang von Empathie und Tabu(bruch) dann in der Literatur dargestellt werden? Und wie sollen Empathie beim Leser induziert und das Tabu thematisiert bzw. der Tabubruch legitimiert werden? Tabuschwellen unterliegen einem stetigen Wandel. Inwiefern sind Tabus und Tabubrüche auch aus diagnostischen und therapeutischen Gründen erforderlich und wie sind sie mittels Empathie[13] zu bewältigen?

---

tesk. Stuttgart, Weimar: Metzler, S. 134, linke Spalte (siehe auch das gesamte Stichwort, S. 121–142).

11 Jauß, Hans Robert (1982): *Ästhetische Erfahrung und literarische Hermeneutik.* Frankfurt a. M.: Suhrkamp, S. 271.

12 Gruber, Malte-Christian (2012): „Normen der Empathie – zur Einführung". In: Gruner, Malte-Christian/Häußler, Stefan (Hrsg.): *Normen der Empathie.* Berlin: tra*fo* (=Beiträge zur Rechts-, Gesellschafts- und Kulturkritik, Bd. 11), S. 13.

13 Siehe auch: Schmitt, Hanspeter (2003): *Empathie und Wertkommunikation. Theorie des Einfühlungsvermögens in theologisch-ethischer Perspektive.* Freiburg, Wien (=Studien zur theologischen Ethik, Bd. 93); Rifkin, Jeremy (2010): *Die empathische Zivilisation. Wege zu einem globalen Bewusstsein.* Frankfurt: Campus-Verl.; Wöhrle-Chon, Roland (2001): *Empathie und Moral. Eine Begegnung zwischen Schopenhauer, Zen und der Psychologie.* Frankfurt a. M. [u. a.]: Lang (=Europäische Hochschulschriften, Reihe VI. Psychologie, Bd. 666).

Man kann davon ausgehen, dass die Konfrontation mit Tabus und mit dem Tabubruch in besonderem Maße Empathie induzieren und blockieren kann. Bekannt ist, dass Spiegelneurone in der Regel speziell bei konkreten emotionalen Reaktionen mit auslösendem Stimulus aktiviert werden.

Erörtert werden empathische Strategien und Defizite im Umgang mit wichtigen Tabuzonen, zum Teil in schwierigen Konstellationen oder gar in existentiellen Grenzsituationen, speziell im Kontext der der Arzt-Patient-Kommunikation. Wie gestaltet sich ärztliche Empathie[14] bei der kommunikativen Bewältigung von Tabu(bruch) in Diagnose- und Untersuchungssituationen, auch im Fall der Übermittlung schwieriger oder gar infauster Diagnosen? Worin sind Empathie-Defizite im medizinischen Bereich begründet und welche Perspektiven bestehen für eine „narrative based medicine", eine „sprechende Medizin"?

Ein Schwerpunkt dieses Bandes ist die Frage nach dem Placebo-Effekt ärztlicher Empathie in der Arzt-Patient-Kommunikation, selbst im Umgang mit solchen Tabuzonen wie Krankheit und Tod.

Horst Gross hat vor Kurzem bezüglich der Arzt-Patient-Kommunikation über die „Wunderdroge Empathie. Nebenwirkungsfrei und hoch wirksam"[15] reflektiert. Dabei verweist er auf den bereits seit der Antike beachteten Dualismus von Behandeln und Heilen. Hippokrates habe seine Schüler angehalten, „Heilkräuter nicht ohne den richtigen Spruch anzuwenden". Neuere Studien belegen die heilende Wirkung empathischer Kommunikation[16]. Doch in der heutigen Medizin wird „der Patient zu oft nicht mehr als Subjekt, sondern als zu behandelndes Objekt gesehen, dessen Zustimmung zur Therapie man noch irgendwie erhalten muss. Es liegt also neben den Bestrebungen für die Autonomie des Patienten zugleich auch eine gewisse Entindividualisierung der Medizin vor"[17].

Der Mediziner **Karl-Dieter Johannsmeyer** stellt in diesem Kontext die Frage nach der **Empathie als Voraussetzung für den Erfolg ärztlichen Handelns**

---

14 Neumann, Melanie/Scheffer, Christian/Tauschel, Diethard/Lutz, Gabriele/Wirtz, Markus/Edelhäuser, Friedrich (2012): „Ärztliche Empathie: Definition, Outcome-Relevanz und Messung in der Patientenversorgung und medizinischen Ausbildung". In: *GMS Zeitschrift für Medizinische Ausbildung*, Vol. 29 (1), S. 11–21.
15 In: *hautnah dermatologie* (2013); 29 (6), S. 342–345.
16 Gottschlich, Maximilian (2007): *Medizin und Mitgefühl. Die heilsame Kraft empathischer Kommunikation*. 2., vollständig überarbeitete Auflage. Wien, Köln, Weimar: Böhlau Verlag.
17 Jagow, Bettina von/Steger, Florian (2009): *Was treibt die Literatur zur Medizin? Ein kulturwissenschaftlicher Dialog*. Göttingen: Vandenhoeck & Ruprecht, S. 22–23.

– **quo vadis?** Er beschreibt die Gratwanderung zwischen Ökonomisierung der Medizin (Patienten als Kunden oder Verbraucher)[18] und dem ärztlichen Ethos (siehe hippokratischer Eid). Empathie[19] wird vom Autor – auch unter funktionalem Aspekt – als ärztliche Kernkompetenz verstanden, welche für das Vertrauen des Patienten zum Arzt unerlässlich ist. Ein ständiger Mangel an Zeit, Selbstschutzmechanismen sowie die unheilvolle Überlastung der Ärzte durch Disstress und drohende Burn-out-Symptome blockieren ärztliche Empathie als die eigentliche Prämisse gelungener Arzt-Patient-Kommunikation. Der Autor diskutiert mögliche Alternativen zum Empathie-Verlust, zu denen auch eine Selbst-Empathie der Ärzte gehören sollte.

Die Psychotherapeutin und Psychologin **Ute Berndt** hat über **Empathie und Tabu(bruch) in der ärztlichen Kommunikation mit Karzinompatienten** reflektiert. Sie untersucht die historische und gegenwärtige Tabuisierung und Stigmatisierung der Krebserkrankung nebst Ätiologie-Vorstellungen, das patientenzentrierte Modell der Arzt-Patient-Beziehung sowie medizinethische Probleme. Wie und inwieweit sollten dem Patienten auch durch den Psychoonkologen infauste Diagnosen und (bei direktem Nachfragen) zeitliche Prognosen über die verbleibende Lebenszeit kommuniziert werden? Inwiefern ist „Verdrängen" zulässig und ggf. sogar entlastend? Ute Berndt zeigt Perspektiven psychoonkologischer Intervention und Ansätze einer Optimierung ärztlicher Empathie auf.

Die Slavistin **Gabriela Lehmann-Carli** erörtert Aspekte der narrativen **Empathie im Umgang mit dem Tabu(bruch)? anhand der Arzt-Patient-Kommunikation in Aleksandr I. Solženicyns** *Rakovyj Korpus* (*Krebsstation*). Die Verfasserin betrachtet die literarische Darstellung einer paternalistischen ärztlichen Kommunikation auf einer „Krebsstation" (in der Sowjetunion nach Stalins Tod Mitte der 1950er Jahre). Analysiert werden Tabu-Umgehungsstrategien, Sprachtabus sowie affektiv stark aufgeladene Tabubrüche. Welche

---

18 Gerade erschienen: Imhof, Michael (2014): *Eidesbruch. Ärzte, Geschäftemacher und die verlorene Würde des Patienten.* Frankfurt a. M.: Campus Verlag.
19 Mercer, S. W./Reynolds, W. J. (2002): „Empathy and quality of care". In: *Br J Gen Pract.* 52 (Suppl.), S. 10 sind vier Komponenten eines Konstrukts von Empathie aufgeführt, auf die sich Karl-Dieter Johannsmeyer in seinem Beitrag ausdrücklich bezieht: „1. *Emotionale Komponente*: Die Fähigkeit, den psychologischen Zustand oder die wirklichen Gefühle eines Anderen subjektiv nachzuempfinden oder zu teilen; 2. *Moralische Komponente*: Eine innere altruistische Kraft, die zur Anwendung von Empathie motiviert; 3. *Kognitive Komponente*: Die intellektuelle Fähigkeit des Helfenden, die Gefühle und den Standpunkt eines Anderen auf objektive Weise zu identifizieren und zu verstehen; 4. *Verhaltenskomponente*: Die kommunikative Reaktivität, um das Verständnis für die Perspektive des Anderen auszudrücken".

empathischen Strategien haben die Ärzte und mit welchen narrativen Stilmitteln des Tabudiskurses kann potentiell Empathie induziert werden? Ist diese Arzt-Patient-Kommunikation in einem narrativen Text auch heute noch aus anthropologischer und medizinethischer Perspektive von Interesse?

Die Oberärztin der Charité Berlin und Psychotherapeutin **Christine Klapp** berichtet über ihre praktischen Erfahrungen bei der **Überbringung schlechter Nachrichten: Der Dialog mit dem/der (onkologischen) Patienten/in in Krisensituationen.** Christine Klapp leitet im Auftrag der Berliner Ärztekammer Trainingsseminare mit Simulationspatienten, denen „Bad News" übermittelt werden sollen, und dies nach der Devise: „Nicht alles, was wahr ist, muss gesagt werden, aber alles, was gesagt wird, muss wahr sein". Es geht hierbei primär um eine Optimierung patientenzentrierter Aufklärungsgespräche[20], aber auch um den ärztlichen Umgang mit den Tabuzonen Sterben und Tod. Doch können Schauspieler als Simulationspatienten wirklich in die Haut von Patienten in existentiellen Krisensituationen schlüpfen, also „authentisch" simulieren und damit im Kommunikationstraining realitätsnahe empathische Reaktionen des Arztes hervorrufen?

Der Sprach- und Übersetzungswissenschaftler **Joachim Kornelius** hat einen Beitrag über **Euphemismen in der Arzt-Patient-Kommunikation: Über den Schrecken der Wörter, Kollokationen und Partikel im Kopf des Patienten beim Zahnarzt** geliefert. Der Linguist als Spezialfall eines sprachkompetenten Patienten enttarnt die wohlgemeinten Euphemismen seines Arztes sofort und ergänzt sie mit zahlreichen Assoziationen, die seine psychische Not in dieser Behandlungssituation vertiefen. Siehe den Beitrag von Joachim Kornelius, der die Erfahrung des Linguisten wie folgt beschreibt: „Maligne Größen des Hörens antizipiert er in Syntagmen mit Kollokationen und in den Positionen von Partikeln. Es generieren sich nachhaltige angstgeladene Gedankenkarten mit Wörtern, Kollokationen, Partikeln, mit Gerüchen, Geräuschen, Farben, Zeitangaben und emotionalen Dispositionen. In der auditiven

---

20 Initiativen zur Optimierung schwieriger Gespräche in Form von Kommunikationstraining für Ärzte, mitunter auch für Medizinstudenten gibt es vielerorts. In sieben Städten Deutschlands wird Ärzten das Kommunikationstraining KoMPASS angeboten, in dem sie lernen können, problematische Gesprächssituationen mit Krebspatienten zu bewältigen. Programme zur Förderung der Arzt-Patient-Kommunikation gibt es u. a. auch in Australien, in den USA, in der Schweiz, Belgien und Großbritannien (Mehnert, A./Lehmann, C./Koch, U. (2012): „Schwierige Gesprächssituationen in der Arzt-Patient-Interaktion". In: *Bundesgesundheitsblatt – Gesundheitsforschung – Gesundheitsschutz*, 55 (9): S. 1140).

und olfaktorischen Wahrnehmung des sprachversierten Patienten wird die euphemistische Grundhaltung des Arztes fortschreitend neutralisiert".

Der Zusammenhang von Empathie und Tabu wird im Kontext der Bewältigung von persönlichen Krisen und existentiellen Grenzerfahrungen[21] erörtert. Der polnische Kultur- und Literaturwissenschaftler **Romuald Cudak** untersucht das Problem **Tabu und der thanatologische Diskurs**. Er zeigt, wie früher gemeinschaftliche Trauer- und Begräbnisrituale nach einem strengen Zeremoniell den Umgang mit dem Sterbenden und dem Tod ermöglichten und zugleich einen verpflichtenden Aspekt wie auch eine entlastende Funktion hatten. Nach Wegfall solch strenger Rituale und mit einem veränderten Blick auf das sterbende Individuum und den verfallenden Körper seit der Romantik sind ihm zufolge Sterben und Tod in der westlichen Kultur stärker tabuisiert.

Der Sozialpädagoge **Hans Lehnert** stellt die Frage nach dem adäquaten Einsatz funktionaler Empathie bei **Beamtinnen in Polizeieinsätzen mit psychiatrischem Hintergrund**. Der Autor verweist darauf, dass das Problem der Gewalt von Frauen bis heute noch stark tabuisiert ist, wobei mediale „Vorbilder" etwa aus dem „Tatort" nicht gerade eine aufklärerische Funktion haben. Hans Lehnert beschreibt und diskutiert einerseits die Umstände der „Quasi-Hinrichtung" eines psychotischen Mannes durch eine junge Polizeibeamtin, andererseits die deeskalierende Wirkung „emanzipierter Mütterlichkeit", einer Form funktionaler Empathie.

Die praktische Theologin **Maike Schult** beschreibt in ihrem Beitrag *„Von Amts wegen barmherzig"?* **Empathie und Tabu(-bruch) im Pfarrberuf** Folgen einer den Pastoren abgeforderten „Dauerempathie". Zudem kann ein Pastor in Gewissensnöte geraten, wenn er in der Beichte oder dem vertraulichen Gespräch mit Tabus und eklatanten Tabubrüchen konfrontiert wird. Das Beichtgeheimnis gebietet Schweigepflicht und der Pastor benötigt alternative Strategien, etwa Andeutungen in der Predigt, um bei Wahrung des eigentlichen Tabus indirekt mit anderen Mitteln über dieses kommunizieren zu dürfen. Inwiefern kann Literatur dazu beitragen, Verschwiegenes und ethische Konflikte des Pfarrberufs zu thematisieren?

Christiane Luderer reflektiert Aspekte des Problems **Empathie im Umgang mit dem Tabu(bruch) – Feinfühligkeit in der Gesundheitsversorgung**.

---

21 Siehe dazu auch: Ingensiep, Hans Werner/Rehbock, Theda (Hg.) (2009): *„Die rechten Worte finden..." Sprache und Sinn in Grenzsituationen des Lebens*. Würzburg: Verlag Königshausen & Neumann.

Dyaden in der Videointeraktionsanalyse. Mittels dieses am Institut für Gesundheits- und Pflegewissenschaft der Medizinischen Fakultät an der Universität Halle durchgeführten Projekts beabsichtigt die Autorin, Signaturen feinfühligen Arbeitens in Pflegesituationen zu identifizieren. Sie wendet sich der Primärzelle der Patientenbetreuung, der Dyade zu, um Muster in Interaktionen zwischen Pflegenden und Patienten zu analysieren. Über einfühlsames Verhalten soll die Patientenorientierung verbessert und langfristige Adhärenz erreicht werden.

Der am Deutschen Zentrum für Neurodegenerative Erkrankungen in Greifswald tätige Gesundheits- und Pflegewissenschaftler **Markus Wübbeler** hat in seinem Beitrag Reflexionen über **Empathie im Spannungsfeld der Demenz** angestellt. Der Autor schreibt über Demenz als Tabu, das zu Isolation durch pauschale Stigmatisierungen und mangelnde gesellschaftliche Akzeptanz führt. Markus Wübbeler identifiziert das Tabu als einen Störfaktor von Empathie; besonders folgenreich können gebrochene Tabus sein. Tabus als negative Konventionen sind dem dementen Menschen nicht mehr verständlich, und er begeht ohne Absicht Tabubruch. Dieser Umstand stellt die Empathie des Umfeldes mitunter auf eine harte Probe.

In mehreren Beiträgen werden die Darstellung von Empathie und narrative empathische Strategien im Umgang mit dem Tabubruch in der Literatur sowie Reaktionen auf den Tabubruch im Film untersucht.

Der Komparatist **Werner Nell** erörtert das Problem der durch Tabu(bruch) provozierten, aber ggf. auch verhinderten Empathie in seinem Beitrag **Tabubruch mit und Tabubruch ohne Empathie – Zwei Erzählungen von Philip Roth und eine von Maxim Biller.** Konkret werden die Erzählungen *The Conversion oft the Jews* und *Eli, the Fanatic* des amerikanischen Autors Philip Roth sowie die Erzählung *Harlem Holocaust* (bereits der Titel verletzt Tabus!) des in Prag geborenen Schriftstellers Maxim Biller analysiert. Im letzteren Text geht es um die Erinnerung an den Holocaust bzw. die Shoah und um Opfer-Identität. Deutlich wird an diesen Beispielen, dass sich unter den Bedingungen der Moderne Tabu-Verletzung und Tabu-Erhalt einander bedingen.

Der Titel des Aufsatzes der Slavistin **Eva Kowollik** lautet: „**Ich schaue sie an". Empathie als künstlerischer Zugang in Dragena Mladenovićs *Rodbina*.** In einer differenzierten Analyse zeigt die Autorin unter Bezug auf eine einschlägige Rezension von Dragoljub Stanković, dass das Leiden der Anderen, deren „Andersartigkeit" bereits mit dem Titel *Rodbina*, also *Verwandtschaft*, angezweifelt wird, emotional erfahrbar sei. Die Schriftstellerin plädiert Eva

Kowollik zufolge dafür, nicht wegzuschauen, sondern dem Anderen den Blick zuzuwenden, für ihn Verantwortung zu übernehmen und sein Leid auszuhalten.

Der Russist **Hilmar Preuß** untersucht **Empathiepotentiale in Vladimir Korolenkos** *Slepoj muzykant* (*Der blinde Musiker*). Er analysiert an diesem literarischen Text im Kontext von Narrativen der Behinderung die Konfrontation eines Blinden und seines Umfelds mit Tabus sowie die Beschreibung von Tabubrüchen. Mit welchen narrativen Mitteln soll beim Leser Empathie oder speziell auch Mitleid erzeugt werden? Empathie kann offenbar auch über die Kommunikation der literarischen Gestalten in diesem Text induziert werden.

Die Kulturwissenschaftlerin **Agnieszka Tambor** untersucht in ihrem Beitrag **Tabus im Film – gestern und heute**. Nicht nur aus Perspektive des polnischen Zuschauers unterscheidet sie drei grundlegende Bereiche, mit denen das filmische Tabu und besonders sein ständiger Bruch verbunden sind. Dazu gehören erstens das Thema Nacktheit und Erotik, zweitens die Gewalt und das Vulgäre und drittens das öffentliche Zur-Schau-Stellen privater Belange, die tabuisiert sind und in den eigenen vier Wänden des Künstlers verbleiben sollten. Freilich ist wohl gerade auch der Film ein bevorzugter Ort „für eine förmliche Inszenierung gesellschaftlicher und ästhetischer Tabubrüche"[22].

Körper und Sexualität als traditionelle und aktuelle Tabufelder in der russischen und der polnischen Kultur werden in weiteren Beiträgen thematisiert.

Die Übersetzungswissenschaftlerin und Slavistin **Jekatherina Lebedewa** stellt in diesem Band Reflexionen über **Körper und Tabu – zur ambivalenten Körperauffassung in der russischen Kultur** an. Die Autorin verweist auf die Körperfeindlichkeit der russisch-orthodoxen Kirche, die auch im *Domostroj*, dem altrussischen Hausbuch postuliert wird. Sie erörtert unter Bezug auf Boris Uspenskijs und Jurij Lotmans Konzept vom dualistischen Charakter der russischen Kultur die Polarisierung von offizieller kirchlicher Tabuisierung von Sexualität und Restriktion einerseits und von körperlicher Enthemmung in heidnischen Fruchtbarkeitskulten (also Relikten matriarchalischer Lebensformen) andererseits.

Die polonistische Sprachwissenschaftlerin **Jolanta Tambor** untersucht in diesem Band **Scham als Basis moderner Tabus. Das Sprechen über Sexualität in der polnischen Gegenwartssprache**. Diesbezügliche innere Beschränkun-

---

22 Braungart, Wolfgang (2003): „Tabu". In: *Reallexikon der deutschen Literaturwissenschaft*. Berlin, New York: de Gruyter, Bd. 3, S. 571.

gen und Gebote sowie ihre Ursachen werden anhand der Erotik und des Geschlechts thematisiert. Jene Sphäre unterlag und unterliegt eigentlich in allen Kulturen zu verschiedenen Zeiten einer Tabuisierung. Dennoch werden in jeder historischen Phase sowie in verschiedenen geografischen Räumen jeweils andere Erscheinungen tabuisiert. Daher unterscheiden sich auch die verwendeten Euphemismen. Jolanta Tambor diskutiert die erotischen und geschlechtlichen Sprachtabus in der jetzigen jungen Generation.

Der Russist **Björn Seidel-Dreffke** untersucht unter dem Tabuaspekt **Jugend als unerreichbares Begehren. Überlegungen zu den Texten Evgenij V. Charitonovs**. Letzterer war schwul und begehrte viel jüngere Männer. In seinen literarischen Texten thematisierte er tabulos diese Spielart homosexueller Liebe. Zwar konnten diese Texte nach der Perestrojka publiziert werden, stellten aber aus der Rezipienten-Perspektive immer noch eklatante Tabubrüche dar. In den literarischen Texten Charitonovs wird eine kaum überwindliche Kluft zwischen dem erzählenden Ich und dem Objekt von dessen Begierde aufgetan.

I PLACEBO „SPRECHENDE" MEDIZIN? ÄRZTLICHE EMPATHIE IN DER KOMMUNIKATION ÜBER DIE TABUZONEN KRANKHEIT UND TOD

Karl-Dieter Johannsmeyer

Empathie als Voraussetzung für den Erfolg ärztlichen Handelns – quo vadis?

Die Medizin gerät heute allem Anschein nach auf einen falschen und gefährlichen Pfad. Die Folgen dieser Entwicklung sind sowohl für die Patienten als auch für die Ärzte und das Pflegepersonal gravierend und in der vollen Tragweite noch nicht absehbar.[1]

1 Vom Patienten zum Kunden – vom Arzt zum Anbieter

Für viele noch unbemerkt hat sich in der Gesellschaft und auch besonders im Gesundheitswesen eine neue sprachliche Veränderung etabliert, die charakteristisch für die Entwicklung in der gegenwärtigen Medizin zu sein scheint. Der immer lauter werdenden Forderung nach einer „menschlichen Medizin" steht die ökonomische Krise des Gesundheitswesens als verursachendes Prinzip gegenüber. Gerade durch die enormen Fortschritte in Wissenschaft und Technik sind die Kosten in der ambulanten und stationären medizinischen Versorgung bei stetig steigender Lebenserwartung der Menschen rasant angestiegen. Die entsprechenden Vergütungssysteme sind in Schieflage geraten. Krankenhäuser und auch der eine oder andere ambulant tätige Arzt haben finanzielle oder gar existentielle Sorgen und Nöte. Neu ist: Aus Patienten (vormals „Leidende") sind Kunden oder Verbraucher (consumer), aus Ärzten, „Doktoren", die früher diagnostizierten und behandelten, auch lehrten (docere), sind nunmehr Versorger (provider) geworden. Es sind betriebswirtschaftliche Begriffe, die das neue Arzt-Patient-Verhältnis beschreiben: Der Patient ist Nachfrager und Käufer, der Arzt Anbieter, Verkäufer oder Händler.[2]

---

[1] Im Interesse der besseren Lesbarkeit wird in diesem Beitrag bei Nennung von Personen überwiegend die männliche Form verwendet. Die weiblichen Personen sind hierbei ausdrücklich mit einbezogen.
[2] Holzgreve, H. (2012): „Was durch Ökonomisierung verloren gehen könnte". In: *InFo Onkologie* 15 (3): S. 22.

Die Zentrale Ethikkommission bei der Bundesärztekammer hat als Konsequenz aus dieser aktuellen Entwicklung in einer Stellungnahme auf die grundlegenden ethischen und rechtlichen Aspekte im Verhältnis von Ökonomie und Medizin hingewiesen.[3]

Durch dieses neue Vokabular im Gesundheitswesen wird erkennbar, dass im heutigen Arzt-Patient-Verhältnis zunehmend eine finanzielle Motivation Bedeutung gewinnt. Es soll nicht in Abrede gestellt werden, dass Krankheit und ihre Behandlung Kosten verursachen und Ärzte für ihre hervorragenden Tätigkeiten und Leistungen honoriert werden müssen. Es ist aber unverständlich, wenn das Prinzip der Gewinnmaximierung mehr und mehr in den Vordergrund gestellt wird.

Ich selbst habe anlässlich der Privatisierung meiner ehemals kommunal geleiteten Klinik an solchem „betriebswirtschaftlichen" Assessment mit Videoaufzeichnungen und auswertenden Teambesprechungen teilgenommen. Danach hatte ich die ökonomische Ausrichtung zwar verstanden, war aber als Vertreter der „Babyboomer-Generation" in meiner Vorstellung von ärztlichen Idealen zutiefst erschüttert. Ist das der Beginn einer Zug um Zug verlustig gehenden, Jahrhunderte gültigen ärztlichen Tätigkeit, die geprägt war von einem umfassenden, den Körper, die Seele und das psychosoziale Umfeld des Patienten weitgehend gerecht werdenden Handelns?

Die angehenden Ärzte erfahren heute zu wenig von der grundsätzlichen Kunst des Umganges mit Patienten.[4] Ob es zutrifft, dass vor 2400 Jahren unser aller Lehrer Hippokrates gesagt haben soll: „Der Patient kann, obwohl er weiß, dass sein Zustand gefährlich ist, seine Gesundheit einfach dadurch wiedererlangen, dass er mit der Güte seines Arztes zufrieden ist", muss nicht zwingend belegt werden, sondern von entscheidender Bedeutung ist die Wichtigkeit der Aussage selbst.[5]

Vor diesem Hintergrund sollte es das grundlegende Bedürfnis von uns Ärzten sein, sich wieder daran zu erinnern, warum wir diesen schönen Beruf in jahrelanger anstrengender Ausbildung gewählt haben und warum eben dieser Beruf bisher so hohes Ansehen bei unseren Mitmenschen genießt. Wer diesen

---

3   Zentrale Kommission zur Wahrung ethischer Grundsätze in der Medizin und ihren Grenzgebieten (Zentrale Ethikkommission) bei der Bundesärztekammer. Stellungnahme (2013): „Ärztliches Handeln zwischen Berufsethos und Ökonomisierung. Das Beispiel der Verträge mit leitenden Klinikärztinnen und -ärzten". In: *Dtsch Ärztebl.* 110 (38): A-1752 / B-1544 / C-1520.
4   Koch, M. (2012): „Arzt-Patienten-Beziehung: In falsches Fahrwasser geraten". In: *Dtsch Ärztebl.* 109 (1–2): A-20 / B-16 / C-16.
5   Ebd.

großartigen Beruf gewählt hat, möchte sich kranken Menschen zuwenden und heilen. Zumindest ist das noch immer die am häufigsten genannte Motivation zur Begründung des Studiums neben zunehmend auch anderen Beweggründen wie gesicherte Existenz, gesellschaftliches Ansehen und Forscherdrang.

Wir sind angetreten, Erkrankungen vorzubeugen, Krankheiten zu behandeln, Leid zu lindern und Lebenszeit zu verlängern. Im Mittelpunkt aller unserer Bemühungen steht dabei der Patient. Ihn „lege artis" oder „state of the art" zu behandeln ist nicht genug. Das Gespür zu entwickeln, auf die realen und vielschichtigen unterschiedlichen Bedürfnisse und Besonderheiten der Patienten einzugehen und sie in die Behandlungsprozesse aktiv einzubeziehen, sollte den genannten gegenwärtigen Entwicklungstendenzen nicht zum Opfer fallen. Dann werden wir den größten Dank, das schönste Geschenk für unsere ärztlichen Bemühungen erhalten: das Vertrauen der Patienten. Vertrauen zu erwerben und zu erhalten erfordert eine besondere Qualität ärztlicher Professionalität: Empathie.

Fazit:
Es wird zunehmend ein Anspruch an die Ärzte werden, den Spagat zwischen Ökonomisierung des Gesundheitswesens und der Bewahrung des ärztlichen Ethos zu schaffen.

2   Bedeutung der Empathie als ärztliche Kernkompetenz

Empathie ist eine ärztliche Kernkompetenz und von entscheidender Bedeutung für den Erfolg medizinischen Handelns. Der Begriff „Empathie" hat in den letzten Jahren nicht nur in der Medizin Eingang in unseren Sprachgebrauch gefunden, auch in der Psychologie, Psychiatrie, Sprachwissenschaft, Philosophie, Pädagogik, Politikwissenschaft und im Management.

In der internationalen medizinischen Fachliteratur erschienen zunehmend Arbeiten zur Empathie, die in der Datenbank PubMed bis 1970 noch allgemein mit „emotions" beschlagwortet wurden. Bereits 1971 wurde „empathy" als eigenständiger Begriff in das kontrollierte Fachvokabular (Medical Subject Headings – MeSH) dieser wichtigsten medizinischen Datenbank aufgenommen. Recherchiert man in PubMed nach „empathy" mit einer Freitextsuche, findet man bis 2013 insgesamt 15.455 Nachweise. Bis Ende der 1960iger Jahre erschienen nur vereinzelte Arbeiten, aber danach stieg das Interesse an der

Problematik Empathie stetig an. Waren es 1971 noch 52 Arbeiten, sind es im Jahre 2013 schon 1.056 Publikationen. Bereits an dieser einfachen bibliometrischen Analyse kann man die wachsende Bedeutung erkennen, die Wissenschaftler aus aller Welt im Laufe der Jahre der Empathie beimessen (Abb. 1).

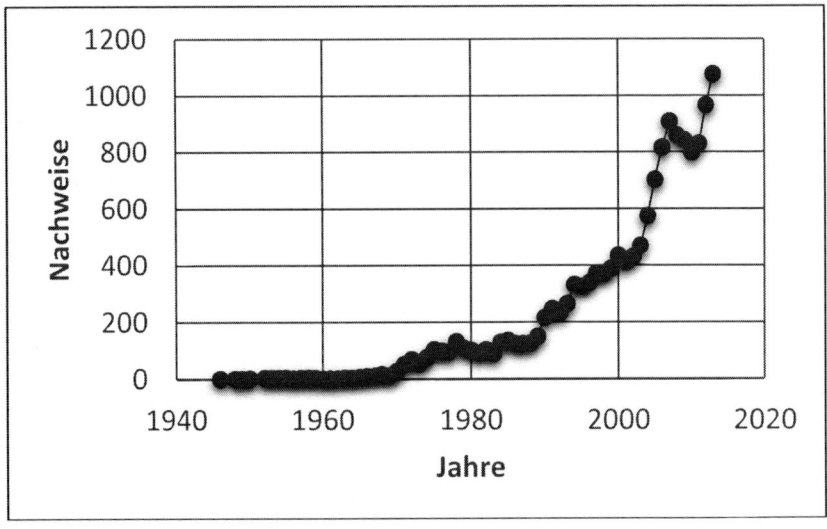

Abb. 1: Anzahl der Nachweise (n=15.455) zur Empathie in der Datenbank PubMed (Freitextrecherche).

Ohne auf die Diskussionen zur Definition und Herkunft des Begriffes einzugehen, was an dieser Stelle den Rahmen des Themas sprengen würde, verstehen wir schlechthin unter Empathie die Fähigkeit und Bereitschaft des Arztes, Emotionen, Gedanken und Persönlichkeitsmerkmale einer anderen Person (Patient) zu erkennen und zu verstehen. Gerade die Reaktion auf die Gefühle unseres Gegenübers von Schmerz, Trauer oder Hilfsimpuls, eingeschränkt auch Mitleid, ist Ausdruck von Empathie.[6]

> Empathie [...] erfordert als tieferes Verstehen ein Sichhineinversetzenkönnen in Situation und Gefühlslage eines anderen und geht damit deut-

---

6 Ekman, Paul (2010): *Gefühle lesen: wie Sie Emotionen erkennen und richtig interpretieren.* Heidelberg: Spektrum, Akad. Verl., S. 74–116; Gottschlich, Maximilian (2007): *Medizin und Mitgefühl. Die heilsame Kraft empathischer Kommunikation.* Wien, Köln, Weimar: Böhlau.

lich über ein verbales Verstehen von Mitteilungen hinaus. Empathie bedeutet letztlich, die Perspektive eines anderen übernehmen zu können, sein inneres Bezugssystem erfassen zu können. Empathie ist folglich eine Frage der Wahrnehmungsfähigkeit.[7]

Dennoch muss auf eine – immerhin bis dato anerkannte – revolutionäre Entdeckung auf dem Gebiet der Neurowissenschaften hingewiesen werden. Der in Kiew geborene und in Parma lehrende Neurophysiologe Giacomo Rizzolatti fand in den 90er Jahren des 20. Jahrhunderts bei Versuchen mit Makaken-Affen in deren Hirn die Spiegelneuronen. Immer wenn ein Wissenschaftler vor den Augen der Versuchstiere nach einer Nuss griff, wurden im Hirn des Affen genau dieselben Neuronen aktiv, als wenn das Tier selber zur Nuss griff. Die Entdeckung wurde 1996 veröffentlicht. Die deutsche Übersetzung erschien 2008.[8]

Die weitergehenden Forschungen begannen auf Hochtouren zu laufen. Die entdeckten Spiegelneuronen sollen auch Menschen in die Lage versetzen, Gedanken, Gefühle und Handlungen anderer so zu erfassen, als seien es die eigenen. Wer zuschaut, wenn das Gegenüber in eine Zitrone beißt, dem läuft selbst vermehrt der Speichel. Während frühere Empathie-Modelle ohne Kenntnis der Spiegelneuronen auskommen mussten, gibt es nun Hinweise auf deren mögliche Bedeutung in Verbindung mit emotionaler Empathie, der Fähigkeit, die Gefühle anderer in unserem neuronalen System abzubilden.

Wie immer bei wissenschaftlichen Entdeckungen bestehen neben Euphorie auch Zweifel, so auch hier. Das Erforschen und Verstehen der Komplexität und der Vernetzung unserer Hirnstrukturen wird sicher in Abhängigkeit hochmoderner technischer Voraussetzungen noch viele verblüffende Erkenntnisse hervorbringen. Gegenwärtig existieren diesbezüglich lediglich Befunde, die Vermutungen und Erklärungsversuche möglich machen. Inwiefern die einzelnen Funktionen der überaus kompliziert vernetzten Hirnareale jemals exakt bewiesen werden können, wird wohl in absehbarer Zukunft noch weitgehend unbeantwortet bleiben.

Unabhängig von den wissenschaftlichen Erklärungsversuchen ist es naheliegend, dass die Charakteristika, die Empathie ausmachen, entscheidenden

---

7 Zwick, Elisabeth (2004): *Gesundheitspädagogik: Wege zur Konstituierung einer erziehungswissenschaftlichen Teildisziplin.* Münster, Hamburg, Berlin, Wien, London: LIT-Verl., S. 90. (Reform und Innovation; Bd. 1).

8 Rizzolatti, Giacomo/Sinigaglia, Corrado (2008): *Empathie und Spiegelneurone: die biologische Basis des Mitgefühls.* Frankfurt a. M.: Suhrkamp.

Einfluss auf die Qualität der Arzt-Patient-Beziehung und die unmittelbar damit im Zusammenhang stehende zwischenmenschliche Begegnung und Kommunikation nehmen. Wesentliche Voraussetzung für die Entwicklung einer erfolgreichen therapeutischen Arzt-Patient-Beziehung ist das Einfühlungsvermögen, die Empathie des Arztes. Die gängigste Definition ärztlicher Empathie haben Mercer und Reynolds[9] erarbeitet. Sie sehen diese als multidimensionales und kompetenzbasiertes Konstrukt und stellen dazu vier Komponenten in den Mittelpunkt:

1. Emotionale Komponente: Fähigkeit, den psychologischen Zustand oder die wirklichen Gefühle eines Anderen subjektiv nachempfinden zu können oder zu teilen;
2. Moralische Komponente: Eine innere altruistische Kraft, die zur Anwendung von Empathie motiviert;
3. Kognitive Komponente: Die intellektuelle Fähigkeit des Helfenden, die Gefühle und den Standpunkt eines Anderen auf objektive Weise zu identifizieren und zu verstehen;
4. Verhaltenskomponente: Die kommunikative Reaktivität um das Verständnis für die Perspektive des Anderen auszudrücken.

Sie grenzen Empathie von Sympathie im Sinne von Mitleid ab, weil Empathie nicht die unmittelbare Involvierung in die Bedürfnisse und Sorgen des Patienten einschließt. Gleichzeitig definieren sie Empathie als eine erlernbare und professionelle, besonders kommunikative Kompetenz.

Empathiefähigkeit ist eine wesentliche Voraussetzung für die Eignung des Arztes in seinem Beruf. Der Arzt muss in der Lage sein, sich in die Gefühle des Patienten hineinzuversetzen, ohne diese identisch nachzuempfinden. Ein ausgewogenes Verhältnis von Nähe und Distanz vermeidet eine Überidentifizierung und wahrt so die professionellen Grenzen in der Arzt-Patient-Beziehung. Für die praktische Anwendung dieser theoretischen Grundlagen bedeutet es für den Arzt, in einer aktionalen Komponente dem Patienten unmissverständlich zu vermitteln, dass er versteht, was der Patient erlebt. Er muss sich ebenso vergewissern, ob und dass er den Patienten auch richtig verstanden hat.

---

9 Mercer, S. W./Reynolds, W. J. (2002): „Empathy and quality of care". In: *Br J Gen Pract*. 52 Suppl: S. 9–12.

Welche positiven Effekte und therapeutischen Wirkungen erreicht ein empathischer Arzt für den Patienten und dessen Gesundheit? Die eigenen jahrelangen Erfahrungen und die zahlreichen Hinweise aus der Literatur bestätigen Folgendes:

- Der Patient offenbart sich, liefert eigenständig Informationen, berichtet detaillierter über seine Symptome, Beschwerden und Sorgen.
- Die Treffsicherheit und Genauigkeit der Diagnose werden erhöht.
- Der Patient fühlt sich verstanden, schöpft Hoffnung und Zuversicht. Beides sorgt für eine stabile psychische Grundeinstellung, was erfahrungsgemäß den Krankheitsverlauf und den Heilungsprozess positiv beeinflusst.
- Der Patient entwickelt eine hohe Compliance und Zufriedenheit. Er führt die angeordneten Therapien gewissenhaft durch und verweigert sich ihnen nicht. Ansonsten wären die Folgen der Abbruch der Therapie und Hoffnungslosigkeit.
- Der Patient lernt seine Krankheit und deren Ursachen besser verstehen. Er schöpft daraus die Kraft, mit ihr umzugehen, was ihm das Leben mit der Krankheit erleichtert. Das eröffnet die Möglichkeit, dem Patienten auch weitere krankheitsspezifische Informationen zu geben. (Marie Curie: „Was man zu verstehen gelernt hat, fürchtet man nicht mehr".[10])
- Die Chancen einer umfassenden und verständlichen Aufklärung des Patienten werden erhöht, und die aktive Teilnahme am komplexen Genesungsprozess kann sichergestellt werden.
- Der Patient entwickelt Vertrauen, wird nicht verunsichert, fühlt sich wohl und aufgefangen. Er bleibt bei seinem Arzt, seiner Klinik, auch wenn sich der Therapieerfolg nicht umgehend und vollkommen einstellt. Er ist auf gleicher Augenhöhe mit seinem Behandler.
- In dem vertrauensvollen, offenen, ehrlichen und glaubwürdigen Gespräch zwischen Arzt und Patient können eventuell auftretende Meinungsverschiedenheiten geklärt werden, ohne dass daraus juristische Konsequenzen erwachsen.
- Realisierte, gelebte Empathie durch Ärzte und Pflegende hat einen sehr großen Einfluss auf Dauer und Schwere der Erkrankung.

---

10 Curie, Marie: http://www.zitate-online.de/stichworte/verstehen-gelernt-fuerchtet-nicht-mehr/.

- Kommunikativ gut betreute Patienten, die psychosoziale Unterstützung erhalten, gewinnen nicht nur ein höheres Maß an Lebensqualität nach einer schweren Erkrankung. Sie haben einen besseren physischen und psychischen Gesundheitszustand, erkranken weniger häufig an Angstzuständen und Depressionen. Darüber hinaus haben sie verbesserte Überlebenschancen.

Das sind die Ideal- und Zielvorstellungen für ein empathisches und professionelles Arzt-Patient-Verhältnis. Sie führen zu einer auf die Bedürfnisse des Patienten angemessenen Kommunikation bei der Bewältigung von Krisensituationen im klinischen Alltag. Auch wenn wir diesen hohen Idealvorstellungen nicht immer gerecht werden können, sollte es oberstes Bestreben eines Arztes sein, diesen zu entsprechen.

Die Grundfähigkeit zur Empathie ist in uns – nicht erst nach Kenntnis der Existenz von Spiegelneuronen – mit der Geburt in einer persönlichen Kompetenz-Matrix angelegt. Im Umgang mit den Menschen und speziell den Patienten muss sie allerdings mit den dazu geeigneten Mitteln trainiert und weiter optimiert werden.[11] Ein schlecht geführtes Gespräch kann verheerende Folgen haben. Vorsicht mit dem gesprochenen Wort! Es muss im Vorfeld wohl überlegt sein, denn der entstandene psychische Schaden, auch durch Fehldeutung, ist schwer oder gar nicht reparabel. Gleiches gilt analog für das nicht geführte Gespräch. Patienten sind oftmals nicht auf der gewünschten Augenhöhe mit dem Arzt. Sie haben ihre Sorgen und Beschwerden noch nicht formuliert oder ihr Redefluss wurde bereits nach wenigen Sekunden unterbrochen, was verständlicherweise einer erfolgreichen Arzt-Patient-Kommunikation nicht dienlich ist. Studien haben gezeigt, dass Ärzte ihre Patienten nicht selten vorzeitig unterbrechen, um die Gesprächsinhalte zeitlich zu optimieren. Im Durchschnitt unterbrachen Hausärzte schon nach 11 bis 24 Sekunden ihren Patienten.[12]

Im Laufe eines Jahres hat ein Arzt in Deutschland im Schnitt 10.735 Patientenkontakte. Daraus ergeben sich pro Tag 45 Patienten – also acht Minuten pro

---

11 Johannsmeyer, Karl-Dieter (2013): „Empathie und Tabu(-bruch) in der Gynäkologie". In: Lehmann-Carli, Gabriela (Hg.)/Preuß, Hilmar (Mitarb.): *Empathie und Tabu(bruch) in Kultur, Literatur und Medizin*. Berlin: Frank & Timme (=Ost-West-Express; Bd. 14), S. 75.

12 Wilm, S./Knauf, A./Peters, T./Bahrs, O. (2004): „Wann unterbricht der Hausarzt seine Patienten zu Beginn der Konsultation?". In: *Z Allg Med* 80 (2): S. 53–57.

Patient, wie der Arztreport der Barmer GEK vorrechnet.[13] Und diese Zeit reicht offensichtlich nicht für ein gutes Arzt-Patient-Gespräch aus.

Eine Befragung von 11.000 niedergelassenen Hausärzten in Deutschland hat gezeigt, dass durchschnittlich 53 Patienten am Tag behandelt werden, bei Fachärzten lag der Durchschnitt bei 42 Patienten pro Tag. In Deutschland geht jeder Versicherte rund 18mal zum Arzt. Damit steht Deutschland weltweit mit Japan in der Spitzengruppe aller Länder.[14]

In der heute technisch zumeist hochgerüsteten Zeit ambulanter wie auch stationärer Medizin und den allgemein beobachteten, immer knapper werdenden Ressourcen und gestiegenen Herausforderungen ist die nachfolgende Situation zunehmend häufiger anzutreffen:

Im Behandlungszimmer sitzt, meist nach vorheriger längerer Wartezeit, der Patient mit seinen Beschwerden seinem Arzt gegenüber. Doch der schaut ihn kaum an. Er vermittelt eher das Gefühl, nicht so recht dabei zu sein, blickt auf den Computerbildschirm und tippt auf der Tastatur die Personalien ein, während er gleichzeitig mit dem Patienten spricht: „Na, was fehlt uns denn?" oder „Wo drückt denn heute der Schuh?"

Die Aufzählung könnte noch in ähnlicher Weise fortgesetzt werden. Viele dieser nicht eradizierbaren Floskeln haben sich eingebürgert und sind Ausdruck mangelhafter Konversation.

Es folgt nicht immer eine klinische Untersuchung, manchmal wird der Blutdruck gemessen. Nach wenigen Minuten und ohne ausreichende Erklärungen drückt der Arzt dem Patienten ein Rezept in die Hand oder einen Überweisungsschein für eine Spezialuntersuchung.

Der Kranke fühlt sich dann eher nicht verstanden und hegt Zweifel an der Richtigkeit der (Verdachts-)Diagnose und Therapie. Das kann dazu führen, dass er die empfohlenen ärztlichen Verordnungen abbricht oder nicht durchführt und damit einen Teil der Erfolgsaussichten verliert. Er konnte über die Symptome hinaus nur einen geringen Teil seiner Ängste, Gedanken und Gefühle ansprechen. Er ist zutiefst unzufrieden und wird nach Möglichkeiten suchen, woanders Hilfe zu bekommen. Bestenfalls bleibt er mit dem Einholen einer ärztlichen Zweitmeinung bei der klassischen Schulmedizin. Oder aber der Patient holt sich Informationen aus dem Internet und sucht und findet

---

13 BARMER Arztreport: http://www.welt.de/welt_print/wirtschaft/article5914818/Niemand-geht-oefter-zum-Arzt-als-die-Deutschen.html (letzter Zugriff: 26.02.2014).

14 Ärztemonitor 2012: Befragung von 11.000 Ärzten und Psychotherapeuten. http://www.kbv.de/40386.html (letzter Zugriff: 27.02.2014).

einen vermeintlichen Ausweg. Aber der primäre Gang zum Beispiel zum Alternativmediziner oder Heilpraktiker kann nicht am Anfang von Diagnostik und Therapie stehen.

Das Wartezimmer ist voll, das Pensum nicht ohne Überstunden zu schaffen. Ein Mangel an Zeit wird von befragten Patienten als besonders negativ empfunden, während Ärzte den ausschweifenden, nicht zum Ende kommenden Patienten befürchten, der keine wertvollen Informationen zur Behandlung liefert, sondern dem Behandler aus seiner Wahrnehmung heraus „die Zeit stiehlt" und damit Ärger vorprogrammiert scheint. Die Qualität der Kommunikation leidet darunter. Aber auch ein gut geführtes Gespräch muss nicht länger dauern als ein schlechtes. Durch mangelhafte Kommunikationsweise zwischen Arzt und Patient erhöht sich das Risiko, dass Fehldiagnosen gestellt werden, die Behandlung nicht optimal erfolgt und Therapieeffekte vermindert werden oder ausbleiben.

Fazit
Wir haben den Wert der Empathie für den Behandlungserfolg und die Lebensqualität erkannt. Sowohl als Arzt als auch als Patient empfinden wir im heutigen Alltag aber einen Verlust an Empathie im Vergleich zu „früher".

3   Messinstrumente zur Erfassung ärztlicher Empathie

Der Begriff „Empathie" ist in der Gesellschaft zu einem geflügelten Wort geworden. Er wird auch in der Literatur noch immer als ein schwer fassbarer Forschungsgegenstand angesprochen, und seine Mehrdimensionalität wird diskutiert.

Die Diplom-Soziologin Melanie Neumann von der Universität Witten/Herdecke hat mit ihren Kollegen einerseits die Veränderungen der Empathie im Rahmen der medizinischen Ausbildung und andererseits mögliche Gründe für die beobachteten Abweichungen untersucht.[15] Sie analysierte überwiegend englischsprachige empirische Studien der Jahre 1990 bis 2010 nach einem systematischen Review in PubMed, EMBASE und PsycINFO. Die Untersuchun-

---

15 Neumann, M./Edelhäuser, F./Tauschel, D./Fischer, M. R./Wirtz, M./Woopen, C./Haramati, A./Scheffer, C. (2011): „Empathy decline and its reasons: a systematic review of studies with medical students and residents". In: *Acad Med.* 86 (8): S. 996–1009.

gen umfassten die Zielgruppe Medizinstudierende und/oder Assistenzärzte und nutzten validierte Selbsteinschätzungsinstrumente. Von den 669 Studien erfüllten 18 die gestellten Einschlusskriterien. Sie stammen überwiegend aus den USA (15), England (2) und eine aus Polen. Die Ergebnisse lassen aufhorchen. In allen Studien mit Medizinstudenten wurde ein Abfall der Empathie-Parameter registriert. Besonders verschlechterten sich die Empathiewerte im klinischen Ausbildungsabschnitt zwischen dem ersten Patientenkontakt und den klinischen Praktika. Die Studien zeigen, dass durch Disstress der Probanden (reduziertes Wohlbefinden, geringe Lebensqualität, Burn-out, Depression) ein wesentlicher Einfluss auf die Reduktion der Empathiefähigkeit ausgeübt wurde. Ursachen dafür wurden gesehen in der Vulnerabilität der idealistischen Studierenden, einer entmutigenden Behandlung durch Vorgesetzte, mangelnde psychosoziale Unterstützung, Überforderung und unausgesprochene Lernziele sowie hohe Arbeitsbelastung der in Ausbildung befindlichen Assistenzärzte. Es wurden aber auch strukturelle Defizite erkannt, darunter die zunehmende Verkürzung der Verweildauer der stationär behandelten Patienten, empathiekonträre Arbeitsbedingungen und nicht zuletzt unrealistische Vorstellungen über die Arztrolle im klinischen Alltag und im Vergleich mit den idealistischen Selbstansprüchen. Die Autoren stellen als Fazit fest, dass die Verminderung der Empathie mit zunehmendem Patientenkontakt ein Schutzmechanismus ist, durch den die in Ausbildung befindlichen Ärzte die Bewältigung von Belastungen und Stress auszugleichen versuchen. Diese Studie ist zwar für Europa in ihrer Aussagekraft begrenzt, deshalb werden von den Autoren weitere gut geplante, prospektive und multizentrische Studien empfohlen.

Eine weitere Studie wird seit 2008 in dem Forschungsvorhaben „Karriereverläufe von Ärztinnen und Ärzten in der fachärztlichen Weiterbildung" („KARMED") in Deutschland als Kohortenstudie durchgeführt. Sie untersucht den Karriereverlauf vom Berufseinstieg bis zur Facharztanerkennung mit qualitativen und quantitativen Methoden. An der Studie nehmen ca. 1.000 Absolventen des Medizinstudiums der medizinischen Fakultäten in Erlangen, Gießen, Hamburg, Heidelberg, Köln, Leipzig und Magdeburg teil. Mittels jährlicher standardisierter Fragebögen werden die Daten erhoben. Koehl-Hackert und Mitarbeiter aus Heidelberg stellten erste deskriptive Ergebnisse von PJ-Studenten des Standorts Heidelberg vor.[16] Von 127 Medizinstudieren-

---

16 Koehl-Hackert, N./Schultz, J. H./Nikendei, C./Möltner, A./Gedrose, B./van den Bussche,

den am Ende ihres PJ (Praktisches Jahr) im sechsten Studienjahr wurden die Daten der Empathie-Selbsteinschätzung mittels Jefferson Scale of Physician Empathy (JSPE)[17], die Burn-out-Dimensionen mittels Maslach Burnout Inventory (MBI)[18] und Fragen zur beruflichen Zufriedenheit und beruflichen Selbstwirksamkeit erhoben. Die Resultate ergaben, dass zum Zeitpunkt des PJ bei den Medizinstudierenden trotz hoher Empathiewerte bereits Symptome des Burn-out-Syndroms vorhanden waren. Je geringer die Empathie-Selbsteinschätzung lag, desto höher war das Ausmaß an Burn-out mit immerhin ca. 20 % der Studenten. Angehende Ärztinnen sind in höherem Maße betroffen. Die Ergebnisse dieser Teilstudie entsprechen in den Kernaussagen denen von Neumann et al.[19] Als Resümee dieser Ergebnisse empfehlen die Autoren, dass bereits im Medizinstudium damit begonnen werden sollte, Bewältigungsstrategien zu vermitteln, um die psychischen Belastungen beim Einstieg in den Beruf so gering wie möglich zu halten.

Ärztliche Empathie ist ein essenzielles Element der Arzt-Patient-Beziehung. Weitere Messinstrumente und Ergebnisse eigener Erhebungen dazu werden aus dem Forschungskreis um Melanie Neumann aus Witten/ Herdecke 2012 vorgestellt und diskutiert.[20] Dabei wird eine Auswahl von Empathie-Messinstrumenten genannt, die sich in den Bereichen der Patientenforschung und medizinischen Ausbildungsforschung anwenden lassen. Ein standardisiertes Instrument zur Einschätzung ärztlicher Empathie durch Patienten ist die Consulting and Relational Empathy (CARE) Skala[21]. Mercer und Reynolds haben diese Skala auf der Grundlage der von ihnen entwickelten theoretischen Konzeption von ärztlicher Empathie sowie anhand qualitativer Tiefeninterviews mit Patienten angewendet, weiter verbessert und validiert. In dieser Arbeit von Neumann et al. werden darüber hinaus weitere Testverfahren für

---

H./Jünger, J. (2012): „Belastet in den Beruf – Empathie und Burnout bei Medizinstudierenden am Ende des Praktischen Jahres". In: *Z Evid Fortbild Qual Gesundhwes.* 106 (2), S. 116–24.

17 Hojat, M./Mangione, S./Nasca, T. J./Cohen, M. J. M./Gonnella, J. S/Erdmann, J. B./Veloski, J./Magee, M. (2001): „The Jefferson Scale of Physician Empathy: Development and Preliminary Psychometric Data". In: *Educational and Psychological Measurement* 61 (2), S. 349–365.

18 Maslach, Ch./Jackson, S. E./ Leiter, M. P. (1996): *Maslach Burnout Inventory Manual.* Mountain View, Calif.: Consulting Psychologists Press; Enzmann, Dirk/Kleiber, Dieter (1989): *Helfer-Leiden: Stress und Burnout in psychosozialen Berufen.* Heidelberg: Asanger, S. 110–112.

19 Neumann, M./Edelhäuser, F. et al. (2011).

20 Neumann, M./Scheffer, C./Tauschel, D./Lutz, G./Wirtz, M./Edelhäuser, F. (2012): „Ärztliche Empathie: Definition, Outcome-Relevanz und Messung in der Patientenversorgung und medizinischen Ausbildung". In: *GMS Z Med Ausbild.* 29 (1):Doc11.

21 Mercer, S. W./Reynolds, W. J. (2002): „Empathy and quality of care". In: *Br J Gen Pract.* 52 Suppl, S. 9–12.

die medizinische Ausbildungsforschung zum Thema Empathie genannt und diskutiert.

4 Kommunikationstraining im reformierten Medizinstudium

Im Studium der Medizin wurde in Deutschland bisher nicht sichergestellt, dass ein Arzt mit dem Eintritt in das Berufsleben über professionelle kommunikative Kompetenz verfügt. Nur wenn er es schafft, empathisch zu kommunizieren und nicht nur technisch zu erklären, kann sich die heilsame Kraft der Empathie entfalten. Dieses wirkungsvolle Mittel in der Kommunikation einzusetzen, klingt einfach, ist aber, wie bereits erwähnt, aus zeitlichen Gründen im leistungsorientierten DRG-Zeitalter (Diagnosis Related Groups) nicht selbstverständlich.

Glaubte man früher, das Arzt-Patient-Gespräch wäre ein zusätzlicher Effekt zum verordneten Medikament, das den Heilungsprozess ein bisschen unterstützt, so wissen wir heute aus der Placebo-Forschung, dass die Wirkung des Gesprächs eigentlich viel größer ist.[22] Wenn der Arzt dem Patienten vermitteln kann, dass genau dieses Medikament richtig für ihn ist, wächst auch das Vertrauen des Patienten in dieses Medikament. Es konnte unter Studienbedingungen an Patienten gemessen werden, wie sich die Wirkung eines Medikaments verbessert, wenn die vermittelte Erwartungshaltung des Patienten groß ist. Die Kraft der Gedanken ist stark, stärker als viele Ärzte bisher angenommen haben.

Gelingt es uns nicht mehr, uns den Nöten, Ängsten und Bedenken der ambulanten und stationären Patienten zu stellen, dann ist de facto eine der Primärtugenden unseres Arztberufs verloren gegangen, nämlich die sprechende Medizin, das Zuhören, Einfühlen, Verstehen und Beraten.[23]

Die Arzt-Patient-Beziehung erfährt einen grundlegenden Wandel. Das traditionelle patriarchalische Verhältnis mit ausgeprägter Selbstgewissheit der Ärzte ist nicht mehr zeitgemäß. Der Patient hingegen muss seine passive Haltung zugunsten einer zunehmend emanzipierten und eigenverantwortlichen Rolle aufgeben. Das Modell der Zukunft besteht in einer Partnerschaft auf

---

22 Gross, H. (2013): „Wunderdroge Empathie: Nebenwirkungsfrei und hoch wirksam". In: *hautnah dermatologie* 29 (6), S. 343–346; Oeltjenbruns, J./Schäfer, M. (2008): „Klinische Bedeutung des Placeboeffektes". In: *Anaesthesist.* 57 (5), S. 447–63.
23 Gottschlich 2007.

gleicher Augenhöhe. Alle bedeutungsvollen Entscheidungen werden gemeinsam diskutiert, abgewogen und im Konsens getroffen. Hier der Experte mit exzellentem Fachwissen und seiner Erfahrung und dort der mündige und informierte Patient! Seit Jahren hat man diese Notwendigkeit erkannt und versucht nun, dieses Wissen bereits in der Ausbildung der jungen Mediziner zu vermitteln.

Neben der Charité in Berlin und dem Witten/Herdecke-Modell haben in Deutschland inzwischen zahlreiche Medizinstudiengänge, so etwa jene in Heidelberg, Köln, Bochum, Tübingen, Münster, Leipzig, Dresden, das Studium durch die Ausbildung in „Kommunikation in der Medizin" erweitert. Die Frage, die sich angesichts des Gesamtkonzeptes der medizinischen Ausbildung stellt, ist, wie und wann diese Kompetenz vermittelt werden sollte.

An der privaten Universität Witten/Herdecke haben die Studenten seit 2000 vom ersten Semester an Kontakt zu den Patienten und trainieren in Rollenspiel-Seminaren Kommunikationsfähigkeiten. Im weiteren Verlauf des Studiums wird diese Form der Kommunikation ersetzt durch reale Bedingungen mit echten Patienten. Die Ausbildung wird kontinuierlich evaluiert und angepasst. Den konzeptionellen Rahmen der Medizinerausbildung bildet dabei die Orientierung auf ein lebenslanges Lernen in den Spannungsfeldern von Funktionalität, Individualität, Typus und Individuum sowie eigenen Idealvorstellungen und der Realität.[24]

Damit sich die Studierenden an der medizinischen Fakultät in Heidelberg besser auf ihre verantwortungsvolle Rolle als Gesprächspartner für die Patienten vorbereiten können, trainieren sie im Rahmen des Heidelberger Curriculum Medicinale mit speziell ausgebildeten Simulationspatienten (Schauspielern) und Video-Auswertung.[25] Medi-KIT (Kommunikations- und Interventionstraining) wurde 2001 nach dem Vorbild von Lernformen der Bostoner Harvard Medical School, USA, entwickelt. Integrierter Bestandteil der Ausbildung in den Reformstudiengängen sind weiterhin die frühzeitigen Hospitationen in allgemeinärztlichen Praxen und das „bedsite-teaching".

---

24 Schnell, M.W./Langer,T. (2009): „Arzt-Patienten-Kommunikation im Medizinstudium. Die Integrierten Curricula an der Universität Witten/Herdecke". In: Langer, Thorsten/Schnell, Martin W. (Hg.): *Das Arzt-Patient-Patient-Arzt-Gespräch : ein Leitfaden für Klinik und Praxis*. München: Marseille, S. 189–200.
25 Smith, P. (2014): „Patientengespräch. Ärzte in spe üben mit Schauspielern". In: *Ärzte Zeitung*, 12.02.2014.

Sehr interessant ist ein Beitrag von Elsner et al.[26] von der RWTH Aachen. Hier besteht ein Modellstudiengang seit 2003. Medizinstudenten haben die Möglichkeit, in einem Wahlpflichtfach mit Qualifikationsprofil Palliativmedizin unter dem Thema „Der Patient als Lehrer" den Umgang mit angemessener Empathie zu lernen. Dabei geht es auch um den Abbau von Angst vor Kontrollverlust beim emotionalen Kontakt mit Schwerstkranken. Sie haben Gelegenheit, den Umgang mit Emotionalität, Nähe und Distanz unter geschützten und fachlich begleiteten Bedingungen zu erleben. Die sehr emotional geäußerten Reflexionen der Studenten im Kontakt und Umgang mit Sterbenskranken nach anfangs empfundenem Unbehagen und Unsicherheiten werden in zwei Zitaten von Studenten beispielgebend ausgedrückt:

> Tränen waren mit einem Mal nicht mehr peinlich, sondern erhielten die Bedeutung, die ihnen eigentlich immer zuteil sein sollte. Tränen sind der Ausdruck von Trauer. Von Trauer, Wut und Enttäuschung. Aber auch ein Zeichen der Verzweiflung, Angst und Erschöpfung. Es flossen einige Tränen bei unseren Treffen, aber nie habe ich das Weinen als bedrückend empfunden. Ich fühlte mich auch nur beim ersten Mal, als meinem Patienten die Tränen überkamen, hilflos. Ich wusste damals nicht, wie nun zu reagieren war. Instinktiv und mit einem leichten Zögern nahm ich seine Hand. Herr W. gab mir das Gefühl, dass es richtig ist.[27]

> Ich bin der Auffassung, dass sich das Seminar gelohnt hat und die gewünschten Ziele erreicht worden sind. Zu Beginn des Seminars hat mich ein Bekannter gefragt, ob es nicht zu früh sei, im 4. Semester einen solch intensiven Kontakt zu todkranken Menschen zu haben und ob mich die Treffen mit Frau S. nicht abschrecken würden, da ich sehen würde, dass die Medizin auf diesem Gebiet versage. (.....) Somit bin ich der Auffassung, dass es mir hilfreich sein wird, dass ich in einem solch frühen Stadium meiner Ausbildung schon an meine Grenzen geführt worden bin und somit für solche Situationen ‚vorsensibilisiert' wurde.[28]

Ab 2016 sollen alle Studierenden der Humanmedizin in Pflichtkursen nach der Ärztlichen Approbationsordnung, Stand 2013, in ärztlicher Gesprächsfüh-

---

26 Elsner, F./Jünger, S./Pestinger, M./Krumm, N./Radbruch, L. (2006): „Der Patient in der Rolle des Lehrers. Erfahrungen im Rahmen eines Lehrprojektes an der Klinik für Palliativmedizin in Aachen". In: *Z Palliativmed*. 7 (4): S. 131–135.
27 Ebd., S. 134.
28 Ebd., S. 135.

rung ausgebildet und geprüft werden, so der Auftrag an die Medizinischen Fakultäten der deutschen Universitäten.

5 Fehlende Zeit – der Todfeind der Empathie

Nicht nur in der ambulanten Betreuung, sondern besonders auch in den operativen Fächern der Klinik besteht ein scheinbar nicht zu lösender Zeitmangel.

Der Arzt hetzt von der Visite in den OP-Saal, weicht den fragenden und hilfesuchenden Blicken der Patienten aus, um sich nicht vom OP-Organisator eine Abmahnung wegen Zuspätkommens einzuhandeln.

Danach sind OP-Berichte fällig, eingetroffene Befunde sind zu sichten, um daraus die erforderlichen diagnostischen und therapeutischen Anordnungen zu veranlassen. Entlassungsbriefe sind für den nächsten Tag zu diktieren, der OP-Plan für morgen muss stehen, und die zu operierenden Patienten müssen noch umfangreich über die möglichen Komplikationen aufgeklärt werden. Die Patienten haben, da sie sich bereits mehr oder weniger andernorts informiert haben, auch noch viele Fragen, die nicht immer in kurzer Zeit beantwortet werden können. Dabei sind dann auch kritische Fragen und Bemerkungen zu erwarten, durch welche die Geduld des Arztes strapaziert wird. Das geht nicht zwischen Tür und Angel.

Zwischendurch klingelt nunmehr am späten Nachmittag auch noch ständig das Telefon: In der Rettungsstelle sitzt eine Patientin mit Unterbauchschmerzen, die sich schon beschwert hat, weil sie mehr als 30 Minuten wartet und nichts geschieht. Für den gestressten Kollegen und vor allem auch für die Patientin in der Rettungsstelle sind das schlechteste Voraussetzungen für eine empathische Begegnung. Und dabei ist die Aufzählung der Aufgaben im Klinik-Alltag noch lange nicht vollständig.

Auch die Bürokratie hat ihren Preis. Die Leistungsstatistiken einschließlich der Qualitätskriterien sind wiederum Grundlage für die regelmäßigen Diskussionen im Team und mit dem Chefarzt, der seine Bilanzen gegenüber dem Direktorium zu verteidigen hat und aus verständlichen Gründen nicht wieder wegen sinkender Fallzahlen zur Ordnung gerufen werden möchte.

Auf Essens- und Pausenzeiten muss vielfach verzichtet werden. Ein allgemeiner Kräfteverlust ist vorprogrammiert. Man möchte nach dem Prinzip „Ohne mich geht nichts!" alles richtig machen. Die Gedanken sind immer einen Schritt voraus. Und dann beklagen sich auch noch einige Patienten, dass die Assistenz-Ärzte mit einem so furchtbar gestressten Gesicht über den Stationsflur laufen und nicht einmal freundlich grüßen.

Und irgendwann spät abends ist der Arbeitstag in der Klinik zu Ende. Vielleicht warten dann noch Aufgaben in der Familie. Die Weiterbildung ist auf das Wochenende verschoben, ebenso die nicht so dringlichen Aufgaben.

Wie reagiert der Arzt auf diese permanenten und vielfältigen Stressoren, wie ändert sich sein psychisches, physisches und mentales Leben? Was geschieht in seinem Umfeld? Wie reagieren die Mitmenschen und Kollegen, was davon hilft ihm, was nicht? Ist er auf Dauer noch verantwortungsvoll handlungsfähig? Liegt er wach am Morgen und grübelt? Ist er enttäuscht, ärgerlich, fordernd, ängstlich, deprimiert? Kämpft er weiter oder gibt er auf, zieht er die Notbremse?

Langsam und schleichend, anfangs noch unbewusst, reagiert der eigene Körper auf dieses Dilemma, auf diese andauernden Stressauslöser. Emotionale Erschöpfung, Übermüdung, Antriebsschwäche, Gleichgültigkeit, Ineffektivität und vielleicht auch Misserfolge stellen sich ein. Empathie-Defizite bis zum Empathie-Verlust treten auf.

Seit 1974 kennen wir durch die wissenschaftlichen Arbeiten des amerikanischen Psychologen Herbert Freudenberger diese Symptome als Burn-out-Syndrom, das „Ausgebranntsein".[29] Die seitdem erschienenen Veröffentlichungen zu diesem Thema sind heute kaum noch übersehbar, ein Indiz für den hohen Stellenwert, den dieses Syndrom in der Gesellschaft inzwischen eingenommen hat.

Für den Begriff „Burn-out" besteht keine einheitliche wissenschaftliche Definition. Er beschreibt „nur" einen Befund von hoher gesellschaftlicher Praxisrelevanz, wird aber deshalb nicht als Diagnose im Sinne von Krankheit geführt und mit keiner Diagnosenummer versehen.

Wesentliche Erkenntnisse trugen die Untersuchungen der Sozialpsychologin Christine Maslach und ihrer Mitarbeiter[30] bei. Sie entwickelten einen Selbstbeurteilungstest (Maslach-Burnout-Inventory, MBI), der sich an den drei folgenden Kernaussagen orientiert:

---

29 Freudenberger, H. J. (1974): „Staff Burn-Out". In: *Journal of Social Issues* 30 (1): S. 159–165.
30 Maslach, Ch./Jackson, S.E./ Leiter, M.P. (1996): *Maslach Burnout Inventory Manual.* Mountain View, Calif.: Consulting Psychologists Press.

1. *Emotionale Erschöpfung*
   Gefühl der Niedergeschlagenheit, emotionale Überforderung, Widerwillen gegen Arbeit. „Ich habe keine Kraft mehr dafür.", „Ich habe zu viele Fragen, finde keine Antworten.", "Warum mache ich das überhaupt?", „Ich fühle mich leer.", „Die Dienste stehe ich nicht mehr durch.", „Ich brauche dringend Urlaub."
2. *Depersonalisation*
   Reduziertes Engagement für und Gleichgültigkeit gegenüber Patienten. Sie ist meistens charakterisiert durch gefühllose, gleichgültige, sarkastische oder zynische Einstellung des Arztes. Reduzierung der ärztlichen Tätigkeit auf das zeitlich und inhaltlich eben notwendige Maß, Schuldgefühle, Vermeiden sozialer Kontakte, Rückzug in das eigene häusliche Milieu stehen neben dem Absolutheitsanspruch und dem äußeren Anschein der Unantastbarkeit als typisches Verhalten der Depersonalisation. Auch fatalistischer Gleichmut kann keine Empathie generieren.
3. *Abnahme der persönlichen Leistungsfähigkeit, Leistungsunzufriedenheit*
   „Ich fühle mich müde." Anfangs nimmt die Leistungsfähigkeit unter dem Einfluss des eigenen Willens zwar zu, fällt dann allerdings mit zunehmendem Verlust dieser Ressource deutlich und rasch ab. Generelle Unzufriedenheit, nicht nur auf die ärztliche Tätigkeit bezogen, ist ein alle Krankheitsphasen begleitendes Grundgefühl des Burn-outs. Sie betrifft die Vielzahl der Verwaltungsvorschriften, Dokumentationsvorschriften, Rationalisierungen, Übernahme arztfremder Leistungen, drohende strukturelle Veränderungen in der eigenen Einrichtung, Strukturwandel im Gesundheitswesen mit Beschränkungen und einschneidenden Budgetierungen etc., aber auch Patienten mit fachlich ungerechtfertigten Ansprüchen und menschlich unangemessenem Verhalten.

Unzufriedenheit nimmt auch direkten Einfluss auf die Motivation für die fachliche Arbeit. Das Beschwerdebild des Burn-outs vollzieht sich zumeist in Phasen.

Der Mensch ist in der *ersten Phase* überschießend hochaktiv, er bemerkt selbst nicht bewusst, dass Erschöpfungszustände eintreten.

Werden anfangs eigene Gefühle zum Wiederaufbau und zur Regeneration nicht mehr wahrgenommen, tritt Verärgerung ein, die sich bereits in sarkastischen und zynischen kommunikativen Reaktionsformen empathie-feindlich äußert. Davon zeugen Ärzte-Witze, die diese Situation stark übertrieben ausdrücken:

„Herr Doktor, können Sie mir helfen?" – „Hm, ich verschreibe Ihnen erst einmal Moorbäder." – „Und die helfen mir?" – „Nein, aber Sie gewöhnen sich schon mal an die feuchte Erde." (*Sarkasmus*)

Der Arzt wird mitten in der Nacht gerufen. Nach der Untersuchung fragt er den Patienten: „Haben Sie schon Ihr Testament gemacht?" – „Nein Herr Doktor, ist es denn wirklich schon so schlimm?" – „Lassen Sie einen Notar kommen und rufen Sie sofort Ihre nächsten Verwandten an!" – „Meinen Sie, dass es mit mir zu Ende geht?" – „ Das nicht, aber ich will nicht der Einzige sein, der mitten in der Nacht sinnlos aus dem Bett geholt wird." (*Zynismus*)

„Sie haben eine sehr seltene und sehr ansteckende Erkrankung. Wir müssen Sie auf die Isolierstation verlegen. Sie werden nur Spiegelei und Kartoffelpuffer bekommen." – „Werde ich denn davon wieder gesund?" – „Nein, aber das ist das Einzige, was sich unter der Tür durchschieben lässt." (*Abwehr*)[31]

In einer *zweiten Phase* entwickeln sich Flucht und Rückzug, der Kontakt zum Patienten wird minimiert. Der Patient wird so zum „Fall", zur „Diagnose", zum „Therapieschema". Der Arzt verliert zunehmend seine Mitmenschlichkeit. Er baut unwissend Distanz auf, verliert Vertrauen und Empathie, wird gefühllos und zieht sich immer mehr auch aus den sozialen Kontakten zurück. Angst und Gleichgültigkeit treten auf. Der Eine oder Andere flüchtet in sportliche Aktivitäten oder völlige Muße.

Schließlich endet das Beschwerdebild in einer *dritten Phase* der Isolation und Passivität mit der zunehmenden Leere, die auch bewusst wird. Für die Außenstehenden „...ist etwas mit dem (....) passiert". Es besteht die Gefahr, dass psychosomatische Beschwerden verstärkt in den Vordergrund treten und letztlich Hoffnungslosigkeit, existentielle Verzweiflung und suizidale Gedanken zum Vollbild der schweren Depression führen. Mitunter besteht in dieser

---

31 Zitiert nach Bergner, Thomas M. H. (2010): *Burnout bei Ärzten : Arztsein zwischen Lebensaufgabe und Lebens-Aufgabe*. Stuttgart: Schattauer, S. 36–37.

Phase ein reaktiv bedingtes Suchtverhalten, Alkohol-, Nikotin – und/oder Medikamentenabusus.

Es hat sich gezeigt, dass die Symptome des Burn-outs ubiquitär in allen Bevölkerungsschichten und Lebensaltern auftreten können. Bereits in der Schule sind Zeichen dieses Belastungssyndroms unter dem enormen Leistungsdruck und dem Streben nach Bestnoten sichtbar. Wir nehmen zur Kenntnis, dass auch gerade im Medizinstudium und in der Weiterbildung die psychosoziale Kompetenz aus den oben genannten Gründen eingeschränkt ist und bei Überforderung Burn-out-Symptome auftreten, die zu einem Empathieverlust führen.

Die Warnsymptome erklären sich aus den zu beobachtenden Veränderungen der Betroffenen:

- *Emotionen:* Reizbarkeit, Stimmungsschwankungen, Ärger, massiver Empathieverlust und Versagensängste
- *Kognition:* Konzentrationsstörungen, zunehmende Entscheidungsunfähigkeit, ausgeprägter Pessimismus, sinkende Arbeitsmoral und Arbeitsleistung
- *Körperlich/physisch:* Schlafstörungen, Bluthochdruck, Kopf- und Magenschmerzen – alles Beschwerden, die zuvor nicht vorhanden waren.

Bei Medizinern ein Burn-out zu diagnostizieren, ist extrem schwierig und problematisch. Für Ärzte ist dieses Thema ein Tabu, weil in der Regel eine Überforderung oder die Anerkennung der genannten Ursachen, auch der überhöhten Selbstansprüche, negiert werden. Zunächst der Tatsache geschuldet, dass Ärzte eher selten zum Arzt gehen, werden die Warnsymptome nicht beachtet. Versagensgefühle, Empathieverlust und verringertes Konzentrationsvermögen werden schambesetzt tabuisiert. Hier gelten in der Diagnostik und Behandlung die gleichen Grundsätze, mit Empathie auf den Kollegen zuzugehen, in offener und vertrauensvoll-einfühlsamer Kommunikation und dennoch neutral die Verleugnung aufzulösen und die eigentlichen Ursachen, nämlich die Stressfaktoren, die Zeitprobleme, die beruflichen, familiären und sonstigen Besonderheiten, die das Burn-out ausgelöst haben, zu erkennen.

Die beiden Österreicherinnen Alice und Marina Sendera haben 2013 ein Buch geschrieben: „Trauma und Burnout in helfenden Berufen. Erkennen, Vorbeugen, Behandeln – Methoden, Strategien und Skills"[32]. Wesentliche Kern-Aussagen zur Vermeidung und Therapie des Burn-outs sind:
- Automatismen durchbrechen,
- Deeskalationstraining,
- Entspannungsverfahren.

Das klingt zunächst sehr einfach, ist es aber nicht. Die Therapie eines von Burn-out Betroffenen ist extrem schwierig, sehr komplex gestaltet und mit einem hohen Zeitaufwand verbunden. Ob, wie und wie lange eine Therapie erfolgreich ist, hängt entscheidend von der Einsicht und Mitwirkung des Betroffenen ab, aber auch von der Bereitschaft anderer bei der beruflichen und privaten Wiedereingliederung.[33]

Der gravierende Fachkräftemangel an medizinischem Personal (ca.12.000 Ärzte und 70.000 in der Pflege Beschäftigte fehlen) muss unter Berücksichtigung der gegenwärtigen und zukünftigen gesellschaftlichen Bedingungen mit allen Mitteln beseitigt werden, auch gegen die profitorientierte Ökonomisierung des Gesundheitswesens. Die durchgeführten Studien über den tatsächlichen Fachkräftebedarf sind widersprüchlich. Laut einer Studie der Unternehmensberatung Roland Berger vom Oktober 2013 werden 2015 in Deutschland 175.000 Ärzte und Pflegekräfte fehlen.[34]

6 Chance „Generation Y"?

Wie wird die Zukunft der Empathiefähigkeit und der Resistenz gegen das Burnout-Syndrom der Ärzte aussehen? Kehren wir zurück zu den Eingangsbemerkungen mit der Forderung nach einer „menschlichen" Medizin.

---

32 Sendera, Alice/Sendera, Martina (2013): *Trauma und Burnout in helfenden Berufen: Erkennen, Vorbeugen, Behandeln – Methoden, Strategien und Skills*. Wien: Springer.
33 Weimer, S./Kraus, T. (2011): „Herr L – Diagnose Burn-out". In: *Psychotherapeut* 56 (3): S. 239–246; Rahner, Edith (2011): *Das Burnout-Syndrom bei Ärzten: eine qualitative Studie zur Selbstwahrnehmung von Ursachen und Lösungsansätzen*. Berlin, Freie Univ., Diss.
34 Berger, Roland (2013): Fachkräftemangel im Gesundheitswesen. http://www.rolandberger.de/ media/ pdf/Roland_Berger_Fachkraeftemangel_im_Gesundheitswesen_20131028.pdf (letzter Zugriff: 28.02.2014).

Es ist eine neue Generation von Ärzten, die in Kliniken und Praxen Einzug hält. Sie unterscheidet sich in Vielem von den „Alteingesessenen". Man nennt sie die „Generation Y", Nachfolger der „Generation X". Nach dem Erscheinen des Romans *Generation X – Geschichten für eine immer schneller werdende Kultur* des Kanadiers Douglas Coupland[35] (Original erschienen im Jahr 1991) wurde die „Generation X" zum Begriff für die in den 1970er Jahren Geborenen.

In einer auswertenden Literaturrecherche wurden von Schmidt et al. die Unterschiede der Generationen aufgelistet.[36]

Das Verhältnis zur Arbeit ist in der Generation der *„Babyboomer"* (Geburtsjahrgänge 1946–1964) als ehrgeizig, aufstrebend, gerechtigkeitsorientiert, mit stark strukturiertem Arbeitsstil beschrieben: „Leben, um zu arbeiten". Privatleben wird zugunsten des Berufes zurückgestellt, Titel und Berufsbezeichnung sind sehr wichtig, es zählen Leistung und Erfolg, Abheben von der Masse und Konkurrenzverhalten.

Die *„Generation X"* (Geburtsjahrgänge 1965–1980) ist eher unabhängig, pragmatisch und flexibel, neigt zu pessimistischer Grundeinstellung und ist individualistisch ausgerichtet. Sie prägt den Begriff der „work-life-balance", löst sich aber nicht aus den Strukturen der „Babyboomer". Das traditionelle Familienbild ändert sich, Kindererziehung wird nicht mehr als reine Frauensache angesehen, gesellschaftlich akzeptierte Auszeiten (Elternzeit) werden zunehmend modern. Die Motivation besteht in: „Arbeiten, um zu leben".

Ganz anders stellt sich die neue *„Generation Y"* dar (Geburtsjahrgänge ab 1981). Sie hat ein hohes Selbstbewusstsein und ist weniger kritikfähig, arbeitet sehr aktiv mit allen IT-Medien, Laptop, Smartphone, ist polyglott und mit aller Welt in Kommunikation. Diese Generation denkt pragmatisch, ist kooperativ und in Netzwerken aktiv. Hierarchien werden ebenso abgelehnt wie Überstunden. An den Arbeitsplatz werden hohe Anforderungen gestellt, dafür ist sie flexibel, ergebnisorientiert, arbeitet hart, gerne und konzentriert. Diese Generation fordert, was alle immer wollten: optimale Ausbildung, gute Supervision, optimale Führung mit Kompetenz und fachlicher Anleitung, Freiraum für eigene Problemlösungen, viel Feedback und Wertschätzung sowie strukturier-

---

35 Coupland, Douglas (1995): *Generation X: Geschichten für eine immer schneller werdende Kultur.* Roman. München: Goldmann.

36 Schmidt, C. E./Möller, J./Schmidt, K./Gerbershagen, M. U./Wappler, F./Limmroth, V./Padosch, S. A./ Bauer, M. (2011): „Generation Y, Rekrutierung, Entwicklung und Bindung". In: *Anaesthesist.* 60 (6): S. 517–24.

te und transparente Weiterbildung. Akademische Titel und Geld stehen (noch) nicht so sehr im Vordergrund, wichtiger ist eine fundierte Ausbildung und ein anspruchsvoller Job mit guten Arbeitsbedingungen.

Neu und problembelastet für die Vorgängergenerationen, die mit noch bestehenden Hierarchien leben, ist die Einstellung der „Generation Y" zur Familie, zur Freizeit und zu Freunden. Sie wollen auch Spaß und bestehen auf Freizeit. Die Bedeutung der Familie wird in konservativem Sinne neu entdeckt und genießt höchste Priorität. Das Leitmotiv dieser Generation ist: „Leben beim Arbeiten". Die „Babyboomer" werden von ihr als Workaholics und die Vertreter der „Generation X" als „Jammerlappen" bezeichnet.

Haben diese technikaffinen und globalisierten jungen Menschen, wenn sie den Arztberuf ergreifen wollen, das Potenzial, die althergebrachten und vielfach beklagten verkrusteten Strukturen der Krankenhäuser und des Gesundheitswesens allgemein aufzubrechen?

Von dieser Generation wird es abhängen, wie Professionalisierung und Wettbewerbsfähigkeit bei ständiger Qualitätskontrolle in der zukünftigen Medizin Bestand haben werden. Zumindest zeichnet sich ab, dass die Voraussetzungen nicht besser sein können. Die medizinischen Fakultäten der deutschen Universitäten tragen dem Rechnung, indem sie Reformstudiengänge einrichten mit neuen Lehr- und Lernmethoden. Die Medizinstudenten werden von Beginn an näher an die Patienten herangeführt, lernen richtig zu kommunizieren, können mit ihrem Leitmotiv „Leben beim Arbeiten" ihre ureigenen Interessen mit Empathie in ihrer ärztlichen Tätigkeit verwirklichen.

Wenn es dieser neuen Arztgeneration gelingt, die zeitfressenden Störfaktoren für ärztliches Handeln (Arbeitsbedingungen) durch Innovationen und strukturelle organisatorische Veränderungen abzubauen, Arbeitsinhalte zu verbessern und die sozialen, Kommunikations- und Managementfähigkeiten weiterzuentwickeln, dann kann man damit rechnen, dass sie sich weitgehend der Burn-out-Falle entziehen kann.

Das aber bedeutet insgesamt, dass im deutschen Gesundheitswesen auch entscheidende Strukturveränderungen erforderlich sind, bei denen die Generation 50+ und die „Generation X" unentbehrliche Leistungsträger bleiben.

Die politischen Entscheidungsträger beginnen, wenn auch langsam, sich auf die neue Situation einzustellen. Die ehemalige Bundesministerin für Familie und Soziales, Frau Dr. von der Leyen, hat auf dem 59. Kongress der Deutschen Gesellschaft für Gynäkologie und Geburtshilfe im Oktober 2012 die Festrede „Zur Vereinbarkeit von Beruf und Familie" mit starkem Bezug und Beispielen aus ihrem Leben gehalten und damit ein wichtiges gesellschaftspolitisches Zeichen gesetzt.[37] Wenn man allerdings bedenkt, dass heute im Fachgebiet Frauenheilkunde der Frauenanteil unter den Assistenten bereits bei ca. 80 % liegt und man den Kinderwunsch dieser Frauen berücksichtigt, dann ist die eingeforderte Vereinbarkeit von Familie und Beruf nicht unproblematisch.[38] Auf Leitungsebenen ist der Frauenanteil noch wesentlich geringer, aber mit leicht steigender Tendenz.

Zum Abschluss möchte ich auf eine konzertierte Initiative der Kassenärztlichen Bundesvereinigung (KBV) und im Speziellen der Haus- und Fachärzte hinweisen, die am 26. April 2013 in der besten Sendezeit der ARD eine Minute vor 20 Uhr gestartet wurde. Sie läuft über mehrere Jahre und kostet insgesamt mit groß angelegten Plakataktionen 16 Millionen Euro. Niedergelassene Ärzte kommen dabei zu Wort und möchten uns vermitteln: „Wir arbeiten für Ihr Leben gern". Das klingt so empathisch gut.

Diese Initiative ist auch gegen die Polemik der Medien gerichtet, die undifferenziert Ärzte als Pfuscher diffamieren und ihnen korrupte Beweggründe unterstellen. Gleichzeitig will sie für befähigte junge Menschen Anreiz und Motivation geben, Medizin zu studieren, um damit den existierenden Fachkräftemangel zu reduzieren. Sie wirbt darum, den Arztberuf mit Empathie in einem attraktiven und unverändert hoch entwickelten Gesundheitswesen in Deutschland auszuüben und die Zukunft der ärztlichen Versorgung in allen Regionen zu sichern.

Vielleicht gelingt es der medizinisch tätigen „Generation Y", ärztliches und pflegerisches Ethos, Beruf, Familie und Entschleunigung in einer stetig wachsenden Leistungsgesellschaft besser in Einklang zu bringen und die Mahnung von Joachim Ringelnatz zu beherzigen:

> Du weißt nicht mehr wie die Blumen duften,
> kennst nur die Arbeit und das Schuften...
> ...so geh'n sie hin die schönsten Jahre,
> am Ende liegst du auf der Bahre
> und hinter Dir da grinst der Tod:
> Kaputtgerackert – Vollidiot.

---

[37] von der Leyen, Ursula (2012): „Zur Vereinbarkeit von Beruf und Familie". Festrede der Bundesministerin Dr. med. Ursula von der Leyen anlässlich der Eröffnung des 59. DGGG-Kongresses. In: *Frauenarzt* 53 (12): 1148–1152.

[38] Richter-Kuhlmann, Eva A. (2009): „Deutscher Ärztinnenbund: Familienfreundliche Arbeitsbedingungen gefordert". In: *Dtsch Ärztebl.* 106 (22): A-1078 / B-918 / C-890.

UTE BERNDT

Empathie und Tabu(bruch) in der ärztlichen Kommunikation mit Karzinompatienten

„*Es gibt in einem anderen Menschen nichts, was es nicht auch in mir gibt. Dies ist die einzige Grundlage für das Verstehen der Menschen untereinander.*" Erich Fromm

Eine repräsentative Forsa-Studie befragte von Ende Oktober bis Mitte November des Jahres 2013 ca. 3000 Frauen und Männer zum Thema gesundheitsbezogene Ängste. Rund 67 Prozent der Befragten haben am meisten Furcht vor einer Krebserkrankung, gefolgt von der Angst, an Alzheimer oder Demenz zu erkranken, mit 51 Prozent.[1] Das Risiko, im Laufe eines Lebens an Krebs zu erkranken, beträgt bei Männern 51% und bei Frauen 43%.[2]

Krebs ist keine Erkrankung unserer Zeit. Sie ist bereits seit der Antike bekannt und war seinerzeit aufgrund der jedenfalls damals noch sehr schlechten Prognose gefürchtet. Das beweisen historische Aufzeichnungen über Krebserkrankungen, die bereits bei den alten Ägyptern 3000 vor Christi Geburt zu finden sind. Auch Therapiebemühungen sind dokumentiert, so z. B. in indischen Schriften in der Zeit um 2000 vor Christi, die über operative Entfernung solcher Tumoren, deren Ausbrennen oder Behandlung mit arsenhaltigen Mixturen berichten.[3]

Vor allem im 20. und 21. Jahrhundert wurden wesentliche Fortschritte in der Krebsfrüherkennung und -therapie erreicht. So sagen jüngste Schätzungen des Robert-Koch-Institutes im Hinblick auf die relativen 5-Jahres-Überlebens-

---

1 http://www.aerztezeitung.de/medizin/krankheiten/krebs/article/850962/dak-umfrage-groesste-furcht-krebs-demenz.html vom 02.12.13, (Zugriff am 10.02.2014).
2 Robert-Koch-Institut (2013): *Krebs in Deutschland 2009/2010*, 9. Ausg. Zentrum für Krebsregisterdaten, Gesundheitsberichterstattung des Bundes S. 19.
3 Donegan William L. (2002): „An Introduction of the history of breast cancer". In: Donegan, William L./Spratt, John Stricklin: *Cancer of the Breast*. Philadelphia: Saunders. S. 1.

raten der Diagnosejahrgänge 2009 und 2010 für Männer 61% und für Frauen auf 67% Überlebenswahrscheinlichkeit voraus.[4]

Obgleich es in den letzten Jahren eine zunehmende mediale Öffnung gegenüber dem Thema Krebs gegeben hat, gilt es für viele Menschen nach wie vor als Tabu. In einer Gesellschaft, in der das Streben nach Leistung, Erhalt der Jugend, Vitalität und der damit verbundenen Attraktivität eine wesentliche Rolle spielt, hat das Nachdenken über Krankheiten oder gar das Lebensende wenig Platz. Wurde in früheren Kulturen den Älteren besonderer Respekt gezollt, so wie etwa dem sogenannten „Dorfältesten", der in der Gemeinschaft das Sagen hatte, finden heute viele gut qualifizierte und vitale Menschen über 50 aus Altersgründen keine Arbeit mehr. Selbst die Werbeindustrie reagiert mit einem geschickten Schachzug: Sie hat die Älteren als große Gruppe potentieller Kunden mit dem Idealbild der Jugendlichkeit zu verbinden versucht und wirbt mit dem Bild der „jung gebliebenen Alten". Altern, Krankheit und Sterben aus dem Bewusstsein zu verdrängen, ist heute einfacher geworden, da die familiären Bindungen loser zu sein scheinen. Die Familien in Mitteleuropa sind aufgrund der Geburtenentwicklung kleiner geworden. Die Familienmitglieder leben heute häufig in großen räumlichen Distanzen zueinander. Das Leben in einer Großfamilie mit mehreren Generationen unter einem Dach, in denen Krankheit und Tod der Älteren von den anderen Generationen miterlebt und begleitet werden, ist selten geworden. Die Auseinandersetzung mit Krankheit, Bedürftigkeit, Sterben und Tod löst bei vielen Menschen ein verständliches Unbehagen aus, weil man aus der Verdrängung gerissen wird, dass auch das eigene Leben endlich ist. Den Tod als zum Leben gehörend zu akzeptieren und nicht als „Betriebsunfall" in der Medizin zu interpretieren, fällt vielleicht auch deshalb schwer, weil viele Menschen keine enge spirituelle Bindung mehr haben und dadurch alle Hoffnung zu erlöschen scheint. So blenden Gesunde den Gedanken daran üblicherweise aus.

In den Augen vieler Menschen ist Krebs ein schicksalhaftes Ereignis, das sich nicht beeinflussen lässt und meist tödlich endet. Manche Patienten äußern auch Scham über ihre Erkrankung und haben Mühe, mit den nächsten Angehörigen darüber zu sprechen. Vincent DeVita, ehemaliger Direktor des amerikanischen NCI (National Cancer Institute), beschreibt es wie folgt:

---

4   Robert-Koch-Institut 2013, S. 19.

People were ashamed if they had it and nobody wanted to be seen if they had it. It was a stigma and the American people to this day, the disease they fear the most is cancer.⁵

Die Diagnose Krebs wird in der Bevölkerung nicht nur mit Siechtum, Sterben und Tod gleichgesetzt, auch typische Krebsstigmata wie die Chemotherapie bedingte Haarlosigkeit, Übelkeit und Erbrechen sowie starker Gewichtsverlust bei fortgeschrittenen Tumorerkrankungen werden assoziiert und lösen große Ängste aus.

Rückblickend betrachtet erscheint Krebs bis in die 1970er Jahre hinein besonders tabuisiert. Paul Hühnerfeld rezensiert 1955 in *Die Zeit* Arthur Koestlers „Die Geheimschrift – Bericht eines Lebens". Koestler beschreibt darin den Umgang Sigmund Freuds mit seiner Lippenkrebserkrankung:

> Freud wusste, dass das ‚Ding' an seiner Lippe Krebs war. Aber er erwähnte das Wort nie ... Der Zerstörer der Tabus hatte sich selbst ein Tabu errichtet...⁶

Hühnerfeld befasste sich auch in seinem Essay-Band *Macht und Ohnmacht der Medizin* mit der Erkrankung Krebs und ihrer gesellschaftlichen Wahrnehmung.

> In einer Zeit, wo in Betten leise, geräuschlos und möglichst uniform gestorben wird, wirkt der krebskranke Mensch mit den schrecklichen Verwüstungen, die er in sich birgt, mit seinen grausamen Schmerzen wie eine geradezu mittelalterliche Existenz. Krebs ist in den Augen der modernen Menschen die letzte wirklich schaurige Seuche aus jener mittelalterlichen Reihe Pest, Pocken, Lepra ...⁷

In den letzten 20 Jahren ist eine allmähliche Enttabuisierung der Erkrankung zu erkennen. Dies zeigt sich unter anderem in einer Veränderung der öffentlichen Diskussion. Es ist eine rasant wachsende Informationsdichte zu verzeichnen, vor allem durch das Internet, die einer breiten Masse zugänglich ist. So

---

5 Burns, Ken http://www.emperorofallmaladies.org/ (Zugriff: 10.02.2014).
6 Hühnerfeld, Paul (1955): „Arthur Koestlers ‚Die Geheimschrift – Bericht eines Lebens. 1932 bis 1940'". In: *Die Zeit*, Nr. 26" http://www.zeit.de/1955/26/arthur-koestlers-analyse (Zugriff: 10.02.2014).
7 Hühnerfeld, Paul zitiert In: „Krebs Krankheit des Jahrhunderts. Die letzte Seuche". In: *Der Spiegel* 7/1965, S. 74.

gibt es umfassende Informationsmöglichkeiten, z. B. durch den Krebsinformationsdienst oder die Deutsche Krebsgesellschaft in Form von Informationsbroschüren und Internetseiten. Es findet eine Vielzahl von Patientenveranstaltungen mit informativen Vorträgen und Expertenbefragungen statt. Ein Teil der Patienten ist in Selbsthilfegruppen aktiv und sucht gezielt den Austausch mit Betroffenen. So sind manche Patienten erstaunlich gut informiert und können dadurch an der Therapieentscheidung besser teilhaben. Von den Medizinern werden sie bisweilen scherzhaft, bisweilen anerkennend als „Diplompatienten" bezeichnet. Eine Reihe von Patienten haben ihre Krankheitsgeschichten aufgeschrieben und als Bücher veröffentlicht. Zu den viel beachteten veröffentlichten Krankheitsgeschichten gehören die Tagebuchaufzeichnungen von Maxie Wander in dem von ihrem Mann 1980 herausgegebenen Buch: *Leben wär' eine prima Aternative – Tagebuchaufzeichnungen und Briefe*.

Mittlerweile sehr bekannt geworden ist das Engagement von Annette Rexrodt von Fircks, die mit 35 Jahren an Brustkrebs erkrankte und mehrere sehr erfolgreiche Bücher zum Thema Krankheitsbewältigung nach Krebs geschrieben hat. In ihrem Buch ... *und flüstere mir vom Leben* beschreibt sie eindrucksvoll ihren Diagnoseschock:

> Um mich herum wurde es still, es gab kein oben und kein unten mehr, die Erde hörte auf sich zu drehen, die Zeit blieb stehen, ich war alleine, ganz alleine mit mir. Ich hörte mein Herz klopfen, spürte meinen Atem, Tränen wollten fließen, aber sie kamen nicht. War das nur ein Albtraum? Ich wollte raus aus diesem Traum, aber er war Wirklichkeit: Vor ein paar Augenblicken hatte man mir vorsichtig eröffnet, dass ich Brustkrebs habe, einen riesigen Tumor, der die ganze Brust befallen hatte. Ich spürte durch die Betroffenheit der Ärzte und Schwestern, wie es um mich stand, und ich wusste nur zu gut, dass die besten Chancen einer Heilung bei Brustkrebs nur dann bestehen, wenn der Tumor rechtzeitig erkannt wird, also noch sehr klein ist. Ich war wie betäubt. Wem sollte ich diese Nachricht mitteilen, meinem Mann, meinen Eltern, wer konnte mir in dieser Situation helfen und Mut machen? Noch nie zuvor war mir so deutlich klar geworden, wie allein man sein kann, wenn man am Abgrund steht.[8]

Obgleich die überwiegende Mehrzahl der Patienten die Diagnose als Trauma erlebt, entwickelt jedoch nur ein Teil der Patienten eine psychische

---

8 Rexrodt von Fircks, Annette (2001): ...*und flüstere mir vom Leben: Wie ich den Krebs überwand*. München: Ullstein.

Störung mit Krankheitswert. Die Prävalenz psychischer Störungen bei Krebspatienten wurde in zahlreichen Studien untersucht. Aufgrund unterschiedlicher Patientenpopulationen und Messinstrumente ist eine große Streubreite festzustellen. Mitchell et al. (2011) berichten im Ergebnis ihres Reviews von 30–40% der Karzinompatienten, bei denen während ihres Klinikaufenthaltes eine affektive Störung vorlag.[9] Auch Patienten, die keine direkte psychische Komorbidität aufweisen, zeigen mehrheitlich eine Belastungsreaktion mit einer deutlichen Beeinträchtigung ihrer psychischen Befindlichkeit. Das Ausmaß und die Häufigkeit der psychischen Beeinträchtigungen stehen mit der Art, der Schwere und des Stadiums der Erkrankung, der Behandlung aber auch der psychischen Verfassung der Patienten im Vorfeld der Erkrankung im Zusammenhang. Häufig diagnostizierte Störungen sind: Anpassungsstörungen, Depressionen, Angststörungen und Posttraumatische Belastungsstörungen.

Im Jahr 1977 titelt der *Spiegel* in seiner Ausgabe 45 mit „Krebs: Erkrankung der Seele?". Claus Bahne Bahnson wird im Artikel „Krebs durch Seelenschmerz und soziale Qual?" wie folgt zitiert:

> die Sache ist doch so: Krebskrankheit und Krebssterblichkeit sind ohne Zweifel mit einer Reihe von sozialen, ökonomischen und psychischen Bedingungen verknüpft.[10]

Auch heute noch begegnet man Patienten mit *subjektiven Krankheitstheorien*, die psychische Ursachen für das Entstehen einer Krebserkrankung vermuten. Meist sind dies Verlust und Trauer, Schuldgefühle sowie Stress. Dabei ist anzunehmen, dass der Versuch, eine Erklärung für das Auftreten der Erkrankung zu finden, vor allem durch den Wunsch verursacht ist, verloren gegangene Kontrolle zurück zu gewinnen.

Das seit den 1980er Jahren diskutierte Konzept der sogenannten „*Krebspersönlichkeit*" (cancer-prone personality) auch – „*Typ C*" oder „*Typus Carcinomatosus*" genannt – beschreibt den Patienten[11] u. a. als sozial angepasst, aggres-

---

[9] Mitchell Alex J/ Chan, Melissa/Bhatti, Henna et al. (2011): „Prevalence of depression, anxiety, and adjustment disorder in oncological, haematological, and palliative-care settings: a meta-analysis of 94 interview based studies". In: *Lancet Oncology* 12 (2):160–174.

[10] „Krebs durch Seelenschmerz und soziale Qual?" (1977). In: *Der Spiegel*. Ausg. 45. Krebs: Erkrankung der Seele? S. 102.

[11] Wird im Folgenden das Wort Patient(en) verwendet, so sind sowohl Patientinnen als auch Patienten gemeint.

sionsgehemmt, aufopferungsvoll und resignativ.[12] Die bisher vorliegende Studienlage konnte jedoch keine Beweise für das Existieren einer solchen Krebspersönlichkeit liefern. Aufgrund der zahlreichen Faktoren, die eine Krebserkrankung auslösen können, ist es sehr unwahrscheinlich, einen direkten Zusammenhang zwischen psychischer Befindlichkeit und Krebserkrankung nachweisen zu können.[13] Erwähnenswert ist eine sehr aufwändige prospektive Studie von Lemogne et al. (2013), die in einem Längsschnitt 14.000 Probanden hinsichtlich eines möglichen Zusammenhangs zwischen Depression und Krebs zu verschiedenen Messzeitpunkten untersuchten. Es wurden zahlreiche konfundierende Variablen wie Nikotin- und Alkoholkonsum, Übergewicht, Sport etc. berücksichtigt. Es konnte kein Zusammenhang zwischen Depression und dem Auftreten einer Krebserkrankung gefunden werden.[14] Mittlerweile gilt die Hypothese einer Krebspersönlichkeit unter Experten als nicht verifizierbar. Auffallend ist jedoch, dass der sozioökonomische Status eine inverse Beziehung zum Auftreten bestimmter Krebserkrankungen zeigt. Insofern könnten psychische Stressoren zu einem gesundheitlichen Risikoverhalten führen, welches das Auftreten einer Krebserkrankung begünstigt.[15] Diese Erkenntnis ist für die primäre und sekundäre Prävention nutzbar. Wichtig ist dabei aber, dass ohnehin schon schwer belastete Patienten nicht stigmatisiert werden.

Die seit den 1960er Jahren begonnene Veränderung der Arzt-Patient-Beziehung hin zu mehr Information und auch Mitbestimmung hat sich in den letzten 20 Jahren durch die modernen Medien noch einmal verstärkt. So wurde bis über die 1980er Jahre das *paternalistische Modell* einer Arzt-Patient-Beziehung gelebt, in dem der Arzt häufig nur selektive Informationen, oft als „gnädige Lügen" bezeichnet, über den Gesundheitszustand an den Patienten weitergab, weil man meinte, „diese Wahrheit verträgt kein Mensch". Damit hatte der Patient jedoch kaum eine Möglichkeit, am Entscheidungsprozess über die künftige Therapie teilzuhaben. Wesentliche Fortschritte wurden mit der Bürgerrechtsbewegung der 1960er Jahre und der in den 1970er Jahren

---

12 Temoshok, Lydia (1987): „Personality, coping style, emotion and cancer: towards an integrative model". In: *Cancer Surv.* 6 (3): 545–567.

13 Angenendt, Gabriele/Tschuschke, Volker (2010): „Grundlagen der psychoonkologischen Behandlung". In: Angenendt, Gabriele/Schütze-Kreilkamp, Ursula/Tschuschke, Volker: *Praxis Psychoonkologie – Psychoedukation, Beratung und Therapie.* Stuttgart: Haug, S. 39.

14 Lemogne Cedric/Consoli Silla M/Melchior, Maria et al. (2013): „Depression and the risk of cancer: a 15-year follow-up study of the GAZEL cohort". In: *Am J Epidemiol.* 178 (12): S. 1712–20.

15 Angenendt, Gabriele/Tschuschke, Volker 2010, S.39–41.

beginnenden Konsumentenbewegung in Gang gesetzt.[16] Emanuel und Emanuel (1992) unterscheiden vier Typen von Arzt-Patient-Beziehungen mit vorwiegend paternalistischem, informativem, interpretativem oder beratendem Ansatz.[17] Beim *informativen Modell* beispielsweise erhält der Patient zwar alle notwendigen Informationen, wird mit der Entscheidung über die weitere Vorgehensweise jedoch allein gelassen, was für viele Patienten eine Überforderung darstellt. Beim *interpretativen Modell* der Arzt-Patient-Beziehung bezieht der Arzt über die bloße Information hinaus die persönliche Lebenssituation sowie Wünsche und Vorstellungen des Patienten mit ein und unterstützt ihn somit bei der Entscheidung. Im *abwägenden Modell* gibt er vor dem Hintergrund dieser Informationen eine Empfehlung ab.[18]

In den 1980er Jahren wurde das *patientenzentrierte Modell* entwickelt. Hierbei werden sowohl die Krankheit als auch die Krankheitserfahrung berücksichtigt. Darüber hinaus werden ein Verstehen der gesamten Person und eine Förderung der Arzt-Patient-Beziehung angestrebt. Es werden zudem auch präventives Verhalten und Alltagstauglichkeit (Realismus) einbezogen. Der Begriff der patientenzentrierten Gesprächsführung geht auf Balint zurück und wurde von Mead und Bauer anhand von fünf Dimensionen konkretisiert (biosoziale Sichtweise, Einbezug eines subjektiven Krankheitsverständnisses des Betroffenen, Partnerschaftlichkeit, Schaffen eines therapeutischen Bündnisses, Einbezug der ärztlichen Persönlichkeit).[19] In den letzten Jahren wurde häufig das *Modell des „shared decision making"* favorisiert. Dieser Ansatz betont die Bedeutung des Teilens von Information und des gemeinsamen Entscheidens über die weitere Vorgehensweise.[20] Dieses setzt jedoch eine ausreichende kognitive Kapazität und den Patientenwunsch nach gemeinsamer Entscheidung voraus. Sowohl seitens der Ärzte als auch auf der Seite der Patienten kann es zu Hemmnissen kommen, um zu einer partizipativen

---

16 Klemperer, David (2003): *Wie Ärzte und Patienten Entscheidungen treffen. Konzepte der Arzt-Patient-Kommunikation.* Berlin : WZB, Arbeitsgruppe Public Health, S. 9. http://bibliothek.wzb.eu/pdf/2003/i03-302.pdf, (Zugriff: 10.02.2014).

17 Emanuel, Ezekiel J/Emanuel, Linda L. (1992): „Four models of the physician-patient relationship". In: *JAMA.* 267 (16): S. 2221–2226.

18 Vgl. Klemperer, David (2005): „Shared Decision Making und Patientenzentrierung vom Paternalismus zur Partnerschaft in der Medizin". *Balint* 6 (3): 71–79.

19 Mead, Nicola/ Bower, Peter (2000): „Patient-centredness: a conceptual framework and review of the Literature". In: *Soc Sci Med.* 51 (7): S. 1087–110.

20 Klemperer, David 2005, S. 71–79; vgl. Klemperer, David (2003): „Arzt-Patient-Beziehung: Entscheidung über Therapie muss gemeinsam getroffen werden". In: *Dtsch Ärztebl.* 100 (12): A 753–755.

Entscheidung zu gelangen. Dazu gehören beispielsweise u. a. eine paternalistische Sichtweise des Arztes, großer Zeitmangel und ein Defizit an den dafür notwendigen Gesprächstechniken. Es gibt jedoch auch patientenbedingte Einschränkungen, die dies erschweren, z. B. intellektuelle Defizite (prämorbid oder krankheitsbedingt), das Gefühl der Überforderung, eine derartige Verantwortung zu übernehmen, starke Verdrängung oder der dringende Wunsch nach dem einen richtigen Weg, den nur der Arzt kennt.

„Die Geschichte des Krebses ist eine sehr menschliche Geschichte, die zu oft entmenschlicht wurde."[21] Siddharta Mukherjee

Schlechte Nachrichten haben die Menschen schon immer beschäftigt, denn sie haben regelmäßig erhebliche Auswirkungen auf das weitere Leben und das Wohlbefinden. Schon in der Bibel werden sie als Hiobsbotschaften erwähnt. Aus der Antike und dem Mittelalter gibt es zahlreiche Überlieferungen, wonach die Überbringer schlechter Nachrichten gefährlich lebten. Sie wurden bestraft und oft sogar getötet. So konnten sie diese Nachricht nur einmal überbringen, und der Empfänger nutzte dies vermutlich zur Affektabfuhr.

Das Übermitteln schlechter Nachrichten in der Medizin ist eine schwierige Gesprächssituation, weil sie, vor allem in der Onkologie, meist existentielle Fragen aufwirft. Typische Gesprächssituationen sind die Aufklärung der Patienten und ihrer Angehörigen über eine potenziell lebensbedrohliche Erkrankung und Belastungen durch die notwendige Therapie, die Mitteilung über das Auftreten eines Rezidivs, eines ausbleibenden Therapieerfolgs oder gar das Therapieende.

Ein gern zitiertes Beispiel von Kritikern der Wahrheit am Krankenbett ist die Magenkrebserkrankung von Theodor Storm. Seine Tochter Gertrude Storm (1913) beschreibt in der Biographie ihres Vaters, dass er nach der Diagnose Magenkrebs nach anfänglichem Optimismus geistig und körperlich so sehr verfallen sei, dass sein Bruder eine Scheinuntersuchung durch einen befreundeten Arzt veranlasste und die Diagnose widerrufen ließ. Hiernach habe sich Storm seelisch erholt und sein letztes Werk „Der Schimmelreiter" beenden können. Dies wurde von der Familie als „glückliche Lösung" angesehen, denn sie bescherte Storm noch einen „heiteren Sommer" und ließ ihn

---

21 Mukherjee, Siddharta (2012) Interview in: *Der Spiegel* 8/12, S. 123.

den Schimmelreiter mit „ungetrübter Geistesfreude" beenden.[22] Unberücksichtigt bleibt allerdings, in welch seelischer Verfassung sich die Patienten befinden, wenn die „gnädigen Lügen" nicht mehr haltbar sind. Eine starke Belastung des Vertrauensverhältnisses zwischen Arzt und Patient ist dann sehr wahrscheinlich und es bleiben Fragen offen: Konnte der Patient für ihn wichtige Dinge noch regeln? Hatte er ausreichend Zeit sich zu verabschieden?

Nehmen Karzinompatienten psychoonkologische Begleitung in Anspruch, so besteht zu Beginn ein großes Bedürfnis, die bisherige Krankheitsgeschichte zu erzählen. Einen wesentlichen Raum nimmt dabei die Erfahrung der Diagnosemitteilung ein. Ist diese aus der Sicht des Patienten einfühlsam gelungen, so wirkt sich dies häufig förderlich auf die Krankheitsverarbeitung und die Compliance des Betreffenden aus. So hat die kommunikative Kompetenz des Arztes einen Einfluss darauf, wie groß die Belastung des Patienten durch das Gespräch ist. Schmidt-Mast et al. (2005) kommen in ihrer Studie zu dem Ergebnis, dass insbesondere ein an den Bedürfnissen des Patienten orientierter Aufklärungsstil von den Betroffenen als hilfreich erachtet wurde.[23] Inwieweit ein Fokussieren auf Emotion oder eher Informationsvermittlung sinnvoll ist, ist interindividuell verschieden und hängt von der jeweiligen Persönlichkeit des Patienten und der aktuellen Situation ab.

Auch wenn es hinsichtlich der Arzt-Patient-Kommunikation bereits deutliche Fortschritte gegeben hat, so erscheinen die Qualität der Aufklärungsgespräche und die Zufriedenheit der Patienten in der Praxis jedoch sehr heterogen. Zum einen berichten Patienten über gelungene Gespräche, zum anderen aber auch über Erfahrungen, die als wenig hilfreich, bisweilen sogar als verletzend empfunden wurden. Dazu einige Zitate von Patienten, die in unterschiedlichen Kliniken Sachsen-Anhalts behandelt wurden:

Patient 52 Jahre: „Ich erhielt einen Anruf der Sprechstundenhilfe, dass ich ein malignes Melanom habe und mich an eine onkologische Klinik wenden solle."

---

22 Storm, Gertrud (1913): *Theodor Storm: Ein Bild seines Lebens / Bd. 2: Mannesalter*. Überarb. Nachdr. d. 2. Auflage v. 1913. Bremen: Unikum, S. 227.
23 Schmid-Mast, Marianne/Kindlimann, Annette/ Langewitz, Wolf A. (2005): „Recipients' perspective on breaking bad news: How you put it really makes a difference". In: *Patient Educ Couns*. 58 (3): S. 244–51.

Patientin 48 Jahre: „Nach monatelangen Rückenschmerzen gab mir mein Orthopäde einen verschlossenen Arztbrief für den Hausarzt mit. Er meinte, mein Hausarzt würde die Aufklärung übernehmen. Als ich den Brief zu Hause öffnete, erfuhr ich, dass ich eine metastasierte Krebserkrankung habe."

Patientin 56 Jahre: „Ich bekam die Diagnose Magenkarzinom. Ich war geschockt und fragte den Arzt nach der Lebenserwartung. Er antwortete: ‚Wenn Sie nicht demnächst von einem Auto überfahren werden, sterben Sie an Ihrem Krebs.' Mir verschlug es die Sprache."

Patient 58 Jahre: „Ich kam in die Klinik zur Diagnostik, weil ich starkes Nasenbluten hatte. Ich kannte noch keine Ergebnisse, da erschien eine Schwester und meinte: ‚Wir verlegen sie erstmal auf die Krebsstation.'"

Patientin 56 Jahre: „Nachdem ich zwei Jahre gegen meinen Bauchspeicheldrüsenkrebs gekämpft hatte, meinte mein Arzt: ‚Es ist ein Wunder, dass sie überhaupt noch leben.' Ich war geschockt."

Nicht nur die Nachricht selbst, sondern auch die Art der Übermittlung hinterlässt einen bleibenden Eindruck bei den Patienten. Geschieht dies einfühlsam, so wird es von den Patienten sehr geschätzt. Im Falle einer ungeschickten oder gar verletzenden Art der Mitteilung kann es die Patienten über den gesamten Krankheitsverlauf belasten und wird manchmal noch in den letzten Lebenstagen thematisiert. Aber auch für viele Ärzte stellt die Vermittlung von schlechten Nachrichten eine belastende Situation dar. Demzufolge nützt eine gelungene Kommunikation nicht nur den Patienten, sondern auch der Verringerung von emotionalem Disstress der aufklärenden Ärzte.[24]

---

24 Maguire, Peter/Piceathly, Carolyn (2002): „Key communication skills and how to acquire them". In: *BMJ* 325 (7366): S. 697–700.

Abb. 1: Bild einer 70-jährigen Leukämiepatientin nach Rezidivmitteilung[25]

In einem Review betrachteten Steward et al. (1995) 21 Studien und fanden einen Einfluss von ärztlicher Kommunikation, hier jedoch nicht speziell mit Karzinompatienten, im Hinblick auf emotionale Gesundheit, Symptomminderung, Leistungsfähigkeit und sogar auf physiologische Maße wie Blutdruck und Blutzuckerspiegel.[26] In den letzten 20 Jahren hat die Anerkennung der Tatsache, dass die ärztliche Kommunikation ein wichtiges Werkzeug in der Arzt-Patient-Beziehung darstellt, stark zugenommen und Eingang in die Ausbildung gefunden. Besonders erfreulich ist, dass an verschiedenen medizinischen Fakultäten in Deutschland praktische Übungen mit Schauspielpatienten in Kleingruppen zu Trainingszwecken in das Curriculum einbezogen werden. Trainiert man diese Gesprächssituation mit Studenten, so ist oft ein Unbehagen spürbar, insbesondere, wenn der Schauspielpatient eine starke emotionale Reaktion zeigt. Von Patienten wird häufig ein ärztliches Vermei-

---

25 Das Bild entstand im Projekt Kunsttherapie unter Anleitung von Susan Weigel, Abdruck mit freundlicher Genehmigung.
26 Stewart, Moira A. (1995): „Effective physician-patient communication and health outcomes: a review". In: *CMAJ: Canadian Medical Association Journal* 152 (9): S. 1423–33.

dungsverhalten solcher kritischen Gespräche berichtet, beispielsweise durch schnellen Themenwechsel.

Allein schon ein Krankenhausaufenthalt stellt für viele Patienten einen Stressor dar, weil ihre Autonomie und Intimsphäre deutlich eingeschränkt sind. In kaum einem anderen Zusammenhang würde man als Erwachsener mit fremden Menschen ein Zimmer samt Sanitärtrakt teilen, eine direkte Frage nach der Verdauung beantworten oder eine körperliche Untersuchung, teils schambesetzter Körperteile, zulassen.

Eine Aufklärung über schlechte Nachrichten während der täglichen Visite ist keinesfalls zulässig. Nicht nur, weil sie gegen das Recht auf Datenschutz des Einzelnen verstößt, sondern, weil der Betroffene sich mit seiner emotionalen Reaktion „wie auf dem Präsentierteller" anderen Patienten gegenüber fühlen muss. Hinzu kommt, dass auch Mitpatienten das Mitanhören von bedrohlichen Nachrichten als Trauma empfinden können, insbesondere, wenn bei ihnen eine ähnliche Diagnose gestellt wurde.

Kommunikation gelingt u. a. dann, wenn die Patienten ausreichend Gelegenheit haben, sich mitzuteilen, sie klare verständliche Informationen erhalten und ihnen Empathie zuteil wird. Ein praktikables Modell für die Vermittlung von schlechten Nachrichten stellt das sogenannte „Spikes Modell" von Baile (2000) dar.[27] Hier werden folgende Charakteristika des Gesprächs berücksichtigt:

Situation: Herstellen einer geeigneten Atmosphäre (geeigneter Raum, ggf. Angehörige anwesend)
Patientenvorwissen: Welche Informationen hat der Patient erhalten und verstanden?
Informationsbedarf: Wie ausführlich ist die Aufklärung durch den Patienten gewünscht?
Kenntnisse vermitteln: angemessen in Umfang und Sprachgebrauch
Exploration der emotionalen Reaktionen und empathischer Umgang damit
Strategie und Zusammenfassung

Wichtig ist, dass das Wort „Krebs" verwendet wird und der Patient ermutigt wird, Fragen zu stellen. Insbesondere bei bedrohlichen Befunden ist es

---

27 Baile, Walter F/Buckman, Robert/Lenzi, Renato et al. (2000): „SPIKES-A six-step protocol for delivering bad news: Application to the patient with cancer". In: Oncologist. 5 (4): S. 302–11.

erforderlich, die Patienten allmählich an die Wahrheit heranzuführen. Es gilt: Alles was gesagt wird, muss wahr sein. Nicht alles was wahr ist, muss sofort mitgeteilt werden.

"Man sollte dem anderen die Wahrheit wie einen Mantel hinhalten, dass er hineinschlüpfen kann, und sie ihm nicht wie einen nassen Lappen um die Ohren schlagen." Max Frisch[28]

Nicht alle Patienten möchten über die zeitliche Prognose der Erkrankung aufgeklärt werden. Fragen Patienten jedoch direkt danach, sollten sie eine klare ehrliche Antwort erhalten. Empfohlen wird die zeitliche Prognose allgemein, aber realistisch vorauszusagen, bspw. „Es werden eher Wochen als Monate sein." Nicht zu empfehlen ist es indes, einen konkreten statistischen Durchschnittswert zu benennen. „Sie haben noch vier Monate zu leben."

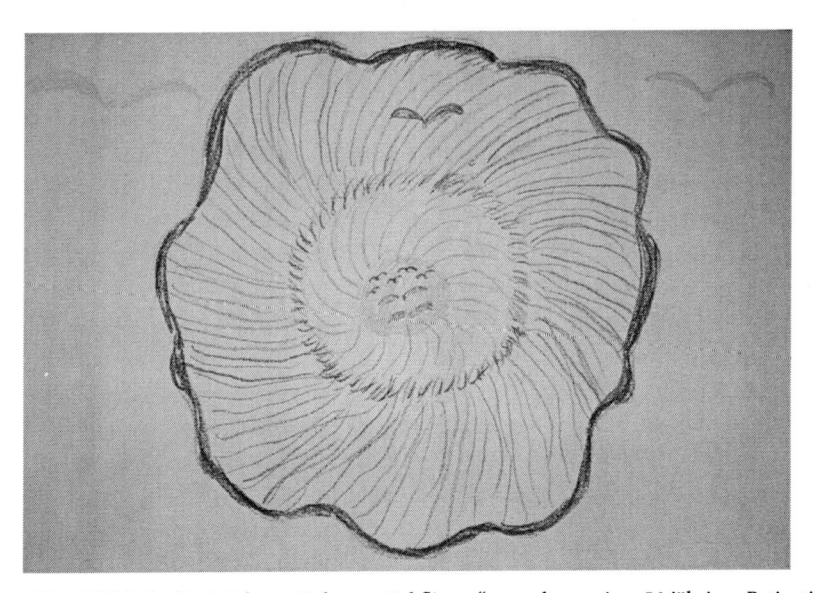

Abb. 2: Bildtitel: „Ein Stück zum Leben zurückfliegen", gemalt von einer 56-jährigen Patientin mit infauster Prognose, die kurz nach dem Aufklärungsgespräch eine psychologische Krisenintervention in Anspruch nahm.

---

28 Frisch, Max (1974): *Tagebuch 1966–1971*. Frankfurt a.M.: Suhrkamp, S. 30.

Keinesfalls zulässig ist es, dem Patienten mitzuteilen: *"Wir können nichts mehr für Sie tun."* Hier ist es wichtig, auf die Möglichkeiten einer palliativen Versorgung hinzuweisen und diese zu organisieren.

Selbst Ärzte, die über sehr gute kommunikative Fähigkeiten verfügen, können mit Patienten in schwierige Gesprächssituationen geraten. Dies geschieht u. a. dann, wenn patientenbedingte Kommunikationshindernisse auftreten, wie z. B. unrealistische Erwartungen (meist verursacht aufgrund von starker Verdrängung), Vermeidung von Fragen aus Angst vor den Antworten oder eingeschränkte kognitive Fähigkeiten. Voraussetzungen für eine gelungene Arzt-Patient-Beziehung sind die von Carl Rogers formulierten *Basisvariablen der therapeutischen Grundhaltung*, wie positive Wertschätzung, emotionale Wärme, Echtheit/Kongruenz sowie einfühlendes Verstehen/Empathie.[29]

"Wenn es ein Geheimnis des Erfolgs gibt, so ist es das, den Standpunkt des anderen zu verstehen und die Dinge mit seinen Augen zu sehen." Henry Ford

Empathie wird häufig synonym mit dem Begriff „Einfühlung" verwendet und ist in nahezu allen Situationen, die soziale Interaktion erfordern, notwendig. Empathie wird als multidimensionales Konstrukt beschrieben. Man unterscheidet grundsätzlich kognitive von emotionalen Aspekten der Empathie.[30] Blair (2005) ergänzt hierzu die motorische Empathie (z. B. mimische oder gestische Simulation). Er setzt kognitive Empathie mit der *"Theory of Mind"* gleich. Unter der Theory of Mind versteht man die Fähigkeit, Intentionen, Ziele und Anschauungen anderer Menschen zu verstehen.[31] Inwieweit eher kognitive (man *versteht*, was in dem anderen vorgeht) oder affektive Aspekte von Empathie (man kann *mitfühlen*) im Mittelpunkt stehen, hängt vom jeweiligen Thema ab. Müssen Vereinbarungen getroffen werden, spielen kognitive Aspekte der Empathie eine wesentliche Rolle (Urlaubsplanung in

---

29 Faller, Hermann/Lang, Hermann (2010): „Interventionsformen und besondere medizinische Situationen". In: Faller, Hermann/ Lang, Hermann: *Medizinische Psychologie und Soziologie*. Berlin: Springer, S. 250.

30 Singer, Tania/Seymour, Ben/ O'Doherty, John P. et al. (2006): „Empathic neural responses are modulated by the perceived fairness of others". In: *Nature* 439 (7075): 466–469; Preston, Stephanie D./de Waal, Frans B.M. (2002): „Empathy: Its ultimate and proximate bases". In: *Behav Brain Sci*. 25 (1): S. 1–20, discussion 20–71; Duan, Changming/Hill, Clara E. (1996): „The current state of empathy research". In: *Journal of Counseling Psychology* 43 (3): S. 261–274.

31 Blair, James (2005): „Responding to the emotions of others: Dissociating forms of empathy through the study of typical and psychiatric populations". In: *Conscious Cogn*. 14 (4): S. 698–718.

einem Arbeitsteam), affektive Empathie hingegen ist erforderlich, wenn man jemanden unterstützt, der eine starke emotionale Reaktion zeigt. Duan und Hill (1996) gehen davon aus, dass bei Empathie *immer* sowohl kognitive als auch affektive Prozesse stattfinden.[32] Die jeweilige Ausprägung der beiden Anteile dürfte jedoch individuell und situationsspezifisch (persönliche Befindlichkeit, persönliche Nähe zum Thema etc.) unterschiedlich sein. Decety und Jackson (2004) beschreiben 3 weitere Komponenten von Empathie: 1. Emotionserkennung, 2. Perspektivenübernahme und 3. das affektive Nacherleben.[33] Auch die individuelle Empathiefähigkeit kann entsprechend dem aktuellen persönlichen Befinden stärker oder weniger stark ausgeprägt sein. Empathie hat mit persönlicher Vorerfahrung zu tun.[34] So kann man sich besser einfühlen, wenn man Ähnliches bereits erlebt hat.

Mit der Entdeckung der Spiegelneurone durch Rizzolatti im Jahre 1992 (erstmals publiziert 1996) erhielt die Empathie eine neurobiologische Grundlage. Spiegelneurone werden aktiv, wenn wir eine Bewegung vorbereiten, beobachten oder uns nur vorstellen. Sie beginnen im Gehirn in jenen Bereichen zu arbeiten, die auch dann aktiv sind, wenn wir die Bewegung tatsächlich ausführen.[35] Aber auch wenn wir Stimmungen von Menschen beobachten, werden Spiegelneurone aktiv, beispielsweise, wenn wir uns im Kino „mitfürchten", „mitweinen" oder uns vom Lachen anderer anstecken lassen. Entscheidend sei jedoch, dass die beobachtete Handlung im eigenen Repertoire bereits vorhanden ist, d. h. als Erfahrungsschatz vorliegt.[36]

Mittels bildgebender Verfahren wurden verschiedene Domänen von Empathie im Gehirn lokalisiert. Preston und de Waal (2002) sprechen von einem geteilten neuronalen Netzwerk.[37] Beim Beobachten von Menschen und ihren Emotionen oder bei der bloßen Vorstellung werden zum einen eine neuronale Repräsentation dieses emotionalen Zustands und zum anderen auch autono-

---

32 Duan, Changming/Hill, Clara E. 1996, S. 261–274.
33 Decety, J./Jackson, P.L. (2004): „The functional architecture of human empathy". In: *Behav Cogn Neurosci Rev.* 3 (2): 71–100.
34 Vgl. Carlo Düllings, veröffentlicht am 21. November 2013 http://www.empathie-lernen.de/empathie-definition, (Zugriff am 12.02.2014).
35 Vgl. Gaschler, Katja (2006): „Spiegelneurone". In: *Gehirn und Geist* H. 10, S. 28–33.
36 Baller, Gaby/Schaller, Bernhard (2009): „Über die Kraft der Spiegelneuronen". In: *Dtsch Ärztebl.* 106 (49): A-2483 / B-2131 / C-2071.
37 Preston, Stephanie D./de Waal, Frans B.M. 2002, S. 1–72; Vgl. Singer, Tania/Lamm, Claus (2009): „The social neuroscience of empathy". *Ann N Y Acad Sci* 1156: S. 81–96.

me und somatische Prozesse unseres eigenen affektiven Programms ausgelöst.[38]

Fan et al. (2011) analysierte 40 Studien, bei denen eine funktionelle Kernspintomographie (fMRT) zum Einsatz kam. Übereinstimmend wurde festgestellt, dass unabhängig von der Emotion der linke dorsale anteriore midzinguläre Kortex eine wesentliche Struktur für die kognitive Seite der Empathie darstellt. Bei affektiven Reaktionen wurde vor allem eine Aktivierung der bilateralen anterioren Insula sichtbar.[39] Es konnten zudem deutliche geschlechtsspezifische Unterschiede festgestellt werden, und zwar sowohl hinsichtlich der selbst wahrgenommenen Empathie[40] als auch der neuronalen und verhaltensbezogenen Seite.[41]

Die Studien von Steinhausen (2013) und del Canale (2012) legen nahe, dass ärztliche Empathie einen Prädiktor für den subjektiven Behandlungserfolg darstellt, hier jeweils am Beispiel von nicht onkologischen Patienten untersucht.[42] Im Hinblick auf onkologische Patienten konnten Neumann et al. (2007) einen positiven Effekt auf die Lebensqualität und eine Verringerung des Depressionsrisikos ermitteln.[43]

Menschen, die zu einer starken empathischen Reaktion neigen, laufen Gefahr, empathischen Disstress zu erleiden, der im schlimmsten Fall zum Burnout führen kann. *Empathische Sorge* hingegen ist mit einem positiven Gefühl von Mitgefühl und Wärme verbunden und übersetzt sich in Verhaltensweisen. Dieser konstruktive Umgang kann erlernt werden.[44]

---

38 Vgl. Singer, Tania/Lamm, Claus 2009, S. 81–96.

39 Fan, Yan/Duncan, Niall W./de Greck, Moritz et al. (2011): „Is there a core neural network in empathy? An fMRI based quantitative meta-analysis". In: *Neurosci Biobehav Rev* 35 (3): S.903–911.

40 Rueckert, Linda/Naybar, Nicolette (2008): „Gender differences in empathy: the role of the right hemisphere". In: *Brain Cogn* 67 (2): S. 162–167.

41 Schulte-Rüther, Martin/Markowitsch,Hans J./Shah, N. Jon et al. (2008): „Gender differences in brain networks supporting empathy". In: *NeuroImage* 42 (1): S. 393–403; Derntl, Birgit/Finkelmeyer, Andreas/Eickhoff, Simon et al. (2010): „Multidimensional assessment of empathic abilities: neural correlates and gender differences". In: *Psychoneuroendocrinology* 35 (1): S. 67–82.

42 Steinhausen, Simone/Ommen, Oliver/Thüm, Sonja et al. (2013): „Physician empathy and subjective evaluation of medical treatment outcome in trauma surgery patients". In: *Patient Educ Couns. 2013 Dec 17.* pii: S0738-3991(13)00521-1; Del Canale, Stefano/Louis, Daniel Z/ Maio, Vittorio et al. (2012): „The relationship between physician empathy and disease complications: an empirical study of primary care physicians and their diabetic patients in Parma, Italy". *Acad Med.* 87 (9): S. 1243–9.

43 Neumann, Melanie/Wirtz, Marcus/Bollschweiler, Elfriede et al. (2007): „Determinants and patient-reported long-term outcomes of physician empathy in oncology: a structural equation modelling approach". In: *Patient Educ Couns.* 69 (1–3): S. 63–75.

44 Frevert, Ute/Singer, Tania (2011): „Empathie und ihre Blockaden. Über soziale Emotionen". In:

Nicht über Ängste zu sprechen, mit der Absicht, sich gegenseitig schonen zu wollen, zielt auf den jeweiligen Selbstschutz und kann in der Arzt-Patient-Beziehung zu entweder einseitiger Verdrängung und Verleugnung führen oder bis hin zur Verleugnungskollision (beidseitige Verleugnung). Oft ist es für Patienten jedoch entlastend, wenn Gefühle ausgesprochen werden können und der Arzt empathisch darauf eingeht.[45]

Abb. 3: 36-jähriger Patient mit infauster Prognose eines CUP-Syndroms (carcinoma of unknown primary).[46]

Wichtig ist es, den Patienten einzuladen, über seine Gefühle zu sprechen. Ein regelrechtes „Herunterreißen" von starker Verdrängung ist jedoch nicht zu empfehlen, es sei denn, der Patient würde wichtige Therapiechancen verpassen. Hier empfiehlt sich ein behutsames Heranführen des Patienten an den

---

Bonhoeffer, Tobias/Gruss, Peter (Hg.): *Zukunft Gehirn : neue Erkenntnisse, neue Herausforderungen; ein Report der Max-Planck-Gesellschaft.* München: Beck, S. 121–146.

45 Dietz, Susanne (2006): „Diagnoseübermittlung, Entscheidungsfindung und präoperatives Aufklärungsgespräch". In: Ditz, Susanne/Diegelmann, Christa/Isermann, Margarete (Hg.): *Psychoonkologie – Schwerpunkt Brustkrebs : ein Handbuch für die ärztliche und psychotherapeutische Praxis.* Stuttgart: Kohlhammer, S. 167–186.

46 Das Bild entstand im Projekt Kunsttherapie unter Anleitung von Susan Weigel.

Befund. Auch in der letzten Phase der Erkrankung kann der Erhalt von Hoffnung unterstützt werden, z. B. die Hoffnung auf Begleitung, auf gute Pflege und Versorgung, auf Schmerzfreiheit u.v.m. Sinnvoll ist es, zunächst die Hoffnung des Patienten zu erfragen, anstelle von „Hoffnung zu geben". Eine enge Zusammenarbeit mit Psychoonkologen und Seelsorgern ist hier besonders sinnvoll.

Im Nationalen Krebsplan (2012) wird festgehalten, dass allen Karzinompatienten das Angebot einer psychoonkologischen Begleitung gemacht werden sollte.[47] Eine systematische psychoonkologische Versorgung der Patienten ist jedoch meist nur in den zertifizierten Zentren wie z. B. den Brust- oder Darmzentren gewährleistet. Nach wie vor ist es, aufgrund von langen Wartelisten, schwer für onkologische Patienten, eine ambulante Psychotherapie durch einen niedergelassenen Psychotherapeuten zu bekommen.

Mittlerweile sind einige Erhebungsinstrumente zur Ermittlung des Betreuungsbedarfs etabliert. Der Einsatz ist auch dann sinnvoll, wenn vom Patient nicht selbst unmittelbar ein Betreuungsanliegen geäußert wird, da Betreuungsbedarf und -bedürfnis oft nicht übereinstimmen. Hierzu stehen verschiedene validierte Fragebögen (z. B. Hornheider Screening Instrument, Distress-Thermometer, Hospital Anxiety and Depression Scale, Deutsche Version) zur Verfügung, die ohne großen Zeitaufwand eingesetzt werden können. In der Akutklinik erfolgt das psychoonkologische Betreuungsangebot zunächst niederschwellig und ressourcenorientiert, wobei das Gefühl einer psychischen Stigmatisierung unbedingt vermieden werden muss.

Psychoonkologische Interventionen haben folgende Hauptziele:

- die Verbesserung bzw. den bestmöglichen Erhalt der Lebensqualität,
- die Unterstützung der medizinischen Therapie (z. B. Entspannungstraining bei Übelkeit, Förderung der Compliance),
- die Förderung der Krankheitsverarbeitung,
- die Minderung psychischer Belastung wie Angst, Depression, ggf. Aggression,

---

47 Nationaler Krebsplan 2012 http://www.bmg.bund.de
    http://www.bmg.bund.de/fileadmin/dateien/Publikationen/Praevention/Broschueren/Broschuere
    _Nationaler_Krebsplan_-_Handlungsfelder__Ziele_und_Umsetzungsempfehlungen.pdf S. 7
    (Zugriff am 13.02.2014).

- den Beistand in Krisensituationen (Bewältigung des Diagnoseschocks, Ausbleiben des Therapieerfolges),
- das Offenlegen und Mobilisieren von persönlichen und sozialen Ressourcen,
- den Umgang mit Kommunikationsproblemen in der Familie oder mit dem medizinischen Team,
- den Erhalt und die Förderung der familiären und außerfamiliären sozialen Integration (Anpassung an veränderte Rollen),
- die Förderung der Selbstbestimmung und des Selbsthilfepotentials,
- die Bewältigung von irreversiblen Verlusten und Beeinträchtigungen (z. B. Körperbild und Sexualität),
- die Unterstützung eines humanen Sterbens (Sterbebegleitung),
- die Angehörigenbetreuung u. v. m.

Psychologische Interventionen umfassen neben Einzel-, Paar- und Familiengesprächen auch symptomorientierte und kreative Verfahren wie Entspannung, gelenkte Imagination sowie Kunst- und Gestaltungstherapie. Der Einfluss psychoonkologischer Interventionen auf die psychische Befindlichkeit von Tumorpatienten ist in verschiedenen Studien untersucht und belegt worden. Sie stellen keinesfalls eine Alternative zur medizinischen Behandlung dar, sondern ergänzen diese. Entspannungsverfahren wie Progressive Muskelrelaxation, Autogenes Training und gelenkte Imagination können erwiesenermaßen Nebenwirkungen onkologischer Therapien wie z. B. Übelkeit und Erbrechen reduzieren.[48] Die Verbesserung des Gesamtüberlebens konnte aufgrund der sich widersprechenden Studienergebnisse bisher aber nicht zweifelsfrei nachgewiesen werden. Die Verbesserung der affektiven Befindlichkeit und der Lebensqualität ist jedoch in verschiedenen Studien festgestellt worden.[49]

---

48 Lekander, Mats/Fürst, Carl/Rotstein, Samuel et al. (1997): „Immune Effects of Relaxation during chemotherapy for ovarian cancer". In: *Psychother Psychosom*. 66 (4): S. 185–191; Song, Qing-Hua/Xu, Rong Mei/Zhang, Quan-Hai et al. (2013): „Relaxation training during chemotherapy for breast cancer improves mental health and lessens adverse events". In: *Int J Clin Exp Med*. 6 (10): S. 979–984.

49 Hoodin, F. /Weber, S. (2003): „A systematic Review of psychosocial factors affecting survival after bone marrow transplantation". In: *Psychosomatics* 44 (3), S. 181–195; Chow, Edvard/Tsao, May N./Harth, Tamara (2004): „Does psychosocial intervention improve survival in cancer? A meta-analysis". In: *Palliat Med*. 18 (1): S. 25–31; Fawzy, FI. (1999): „Psychosocial interventions for patients with cancer: what works and what doesn't". In: *Eur J Cancer*. 35 (11): S. 1559–1564; Spiegel, David (2002): „Effects of psychotherapy on cancer survival". In: *Nat Rev Cancer*. 2 (5): 383–389.

Abb. 4: 40-jährige Patientin mit einem weit fortgeschrittenen Ovarialkarzinom, Bildtitel „Lebensflamme".[50]

„Wo viel verloren wird, ist manches zu gewinnen."
Johann Wolfgang von Goethe

In den letzten Jahren hat sich eine zunehmende Zahl an Untersuchungen dem Thema der posttraumatischen Reifung, u. a. auch bei Krebspatienten, zugewandt. Einige der Krebspatienten berichten von subjektiven Reifungsprozessen z. B. hinsichtlich einer neuen positiven Weltsicht, der Intensivierung von sozialen Beziehungen, dem Bewusstwerden persönlicher Stärken etc., die sie als Folge der Auseinandersetzung mit dem traumatischen Ereignis der Erkrankung einschätzen.[51] Interessant sind hier vor allem modifizierbare Faktoren von posttraumatischer Reifung, die in die psychoonkologische Arbeit einbezogen werden können, um diese anzuregen und zu unterstützen.

---

50 Das Bild entstand im Projekt Kunsttherapie unter Anleitung von Susan Weigel.
51 Tedeschi, Richard G./Calhoun, Lawrence G. (2004): „Posttraumatic Growth: Conceptual Foundations and Empirical Evidence". In: *Psychological Inquiry*. 15 (1): S. 1–18.

GABRIELA LEHMANN-CARLI

Empathie im Umgang mit dem Tabu(bruch)? Arzt-Patient-Kommunikation in Aleksandr I. Solženicyns *Rakovyj Korpus* (*Krebsstation*)

Der Arzt hat nicht nur die Verantwortung für die Richtigkeit seiner Aussagen, sondern auch für deren Wirkung auf den Kranken...[1] (Karl Jaspers, Arzt und Philosoph)

Suboptimale oder gar misslungene Kommunikation zwischen Arzt und Patient ist seit jeher ein gravierendes anthropologisches und existentielles Problem, das immer wieder in literarischen Texten thematisiert wird. Literatur und Medizin sind potentielle Tabuzonen und sie sind zudem durch die rhetorisch-kommunikative Spezifik des ärztlichen Berufes selbst verbunden. Die Konfrontation mit dem Tabu und dem Tabubruch sind offenbar speziell bezüglich der Arzt-Patient-Kommunikation besonders stark affektiv aufgeladen und bergen für den idealtypischen Rezipienten ein hohes Empathie-Potential, wie sich auch an Texten der russischen Literatur seit dem 19. Jahrhundert zeigt[2].

Literatur *und* Medizin?! Ärztliche Empathie und Kommunikation

Was eigentlich verbindet Medizin *und* Literatur?
Neben der Bedeutung von Krankheit, Arzt und Patient als Motive, für das Thema und die Struktur literarischer Texte sind folgende funktionale Aspekte relevant: erstens die fiktionale Funktion der Medizin (also die Funktion der Medizin innerhalb der Literatur), zweitens die szientistische Funktion von

---
1 Jaspers, Karl (1983): *Die Idee des Arztes*. In: *Wahrheit und Bewährung – Philosophieren für den Alltag*. München, Zürich: Piper (SP 268), S. 51.
2 Lehmann-Carli, Gabriela (2013): „Empathiepotential beim Tabu(bruch)? Narrative Ethik und ärztliche Kommunikation in Texten der russischen Literatur". In: Lehmann-Carli, Gabriela (Hg.): *Empathie und Tabu(bruch) in Kultur, Literatur und Medizin*. Berlin: Frank & Timme (=Ost-West-Express. Kultur und Übersetzung, Band 14), S. 127–177. Auf den Seiten 153 bis163 wird dabei auf Aleksandr Solženicyns „Rakovyj Korpus" eingegangen.

Literatur (d. h., Literatur wird in ihrer Bedeutung für die (wissenschaftliche) Medizin untersucht), drittens die genuine Funktion der literarischen Medizin (ein literarisches Kunstwerk kann medizinisches Wissen veranschaulichen und ggf. konkretisieren). Darüber hinaus kann die Literatur den Menschen im Unterschied zu einer spezialisierenden Medizin ganzheitlich entwerfen.[3]

Bettina von Jagow und Florian Steger haben vier „Näherungen" identifiziert, nämlich Patientenautonomie und Literatur, Psychiatrie und Literatur, Kommunikation und Literatur sowie Ärzte als Literaten – Literaten als Ärzte.[4] In diesen Bereichen kann in Hinblick auf Empathie, Kommunikation und Tabu auf folgende spezifische Analogien verwiesen werden:

- narrative Ethik und narrative Medizin;
- die Vision einer „narrative based medicine", einer „sprechenden Medizin";
- die rhetorisch-kommunikative und (kultur-)semiotische Spezifik des ärztlichen Berufs und der Literatur;
- die Relevanz von Empathie-Strategien, -Potentialen und -Intentionen in beiden Bereichen;
- Literatur und Medizin sind jeweils Reservate von Tabus sowie von Tabubruch;
- anthropologische Konzepte sind zentral (Wie fühlt sich der Mensch in Grenzsituationen des Lebens?);
- zahlreiche Motive aus der Medizin sind in der Literatur zu finden.

Welche Aspekte von Empathie sind zugleich für Medizin *und* Literatur relevant?

- Die Induktion und Blockade von Empathie beim Umgang mit dem Tabu(bruch);
- die Relation von Einfühlen und Distanz;
- Narration als Ausnahmeform, in der Empathie zugelassen wird;

---

3   Engelhardt, Dietrich von (1978): „Medizin und Literatur in der Neuzeit – Perspektiven und Aspekte. Heinrich Schipperges zum 60. Geburtstag". In: *DVjS* 52, S. 356–358; Siehe auch: Hillen, Meike (2003): *Die Pathologie der Literatur. Zur wechselseitigen Beobachtung von Medizin und Literatur.* Frankfurt a. M.: Peter Lang (=Bochumer Schriften zur deutschen Literatur, Bd. 61), S. 11.

4   Jagow, Bettina von/Steger, Florian (2009): *Was treibt die Literatur zur Medizin? Ein kulturwissenschaftlicher Dialog.* Göttingen: Vandenhoeck & Ruprecht.

- das Problem des Überschätzens von Ähnlichkeit beim Einfühlen;
- der Zusammenhang von Empathie und Altruismus (auch beim Arzt).

Folgende Funktionen von Literatur könnten für die Medizin von substantiellem Interesse sein:

- Literatur ist ein narrativ-fiktionaler „Explorationsraum" (A. Nünning)[5] und kann Gegenentwürfe zur Lebenswelt bieten;
- Literatur hat eine Bewältigungsfunktion und kann zur Lebenshilfe werden (siehe auch die „Bibliotherapie");
- die Diskurserweiterungsfunktion der Literatur gestattet es, das aufzugreifen, was temporär als „unwissenschaftlich" aus dem medizinischen Diskurs ausgeschlossen ist;
- die Literatur ermöglicht die Repräsentation bzw. Simulation komplexer Wirklichkeiten;
- im literarischen Text kann eine potentielle Multiperspektivität entworfen werden, die u. a. über polyphones Erzählen und über eine „Vogelperspektive" des Lesers hergestellt wird;
- die Literatur ist ein Reservat des Umgangs mit dem Tabu und dem Tabubruch und es werden Tabuumgehungsstrategien erprobt; (die „Kunstfreiheit" bietet potentiell eine höhere Zensurtoleranz);
- ästhetisch-experimentelle Funktion der Literatur (siehe etwa die Ästhetik des Schmerzes).

Die *Krebsstation* als authentische literarische Darstellung einer anthropologischen Grenzerfahrung und das Krebsgeschwür der sowjetischen Zensur

In Aleksandr Isaevič Solženicyns[6] (1918–2008) zwischen 1963 und 1968 verfasstem Roman *Rakovyj Korpus*[7] (*Krebsstation*[8])[9] ist Krebs auch eine Metapher[10]

---

5 Nünning, Ansgar (2010): „Lebensexperimente und Weisen literarischer Welterzeugung: Thesen zu den Aufgaben und Perspektiven einer lebenswissenschaftlich orientierten Literaturwissenschaft". In: Asholt, Wolfgang/Ette, Ottmar (Hg.): *Literaturwissenschaft als Lebenswissenschaft. Programm – Projekte – Perspektiven.* Tübingen: Narr, S. 54; S. 57.

6 Siehe über Solženicyns Leben auch folgende biographische Studien und Ausgaben: Medwedjew,

auf die Sowjetunion nach Stalins Tod. Er handelt von einer Krebsstation als Modell und Mikrokosmos des sowjetischen Systems im Jahre 1955 in Taschkent, im Südwesten des asiatischen Teils der Sowjetunion.

Aleksandr Solženicyn war ein politisch Verfolgter. Obwohl er noch 1945 als Soldat in Ostpreußen gekämpft hatte, war er von der Geheimpolizei verhaftet und nach Artikel 58 des sowjetischen Strafgesetzbuches zu acht Jahren Zwangsarbeit in Arbeitslagern des GuLag verurteilt worden. Als Häftling saß er im Lagerkomplex Ekibastus in Kasachstan ein. Bereits im Lagerkrankenhaus wurde ihm ein Krebsgeschwür herausoperiert und zunächst bestand die Hoffnung, es hätten sich keine Metastasen gebildet. Im Februar 1953, kurz vor Stalins Tod am 5. März 1953, wurde er – vermeintlich todkrank – aus der Lagerhaft entlassen, jedoch bis an sein Lebensende verbannt. Als Verbannungsort wurde ihm Kok-Terek in der Steppe Kasachstans zugewiesen. Kostoglotov, sein literarisches Alter Ego, ist auf ewig nach Usch-Terek verbannt.

Im Dezember des Jahres 1953 musste er sich aufgrund eines faustgroßen Tumors in der Bauchhöhle erneut einer Behandlung unterziehen, und zwar in einem Krankenhaus in Taschkent. Im Jahre 1955 bekam er dort letztmalig Bestrahlungen. Man gab ihm zu diesem Zeitpunkt weniger als 30% Überlebenschance.

Die Erfahrungen dieser medizinischen Behandlung sollte Solženicyn später in seinem Roman *Rakovyj Korpus* (*Krebsstation*) sehr authentisch schildern. Dieser Text ist auch über ein halbes Jahrhundert nach seinem Erscheinen nicht nur medizingeschichtlich noch aktuell, sondern auch speziell bezüglich der Frage der Arzt-Patient-Kommunikation. Anthropologisch brisant ist das Verhalten einer auf engem Raum von der Präsenz des Todes bedrohten Ge-

---

Schorres A. (1974): *Zehn Jahre im Leben des Alexander Solschenizyn (Desjat' let posle "Odnogo dnja Ivana Denisoviča"): Eine politische Biographie*. Darmstadt, Neuwied: Luchterhand; Thomas, Donald M. (1998): *Solschenizyn. Die Biographie*. Berlin: Propyläen; Burg, David/Feifer, George (1973): *Solshenizyn. Biographie*. München: Kindler; Daix, Pierre (1974): *Was ich über Solschenizyn weiß*. München: List; Markstein, Elisabeth (Hg.) (1973): *Über Solschenizyn. Aufsätze, Berichte, Materialien*. Darmstadt u. a.: Luchterhand.

7   Solženicyn, Aleksandr (2009): *Rakovyj Korpus*. Povest', Moskva: Prozaik.

8   Solschenizyn, Alexander (1990/1991): *Krebsstation*. Roman in zwei Bänden. Buch I. Buch II, Reinbek bei Hamburg. AUS DEM RUSSISCHEN INS DEUTSCHE ÜBERSETZT VON CHRISTIANE AURAS, AGATHE JAIS UND INGRID TINZMANN.

9   Siehe dazu: Koelbing, Huldrych M. (1973): *Medizin, Arzt und Patient in Solschenizyns „Krebsstation"*. Zürich: Juris Dr. (=Zürcher medizingeschichtliche Abhandlungen 100).

10 Siehe auch: Engelhardt, Dietrich v. (2000): „Krebs in der Literatur zwischen Phänomenologie und Symbolik". In: Eckart, Wolfgang U. (Hg.): *100 Jahre organisierte Krebsforschung*. Stuttgart, S. 191–196; Jones, Anne Hudson: „Representations of Cancer in Selected Literary Works from the Past Century". In: Ebd., S. 185–190.

meinschaft. Die Zeit der Romanhandlung ist genau dieses Jahr 1955, zwei Jahre nach Stalins Tod. Der Autor hat die körperlichen und psychischen Qualen der Krebserkrankung sowie der medizinischen Prozeduren nicht nur bei anderen beobachtet, sondern auch selbst durchlitten. Auch die Qualität einer für die damalige Zeit „evidence based medicine" überzeugt selbst im westlichen Ausland. Heinrich Böll, der ein Vorwort zur deutschen Ausgabe der *Krebsstation* verfasst hat, ist – neben seiner Verwunderung über die völlige Tabuisierung der Krebskrankheit – vor allem von dem (trotz materiellen Mangels) erstaunlichen Niveau der sowjetischen Medizin beeindruckt:

> Das Personal des Romans ist zahlreich: Ärzte, Ärztinnen, Krankenschwestern, Putzfrauen, Besucher; erstaunlich ist, was der Roman an Mitteilung über die Sorgfalt der ärztlichen Behandlung in der Sowjetunion – und das im Jahre 1955 – enthält. Es ist ein Buch voller Bitterkeit, auch Heiterkeit, und was ich nicht zu begreifen vermag: daß es in der Sowjetunion nicht erscheinen soll oder darf, daß es die Krebserkrankung auf dieser Erde wirklich gibt.[11]

Im Jahre 1957, in der Zeit eines begrenzten Tauwetters unter Nikita Chruščev, war Solženicyn offiziell rehabilitiert worden; die Verbannung galt somit als aufgehoben. Jedoch war man angesichts seiner Krebserkrankung davon ausgegangen, dass er bald sterben könnte. Solženicyn aber überwand seine Krebserkrankung und sollte noch über 50 weitere Jahre leben, bevor er im Jahre 2008 hochbetagt starb.

Bereits 1966 war der erste Teil (zwischen 1963 und 1966 verfasst) unter dem Chefredakteur A. T. Tvardovskij zur Publikation in die Zeitschrift *Novyj mir* angenommen worden. Doch schon seit Herbst 1965 hatte sich unter Leonid Brežnev eine kulturpolitische Restauration angedeutet und bald wurde auf Anordnung von politischen Behörden der Druck von *Rakovyj Korpus* gestoppt, ohne die Verbreitung des Manuskripts im „Samizdat" (Selbstverlag im Untergrund) verhindern zu können. Offensichtlich hatte der Autor in Hoffnung auf ein wirkliches „Tauwetter" zu viele politische und Sprachtabus verletzt sowie Kommunikationsverbote ignoriert. Im Mai 1967 schreibt er einen Offenen Brief an den Schriftstellerkongress, in dem er fordert, der Verband solle sich nicht weiter an der Verfolgung und Verleumdung von

---

11 Böll, Heinrich (1990): [„Vorwort"]. In: Solschenizyn, Alexander: *Krebsstation, Roman in zwei Büchern*, Buch I, S. 7. Heinrich Böll hatte dieses Vorwort für die im April 1971 als rororo Nr. 1395 erschienene Übersetzung des Textes ins Deutsche verfasst.

Schriftstellern beteiligen und gegen die verfassungswidrige Zensur protestieren. Dieser Brief[12] wurde auf dem Kongress aber weder öffentlich verlesen noch diskutiert. Solženicyns Roman durfte nach Intervention der Zensur weder in Auszügen noch als ganzes gedruckt werden.

Im Jahre 1968 teilte Solženicyn dem Verband dann mit, er bedauere, dass sein neuer Roman *Rakovyj Korpus* (*Krebsstation*) – letztlich als Folge sowjetischer Zensur – ohne sein Zutun im Westen erscheine.[13] Die Originalausgabe erschien bei The Bodley Head, London unter dem Titel *Rakovyj Korpus*. Wie brisant sein Text für die Machthaber gewesen sein muss, zeigt sich darin, dass der sowjetische Geheimdienst westlichen Verlagen von ihm retuschierte Fassungen zuzuspielen versuchte. Die Publikation des Manuskripts im Westen wird als eklatanter Tabubruch angesehen und bleibt nicht ungeahndet. Am 6. November 1969 erfolgt Solženicyns Ausschluss aus dem sowjetischen Schriftstellerverband.[14] Im Herbst 1970 aber wird ihm – auch für die *Krebsstation* – der Nobelpreis für Literatur verliehen.

Das Sprachtabu Krebs und die Tabuisierung von Krankheit und Tod

Krebs ist ein Phänomen der Kulturgeschichte, er wird als Metapher und Symbol verwendet und kommt zudem auch in Redewendungen und Sprichwörtern vor. Krebs ist in Solženicyns Text eine Metapher auf die Sowjetunion nach Stalins Tod. Hier wird ein Staat mit der destruktiven Autonomie eines Körpers, mit einem Krebsgeschwür verglichen.

Das Wort „rak", „Krebs" wird vom medizinischen Personal streng gemieden, es ist in dem dargestellten Krankenhaus ein Sprachtabu. Der Autor war selbst Krebspatient, schildert demnach eigene Erfahrungen in diesem fiktionalen Text sehr authentisch. Er weiß also genau, wie sich ein an Krebs erkrankter Mensch fühlt.

---

12 „Pis'mo A. Solženicyna IV Vsesojuznomu s"ezdu sovetskich pisatelej" (1967). In: *Grani*, Nr. 66, S. 162–167.

13 Zwei Reaktionen auf die deutsche Ausgabe: Bienek, Horst (1969): „Alexander Solschenizyn: Krebsstation". In: *Neue Rundschau*, Frankfurt a. M.: Fischer, Bd. 80, Nr. 3, S. 556–560; Horst, K. A. (1969): „Wofür lebt der Mensch". In: *Wort und Wahrheit. Monatsschrift für Religion und Kultur*, 24, S. 566 f.

14 Korotkov, A. (Hg.) (1994): *Akte Solschenizyn 1965-1977. Geheime Dokumente des Politbüros der KPdSU und des KGB*. Berlin: edition q.

Im Treppenhaus der Klinik war ein Losungswort, ein statusorientierter Appell, aufgehängt worden „– ganz wie es sich gehörte: weiße Buchstaben auf rotem Kattunstreifen: ‚Patienten, sprecht nicht miteinander über eure Krankheiten'"[15]. Eine anthropologische Utopie bei einer Belegung der Krankensäle mit neun und mehr schwerkranken Patienten oder eher stigmatisierten Insassen, denen in paternalistischer Manier jegliches Recht abgesprochen wird, über ihre Therapie und deren Folgen aufgeklärt zu werden oder mitzuentscheiden. Die Krebserkrankung und ihre Folgen sind nicht nur im Krankenhaus, sondern auch in der sowjetischen Gesellschaft stark tabuisiert.

Der Leser wird über eine Vogelperspektive und durch polyphones Erzählen[16] mit dem Text konfrontiert. Somit kann die Empathie des Lesers abwechselnd auf Patienten und Ärzte gelenkt werden. Ärzte wie die Strahlentherapeutin Dr. Ljudmila Doncova, der Chirurg Lev Leonidovič oder die junge Ärztin Vera Hangart sind sehr engagiert, verantwortungsbewusst, auch finanziell unbestechlich; sie praktizieren eine für diese Zeit „evidence based medicine", kämpfen durchaus altruistisch um das Leben ihrer Patienten. Und dies in einem Land, in dem das menschliche Leben noch kurz zuvor nicht gerade viel zu gelten schien. Allerdings sind alternative Therapiemöglichkeiten nicht vorgesehen und schon die Frage danach ist tabuisiert. Sprachtabus werden intentional und strategisch zum vermeintlichen Wohle, zum Troste, zur psychischen Ermutigung und Suggestion des Patienten gewahrt, obwohl sie ihn dadurch entmündigen, täuschen, auch verunsichern können. Daraus resultieren können affektive Ausbrüche und die Weigerung, sich behandeln zu lassen.

Das Sprachtabu Krebs wird von den Patienten selbst massiv durchbrochen. Bei der Ankunft eines neuen Patienten, des Funktionärs Pavel Nikolaevič Rusanov ruft ein renitenter Patient zynisch und zugleich resigniert aus: „A vot – ešče odin račok"[17] [„Sieh da – noch ein Krebs"[18]]. Der Krebs wird im russischen Text als Deminutiv („Krebschen"/„kleiner Krebs") zugleich personifiziert und zu einer partikularisierenden Synekdoche, zum Pars pro Toto, zu einer Redefigur, die den semantisch engeren Ausdruck „Krebs" an die Stelle des ganzen „an Krebs erkrankten Menschen" setzt (das soll mitunter auch im

---

15 Solschenizyn 1990/1991, Buch II, S. 16.
16 Brysch, E. (1972): „Polyphonie in Solženicyns Romanen ‚Krebsstation' und ‚Der erste Kreis der Hölle'". In: *Seminarbeiträge zum Werk A. Solženicyns*. Hamburg (=Hamburger Beiträge 3), S. 53–59.
17 Solženicyn 2009, S. 12.
18 Solschenizyn 1990/1991, Buch I, S. 14.

zynischen Mediziner-Jargon vorkommen). Die deminutive, eigentlich verniedlichende Form ist in diesem Kontext pejorativ konnotiert. Die strenge Tabuisierung durch das medizinische Personal provoziert also einen heftigen Tabubruch, eine emotionale Entladung mit hohem Empathie-Potential.

Ärztliche Empathie und restriktive Kommunikation. Sprachtabus während der Visite

Solženicyns Roman „Die Krebsstation" stehe nicht nur für Russland, sondern für die ganze Welt, so Dietrich von Engelhard. Dieser universelle Aspekt wird bezüglich der Ärzte als Therapeuten und Forscher, unterschiedlicher Krebserkrankungen und therapeutischer Interventionen (darunter Hormontherapie, Bestrahlung und Behandlung mit Kolloidgold) betont. Besonders interessant für unseren Kontext ist folgende These des Verfassers: „Grenzen werden gesehen und anerkannt, stets muss ein Ausgleich zwischen Beistand, Therapie und Forschung gefunden werden."[19] Das im Roman beschriebene Krankenhaus ist zwar chronisch unterfinanziert, aber keineswegs im Sinne einer heutigen „Gesundheitsindustrie" kommerzialisiert. Die Ärzte sind finanziell unbestechlich und unter den Patienten gibt es keine Privilegierten (wie etwa heutzutage Privatpatienten). Ärzte mit sehr menschlichem Antlitz, keine typischen „Halbgötter in Weiß" kämpfen altruistisch um das Leben ihrer Patienten. Die Hintergründe politischer Verfolgung entziehen sich zwar zwei Jahre nach Stalins Tod einem Diskurs, bleiben also stark tabuisiert, doch einem Verbannten wie Kostoglotov wird ganz offenkundig Sympathie seitens der Ärzte und des medizinischen Personals zuteil.

Die empathisch begabte junge Assistenzärztin Vera Kornilevna Hangart mochte gerade den Kontakt zu den Patienten sehr. Sie durfte *ihre* Kranken versorgen, sie freute sich, dass sie es

> mit lebendigen Menschen zu tun hatte, die ihr vertrauten, einen tröstenden Blick und aufmunternde Worte von ihr erwarteten. Und immer, wenn ihre

---

19 Engelhardt, Dietrich von (2007): „Das Krebsleiden in der Medizin- und Kulturgeschichte". In: *Onkologie*; 30, S. 10.

Arbeit als behandelnde Ärztin zu Ende ging, litt sie darunter, sich von den Patienten trennen zu müssen, die sie nicht hatte ausheilen können[20].

Aber eine paternalistische Arzt-Patient-Kommunikation und eine Sozialisation der Ärzte, die ein Überbringen schwieriger oder infauster Diagnosen ausschließt, führen trotz altruistischem Berufsethos und Empathie im Umgang mit den Patienten zu einer Differenzierung von sozial restringierter Sprache (gegenüber den Patienten) und einer sozial elaborierten Sprache (gegenüber den Kollegen), zur strikten Bewahrung von Sprachtabus auch mittels Euphemismen, Fachtermini und speziell verschlüsselter Botschaften, also Geheimcodes. Dadurch ist die Arzt-Patient-Kommunikation gestört. Sprachtabus sollen den Patienten entlasten und trösten, sie sollen Diagnosen und Prognosen zu verschleiern helfen. Dem Patienten wird eine Aufklärung über therapeutische Optionen weitgehend verweigert.

Die Visite ist ein altes medizinisches Ritual. „Rituelle Handlungen erlauben es, Tabus zu brechen und sich ohne Sanktionen Verbotenem hinzugeben"[21]. In diesem Kontext aber dient das Ritual der Bewahrung von Tabus. Das Verbot als eine Prozedur der Ausschließung aus dem Diskurs bedeutet auch in diesem Kontext ein Tabu des Gegenstandes, Ritual der Umstände sowie bevorzugtes oder ausschließendes Recht des sprechenden Subjekts[22]. Besonders evident ist die Bewahrung von Sprachtabus, die vermeintlich zum Wohle der Patienten Diagnosen verschleiern sollen, in der differenzierten Darstellung einer Visite als traditionellem ärztlichem Ritual des an sich um Empathie bemühten und humanen Chirurgen Lev Leonidovič:

> Auch durfte bei diesen Visiten nicht unumwunden ausgesprochen werden, wie der Zustand des Patienten war; ein Hindernis, das die gegenseitige Verständigung erschwerte. Es durfte nicht einmal heißen, daß er „sich verschlechtert" habe, sondern höchstens „Der Prozeß spitzt sich zu". Alles durfte hier nur halb oder verschlüsselt ausgesprochen werden. Niemand sprach direkt von „Krebs" oder „Sarkom", aber auch Bezeichnungen wie „Kanzer", „Kanzeroid", „Szirrhus" , die dem Kranken halb verständlich hätten sein können, wurden vermieden. Sie sagten statt dessen ganz unverfänglich: „Milzbrand", „Gastritis", „Lungenentzündung", „Polypen", und

---

20 Solschenizyn 1990/1991, Buch I, S. 42.
21 Singer, Wolf (2011): „Rituale. Was unser Leben zusammenhält". In: *Spektrum der Wissenschaft Spezial* 1/11.
22 Foucault, Michel (1997): *Die Ordnung des Diskurses*. Frankfurt a. M.: Fischer, S. 11.

was im einzelnen Fall wirklich vorlag, wurde dann erst nach der Visite geklärt. Um sich auch während der Visite schon verständigen zu können, hatte man sich auf folgende Wendungen geeinigt: „Der Schatten des Mediastenums hat sich erweitert", „Der Fall kann nicht operiert werden", „Letaler Ausgang nicht ausgeschlossen"[23].

Bei der Visite wird die Benennung der Diagnose vermieden, auch Pseudonyme sind verpönt. Alles, was aus der Sicht der Ärzte die Patienten beunruhigen könnte, ist sprachlich tabuisiert. In einigen Fällen verständigt sich das medizinische Personal mittels Geheimcodes. Direkte Benennungen werden vermieden, an ihre Stelle könnten partiell ungefährlich anmutende medizinische Termini und Euphemismen treten. Mitunter entsteht allerdings der Eindruck, dass bei diesem Verfahren Bildung, Intelligenz und Intuition eines Teils der Patienten unterschätzt werden. Der engagierte Arzt versucht – da ja jede (direkte) Kommunikation über die Krankheit streng tabuisiert ist – die Kranken zu trösten und aufzumuntern. Auch wider besseres Wissen suggeriert der leitende Arzt seinen Patienten, ihr Zustand habe sich verbessert. Ihre eigentlichen somatischen Probleme versucht er zu verschleiern.

> Je weniger sie sich bei der Visite über die Krankheit verständigen konnten, um so mehr Gewicht legte Lew Leonidowitsch darauf, den Kranken zu trösten und ihm wieder Mut einzuflößen. Ja, darin begann er allmählich sogar die wesentliche Aufgabe dieser Visiten zu sehen. „Geringfügige Veränderung", sagte man ihm. (Und das hieß, daß alles beim alten geblieben war.) „Ja?" sagte er dann erfreut. Und gleich vergewisserte er sich bei der Kranken selbst: „Es geht Ihnen ein bißchen besser?" „Ja, wahrscheinlich", stimmte ihm die Kranke ein wenig verwundert zu. Sie selbst hatte davon eigentlich nichts bemerkt, aber wenn die Ärzte es festgestellt hatten, mußte es wohl stimmen. „Na, sehen Sie! Sie werden sich Schritt um Schritt erholen." Eine andere Kranke beunruhigte sich: „Hören Sie, warum habe ich denn so Rückenschmerzen? Sitzt da vielleicht auch ein Geschwür?" „Aber nein", lächelte Lew Leonidowitsch. „Das ist nur eine Sekundärerscheinung." (das war durchaus die Wahrheit: Metastasen sind nun einmal Sekundärerscheinungen.)[24]

Diese nur partiell gelungene – weil auf einen abstrakten Patiententyp abgestellte – empathische Strategie, die medizinethischen Standards ihrer Zeit und

---

23 Solschenizyn 1990/1991, Buch II, S. 62.
24 Ebd., S. 62 f.

ihres Raums sowie dem Engagement und Mitgefühl der Ärzte geschuldet war, verursacht durchaus Nebenwirkungen im direkten und übertragenen Sinne.

Mitunter tritt auch bei einer gut gemeinten Suggestivfrage durchaus ein gewisser zeitweiliger Placebo-Effekt ein, da die Psyche der Patienten stabilisiert wird. Nicht in allen Fällen gelingt der trostvolle Betrug, da der Patient recht reale physische Symptome verspürt und häufig ahnt, wie es um ihn steht. Es gibt keine Differenzierung einer streng standardisierten Kommunikation hinsichtlich eines Patiententyps oder dem Bedürfnis des jeweiligen Patienten, das Tabu zu wahren oder über die Diagnose und die Behandlung(-soptionen) informiert zu werden. Obwohl den Ärzten eine altruistische Motivation nicht abzusprechen ist, bleiben ihre empathischen Strategien gegenüber ihren Patienten suboptimal. Die Empathie des Lesers wird allerdings von altruistischem Verhalten angesprochen.

Den Patienten werden existentiell wichtige Informationen über Diagnose, über therapeutische Entscheidungen und deren Folgen vorenthalten. Zweifellos war es zu jenen Zeiten nicht nur in der Sowjetunion noch nicht üblich, den Patienten stärker in Entscheidungsprozesse einzubeziehen. Damals ging es in der Arzt-Patient-Kommunikation freilich nicht um eine patientenzentrierte Beziehung und noch nicht um heute angestrebte Standards wie eine informierte Zustimmung (Informed Consent) oder einen partizipativen Entscheidungsfindungsprozess (Shared Decision Making).

Aspekte der Empathie-Induktion in der „Krebsstation". Kann auch die literarische Gestalt des politisch verfolgten und stigmatisierten Patienten Kostoglotov die Empathie des Lesers ansprechen?

Der Wechsel der Erzählperspektive kann die Wahrnehmung von empathischem Verhalten durch den Leser und die Empathie des Lesers auf die Patienten und auf den Arzt sowie auf deren Kommunikation lenken. Gibt es daneben eine affektive Ansteckung? Tabubrüche in existentiellen Grenzsituationen oder auch die Konfrontation mit dem kontextsensitiven Tabu, nicht das Leiden an sich bieten dem idealtypischen Leser ein ebenso starkes Empathie-Potential, wie die altruistische Motivation der Ärzte. Empathie ist im vorliegenden Text und in der Rezeption nicht per se Prämisse für Altruismus, aber empathisches Verhalten kann vom Leser offenbar stark mit Altruismus assoziiert werden.

Eines der ästhetischen Mittel von Empathie-Induktion ist auch in diesem Text die Anpassung des Wissensstandes des Rezipienten an den einer Figur, der in der *Krebsstation* allmählich realisiert wird. So lernt der Leser Facetten des politischen Systems und des Gesundheitswesens über Kostoglotovs Perspektive kennen. Eine besonders wichtige Empathie-Lenkungs-Strategie ist hier neben polyphonem Erzählen nämlich die *focalisation interne*[25], bei der sich die Erzählperspektive gleichsam in die Figur verlagert, also die Erzählerstimme die Welt durch ihre Augen beschreibt:

> Zum einen ist damit der Wissensstand der Erzählerstimme an diese Figur gebunden, zum anderen geht mit dieser perspektivischen Bindung an die Figur aber auch das Gewähren von Einblicken in das Innenleben der Figur einher (Genette spricht von *pensées* und *sentiments*, also Gedanken und Gefühlen, die offengelegt werden). Beide Merkmale dieser Fokalisierung, Verschmelzung des Wissensstandes und Informationen über Innenleben, führen dazu, dass sich der mitverfolgte Blick des Rezipienten in die fokalisierende Figur hineinverlagert und er die Welt mit ihren Augen sieht.[26]

Die Erzählstimme kann in der *Krebsstation* potentiell eine Verschmelzung des Horizonts der Figur des Oleg Kostoglotov und des Rezipienten fördern. Hierbei sind für den „impliziten Leser" sowohl die Text- als auch die Aktstruktur von Belang. Die vom Autor entworfene perspektivische Sicht auf den Mikrokosmos der „Krebsstation" und die Situierung in dieser werden gleichzeitig durch den affektiven Charakter der sprachlichen Strukturen eingelöst.[27] Letzteres geschieht zudem in von Soziolekten, also der spezifischen Redeweise von literarischen Gestalten (skaz) getragenen Dialogen.

Auch muss der Leser die Vogelperspektive verlassen und Partei ergreifen. Fritz Breithaupt zufolge verlangt Narration Parteinahme (in Dreierszenen) und Parteinahme Narration:

> Es geht in derartigen Legitimationen etwa um die narrative Zuordnung von ursächlicher Verschuldung des Konflikts (judikative Parteinahme) oder um

---

25 Genette gibt folgende Definition: „le narrateur ne dit que ce que sait tel personnage" (Genette, Gérard (1972): *Figures* III. Paris: Éd. du Seuil, S. 206).
26 Barthel, Verena (2008): *Empathie, Mitleid, Sympathie. Rezeptionslenkende Strukturen mittelalterlicher Texte in Bearbeitungen des Willehalm-Stoffs*. Berlin, New York: Walter de Gruyter (=Quellen und Forschungen zur Literatur- und Kulturgeschichte 50 (284)), S. 54 f.
27 Iser, Wolfgang (1990): *Der Akt des Lesens. Theorie ästhetischer Wirkung*. 3. Aufl. München: Fink (=UTB für Wissenschaft: Uni-Taschenbücher; 636), S. 61–64.

narratives Erraten der Konsequenzen des Konflikts und der Parteinahme (strategische Parteinahme) beziehungsweise der Darstellung der einen Seite als Opfer der anderen, des in der jüdisch-christlichen Tradition privilegierten Narrationsmusters (selbst-reflexive Parteinahme).[28]

Bezüglich der *Krebsstation* spielt wohl vor allem die selbst-reflexive Parteinahme des Lesers eine Rolle. Oleg Kostoglotov wird dem Leser zunächst aus der Sicht des stalinistischen Funktionärs Pavel Nikolaevič Rusanov vorgestellt, welcher nach Betreten des Krankenzimmers in sehr gedrückter Stimmung seine Bettnachbarn beäugt. Der „Erwartungshorizont" des Lesers wird hier auf eine harte Probe gestellt. Dieser Rusanov (der dem Leser allerdings nicht sehr sympathisch sein dürfte) sogleich instinktiv befremdende Mann

> liegt zur rechten Hand, in dem Bett am Fenster, anscheinend ebenfalls ein Russe, aber durchaus keine erfreuliche Nachbarschaft: er hatte eine Banditenvisage. Daran war sicher seine Narbe schuld (sie begann am Mundwinkel und lief über die linke Wange, fast bis zum Hals hinab); vielleicht aber auch seine ungekämmten, struppigen schwarzen Haare, die nach allen Seiten abstanden; vielleicht aber auch ganz allgemein sein rohes und ungepflegtes Aussehen. Immerhin aber streckte dieser Kerl seine Hände nach der Kultur aus – er las ein Buch.[29]

Kostoglotov wird dem Leser also denunziatorisch aus der Perspektive eines dogmatischen politischen Funktionärs präsentiert, welcher zugleich eine instinktive Abneigung gegen einen Mann verspürt, der ein aus politischen Gründen Verbannter ist. Die Narbe wird im Folgenden als Stigma zum Symbol für den politisch Verfolgten und seine Leiden. Rusanov bemerkt, dass

> sein Nachbar, der Halbbandit, sein Buch zu Ende gelesen und zugeschlagen hatte und es jetzt zwischen seinen großen, rauen, grobschlächtigen Händen hin und her drehte. [...] Wessen Handschrift das war, konnte Pawel Nikolajewitsch nicht erkennen – und danach fragen mochte er dieses Individuum von Nachbar nicht. Er dachte sich einen Spitznamen für ihn aus – Oglojed. Und fand ihn passend.
> Oglojed blickte finster auf das Buch und erklärte dann rücksichtslos laut dem gesamten Krankensaal: „Wenn Djomka dieses Buch nicht aus der Bib-

---

28 Breithaupt, Fritz (2009): *Kulturen der Empathie*. Frankfurt a. M.: Suhrkamp (=suhrkamp taschenbuch wissenschaft 1906), S. 172.
29 Solschenizyn 1990/1991, Buch I, S. 16.

liothek geholt hätte, könnte man glauben, einer hätte es hier eingeschmuggelt."[30]

Also fassen wir die Ressentiments des Funktionärs, seinen „Steckbrief" zusammen, der aus Rusanovs Perspektive dem Leser präsentiert wird: „dieses Individuum" mit der „Banditenvisage" (weil mit Narbe) ist ungepflegt, roh, hat „große, raue, grobschlächtige Hände", blickt finster, ist rücksichtslos, unverschämt, sarkastisch sowie verbal übergriffig und liest immerhin, aber womöglich subversive Bücher. Er scheint renitent und vielleicht ein „Volksfeind" zu sein. Er wird sogleich mit dem Spitznamen Ogloed bedacht. Doch der Leser wird Rusanovs voreingenommener und anmaßender Beschreibung von Kostoglotov misstrauen, zumal diesem Funktionär jegliche Empathie fehlt. Die Empathie des Beobachters wiederum richtet sich auf denjenigen, der ungerecht behandelt oder vielleicht sogar verleumdet wird. Wobei Kostoglotov übrigens auch von wohlwollenden Menschen wie Schwester Soja als „verwahrlost" wahrgenommen wird.

Der Leser bemerkt fast nebenbei: dieser Mensch ist wohl „schwierig", aber hilfsbereit und zuverlässig. Es stellt sich heraus, dass Rusanov einen politisch Verfolgten kriminalisiert. Kostoglotov ist – wie sich bald zeigt – tapfer und schlau, er verfügt über viel innere Freiheit und er hat viel gelitten; er scheint ein Geheimnis zu haben, das der Leser ergründen will. Wiederholt ist dieser Mann vergebens darum bemüht, seine expressive Emotionalität zu zügeln. Kostoglotov bricht – mitunter bewusst – Sprach- und Handlungstabus. Er sehnt sich nach menschlicher Wärme und einer Familie. Der Leser ergänzt „Biographisches", also das schwierige Schicksal des Oleg Kostoglotov (Verwandte kommen in der Blockade um und immer mehr für den Leser überraschende Details seiner politischen Verfolgung werden bekannt) mittels seiner narrativen Empathie, die neben Mitgefühl für dem Leser „vertraute" Gestalten (der Leser lernt Oleg Kostoglotov zunehmend besser kennen und in menschlicher Hinsicht schätzen!) eben auch auf verständliche und „kulturell wertvolle Akte"[31] anspricht. Und dieser Mann ist selbst sehr empathisch gegenüber dem Anderen. So fragt etwa die Krankenschwester Soja Kostoglotov fast scherzhaft nach dessen Großmutter. Nun lernt der Leser auch einen liebevollen Menschen kennen und erfährt zugleich folgendes: „'Meine Großmutter', sagte Kos-

---

30 Ebd., S. 17.
31 Breithaupt 2009, S. 51.

toglotow ganz ernsthaft, ‚und meine Mama' (dieses ‚Mama' paßte gar nicht zu seinem Aussehen) ‚sind in der Blockade ums Leben gekommen.'"[32] Die Empathie des Lesers gegenüber Kostoglotov wächst auch deshalb, weil dieser absolut authentisch wirkt, denn er verkörpert Aspekte des Leidens, das der Autor am eigenen Leibe erfahren musste.

Tabubruch mittels Eskalation verbaler Gewalt und Schocktherapie! Das asymmetrische Rededuell zwischen dem „renitenten" Patienten Oleg Kostoglotov und der paternalistischen Ärztin Ljudmila Doncova

Die Herausforderungen ärztlicher Kommunikation sind stets eine Gratwanderung: wenn der Arzt aufgrund seiner fachlichen Expertise glaubt, das Gespräch (zum vermeintlichen Wohle seines Patienten) manipulativ steuern zu können, beabsichtigt er im besten Fall eine funktionale Empathie. Das ärztliche Gespräch dient dazu, sich in die Gefühls- und Gedankenwelt des Patienten hineinzuversetzen, ohne aber das Wissen des Arztes um Behandlungsoptionen zu vernachlässigen.[33] Die Forderung nach Akzeptanz, Kongruenz und Empathie sollte nicht nur im psychotherapeutischen Gespräch[34] gelten, sondern auch in der Arzt-Patient-Kommunikation Vertrauen erzeugen. Doktor Ljudmila Doncova aber „verstand es, Wichtiges vom Persönlichen zu trennen (in die Erzählungen der Kranken fließt immer viel Persönliches ein)"[35]. Diese Einstellung erinnert beinahe an traditionelle „l'homme machine"-Konzeptionen. Wenn auch die Maschinen-Metapher philosophisch spätestens im 19. Jahrhundert durch das Konzept vom Organismus ersetzt wurde, entlastete die Objektivierung weiter von kommunikativen Zwängen. Die Ärztin Doncova ist eben auch im Kontext eines abstrakten Empathie-Konzeptes sozialisiert worden und hat dieses Konstrukt einer vermeintlich notwendigen professionellen Distanz verinnerlicht. Allerdings: „Heilung und Subjekthaftigkeit gehören substantiell zusammen. Die Akzeptanz der Subjekthaftigkeit des ‚objektivierten'

---

32 Solschenizyn 1990/1991, Buch I, S. 33.
33 Bergner, Thomas M. H. (2009): *Wie geht's uns denn? Ärztliche Kommunikation optimieren.* New York: Schattauer, S. 23.
34 Rogers, Carl R. (2012): *Therapeut und Klient. Grundlagen der Gesprächspsychotherapie.* Frankfurt a. M.: Fischer Taschenbuch Verlag, 21. Auflage, S. 213–218.
35 Solschenizyn 1990/1991, Buch I, S. 70.

Patienten leistet einen wichtigen Beitrag zu dessen Anerkennung und damit zur wechselseitigen Anerkennung von Arzt und Patient"[36].

Die Ärztin Doncova aber will also aus professionellen Gründen ihre Empathie für den konkreten Menschen blockieren, zu starkes Mitgefühl vermeiden, auch, um sich vor dem Schmerz ihrer Patienten zu schützen.[37] Wenn auch im Jahre 1955 die Frage der „Patientenautonomie" in der Sowjetunion wohl weder juristisch noch medizinethisch diskutiert worden ist, stellte sie sich doch praktisch für Oleg Kostoglotov. Er beharrt auf seine Rechte auf Handlungsfreiheit und Selbstzweckhaftigkeit sowie auf seinem Recht auf Selbstbestimmung, das ggf. auch „die Zurückweisung einer ärztlicherseits vorgeschlagenen und sogar indizierten Behandlung rechtfertigen"[38] könnte.

Wie Bettina von Jagow und Florian Steger zeigen, gewinnt man spätestens für die Zeit seit 1900 den Eindruck einer gewissen Entindividualisierung ärztlichen Handelns, wobei die Medizin sich verstärkt durch Technik und Apparate definiert. Wenngleich Paternalismus nach der Hippokratischen Tradition jede fürsorgliche Handlung durch den Arzt umfasst, kann dies doch als Verstoß gegen den Patientenwillen verstanden werden:

> Der *schwache* Paternalismus rechtfertigt das Handeln gegen den Patientenwillen mit ‚Kompetenzdefekt'. Der *starke* Paternalismus fragt nicht nach dem Patientenwillen, sondern tut, was für diesen als das Beste erscheint. Besonders fraglich ist aber, ob eine solche „Bevormundung" zu rechtfertigen ist. Das Dilemma besteht im Widerspruch von körperlichem und seelischem Wohl des Patienten und der Respektierung des autonomen Willens[39].

Die entmündigende Verweigerung von Kommunikation über Ätiologie, Diagnoseoptionen und Perspektiven erfüllt aber zumeist nicht die Funktion einer psychischen Entlastung des Patienten, fördert also letztlich nicht den Überlebenswillen und die Fähigkeit zur Resilienz. Eine patientenzentrierte

---

36 Ehrlich, Konrad (1993): „Sprachliche Prozeduren in der Arzt-Patienten-Kommunikation". In: Löning, Petra/Rehbein, Jochen (Hg.): *Arzt-Patienten-Kommunikation. Analysen zu interdisziplinären Problemen des medizinischen Diskurses*. Berlin, New York: Walter de Gruyter, S. 69 f.

37 Gruen, Arno (1997): *Der Verlust des Mitgefühls. Über die Politik der Gleichgültigkeit*. München: Deutscher Taschenbuch Verlag, S. 19: „Schmerz und Mitgefühl sind eng miteinander verbunden, ebenso ist unsere Fähigkeit, Schmerz zu erleben, auch bestimmend für unsere Fähigkeit zur Empathie".

38 Hick, Christian (2007): *Klinische Ethik*. Heidelberg: Springer, S. 306.

39 Jagow/Steger 2009, S. 21 f.

Arzt-Patient-Beziehung, zwecks „Verstehen der Patientenperspektive und einem biopsychosomatisch ganzheitlichen Verständnis"[40] von Krankheit steht in der *Krebsstation* nicht zur Debatte, der Tod[41] schon gar nicht. Doch Ljudmila Doncova bricht gerade dieses Tabu, allerdings nicht, um ihren Patienten durch ein Gespräch darüber psychisch zu entlasten, sondern um seine Compliance mit Brachialgewalt zu erzwingen. Eigentlich sollte es in der Kommunikation zwischen Arzt und Patient nicht „um kommunikative Täuschungsmanöver willfährig zu machender Patienten" gehen, sondern um die Wiederentdeckung „sittlicher Magie ärztlichen Sprechens".[42]

Das Rededuell zwischen der Strahlenärztin Ljudmila Afanas'evna Doncova und dem Autonomie und Mitbestimmung einfordernden Patienten Oleg Kostoglotov strotzt geradezu von Tabubrüchen. Obwohl die Therapie bei ihm überraschend gut anschlägt, hat der vorherige „Muster-Patient" die ihm zuvor verweigerte Kommunikation erzwungen. Dieser Patient will selbst Verantwortung übernehmen. Er war im Krieg und im Lager mehrfach mit dem Tod konfrontiert gewesen. In diesem Krankenhaus ist er nun wieder stigmatisiert und unfrei: durch die „Anstaltskleidung", die strengen Regeln und den Paternalismus der Ärzte. Kostoglotov möchte unbedingt aus der Klinik entlassen werden.

> „Aber wann kann ich denn fahren?" Kostoglotow sah sie misstrauisch an.
> „Sie fahren dann", erwiderte Doktor Donzowa mit Nachdruck, „wenn ich eine Behandlungsunterbrechung für nötig halte. Und auch die wird befristet sein."

---

40 Krones, Tanja/Richter, Gerd (2006): „Die Arzt-Patienten-Beziehung". In: *Geschichte, Theorie und Ethik der Medizin*. Frankfurt a. M.: Suhrkamp (=suhrkamp taschenbuch wissenschaft 1791), S. 99.

41 Nicht vorrangig eine Verdrängung der „Todesgeweihtheit" auch des Arztes spielt hier eine Rolle, sondern der vermeintliche Trost des Patienten. Das Sterben in der Klinik wird durchrationalisiert, wobei austherapierte Patienten mit infausten Diagnosen aber auch oft zum Sterben aus dem Krankenhaus entlassen werden. Bezüglich der gegenwärtigen Tabuisierung des Todes merkt H.-Peter Horn (2003): *Brauchen wir Tabus. Antwort auf die Preisfrage der Deutschen Akademie für Sprache und Dichtung vom Jahr 2000*, Göttingen: Wallstein Verlag, S. 52 nicht ohne Sarkasmus an: „Der Tod hat, zumal im Munde der Pfarrer oder auch der Existentialisten, den falschen Code in dieser Welt. Es gibt doch die Pharmaindustrie, die Biotechnologie, die ärztliche Kunst, schließlich die Entschlüsselung des menschlichen Genoms und ansatzweise schon das Versprechen, das Leben mit Hilfe von Ersatzteillagern bald beliebig verlängern zu können – was sollen uns da diese alten und lästigen Neuigkeiten?"

42 Gottschlich, Maximilian (2007): *Medizin und Mitgefühl. Die heilsame Kraft empathischer Kommunikation*. Wien, Köln, Weimar: Böhlau Verlag, S. 68.

Auf diesen Moment hatte Kostoglotow gewartet! Für ihn konnte es einfach nicht ohne Kampf abgehen![43]

Auflehnung! Kostoglotov will ein mündiger Patient sein, fordert vehement das Recht ein, über seine Behandlung informiert zu sein und mitbestimmen zu dürfen. Und dies wohl, ohne das seit den 1950er Jahren diskutierte Konzept des „informed consent" zur Wahrung der Patientenautonomie schon kennen zu können. Der Patient begeht aus der Perspektive der Ärztin fortgesetzt Tabubrüche, da er tabuisierte Themen anspricht. Gleich zu Beginn versucht er die Empathie der Ärztin rigoros zu erzwingen. Er will die asymmetrische Beziehungskommunikation durchbrechen und fordert ein Gespräch auf Augenhöhe ein. Will Oleg Kostoglotov die Wirkungsweise der symbolischen Gewalt unterlaufen, welche zur Folge hätte, dass die Patienten „durch ihr Verhalten (ihren Habitus) mit dazu beitragen, die herrschenden Verhältnisse im Krankenhaus beizubehalten und zu festigen"[44]? Die Kommunikation zwischen Ärztin und „schwierigem" Patient[45] ist insgesamt sehr expressiv und affektiv aufgeladen.

> „Ljudmila Afanassjewna! Lassen Sie uns dieses Gespräch doch nicht wie zwischen einem Erwachsenen und einem Kind führen. Sondern wie zwischen zwei Erwachsenen. Ich habe Ihnen heute morgen bei der Visite..."
> „Sie haben mir heute morgen bei der Visite", Doktor Donzowas Gesicht verfinsterte sich, „eine üble Szene gemacht. Was wollen Sie eigentlich? Die Kranken aufhetzen? Ihnen ein schlechtes Beispiel geben?"[46]

Die Ärztin übt symbolische Gewalt aus, stigmatisiert ihren „schwirigen" Patienten mittels rhetorischer Fragen als Aufwiegler, der die streng ritualisierte Visite gestört, vermeintlich die Kranken aufgehetzt und damit vehement ein Tabu gebrochen habe. Denn im Unterschied zu den meist resignierten anderen Patienten will Kostoglotov nicht in „kindlicher" Unmündigkeit verbleiben,

---

43 Solschenizyn 1990/1991, Buch I, S. 72.
44 Menz, Florian (1991): *Der geheime Dialog. Medizinische Ausbildung und institutionalisierte Verschleierungen in der Arzt-Patient-Kommunikation. Eine diskursanalytische Studie.* Frankfurt a. M. u. a.: Peter Lang (=Arbeiten zur Sprachanalyse, Bd.13), S. 156.
45 Mehnert, A./Lehmann, C./Koch, U. (2012): „Schwierige Gesprächssituationen in der Arzt-Patient-Interaktion". In: *Bundesgesundheitsblatt – Gesundheitsforschung – Gesundheitsschutz* 55 (9): S. 1134–1143.
46 Solschenizyn 1990/1991, Buch I, S. 72.

über seine Therapie mitentscheiden dürfen; er zwingt sich jedoch mühsam dazu, beherrscht zu bleiben und seine Affekte zu kontrollieren.

> „Was ich will?" Er sprach sehr ruhig, aber mit Nachdruck. „Ich will Sie nur an mein Recht erinnern, über mein Leben so zu verfügen, wie ich will. Jeder Mensch hat doch das Recht, nach eigenem Ermessen über sein Leben zu bestimmen! Gestehen Sie mir dieses Recht zu?"
> Doktor Donzowa betrachtete seine helle, gezackte Narbe und schwig.
> Kostoglotow holte weiter aus: „Sie gehen von einem falschen Standpunkt aus: Wenn der Kranke erst einmal hier aufgenommen ist, beginnen Sie für ihn zu denken. Nicht genug, Ihre Instruktionen denken für ihn, Ihr Programm und überhaupt der ganze Komplex Ihrer Bestrahlungsabteilung. Und ich bin wieder ein Nichts, wie im Lager, über nichts kann ich selbst bestimmen."
> „Immerhin braucht der Arzt, bevor er operiert, das schriftliche Einverständnis des Patienten", sagte Doktor Donzowa.[47]

Zunächst schweigt die Ärztin, während sie „seine helle, gezackte Narbe" betrachtet. Sie denkt in diesem Moment daran, dass ihr Patient Lagerinsasse war und nun Verbannter ist. Aber ein Mitspracherecht wird einem Patienten offenbar nur bei Operationen zugebilligt, nicht bei Entscheidungen über andere Behandlungen. Die Ärztin weicht dem eigentlichen Problem aus und suggeriert dem Patienten hier ein (selektives) Recht auf Mitbestimmung über seinen Körper.

> „Mir geht es lediglich ums Prinzip." [...]
> Na so was! Ihm ging es lediglich ums Prinzip!... Doch weder Doktor Donzowa noch ihre Assistenzärztinnen hatten Zeit, ihre Tage mit Unterhaltungen über Prinzipien der Behandlung zu vergeuden. Wann sollten sie dann behandeln![48]

Die Ärztin hält also die Kommunikation mit ihren Patienten für reine Zeitverschwendung und ist nicht bereit, „ihre Tage mit Unterhaltungen über Prinzipien der Behandlung zu vergeuden". Sie vermag nicht auf distanzierende Techniken zu verzichten und versucht mit dem Argument eines Therapieer-

---

47 Ebd.
48 Ebd., S. 73.

folgs dem Patienten ein schlechtes Gewissen einzureden, ihm Inkompetenz und Undankbarkeit vorzuwerfen.

> „Kostoglotow! Diese zwölf Bestrahlungen haben Sie wieder zu einem lebendigen Menschen gemacht, wie können Sie es wagen, sich nun gegen weitere Bestrahlungen zu wehren?"[49]

Der der Illoyalität und Aufsässigkeit bezichtigte Kostoglotov aber beharrt weiter auf seinem Recht, über seinen eigenen Körper bestimmen zu dürfen. Er appelliert in expressiver Manier an seine Ärztin, seine individuelle Position zu verstehen. Dies zeigt die affektive Erregung und Intonation an, die im Text durch Ausrufezeichen markiert ist.

Kostoglotov schüttelte den Kopf.

> „Ich will aber nicht um jeden Preis gerettet werden. Es gibt nichts auf der Welt, wofür ich jeden Preis zahlen würde!" [...] Ich bin zu Ihnen gekommen, damit Sie mein Leid lindern[50]! [...] Sie haben mir geholfen! Ich habe keine Schmerzen mehr. Dafür danke ich Ihnen! Ich bin Ihr Schuldner! Aber ich bitte Sie – entlassen Sie mich jetzt!"[51]

Der Patient kann seiner Ärztin nicht mehr vertrauen und unterstellt ihr vorauseilenden Gehorsam, Ehrgeiz sowie eine utilitaristische Motivation. Damit begeht er aus ihrer Perspektive erneut einen heftigen Tabubruch.

> [...] Was beunruhigt Sie denn? – Der Grad der Heilung? Ihr Rechenschaftsbericht? Wie können Sie schreiben, daß man mich nach der fünfzigsten Bestrahlung entlassen hat, wenn die medizinische Akademie nicht weniger als sechzig empfiehlt? [...] Bis ‚zum Ende' ausheilen könnten Sie

---

49 Ebd.
50 Emmanuel Lévinas fragt in seinen Reflexionen über sinnloses Leiden, ob dieses und Ausdrucksformen des Schmerzes nicht „Appelle zur fürsorglichen Unterstützung, Unterstützung des anderen Ich" sein: „Für das reine, wesentlich sinnlose und eingeschlossene, ausweglose Leiden, gerade für dieses, zeichnet sich ein Darüberhinaus im Zwischenmenschlichen ab. In solchen Situationen – nebenbei sei es bemerkt – wird klar, daß die Medizin als Technik und folglich die Technik überhaupt, die so gerne von ‚gutgemeintem' Rigorismus verurteilte Technik, nicht nur von dem angeblichen ‚Machtwillen' sich leiten lassen. Dieser böse Wille ist vielleicht nur der Preis, der eventuell für das edle Denken einer Kultur zu zahlen ist, die aufgerufen ist, die Menschen zu ernähren und ihre Leiden zu lindern". Lévinas, Emmanuel (1995): *Zwischen uns. Versuche über das Denken an den Anderen*. Aus dem Französischen von Frank Miething, München, Wien: Hanser (=Edition Akzente), S. 120.
51 Solschenizyn 1990/1991, Buch I, S. 74.

mich doch nicht [...] so entlassen Sie mich doch mit dem Rest von Blut, der mir noch geblieben ist.⁵²

Die Ärztin zeigt sich irritiert und verärgert über die eingeforderte Mündigkeit und das Hintergrundwissen des Patienten, das sie als störend empfindet. Sie beobachtet die Gestik und Mimik ihres Gegenübers, verrät sich aber dabei auch selbst durch diese Sprache ihrer Emotionen, durch ungewollte intuitive Wahrnehmungs- und Spiegelabläufe. Die Ärztin fragt verärgert (sie kneift die Augen zusammen), woher der Patient seine „Weisheiten" habe. „Diese Weisheiten" ist eine ironisch-abschätzige und damit den Patienten brüskierende Formulierung. Kostoglotov antwortet, er habe von Jugend an medizinische Bücher gelesen. Nun fragt die Ärztin gezielt nach den Einwänden des Patienten.

> „Was ich fürchte – das weiß ich nicht, Ljudmila Afanassjewna, ich bin kein Arzt. Vielleicht wissen Sie es, aber wollen es mir nicht erklären. Wera Korniljewna zum Beispiel wollte mir Traubenzucker spritzen..."
> „Stimmt."
> **„Aber ich will nicht."**
> „Und warum nicht?"
> „Erstens, weil es unnatürlich ist. [...] Wie wird denn gespritzt? Die eine Schwester kommt gleich zurecht, aber die andere zersticht mir den ganzen... die ganze Ellenbogenbeuge. **Ich will das nicht!** Dann wieder erfahre ich, dass Sie eine Blutübertragung für mich angeordnet haben."
> [...] **Ich will das nicht."**⁵³

Der Patient ist deutlich um einen elaborierten Sprachcode bemüht (siehe Ellenbogenbeuge), um als Gesprächspartner ernst genommen zu werden. Er verweist auf aus seiner Sicht unnatürliche medizinische Prozeduren und ihre Nebenwirkungen. Nachdrücklich und redundant bekundet er seine Forderung mit „Ich will (das) nicht" (rhetorisch ist das also eine Wiederholungsfigur), einmal sogar als Ausruf!

Die Ärztin Ljudmila Doncova erklärt ihrem Patienten, er könne ohne Bluttransfusionen – die er verweigern möchte – keine weiteren Bestrahlungen bekommen:

---

52 Ebd.
53 Ebd., S. 74 f. Hervorhebung von G. Lehmann-Carli.

> „So, nicht? Woher nehmen Sie überhaupt das Recht, über einen anderen Menschen zu verfügen? Das ist doch ein sehr schreckliches Recht und dürfte selten zum Guten ausschlagen. Sie sollten Achtung davor haben! Es steht dem Arzt nicht zu."
> „Dieses Recht steht gerade dem Arzt zu. Ihm vor allen anderen!" erwiderte Doktor Donzowa, nun schon verärgert und gereizt. „Ohne dieses Recht gäbe es überhaupt keine Medizin."[54]

Hier irrt die Ärztin; apodiktisch beharrt sie auf ihrem Standpunkt, in paternalistischer Fürsorge nach eigenem Ermessen über ihre Patienten verfügen zu können. Der Patient wiederum hat aus gutem Grund Angst, zum Forschungsobjekt und zum „Versuchskaninchen" einer Ärztin zu werden, die sich womöglich auf diesem Gebiet wissenschaftlich profilieren möchte (immerhin spielen hier ökonomische Interessen keine Rolle):

> „Und wohin soll das führen? Na ja, Sie werden ja bald einen Vortrag über Bestrahlungskrankheiten halten, nicht wahr?"
> „Woher wissen Sie das?" fragte Doktor Donzowa überrascht.
> „Das läßt sich leicht erraten…"
> [...] Ich weiß nur noch nicht, was ich zu befürchten habe, und deshalb – entlassen Sie mich! Ich will aus eigenen Kräften gesund werden. Mir wird es sicher bald noch besser gehen, nicht?"[55]

Der Patient stellt unsicher eine fast suggestive Frage; die Ärztin antwortet mit einer Schocktherapie: Obwohl auf der Station 13 Krebs und Sterben eigentlich absolute Sprachtabus sind und schwierige bzw. infauste Diagnosen stets verschleiert bzw. verharmlost werden[56], ändert die Ärztin an dieser Stelle ihre Strategie radikal. Die Ärztin setzt nun rücksichtslos eine grenzwertige funktionale Empathie ein, um beim nicht das erste Mal mit dem Tode konfrontierten Patienten mit Brachialgewalt unbedingte Unterwerfung unter ihre medizinischen Prozeduren zu erzwingen.

Durch die Fokussierung auf die Intention der Ärztin wird der Leser mit deren im Unterschied zu gängigen medizinethischen Prinzipien wenig empa-

---

54 Ebd., S. 75.
55 Ebd., S. 75 f.
56 Siehe zu dieser Problematik folgende Bände: Kuhlmey, Adelheid/Rosemeier, Hans Peter/Rauchfuß, Martina (Hrsg.) (2005): *Tabus in Medizin und Pflege*. Frankfurt a. M. (Peter Lang); Römelt, Josef (2002): *Wahrheit am Krankenbett. Ärztliche, juristische und theologische Reflexion zur Kommunikation zwischen Arzt und Patient*. Leipzig: Benno Verlag (=Erfurter theologische Schriften, Nr. 31).

thischer Strategie konfrontiert: An einem Grundsatz halten die Ärzte – auch die Doncova – immer fest: Den Kranken nicht zu erschrecken, sondern ihm Mut einzuflößen. Aber einen so zudringlichen Patienten wie Kostoglotov musste man – allen Grundsätzen zuwider – einschüchtern. Die Ärztin verletzt rigoros sprachliche und intonatorische Tabus, die sie körperlich-affektiv verstärkt.

Daraus resultieren können affektive Ausbrüche und eine Verweigerung von Compliance. Mitunter wirkt eine kommunikative Entgleisung des Arztes als selbsterfüllende Prophezeiung. So begeht Dr. Doncova (für die der Tod ansonsten ein striktes Sprachtabu ist) gegenüber dem renitenten und ein Recht auf seinen eigenen Körper einfordernden Oleg – der zuvor jegliche Compliance verweigert hatte – mit der apodiktischen Verkündung des Todesurteils „Sie werden sterben!" (falls Sie die von mir angeordnete Therapie verweigern sollten) einen heftigen und zugleich erpresserischen Tabubruch. Auch die Ärztin zeigt in dieser Situation starke Affekte, blockiert gleichzeitig emotionale Komponenten ihrer Empathie, setzt aber eine manipulative Form funktionaler Empathie ein, um den Patienten mit verbaler Gewalt und sogar mit symbolischem körperlichem Nachdruck einzuschüchtern.

Doch in dieser für die Empathie-Induktion zentralen Passage gibt es im Vergleich zum Russischen in der deutschen Übersetzung deutliche Abweichungen, so dass der durch die Ärztin begangene eklatante Tabubruch in letzterer weniger deutlich markiert ist. Bemerkenswert ist an diesen Stellen das Performative, das Theatralische.

> – Lučše? N e s t a n e t ! Mogu vas zaverit', – ona prichopniula četyr'mja pal'cami po stolu, kak chlopuškoj muchu, – ne stanet! Vy, – ona ešče sorazmerjala udar, – u m r e t e !
>
> **Posmotrela, kak on vzdrognet. No on tol'ko zatich.**
>
> [...] Ee smertnost' sovsem nedavno sostavljala **devjanosto pjat'** procentov, **vas ustraivaet?**[57]
>
> „Besser? N*iemals*! Das kann ich Ihnen versichern!" Sie schlug mit der flachen Hand auf den Tisch, als wolle sie eine Fliege totschlagen. „*Niemals*!" Sie wiederholte den Schlag. *„Sie werden sterben!"*

---

57 Solženicyn 2009, S. 76. Hervorhebung von G. Lehmann-Carli.

Und sie sah, wie er die Nase rümpfte.

[...] Nach einer kürzlich aufgestellten Statistik führt sie in **neunzig von hundert** Fällen zum Tod. **Sagt Ihnen das etwas?**[58]

Die Ärztin setzt ihre funktionale Empathie ein, um bei ihrem renitenten Patienten mittels Manipulation Wirkung zu erzielen. Sie beobachtet, wie (oder ob) er zusammenzuckt. Doch er verstummte nur, so der russische Text. In der deutschen Übersetzung erfährt der Leser nun, die Ärztin habe beobachtet, dass ihr Patient die Nase rümpft. Während das Verstummen bzw. das Schweigen ein deutliches Zeichen für den Tabubruch ist, kann der Leser das Naserümpfen recht unterschiedlich interpretieren. Auch die 95-prozentige Sterblichkeit von Patienten bei diesem Karzinom wird wohl aus stilistischen Gründen mit „neunzig von hundert" übersetzt. Das „...vas ustraivaet?" hätte in diesem Kontext mit „...befriedigt Sie das?/...behagt Ihnen das?/... ist es Ihnen so recht? übersetzt werden müssen. Denn im Russischen ist das blanker Zynismus einer aufgebrachten, verärgerten Ärztin, eine „Killerphrase" oder potentielle Kommunikationssperre[59]. Die deutsche Übersetzung „Sagt Ihnen das etwas?" geht hier an der Textintention vorbei und verbirgt hier die verbale Entgleisung, einen heftigen Tabubruch.

Selbst der außerordentlich tapfere Patient zeigt nun Wirkung. Die Ärztin beobachtet den Patienten und nimmt die von ihr erzielte Wirkung genau wahr. Sie legt nun gnadenlos nach und konfrontiert ihren Patienten mit verheerenden Statistiken sowie dem Tod des Mitpatienten Asovkin (dem eine ähnliche Diagnose gestellt worden war), um seinen Widerstand zu brechen.

> „Sie werden das Schicksal Asowkins teilen. [...] Und die Metastasen haben sich ausgebreitet! Ihre Geschwulst ist eine der gefährlichsten Krebsarten! Gefährlich, weil sie äußerst schnell Metastasen bildet und überhaupt von bösartiger Natur ist. Nach einer kürzlich aufgestellten Statistik führt sie in neunzig von hundert Fällen zum Tod. Sagt Ihnen das etwas? Warten Sie, ich werde es Ihnen zeigen."[60]

---

58 Solschenizyn 1990/1991, Buch I, S. 76. Hervorhebung von G. Lehmann-Carli.
59 Siehe dazu: Wingchen, Jürgen (2009): *Kommunikation und Gesprächsführung für Pflegeberufe. Ein Lehr- und Arbeitsbuch.* 2., aktualisierte Auflage, Hannover: Brigitte Kunz Verlag, S. 66–68.
60 Solschenizyn 1990/1991, Buch I, S. 76.

Die Ärztin zog effektvoll eine Mappe unter anderen hervor und begann sie durchzublättern. Aus ihrer Sicht belastbare Statistiken sollen ihre Argumentation unwiderlegbar stützen. Die nicht zuletzt zur Manipulation ihres Patienten eingesetzte Schocktherapie der Ärztin, ein eklatanter Tabubruch, äußert sich zunächst durch Schweigen. Der Patient zeigt sich recht verunsichert und erschüttert.

> Kostoglotow schwieg. Dann sagte er leise, durchaus nicht mehr so überzeugt wie vorher: „Ehrlich gesagt, hänge ich gar nicht so sehr am Leben. Denn ich habe nie ein richtiges Leben gehabt und werde auch in Zukunft keines haben. […] Neue Bestrahlungen – neues Leiden. Wozu?"
> „Hier! Da ist sie! Unsere Statistik." Sie reichte ihm ein in der Mitte gefaltetes Blatt. Oben stand der Name seiner Geschwulst, darunter auf der linken Seite: „**Schon gestorben**", auf der rechten: „**Noch nicht gestorben**", […].
> Sie ließ ihn die Liste durchsehen und nachdenken.
> „Sie glauben nur, genesen zu sein!" sagte sie energisch. „Aber Sie sind so krank wie zuvor. […] Nun, dann gehen Sie! Gehen Sie nur! Ich entlasse Sie noch heute! Ich werde sofort alles Nötige veranlassen… Und ich werde Sie eigenhändig in diese Liste eintragen. In die Rubrik: **Noch nicht gestorben**."[61]

Wir finden hier die Ironie des falschen Rats (in der Rhetorik als Permissio bezeichnet). Sie deutet Ärger und Unwillen an. Die Ärztin droht sarkastisch, ihren Patienten in den vermeintlich sicheren Tod zu entlassen und nötigt ihm damit seine bedingungslose Einwilligung in die weitere Behandlung ab. Das ist psychische Erpressung im Befehls- oder Kommandoton. Eigentlich ist dies eine Kommunikationssperre, die Furcht und/oder Widerstand wecken kann. Kostoglotov ist ernüchtert und erschrocken. Diese kommunikative Schocktherapie ist nicht ohne Wirkung geblieben.

> **Er schwieg.**
> „Nun? Entschließen Sie sich!"
> „Ljudmila Afanassjewna", sagte Kostoglotow beschwichtigend, „wenn also noch einige Bestrahlungen notwendig sind, fünf oder zehn…"
> „Weder fünf noch zehn! Keine einzige! Oder aber so viele, wie ich für richtig halte! Von heute an zum Beispiel nicht nur eine täglich, sondern zwei. Ich verordne Ihnen nur, was die Behandlung fördert. Und das Rauchen wird eingestellt! Und noch eine grundlegende Bedingung: die Behandlung

---

[61] Ebd. Hervorhebung von G. Lehmann-Carli.

nicht nur geduldig, sondern **freudig** ertragen! Nur so können wir Sie heilen!"⁶²

Die Ärztin kostet ihren Triumph über den Patienten weidlich aus. Sie fordert expressiv, fast im Befehlston eine bedingungslose Unterwerfung Kostoglotovs unter die von ihr angeordneten medizinischen Prozeduren. Sie hat im kommunikativen Duell unter Einsatz rhetorischer, beinahe sadistischer Gewalt sowie durch fortgesetzte Tabubrüche die Oberhand behalten, indem sie in rücksichtsloser, ja beinahe brutaler Weise Wirkung erzielt hat. Funktionale Empathie hat hier lediglich dazu gedient, vermeintliche mentale Schwächen ihres Patienten, eines Gegners im Gespräch, zu ergründen und zu nutzen. Wirkliche Empathie will sie gegenüber dem Menschen Kostoglotov nicht aufbringen, zumal sie diese nicht für therapierelevant hält.

> Er senkte den Kopf. Er hatte in manchem zu viel gefordert. Er war gerettet, wenn man ihm keine Operation antrug – nun, das war ausgeblieben. Die Bestrahlungen konnte er noch eine Weile ertragen. Unter seinen Schätzen daheim befand sich ein Heilmittel, eine Eisenhutwurzel. Er rechnete nicht nur damit, einfach in seinen Aul zurückzukehren, sondern sich auch mit dieser Wurzel ausheilen zu können. Da er diese Wurzel besaß, war er überhaupt nur probeweise in diese Krebsstation gegangen.⁶³

Der Patient hofft, verfügt an sich über eine starke Resilienz und sucht immer noch nach einer natürlichen Alternative zur Schulmedizin und zu einem unpersönlichen Medizinbetrieb, der auf eine aktive Mitwirkung des Patienten, das Coping verzichtet. Der Patient erfährt keinerlei verbale Suggestion seiner positiven Erwartungen mittels eines empathischen Arzt-Patient-Kontakts, ganz im Gegenteil. Auf seine deutlich formulierten Bedürfnisse nach Aufklärung und Partizipation wird nicht eingegangen. Doktor Doncova aber, die merkte, dass sie gesiegt hatte, lenkte scheinbar ein und sagte gutmütig:

> „Also schön, wir spritzen keinen Traubenzucker. Wir werden Ihnen statt dessen eine andere Spritze geben, intramuskulär."
> Kostoglotow lächelte: „Damit bin ich einverstanden."⁶⁴

---

62 Ebd., S. 77. Hervorhebung von G. Lehmann-Carli.
63 Ebd.
64 Ebd.

Der Leser erlebt die Genugtuung der Ärztin, dem Patienten ihren Willen bezüglich „unfehlbarer" therapeutischer Optionen aufgezwungen und ihn zudem „überlistet" zu haben; sie hatte nur als Ablenkungsmanöver über Lappalien, keineswegs aber über therapeutische Optionen gesprochen. Sie hält dieses Verfahren angesichts des „schwierigen" Patienten zu dessen vermeintlichem Wohle sogar für legitim.

> Er hätte ja auch noch fragen können, was das für eine Spritze, wie groß ihr Wert und ob sie wirklich nötig und auch moralisch gerechtfertigt sei; hätte Ljudmila Afanassjewna ihm auch noch den Sinn und die möglichen Folgen der neuen Behandlung erklären müssen – dann hätte er sehr wahrscheinlich endgültig revoltiert. Aber seine stichhaltigen Argumente waren schon vorher erschöpft, und er hatte aufgegeben.[65]

Ljudmila Doncova bedauert, dass sie den Starrsinn ihres Patienten nicht ganz brechen und daher nicht alle für diese Krebsart geeigneten therapeutischen Optionen (gemäß der modernsten Handbücher) anwenden konnte. Der Leser erfährt, dass die Ärztin über diese Art von Geschwulsten mit eben genau dieser Metastasenbildung ihre „Kandidatendissertation", also ihre Promotionsschrift verfasste. Kostoglotovs Befürchtung, als wissenschaftliches Versuchsobjekt von Interesse zu sein, bestätigt sich also für den Leser.

Die realen Bedürfnisse des Patienten werden kaum gespiegelt, da sie vermeintlich nicht therapierelevant sind. Der Patient kann mitunter nicht deuten, ob er auf dem Wege zur Besserung ist oder es sehr schlecht um ihn steht. Er grübelt. Dies kann affektive Tabubrüche, Vertrauensverlust, das Gefühl des Ausgeliefertseins und einer Stigmatisierung (womöglich auch die Angst, als „Versuchskaninchen" missbraucht zu werden), verzweifelte Auflehnung, mangelnde Compliance oder Verdrängung provozieren.

Patientenzentriertes therapeutisches Handeln war für die ansonsten durchaus verantwortungsbewusste, engagierte und finanziell unbestechliche Ärztin Doncova stets ein Fremdwort geblieben; Kommunikation mit dem Patienten galt ihr als Zeitverschwendung. Damit verzichtet sie zugleich auf die Möglichkeiten des therapeutischen Gesprächs zu einer „Mobilisierung der positiven

---

65 Ebd., S. 78.

Erwartungen des Patienten und das Erwecken von Vertrauen in das Handeln des Arztes"[66].

Der 75-jährige Lehrer der Ärztin Doncova, Doktor Oreščenkov, begeht allerdings gerade ihr gegenüber den absichtlichen Tabubruch, die Vision einer ganzheitlichen Medizin zu entwickeln und plädiert für eine wirkliche Empathie des Arztes im Kontakt mit dem konkreten Patienten. Der weise Mediziner sagt zu seiner Schülerin, dass ein guter Arzt auf die Bedürfnisse seiner Patienten eingehen müsse:

> „Tem ili inym sposobom, Ljudočka, no vrač dolžen zaviset' ot vpečatlenija, proizvodimogo im na bol'nych. Ot svoej populjarnosti"[67].

> „Wie auch immer, Ljudotschka, ein Arzt *muß* von dem Eindruck abhängig sein, den er auf die Kranken macht. Von seiner Beliebtheit"[68].

Doktor Doncova, eine begabte Diagnostikerin und durchaus engagierte und in einem gewissen Sinne altruistische Ärztin, protestiert recht emotional gegen diese Forderung:

> „Nu, ne daj Bog oto vsech zaviset'!" [...] „A dotošnye est', zamučajut tebja teoretičeskimi voprosami, tak na vse otvečaj?" [...] „Da. I na vse otvečaj."[69].

> „Nun, ich möchte um Gottes willen nicht von allen Kranken abhängig sein!" [...] „Und Quälgeistern wie Rabinowitsch oder Kostoglotow, die mich mit theoretischen Fragen verfolgen, soll ich alles beantworten?" [...] „Ja, man soll alle Fragen beantworten", nickte er ruhig[70].

Der weise Lehrer der Doncova, Oreščenkov – welcher die Vision eines humanistisch geprägten Gesundheitswesens propagiert – ist der tiefen Überzeugung, dass unbedingt alle Fragen des Patienten beantwortet werden sollen, eben gerade auch dann, wenn es sich um „schwierige" Patienten handele. Kommunikative Kompetenz von Ärzten ist für ihn nicht nur aus medizinethischen Gründen wichtig, sondern auch für einen möglichen Heilerfolg zentral.

---

66 Lown, Bernard (2004): *Die verlorene Kunst des Heilens. Anleitung zum Umdenken.* Stuttgart: Suhrkamp (=suhrkamp taschenbuch 3574), S. 106.
67 Solženicyn 2009, S. 381.
68 Solschenizyn 1990/1991, Buch II, S. 123.
69 Solženicyn 2009, S. 381 f.
70 Solschenizyn 1990/1991, Buch II, S. 123.

Übrigens lässt er seine einstige Schülerin auch nicht im Stich, als sie selbst erkrankt. Oreščenkov interessiert sich für sie als ganzen Menschen, berücksichtigt ihre Wünsche und stützt sie in schweren Momenten.

Eine Hormontherapie gegen den Patientenwillen und der Umgang mit sexuellen Tabus oder Der hohe Preis eines möglichen Überlebens

Es kommt zu einer starken affektiven Entgleisung des Patienten, nachdem er etwas später durch eine ihm emotional sehr zugetane Krankenschwester (entgegen aller ärztlichen Weisungen) über die ihm listig mittels Spritzen verabreichte Hormontherapie und deren Folgen in einem stark tabubehafteten Gespräch erfährt. Der „schwierige Patient" Oleg Kostoglotov, ehemals politischer Häftling, aktuell Verbannter verschafft sich unter der Hand Fachliteratur und versucht, mit den Ärzten in ihrer Fachsprache und in einem elaborierten Sprachcode zu kommunizieren, um für ihn existenziell wichtige Informationen zu erlangen. So interessiert ihn vor allem, ob er durch Nebenwirkungen einer Hormontherapie impotent wird und für ihn somit die Sehnsucht nach der Gründung einer Familie unerfüllt bleibt. Die Ärzte erweisen sich als wenig auskunftswillig, sie tabuisieren dieses Thema zum Teil und fühlen sich peinlich berührt. Allerdings kommt es in eingeforderten persönlichen Gesprächen mit dem medizinischen Personal zu starken affektiven Entladungen mit heftigen Tabubrüchen. Die Krankenschwester Soja, die Oleg Kostoglotov besonders zugetan ist, lässt sich trotz restriktiver Vorschriften aus persönlicher Sympathie dazu hinreißen, ihn mit den Folgen der Hormontherapie zu konfrontieren und ihm zu gestehen, dass bei entsprechender Dosis den Männern Brüste wachsen könnten:

> „Diese Spritzen… Wie soll ich's dir erklären… Wissenschaftlich heißt es: Hormontherapie… Man verwendet sie so: Die Frauen bekommen männliche Hormone, die Männer weibliche… Man nimmt an, daß damit die Bildung von Metastasen vermindert wird… Doch zuallererst vermindert sich im allgemeinen… verstehst du?"
> „Nein! Was! Nicht ganz!" fragte Oleg abgerissen. Er war völlig verändert. Jetzt umklammerte er ihre Schultern schon anders, als wollte er die Wahrheit aus ihr herausschütteln.
> „Du, sag doch, sag!"

„Dabei vermindert sich… die Potenz… Es geht so weit, daß sich andersgeschlechtliche Merkmale bilden können. Bei einer großen Dosis können den Frauen Bärte wachsen und Männern Brüste…"
„Was?", brüllte Oleg, der jetzt erst langsam zu begreifen begann.
„Diese Spritzen? Die ich bekomme? Und sie – sie verhindern alles?"
„Na ja, nicht alles. Die Libido bleibt noch lange."[71]

Oleg ist zutiefst erschüttert, geradezu geschockt und aufgebracht, denn seine behandelnde Ärztin hat ihn einfach hintergangen. Geschähe diese Szene (das erzwungene Eingeständnis der Folgen der Hormontherapie) in der Lebenswelt, würden wir beobachten können, „dass Gesichtsmimikry und Gefühlsansteckung durch die Prozesse von Feedback und Ausdrucksverhalten intensiv interagieren"[72]. In diesem literarischen Text erlebt der Leser eine Schwester, die krampfhaft bemüht ist, eine Kommunikation über sexuelle Tabus zu handhaben und sich nicht völlig affektiv vom Schock-Zustand und Wutausbruch Oleg Kostoglotovs anstecken zu lassen.

In der *Krebsstation* fällt es der an sich durchaus nicht prüden jungen Schwester Soja sehr schwer, sexuelle Fragen überhaupt direkt anzusprechen. Über Sexualität offen zu sprechen, ist zu jener Zeit (und nicht nur an jenem Ort!) ein heftiger Tabubruch und löst heftige Schamgefühle aus. Die dem Patienten emotional zugetane Schwester deutet ihr bekannte sexuelle Nebenwirkungen einer Hormontherapie zunächst nur an, ist verlegen und verunsichert. Sie meidet bei der Andeutung von Errektionsstörung und Impotenz tabuisierte Wörter und Ausdrücke, lässt sie als ungehörig aus oder verwendet „korrekte" Fachtermini wie „Potenz" und „Libido".

Die radikalste Form der Tabuisierung ist das Schweigen; man könnte es auch als Null-Euphemismus bezeichnen. Pünktchen stehen an der Stelle von Wörtern. In der Rhetorik ist dieses Mittel als Gedankenfigur, als Aposiopese bekannt[73]. Die Schwester versucht, Sprachtabus zu umgehen, aber doch die eine eindeutige Botschaft zu übermitteln. Oleg Kostoglotov wiederum wird unvermittelt mit dem Thema einer drohenden Impotenz in Folge einer Hor-

---

71 Solschenizyn 1990/1991, Buch I, S. 213.
72 Keysers, Christian (2013): *Unser empathisches Gehirn. Warum wir verstehen, was andere fühlen.* München: C. Bertelsmann Verlag, S. 115.
73 Schröder, Hartmut (2008): „Diagnose Tabu. Zum Stil der temporären Tabuaufhebung in der Arzt-Patienten-Kommunikation". In: Rothe, Matthias/Schröder, Hartmut (Hg.): *Stil, Stilbruch, Tabu. Stilerfahrung nach der Rhetorik. Eine Bilanz.* Berlin: LIT Verlag (=Semiotik der Kultur. Semiotics of Culture, Bd. 7), S. 172 f.

monbehandlung konfrontiert, die ihm – als unmündig angesehenen Patienten – ohne Aufklärung über mögliche Nebenwirkungen verabreicht wird. Der Betroffene reagiert empört, entsetzt, auch seine Körpersprache signalisiert eine starke affektive Erregung. Er, ein einstiger Lagerhäftling im Status eines Verbannten, sehnt sich aber noch stärker nach einer Familie als nach einer Heilung um den Preis einer Impotenz. Affektive Entgleisungen als Folge von Tabuisierungen und Tabubrüchen stimulieren offenbar die Empathie des idealtypischen Lesers besonders. Die Empathie des Lesers wird durch das Erleben von Ausnahmesituationen, affektiven Momenten, aber auch von Wechseln der Erzählperspektive, in deren Fokus der Patient oder der Arzt stehen können, angesprochen.

Einerseits ist anzunehmen, „dass emotional konnotierte Wörter schneller und leichter verfügbar sind, emotional negative, tabuisierte Items dagegen einen höheren Schwellenwert haben"[74]. Andererseits steigern der Umgang mit und die Überschreitung von verbalen Tabuzonen Emotionalität. Dies trifft umso mehr auf eklatante Tabubrüche zu. Die vom Autor antizipierte und intendierte Emotionalisierung kann als persuasive Strategie beschrieben werden; Empathie und Identifikation fördern wirkungsästhetisch Persuasion.[75]

Der Chirurg Lev Leonidovič ist bei seinen Patienten sehr beliebt, und Oleg Kostoglotov weiß, dass dieser Arzt auch im Lager gearbeitet hat. Ihm – obwohl er nicht der behandelnde Arzt ist – vertraut Kostoglotov „unter Männern" seine Sorge, die Hormontherapie könne sterilisierend wirken, an. Dieser sexuelle Bereich war freilich nicht nur Mitte des 20. Jahrhunderts ein absolutes Tabuthema und es ist dem Patienten sehr unangenehm, über dieses für ihn existentiell so wichtige Thema zu reden. Er wendet sprachliche Tabuumgehungsstrategien an, während er die heiklen Fragen zu formulieren versucht:

> „Ich muß unbedingt wissen", Kostoglotow blickte ihn dabei drohend an, „werde ich nach dieser Therapie ganz die Fähigkeit verlieren ... also ... in bezug auf die Frauen? ... Oder nur für eine gewisse Zeit?"[76]

Der Arzt scheint zudem die Frage, ob man in einer gewissen Zeit der Hormontherapie mit anderen Spritzen entgegenwirken könne, nicht wirklich

---

74 Schwarz-Friesel, Monika (2007): *Sprache und Emotion*. Tübingen und Basel: A. Francke Verlag (=UTB 2939), S. 127.
75 Schwarz-Friesel 2007, S. 223.
76 Solschenizyn 1990/1991, Buch II, S. 84.

verstehen zu wollen. Der Arzt sagt zu ihm plötzlich mit leiser, nicht mehr offizieller Stimme, wie ein guter Freund:

> „Hören Sie, sind denn Weiber etwa das Schönste im Leben? Das wird doch auf die Dauer gräßlich langweilig... Sie stören nur, wenn man etwas Ernstzunehmendes schaffen will."[77]

Der Arzt geht von seinen eigenen Bedürfnissen aus und es gelingt ihm speziell in dieser Tabusituation nicht, sich in die Perspektive seines Patienten zu versetzen. Kostoglotov kann dieses Gefühl eines Überdrusses überhaupt nicht verstehen und nachvollziehen:

> Er wiegte zweifelnd seinen Kopf hin und her, und zweifelnd blickten seine Augen: ‚Aber für mich gibt es nichts *Ernstzunehmenderes* mehr außer ihnen.' Nein, so ein Gespräch war in der Hausordnung einer onkologischen Klinik nicht vorgesehen![78]

Eine „Kontamination" von „Krebs" und Sexualität war in diesem Krankenhaus ganz offensichtlich ein doppelter Tabubruch und im Gespräch nicht zu bewältigen. Zudem zeigt sich hier aus medizinethischer Perspektive

> eine deutliche Diskrepanz zwischen der ärztlichen und der persönlichen Einschätzung dieses Verlustes aufgrund unterschiedlicher Lebenseinstellungen und Werte. Möchte man einem Patienten helfen, was hier Erhaltung und Sicherung der Lebensqualität bedeutet, ist es wichtig, die Bedeutung von Therapienebenwirkungen für den Patienten zu ermitteln. Die eigene Einschätzung muss keinesfalls mit der des Patienten kongruent sein.[79]

In einem Brief an seine Freude vom 3. März 1955 beschreibt Kostoglotov eindringlich seine Motive für die Ablehnung der Hormontherapie, die für ihn wie „ein Stück rotglühendes Eisen" ist:

> Ein Fluß, der im Sand versiegt! Aber nicht einmal dieses letzte Versiegen wollen die Ärzte mir gönnen. Mit welchem Recht (ihnen kommt nicht

---

77 Ebd., S. 85.
78 Ebd.
79 Franz, C./Lübbe, A. S. (2007): „Die Bedeutung von Beschwerden und Missempfindungen in der Medizin am Beispiel von Solschenizyns ‚Krebsstation'". In: *Deutsche Medizinische Monatsschrift* (132), S. 2766.

einmal die Frage nach diesem Recht) entscheiden sie sich ohne mich, doch
für mich zu einer so schrecklichen Behandlung wie der Hormontherapie?
Das ist wie ein Stück rotglühendes Eisen, das, einmal aufgelegt, einen für
sein Leben lang zum Krüppel macht. Aber die Therapie scheint in einer
Klinik wie dieser etwas ganz Alltägliches zu sein.
Ich habe auch früher schon darüber nachgedacht, jetzt aber ganz besonders, welches wohl der höchste Preis für das Leben ist.[…]
Wie steht es aber mit meinem Preis: um der Erhaltung des bloßen Lebens
willen mit dem zu zahlen, was ihm Farbe, Schönheit, Unruhe verleiht? Ein
Leben, das nur noch aus Verdauen, Atmen, Sichbewegen und Denken besteht? Ist der Preis nicht zu hoch? Ist er nicht Hohn? Soll man den zahlen?
Nach sieben Jahren Armee, nach sieben Jahren Lager – einem fast biblischen Zeitraum – der Fähigkeit beraubt zu werden, zwischen Mann und
Frau unterscheiden zu können – ist das nicht ein unmenschlicher Preis?[80]

Diese an die Freunde gerichtete, aber auch selbstreflexive Passage über ein für Oleg Kostoglotov existentiell äußerst wichtiges Problem enthält eine ganze Reihe rhetorischer Fragen.

Perspektivwechsel: Die paternalistische und altruistische Ärztin als existentiell betroffene Patientin

Die erfahrene Ärztin Doncova verliert nicht nur ihren beruflichen Status, sondern erlebt auch einen heftigen Diagnoseschock, eine ähnliche existentielle Lebenskrise, eine Erosion ihres Selbstkonzepts, wie andere schwer erkrankte und traumatisierte Patienten vor ihr.

> Die Erkenntnis ihres Zustandes hatte sie im ersten Augenblick fast erschlagen. Der Zusammenprall mit der Krankheit war unerträglich: die Welt stürzte ein, die Ordnung alles Irdischen brach zusammen.[81]

Die Multiperspektivität des literarischen Textes, das polyphone Erzählen und die Empathie-Intention des Textes erlauben es dem Leser, nun auch Mitgefühl mit der Ärztin zu empfinden, die zuvor selbst ihre Empathie für den konkreten Patienten als vermeintlich nicht therapierelevant blockiert hatte.

---

80 Solschenizyn 1990/1991, Buch II, S. 9.
81 Ebd., S. 141.

Der Leser kann – falls er die Empathie-Intention des Textes zu realisieren vermag – nicht in Versuchung geraten, Schadenfreude zu spüren. Denn diese Ärztin ist nicht nur eine vorzügliche Spezialistin, sondern hat trotz ihrer fragwürdigen kommunikativen Strategien im Umgang mit den Patienten eine zutiefst altruistische, aufopferungsvolle Motivation und ist zudem sehr kollegial. Sie ist zwar beruflich ehrgeizig, aber materiell unbestechlich und in keiner Weise privilegiert. Auch privat wirkt sie sehr gehetzt, denn ihre Familie unterstützt sie in keinster Weise im Haushalt. Ihre jungen Kolleginnen (und Kollegen) mögen sie sehr; sie bezeichnen sie als „ihre Mama". Empathie induzierend ist aber neben ihrem Altruismus vor allem ihr menschlich sehr authentisches Leiden, das beim Leser Mitgefühl und ggf. auch Mitleid hervorrufen kann, also ein hohes Empathiepotential in sich birgt.

Doktor Doncova – nun selbst (offenbar an Krebs) erkrankt – erlebt einen heftigen Perspektivwechsel. Sie durchlebt auch psychische Höllenqualen und leidet darunter, ihren Status als Ärztin zu verlieren. Ihr Leben gerät völlig aus den Gleisen, es bricht förmlich zusammen und sie begreift nun, wie „reich" doch eigentlich der so banale und stressige Alltag war. An dem Prinzip der Tabuisierung der Diagnose hält sie allerdings auch als Patientin weiter fest:

> „Nein, der Kranke darf nicht alles erfahren! Ich war immer dieser Meinung und bin es auch heute noch. Wenn ihr euch beraten müßt, werde ich solange das Zimmer verlassen."[82]

Will die nun selbst erkrankte Ärztin lediglich ihren früheren Prinzipien treu bleiben oder fordert sie für sich – zumal sie selbst eine Expertin auf dem Gebiet ihrer Erkrankung ist – tatsächlich ein Recht auf Nichtwissen ein?

Dreißig Jahre lang schienen der Ärztin nicht hinterfragbare Prämissen medizinischen Handelns evident zu sein; der Patient war eindeutig Objekt eines rationalen, technisierten ärztlichen Handelns. Doktor Doncova wird selbst zur „hilflosen" Patientin und erlebt diesen Perspektivwechsel und Übergang als schmerzlichen Tabubruch, der von erheblichen Selbstzweifeln und Reflexionen auch bezüglich der eigenen Empathie begleitet wird. Empathie besitzt ohnehin einen „Entwurfcharakter", und wir können uns nie sicher sein, die innere Situation des anderen richtig zu erfassen. Die Ärztin blockiert mitunter bewusst ihre potentielle Empathie als das „Interagieren affektiver Reso-

---

82 Ebd., S. 143.

nanzmechanismen mit kognitiver Perspektivenübernahme"[83]. Der paternalistischer Umgang der Ärztin mit den Patienten, deren Individualität und Gefühle bei der „objektiven wissenschaftlichen" Diagnose und Therapie ignoriert werden, verhindert in der Regel auch, dass bei diesen kulturell legitimierte „Verhaltensmuster für Selbstbehandlung und Leiden"[84] entstehen können.

> Es gab [Ätiologie,] Pathogenese, Symptome, Diagnose, Verlauf, Therapie, Prophylaxe und Prognose – und wenn die Widerstände, Zweifel und Ängste der Kranken auch verständliche menschliche Schwächen waren und das Mitgefühl des Arztes hervorriefen, zählten sie bei der Entscheidung für eine Therapie gleich null, in den logischen Quadranten gab es für sie keinen Platz. [...] Innerhalb weniger Tage hatte sich alles grundlegend geändert, und aus früher bekannten Elementen Zusammengesetztes wurde fremd und grauenhaft.[85]

Die nun selbst an Krebs erkrankte Ärztin und Strahlentherapeutin spürt nun am eigenen Leibe, dass es trotz ihres Mitgefühls mit den Patienten und ihres altruistischen Einsatzes für sie problematisch war, aus professioneller Routine und dem Bedürfnis nach persönlicher Neutralität ihre Empathie für den individuellen Patienten zu blockieren. Sie hatte sich trotz ihrer altruistischen Intention stets eher an vermeintlich nicht hinterfragbaren therapeutischen Regeln orientiert, die psychischen Nöte der ihr Anvertrauten spielten bei der Therapie keine Rolle, auch wenn sie mitunter „Mitleid" empfunden hat. Sie hatte es als legitim und wissenschaftlich korrekt empfunden, immer ausschließlich mit „Fakten" wie Ätiologie, Pathogenese, Symptomatik, Diagnose, Verlauf, Therapie, Prophylaxe und Prognose zu operieren. Obwohl durch-

---

83 Häusser, Leonard F. (2012): „Empathie und Spiegelneurone. Ein Blick auf die gegenwärtige neuropsychologische Empathieforschung". In: *Prax. Kinderpsychol. Kinderpsychiat.* 61 (5): S. 325.

84 Illich, Ivan (1981): *Die Nemesis der Medizin. Von den Grenzen des Gesundheitswesens*, Reinbek bei Hamburg: Rowohlt, S. 152 ff. Der Verfasser geht hier von einer „kulturellen Iatrogenesis" traditioneller Kulturen aus, einer Fähigkeit, Schmerz, Krankheit und Sterben erträglich zu machen, ist jedoch in Bezug auf die Gegenwart pessimistisch: „Die Ideologie, die der moderne, kosmopolitische Medizin-Betrieb propagiert, läuft diesen Funktionen zuwider. Er untergräbt radikal den Fortbestand alter Kulturprogramme und verhindert die Entstehung neuer, die Verhaltensmuster für Selbstbehandlung und Leiden bieten könnten. [...] (diese Kulturprogramme) werden durch einen medizinischen Kodex verdrängt, der von den Individuen verlangt, sich den Anweisungen von Hygiene-Aufpassern zu unterwerfen".

85 Solschenizyn 1990/1991, Buch II, S. 141. Ätiologie fehlt in der deutschen Übersetzung! „Byla etiologija i patogenez, simptomy, diagnoz, tečenie, lečenie, profilaktika i prognoz, a soprotivlenie, somnenija i strachi bol'nych, chotja i byli ponjatnymi čelovečeskimi slabostjami i vyzyvali sočuvstvie vrača, – no pri vzvešivanii metodov oni byli nuli, v logičeskich kvadratach im ne ostavleno bylo mesta [...] V neskol'ko dnej vse vyvorotilos' naiznanku i, sostavlennoe po-prežnemu iz izučennych elementov, stalo neizučenno i žutko" (Solženicyn 2009, S. 397–398).

aus altruistisch, ging sie in paternalistischer Weise davon aus, dass es allgemein gültige und objektive Kriterien zur Behandlung der Patienten gäbe. Nachdem sie nun selbst an Krebs erkrankt ist, empfindet sie dieses absolute und unpersönliche Ausgeliefertsein als „fremd und grauenhaft". Dieser heftige Perspektivwechsel kann auf den Leser Empathie induzierend wirken.

„Nur diesen einen Sommer so leben, um die Sterne zu sehen..." Erwartungen eines schwerkranken Patienten an ärztliches Handeln

C. Franz (Universität Marburg) und A. Lübbe (Chefarzt der Palliativstation der Karl-Hansen-Klinik Bad Lippspringe) vertreten die nicht nur medizinethisch plausible Position, dass bei schwerkranken und besonders bei nicht mehr heilbaren Patienten neben der Lebensverlängerung der Erhalt der Lebensqualität prioritär und daher eine adäquate patientenzentrierten Therapie vonnöten sei:

> Nur der Patient weiß, was seine Lebensqualität ausmacht und wie viele/welche Nebenwirkungen er für eine erwartete Lebensverlängerung in Kauf nehmen möchte. Um diese wichtige Information zu erhalten und in den Kontext des Lebens eines Menschen einordnen zu können, muss der Arzt die subjektiven Beschwerden und die persönliche Vorstellung von Lebensqualität des Patienten kennen, sonst fehlt die Basis für die bestmögliche Behandlung.[86]

Was braucht der Patient Kostoglotov in Solschenizyns *Krebsstation* denn nun wirklich? Was erlebt er bei seiner Behandlung, was ist ihm wichtig, was bedeutet für ihn Lebensqualität? Die nachfolgende Textpassage gibt uns wertvolle Hinweise darauf, welche Formen der Selbstzweckhaftigkeit, empathischer Kommunikation und ärztlichen Handelns sich Patienten in Grenzsituationen wünschen können, nicht nur 1955, sondern wohl auch mehr als ein halbes Jahrhundert später.

In einem Brief, also einer sehr intimen und individuellen Textsorte, reich an Metaphern und anderen rhetorischen Figuren beschreibt Kostoglotov am 3. März 1955 seinen besten Freunden, einer Arztfamilie, seine Situation in der Klinik (nämlich die eines unmündigen, gänzlich hospitalisierten Patienten

---

86 Franz/Lübbe 2007, S. 2767.

ohne Mitspracherecht), seine Befindlichkeit und wir erfahren, was in seinem jetzigen Leben von Bedeutung ist:

> Man schweigt sich darüber aus, wann ich entlassen werde, man verspricht mir gar nichts. Offensichtlich verlangt das Behandlungsverfahren, alles aus dem Kranken herauszupressen, was aus ihm herauszupressen ist, und ihn erst dann zu beurlauben, wenn sein Blut total ‚erschöpft' ist.[87]

Blut ist hier eine Metonymie, eine prägnante Strategie der „Reduktion", zugleich eine Synekdoche (gemeint ist auch das Leben des erschöpften Menschen, nicht vorrangig seine Anämie). Von alters her gilt Blut – neben der Ikonographie des Erlöserblutes – als Lebens-Elixier, als Sitz der Lebenskraft, mitunter sogar der Seele.

Weiter heißt es in dem Brief Kostoglotovs an seine Freunde:

> Die Behandlung nützt mir nichts mehr, sie schadet mir nur noch. Man peinigt mich mit zwei Bestrahlungen täglich, jedesmal zwanzig Minuten, dreitausend „r" – und wenn ich auch seit langem nichts mehr von den Schmerzen weiß, mit denen ich Usch-Terek verlassen habe, so habe ich statt dessen Erbrechen und Übelkeit kennengelernt. O meine Freunde! Wie widerwärtig ist diese Übelkeit[88]

An dieser Stelle bedient sich der Briefschreiber eines Ausrufs (Exclamatio). Er ist ein Ausdruck des Affekts, der durch die Interjektion „o", empathische Ausspracheoption und pathetisches Vokabular kenntlich ist. Er beklagt sich in diesem Brief über seine „harte" Ärztin, die seine Nöte nicht verstehen will und der er nicht vertrauen kann. Kostoglotov verweigert letztlich als Reaktion auf den ärztlichen Betrug seine Compliance:

> Ich habe überhaupt ein sehr gespanntes Verhältnis zur Leiterin der Röntgenabteilung, keine Begegnung ohne Streit! Was ist das für eine harte Person! Das letzte Mal tastete sie meine Brust ab und behauptete, daß „keine Reaktion auf das Sinestrol festzustellen sei" – daß ich die Spritzen folglich

---

87 Solschenizyn 1990/1991, Buch II, S. 5 f.
88 Ebd., S. 6.

umginge und sie hinterginge. Ich habe das geleugnet (unter uns, in Wirklichkeit betrüge ich sie natürlich).[89]

Der Patient hat bemerkt, dass die ihn behandelnde Ärztin keine wirkliche Empathie für ihn aufbringen kann, ja dass sie jedes Mitgefühl für ihn sogar bewusst blockiert. Für sie gibt es nur generalisierte, „abstrakte" Patienten mit „objektiven" Krankheits-Bildern und -Syndromen, die sich ggf. unbotmäßig verhalten und damit die für sie festgesetzte Therapie behindern. Diesen Patienten gewährt man kein Recht auf Aufklärung über ihre Krankheit, deren Diagnose und Prognose strikt tabuisiert wird. Dieser Umstand wiederum ruft Unwillen und existentielle Verunsicherung hervor.

> Überhaupt läßt sich hier niemand dazu herab, mit mir diese Methoden zu besprechen, niemand will mich als einen einsichtigen Partner gelten lassen. Und so muß ich den Unterhaltungen der Ärzte alles abluchsen, Unausgesprochenes erraten und ergänzen, mir medizinische Bücher verschaffen, um zu erfahren, was ich über meine Lage wissen will.
> Demnach kann ich nur schwer beurteilen, wie es um mich steht und was ich zu tun habe. […] Warum setzt man mich diesen Tausenden und aber Tausenden Röntgeneinheiten aus? Wirklich nur deshalb, damit die Geschwulst nicht wieder zu wuchern anfängt? Oder nur, um ihre gleichgültigen abstrakten Instruktionen zu erfüllen, von denen sie nicht abweichen können, weil sie sonst ihre Stellung verlieren? […] Ich könnte doch diesen Kreis durchbrechen, wenn man mir nur die Wahrheit sagen würde – aber man schweigt.[90]

Das Schweigen der Ärzte, ihre Sprach- und Diagnosetabus, intentional zum vermeintlichen Wohle des Patienten eingesetzt, degradieren den Kranken zum hilflosen Objekt ärztlichen Handelns. Dies provoziert den Eindruck, abstrakten medizinischen Standards oder Experimenten ausgesetzt zu sein. Als zusätzlicher Stressor führt dies zum Grübeln über den eigenen Zustand, zu psychischer Komorbidität, zum Eindruck, der Krankheit und den Ärzten hilflos ausgeliefert zu sein. Das medizinische Personal hält die Gefühle und Träume ihrer Patienten, die für ihr Coping entscheidend sind, allerdings für nicht therapierelevant. Hat sich diese Einstellung heute – ungeachtet angestrebter Standards wie informierte Zustimmung (Informed Consent) oder

---

89 Ebd., S. 7.
90 Ebd., S. 7 f.

einen partizipativen Entscheidungsfindungsprozess (Shared Decision Making) – wirklich grundlegend verändert? Offenbar wird Solženicyns Krebsstation auch jüngst immer wieder von Medizinern und Medizinethikern rezipiert. Dies geschieht speziell in Hinblick auf Mängel in der Arzt-Patient-Kommunikation und deren literarische Darstellung.

Im Unterschied zur Mitte des 20. Jahrhunderts gilt es aber inzwischen als erwiesen, dass jeder Arzt-Patient-Kontakt, besonders auch über empathische Kommunikation, das Potential in sich birgt, eine Placeboantwort, also eine psychoneurobiologische Reaktion des Organismus, zu initiieren. Dadurch können das Dopamin- oder auch das Opioidsystem des Menschen aktiviert werden.

Tobias Esch erörtert funktionale Aspekte von ärztlicher Empathie, wobei eine eher kognitive Perspektive von einer mehr emotionalen Perspektive des Einfühlungsvermögens im besten Fall symbiotisch ergänzt wird:

> Empathie macht uns aufmerksam und achtsam für die Probleme und Schwierigkeiten unserer Patienten. Sie ist damit die Basis des Mitgefühls und kann mit ihm zusammen auch als diagnostisches – nicht nur als therapeutisches – Instrument eingesetzt werden. Als empathische Therapeuten erfahren wir einfach mehr über unsere Patienten. Wir verstehen, wie unser Gegenüber ‚tickt'.[91].

Doch auch früher haben nicht wenige Ärzte in ihrer Praxis erfahren, wie entscheidend die verbale Suggestion der Erwartungshaltung des Menschen für dessen Krankheitsverlauf oder für eine komplementäre Behandlung sein kann. Im vorliegenden literarischen Text ist die psychische Befindlichkeit der Patienten allerdings eher eine störende Größe in einer Therapie, die ausschließlich auf das somatische Krankheitsbild fixiert ist. Als optimal würde man heutzutage das Leitbild einer patientenzentrierten Medizin erachten, in der ein Arzt „nicht nur den objektivierbaren Krankheitsbefund zu erheben hat. Vielmehr

---

91 Esch, Tobias (2012): *Die Neurobiologie des Glücks. Wie die Positive Psychologie die Medizin verändert*. Stuttgart, New York: Georg Thieme Verlag, S. 146 f.: „Dabei unterscheidet die Neurobiologie heute zwei verschiedene Ansätze, nämlich *einerseits* die Fähigkeit, eine eher kognitive Perspektive gegenüber der Lebenswelt und Erfahrung des anderen einzunehmen (vgl. *Theory of Mind*, die sich neuronal v. a. im Temporallappen bzw. im temporoparietalen Übergangsbereich des Gehirns verorten lässt, mehr rechts als links), und *andererseits* die *mitfühlende*, mehr emotionale Perspektive, die neben dem sozialen Gehirn (das auch im 1. Fall involviert ist) auch das emotionale oder limbische Gehirn mit einbezieht, dazu die Interozeptionsareale und v. a. das Spiegelneuronensystem […]. Aber in der Praxis funkt immer das ganze Hirn. Es kommt einmal mehr auf die Gesamt*komposition* oder die *Orchestrierung* an".

soll er auch dem Selbstbestimmungsrecht der Patienten, ihren persönlichen Werten und ihrer subjektiven Sicht von Gesundheit und Krankheit gerecht werden"[92].

Für den literarischen Patienten Kostoglotov, der um seine „Mündigkeit" ringt und um keinen Preis von mehr oder weniger empathischen Ärzten – denen er nicht wirklich vertraut – „austherapiert" werden möchte, ist die Lebensqualität wichtiger als ein um jeden Preis verlängertes Leben. Er weiht in seinem Brief vom 3. März 1955 das befreundete Ärzteehepaar Kadmin eindrucksvoll in sein „Kopf-Kino" ein, letztlich in die existentielle Frage, für welchen Traum es sich lohnt, standzuhalten und in existentiellen Grenzsituationen überhaupt weiterzuleben:

> Denn ich verlange ja gar kein langes Leben! Warum immer an irgendeine ferne Zukunft denken?... Teilweise habe ich mein Leben unter Bewachung zugebracht, teilweise unter großen Schmerzen – jetzt möchte ich einfach eine Zeitlang mal ohne Bewachung und ohne Schmerzen leben – das sind meine ganzen Wunschträume. Ich will weder nach Leningrad noch nach Rio de Janeiro, ich will nichts als in unserer bescheidenes Usch-Terek. **Bald ist Sommer, und ich möchte diesen Sommer im Freien unter den Sternen schlafen, nachts aufwachen und am Stand des Großen Bären und des Pegasus feststellen können, wie spät es ist. Nur diesen einen Sommer so leben, um die Sterne zu sehen – danach brauchte ich von mir aus überhaupt nicht mehr aufzuwachen. Ja, und dann möchte ich noch mit Ihnen [...], wenn die Hitze des Tages nachgelassen hat, auf dem Steppenpfad hinunter zum Tschu schlendern und dort, wo er tiefer wird und das Wasser über die Knie reicht, mich auf den sandigen Grund niedersetzen, die Füße in der Strömung, und so lange sitzen bleiben und in dieser Regungslosigkeit mit den Reihern am anderen Ufer wetteifern.**[93]

---

92 Kreß, Hartmut (2012): „Das Arzt-Patient-Verhältnis im Sinn patientenzentrierter Medizin". In: *Bundesgesundheitsblatt – Gesundheitsforschung – Gesundheitsschutz* 55 (9): S. 1087.
93 Solschenizyn 1990/1991, Buch II, S. 8. Hervorhebung von G. Lehmann-Carli.

CHRISTINE KLAPP

Überbringung schlechter Nachrichten: Der Dialog mit dem/der (onkologischen)Patienten/in in Krisensituationen

Vor zwei bis drei Jahrzehnten war es in Deutschland ein Tabubruch, einem schwer kranken Menschen die Wahrheit über seine Situation mitzuteilen, selbst wenn er dies wollte. Man war überzeugt, dass ihm das alle Hoffnung nähme und nur schaden könne. So kam es häufig dazu, dass alle außer dem schwer Kranken[1] oder Sterbenden darüber Bescheid wussten und dieser mit seinen Ängsten allein war. Vor lauter gegenseitiger „Schonung" war letztlich keine offene Kommunikation und damit auch meist kein Abschied möglich.

Dies hat sich grundlegend geändert. In der westlichen Welt geht man heute überwiegend davon aus, dass Menschen ein Recht haben, Diagnose und Prognose einer zukunftsverändernden Krankheit zu kennen – und zwar bevor bzw. ohne dass es ihre Angehörigen erfahren.

Gegenüber der Praxis aus den sechziger und siebziger Jahren hat hier ein Paradigmenwechsel stattgefunden: Patienten haben nicht nur das Recht auf offene und ehrliche Aufklärung, sondern fehlende Aufklärung ist eigentlich eine Art Diebstahl am Leben. Das ist weitgehend anerkannt, wird aber nicht immer klar umgesetzt.

Über 90% der kognitiv intakten Menschen hierzulande möchten ihre Diagnose wissen, aber es gibt Unterschiede je nach ethnischer Herkunft und nach Alter. Fast alle wollen offene und ehrliche Aufklärung, bei Ärzten als Patienten liegt die Rate noch höher. Bei älteren Menschen liegt die Rate niedriger, ebenso bei Menschen aus anderen Kulturkreisen (Ost- und Südosteuropa)[2].

Dabei geht es hier nicht um die kalte, nackte Wahrheit, sondern es wird mit Recht erwartet, dass die Informationen über die Erkrankung an die individuel-

---

1 Im Interesse der besseren Lesbarkeit wird in diesem Beitrag bei Nennung von Personen überwiegend die männliche Form verwendet. Die weiblichen Personen sind hierbei ausdrücklich mit einbezogen.
2 Martins, R. G./Carvalho, I. P. (2013): „Breaking bad news: patients' preferences and health locus of control". In: *Patient Educ Couns.* 92 (1): S. 67–73.

len Bedürfnisse des einzelnen Patienten angepasst werden und ihn damit in die Lage versetzen, angemessen zu entscheiden, zu handeln und sich ggf. behandeln zu lassen, ohne alle Hoffnung zu verlieren.

Es ist ein sehr schwieriger Auftrag an den behandelnden Arzt zu erkennen, wie viel Wahrheit möchte und verträgt der mir anvertraute Patient? Dies verschärft sich noch, wenn eine begonnene Behandlung keinen Erfolg hat und z. B. der Krebs weiter wächst.

Das Gespräch als ärztliches Instrument

Das Gespräch ist das wichtigste Instrument der täglichen Arbeit als Arzt, und das Überbringen schlechter Nachrichten ist eine der emotional belastendsten ärztlichen Tätigkeiten überhaupt. Umso erstaunlicher ist es, dass diese Tätigkeit weit seltener gelehrt, geübt und supervidiert wird als Operationstechniken oder andere Behandlungsarten. Dementsprechend besteht bei vielen Ärzten Unsicherheit, wie dies so schonend und doch so ehrlich wie notwendig und möglich erfolgen kann.

Jeder Arzt kennt das mulmige Gefühl, Patienten eine schlechte Botschaft überbringen zu müssen: Widerstreitende Gefühle zwischen „schnell hinter sich bringen wollen" und „noch ein bisschen aufschieben" sind spürbar. Dies steigert sich, je schlechter die Nachricht und je jünger der Patient ist.

Was ist eigentlich eine schlechte Nachricht?

„Breaking Bad News" aus ärztlicher Sicht ist das Gespräch, in dem der Arzt bewusst einer Patientin/einem Patienten die Botschaft vermittelt, dass sie/er an einer existentiellen, unheilbaren Krankheit mit einer fatalen oder infausten Prognose leidet.

„Bad News" für die Patientin/den Patienten sind alle Nachrichten, die den Blick auf ihre/seine Zukunft drastisch und negativ verändern.[3]
Diese Definition verdeutlicht, dass es schon hier zu Missverständnissen kommen kann, vor allem, wenn aus ärztlicher Sicht „nochmal alles gut gegangen ist", der Verlauf sogar als Erfolg verbucht werden kann, aber der Lebensentwurf des Patienten zerstört ist.

---

3   Baile, W. F./Buckman, R./Lenzi, R./Glober, G./Beale, E. A./Kudelka, A. P. (2000): „SPIKES-A six-step protocol for delivering bad news: application to the patient with cancer". In: *Oncologist*. 5 (4): S. 302–11.

Beispiel: Nach einem sehr schweren Unfall hat der Patient nicht nur überlebt, sondern sein komplizierter Beinbruch heilt so gut, dass er mit guter Physiotherapie und eigener Übung doch ohne Hilfsmittel wird wieder laufen können – das sah zunächst ganz anders aus...

Für den Patienten bricht trotzdem eine Welt zusammen, denn die erreichbare Mobilität wird für die weitere Karriere als Tänzer nach vielversprechendem Start und neuem Engagement an einer wichtigen Bühne nach allem, was jetzt absehbar ist, völlig ungenügend sein.

Schon im Medizinstudium wird oft angenommen, dass das „gute" Überbringen, die gute Aufklärung, primär eine Frage der Begabung des jeweiligen Arztes und vielleicht noch der sich oft daraus ergebenden Güte der Arzt-Patient-Beziehung ist. Viele junge Ärzte versuchen deshalb, sich von erfahrenen Kollegen die aus ihrer Sicht „guten" Redewendungen abzugucken.

Noch kaum verbreitet ist das Wissen darum, dass dies erlernbar ist und dann genauso geübt und auch immer wieder auf den Prüfstand gestellt werden muss, wie operative Techniken.[4]

Seit einigen Jahren gibt es inzwischen auch in Deutschland schon innerhalb des Studiums Basis-Seminare, die diese Fähigkeiten trainieren und für fertige Ärzte Weiterbildungsmöglichkeiten mit praktischen Übungen zum Überbringen schlechter Nachrichten.[5]

Erfahrungen von Ärzten mit ihren Patienten, sowie aus den entsprechenden Trainingsseminaren mit Simulationspatienten

Wir beginnen unsere Seminare für Ärzte zum Thema meist mit einer Reflexion zur eigenen Situation:

„Stellen Sie sich die Situation bildlich vor: Sie müssen gleich einer Patientin die Nachricht über einen ungünstigen histologischen Befund überbringen.

Welcher Gedanke kommt Ihnen als erster? Wie fühlen Sie sich? Was befürchten Sie? Wie könnte das Gespräch optimal verlaufen?"

Hierbei – in geschützter Atmosphäre – kann offen über eigene Erfahrungen, Defizite und Unterstützungswünsche gesprochen werden. Es wird sehr deutlich, dass sich die meisten Ärzte in der Situation eigentlich als zu wenig kompetent, zu wenig einfühlsam und zu wenig routiniert erleben. Gleichzeitig

---

4 Fallowfield, L./Jenkins, V. (1999): „Effective communication skills are the key to good cancer care". In: *Eur J Cancer*. 35 (11): S. 1592-7.

5 Keller, M. (2009): „Wenn Sie schlechte Nachrichten überbringen müssen: KoMPASS fürs heikle Gespräch". In: *MMW Fortschr Med*. 151 (42): S. 26.

besteht eine hohe Motivation, es für den Patienten so gut wie möglich machen zu wollen. Es zeigt sich auch bei uns immer wieder: Der Stress beim Arzt ist umso höher, je unerfahrener er ist, je jünger der/die Patient/in ist, wenn der geäußerte Optimismus vorher groß war und wenn die Behandlungsaussichten gering sind. Dabei werden folgende Ängste und Befürchtungen von Ärzten offenbar:

- Hoffnung auf Heilung zu nehmen;
- Ohnmacht wahrzunehmen, zu benennen und auszuhalten;
- nichts mehr bieten zu können;
- eigene Emotionen und die der Patienten nicht im Griff zu haben;
- Kurzschlusshandlungen auszulösen.

Alle beschreiben, dass sie es als wichtige Aufgabe und Herausforderung sehen, die sie lösen müssen und der sie gern ein „menschliches Gesicht" geben möchten, ohne die professionelle Distanz zu verlieren und bei notwendigerweise begrenztem Zeiteinsatz. Einige sagen, dass sie es gern tun, weil sie sich ihren Patienten damit in besonderer Weise verbunden fühlen. Fast alle sind höchst interessiert zu sehen, wie andere es machen, zu vergleichen und zu üben, wozu sie im klinischen Alltag fast nie kommen. Bei diesen Seminaren sind die Themen bewusst fächerübergreifend angelegt, damit das Grundprinzip im Sinne eines Leitfadens deutlich wird. Danach erst erfolgt die kurze persönliche Vorstellung zur aktuellen beruflichen Situation und zu den Erwartungen für das Seminar.

Ablauf der Fortbildung
- Vorstellung, Reflexion, Erfahrungen, Erwartungen
- Kurzvortrag „Zusammenstellung unserer Erfahrungen"
- Prinzip der Arbeit mit Simulationspatienten
- Simulation von schweren Patientengesprächen
    1. Erstdiagnose einer Krebserkrankung, fortgeschrittener Befund
    2. HIV-Infektion, fortgeschritten, Erstdiagnose
    3. Carcinom, junge Patientin, Palliativsituation, präfinal.

Gleich zu Anfang wird klar: Es gibt hierzu kein Patentrezept, keine Bedienungsanleitung und keine Anweisung. Das wäre auch völlig am Patienten und seinen Bedürfnissen und Erfahrungen vorbei, aber es gibt eine Art Richtlinien, die die Erfahrungen vieler beinhalten und die immer wieder ergänzungs- und verbesserungswürdig und -fähig sind. Nach dem Motto: Wie kann man es machen – und wie will ich es machen?

In einem kurzen Vortrag, der unsere zusammengetragenen Erfahrungen vorstellt, starten wir mit den zwar sehr vereinfachten und plakativen, aber letztlich tröstlichen Befunden.

Drei Phasen-Modell zur Reaktion auf die Diagnose Krebs[6]:

Phase 1: Die ersten Stunden und Tage nach Diagnosestellung
Schock, Unglauben und z.T. Verleugnung. „Es kann nicht wahr sein."
Phase 2: Nach 1–2 Wochen
Ein Zeitraum großer innerer Not, Ängstlichkeit, Niedergeschlagenheit, Unruhe, Reizbarkeit, Schlafstörungen, Appetitlosigkeit und Konzentrationsstörungen. „Warum gerade ich?"
Phase 3: Nach 2–4 Wochen bis zu 3 Monaten
Ein Zeitraum der Anpassung (Adaptation). Die Patienten beginnen, sich der Realität zu stellen und sich den Gegebenheiten anzupassen. „Noch ist nicht alles verloren.".
Längerfristig meistert ein Mensch das Leben mit Krebs annähernd so, wie er auch sonst Probleme und Krisen bewältigt hat.

Schnell stellt sich heraus, dass ein als „gelungen" eingeschätztes Gespräch nicht nur dem Patienten hilft, in dem es Angst und Unsicherheit reduziert, sondern auch für den Arzt professionell belohnend und persönlich befriedigend ist. Dies stellt einen wichtigen Schutz vor Burn-out dar, der besonders bei Ärzten droht, die primär mit schwerst chronisch oder tödlich erkrankten Menschen zu tun haben, wo es keine Aussicht auf Besserung oder Heilung gibt.

Grundlagen zur Arzt-Patient-Kommunikation werden kurz angesprochen: Nonverbale Kommunikation, gutes Zuhören, aktivierende Fragen.

Was bewirkt gute Kommunikation im Arzt-Patient-Gespräch?
Es lohnt sich, in gute kommunikative Fähigkeiten zu investieren, denn sie:

---

6 Holland, J.C./Almanza, J. (1999): Giving bad news. Is there a kinder, gentler way? In: *Cancer.* 86 (5): S. 738–40.

- verbessern die Genauigkeit von Diagnose und Qualität der Behandlung bzw. der daraus resultierenden Handlungen;
- erleichtern das Erhalten und Vermitteln von Informationen;
- fördern Verstehen und Behalten von Informationen und die Compliance beim Patienten;
- reduzieren Ängste, Unsicherheit und rechtliche Auseinandersetzungen;
- erhöhen die Zufriedenheit von Arzt und Patient;
- sind erlernbar.

Eine Analyse über die Erwartungen und Bedürfnisse von Patienten aus ärztlicher Einschätzung und aus Patientenbefragungen ergibt:
Sie möchten:
- verstehen, was nicht in Ordnung ist;
- eine realistische Vorstellung der Prognose erhalten;
- die Abläufe und wahrscheinlichen Ergebnisse von Untersuchungen und Behandlungen verstehen;
- Unterstützung und Hilfe bei der Bewältigung bekommen;
- darin unterstützt werden, selbst etwas zu tun;
- ihr Hilfsbedürfnis und ihre Besorgnis nicht rechtfertigen zu müssen;
- andere darin unterstützen, sie zu verstehen.

Form und Inhalt von patientenzentrierten Aufklärungsgesprächen zu schwerwiegenden Diagnosen[7]
Äußere Bedingungen/Setting:
Wo: Möglichst in einem separaten Raum, evtl. Mitpatienten hinaus bitten. Das geht zum Beispiel auf einer Intensivstation nicht.
Wann: am besten tagsüber, mit Erreichbarkeit von hilfreichen Personen
Wer: wenn möglich vertrauter Arzt, evtl. mit Teammitglied (Krankenschwester/-pfleger) oder Angehörigem (Nachteil: Rücksicht, geteilte Aufmerksamkeit)
Wie: mit Struktur-Vorbereitung, Gespräch, Nachbereitung, Übergabe

---

[7] Klapp, Christine (2010): „Kommunikation – praktische Tipps für das schwierige Gespräch mit Patienten". In: *Gynäkol Geburtsmed Gynäkol Endokrinol* 6 (2): S. 152–166.; Ortwein, H./Terzioglu, P. (2002): *Calgory- Cambridge Observatio Guide: Checklisten für Feed back*. Reformstudiengang Medizin, Universitätsmedizin Berlin (CCOG).

Wie lange: Maximal 15 (–30) Minuten, länger bedeutet Überforderung, besser Folgegespräch

Zur guten inhaltlichen Vorbereitung gehört:
- Sich vorab informieren bzw. rekapitulieren zu Berufs-, Familien-, Lebenssituation des Patienten.
- Ressourcen klären: Wer hilft ihm/ihr, ist er/sie damit zufrieden, in welche Situation, welches Umfeld kehrt er/sie zurück?
- Das alles sollte möglichst schon durch ausführliche Anamnese bei der Aufnahme klar sein.
- Befunde überprüfen, sind sie vollständig?
- Therapie und Prognose für sich klären;
- Gespräch rechtzeitig ankündigen.

Eine Taschentuchbox offen auf dem Tisch signalisiert: Hier darf geweint werden. Ich als Arzt kenne und verstehe das und halte das aus. Stift und Papier für Patienten bereithalten. Das macht deutlich, dass sie Partner im Behandlungsprozess sind.

Es gibt unter Ärzten unterschiedliche Rituale, sich auf die anstehende Situation auch emotional vorzubereiten. Bucka-Lassen[8] nennt es „mentales Hände waschen", vergleichbar mit der Phase vor einer Operation, die eine Zäsur mit Sammlung und Konzentration darstellen kann. Tief durchatmen, selber Boden unter den Füßen spüren, dann erst ins Zimmer gehen oder den Patienten herein bitten.

Vor Ort sollte der Arzt sich selbst (auch in der Funktion) vorstellen und die Beziehungen der Anwesenden klären, bevor man beginnt.

Eine der wichtigsten Erkenntnisse – und für Ärzte manchmal sehr schwer einhaltbar – ist: **„before you tell – ask!"**[9]

Klären: Ist die Patientin/der Patient bereit und aufnahmefähig? Was weiß sie/er, was will sie/er jetzt wissen?

Gesprächsziel verdeutlichen: „Wir haben besprochen, dass ich Sie informiere, wenn wir die Befunde zusammen haben.", und kurz zusammenfassen

---

[8] Bucka-Lassen, Edlef (2011): *Das schwere Gespräch: Einschneidende Diagnosen menschlich vermitteln.* Köln: Dt. Ärzte-Verl.
[9] Baile, W. F. et al. (2000).

(lassen), was vorausging. Wenn dies der Patient selbst tut, kann man besser an seinem subjektiven Kenntnisstand anknüpfen.

Eine einfache, klare Sprache mit unzweideutigen Sätzen hilft beim Verständnis, ein Aufzeigen des Zeitrahmens und das Angebot eines zeitnahen Folgegesprächs machen die Situation für alle Beteiligten überschaubar.

Die Feststellung des aktuellen Aufklärungsbedarfs – was und wieviel will sie/er (jetzt) wirklich wissen – steckt den Rahmen ab. Empfehlenswert ist dies zweizeitig zu tun, nämlich auch schon zum Aufnahmezeitpunkt bzw. Diagnostikbeginn zu fragen: „Wir klären unsere Patienten üblicherweise offen und ehrlich auf, sind Sie damit einverstanden?".

Für die meisten Patienten ist die Wartezeit auf das Aufklärungsgespräch sehr quälend, deshalb sollte eine Ein- und Überleitung zum Kernthema nicht zu lange dauern. Gerade junge Ärzte möchten nicht „mit der Tür ins Haus fallen" und halten sich oft zu lange mit „small talk" auf, die Patienten werden angespannt.

Pragmatisch könnte das so aussehen: „Ich fasse mal kurz zusammen, was wir festgestellt haben und erkläre ihnen dann, was wir tun können. Ist das für Sie in Ordnung?".

Vor der Kernbotschaft sollte eine „Warnung" erfolgen: „Sie haben befürchtet, dass...". „Es tut mir leid, ich habe schwierige Nachrichten...". „Leider waren die Befunde nicht so gut wie erhofft...".

Dann folgt unmittelbar die „Kern-Botschaft", bei der die Krankheit beim Namen genannt werden sollte, z. B. „Ja, es ist Krebs.".

Immer wieder wird diskutiert, wie klar man dies in dieser Situation sagen darf, Maßstab ist der Wunsch des Patienten.

Hier, wie auch sonst im weiteren Verlauf, ist eine kleine Pause im Ablauf der ärztlichen Erklärungen immens wichtig. Die Information muss ankommen, sich einen Moment setzen. Das braucht oft nur wenige Sekunden und dann kann es im Tempo des Patienten weiter gehen: Zeit lassen, WARTEN!! Fast immer ergreifen die Patienten selber das Wort „...und was kann man da machen...?", womit sie wieder ein Stück Situationskontrolle gewonnen haben.

Diese Pausen auszuhalten ist oft für den Arzt besonders schwierig, würde er doch am liebsten gleich sein ganzes Repertoire anbringen, sozusagen die böse Nachricht wieder gut machen wollen. Dabei besteht die Gefahr, die Patienten zu überrollen, ihnen viel zu viel auf einmal (Diagnose, Behandlungsplan, Prognose, Unterstützung) zuzumuten. Schon deshalb sollte nicht alles in einem Termin besprochen werden. Zeit lassen, Pausen machen, Emotionen wahrnehmen, darauf eingehen, sie aufgreifen und ansprechen.

Wir Ärzte müssen lernen und üben, offene Fragen zu stellen, nicht zu beschwichtigen, wie in folgendem Beispiel:

Die ältere Dame sagt nach der Aufklärung über die Operations-Notwendigkeit einer Krebserkrankung: „Frau Doktor, ich habe Angst...". Häufig reagiert Frau Doktor mit Beschwichtigung: „Wir passen gut auf Sie auf, Sie brauchen keine Angst zu haben..." etc., denn die Ärztin hat Angst vor der Angst der Patientin, die sie als Angst vor dem Tod oder vor Schmerzen und Komplikationen interpretiert. Die Patientin sagt nichts mehr, weil ihr ihre Sorgen so banal vorkommen. Sie beschließt aber, sich nicht operieren zu lassen und auch nicht die anschließende Kur wahrzunehmen.

Wenn die Ärztin z. B. gefragt hätte: „Was macht Ihnen diese Angst...?", hätte sie erfahren, dass die Patientin noch nie ihren gehbehinderten Mann allein gelassen hat und nun befürchtet, dass er sich nicht versorgen kann. Frau Doktor könnte die Sozialarbeiterin einschalten, die mit der Patientin gangbare Lösungen plant und die Ärztin auch bei vielen weiteren Fragen und Sorgen entlasten könnte.

Rückversichern, was und wie hat er/sie verstanden, was wird aus dem Gespräch mitgenommen? Reicht die Auffassungsfähigkeit noch? Wird es zu viel?

Für das Gefühl der Situationskontrolle ist wichtig, praktische Fragen zu klären: Womit ist nach der Operation, der Chemotherapie und der Bestrahlung jeweils zu rechnen: Beschwerden, Nebenwirkungen, z. B. Harnwegsinfekt bei Blasen-Katheter, Hautreizungen, Kreislauf-, Magen-, Darm-Reaktionen etc., über wie lange Zeit, was ist noch normal? Was sind die Auswirkungen auf den Alltag, was wird sie/er wann (wieder) können, dürfen? Handlungsebene!

Die Möglichkeit, im Laufe der Behandlung auch über Fertilität, hormonelle Situation, Sexualität und ggf. Einschränkungen zu sprechen, sollte man andeuten. Das gibt Zukunftsperspektiven.

Das hört sich alles außerordentlich komplex an, und ein solches Gespräch ist immer eine Herausforderung. Aber die Kunst besteht nicht darin, alles zu fragen und auf den Tisch zu legen, sondern zu klären, was ist jetzt für diesen Menschen subjektiv und objektiv wichtig?

Die Bilanz nach einer solch kompakten Weiterbildung zeigt, was neben den Inhalten als wichtig und hilfreich eingeschätzt wird: Im Gespräch öfter zurücklehnen, zuhören, Pausen machen, offene Fragen stellen, zum Ende kommen.

Vor einer weitergehenden Entscheidung sollte die Möglichkeit einer Zweitmeinung („second opinion") angeboten und Ansprechpartner hierzu genannt werden. Ressourcen klären, „Wer sollte jetzt wissen, wie es Ihnen geht?"

Was fehlt noch?
- Info-Material, Patientenbroschüren mitgeben, Zusammenfassung, Behandlungsvertrag, Nachbesprechung verabreden, Support, das „Gute" hervorheben, Plan erstellen, positiv schließen;
- die eigene Rolle definieren – was kann und will ich als Arzt weiter tun, dazu gehören definierte Erreichbarkeit und unbedingt Abgrenzung;
- Dokumentation: Ablauf, Inhalt; bei Klinikpatienten: Reaktion dem Team mitteilen.

Recht auf Wissen – Recht auf Nicht-Wissen
Bei allen Überlegungen zur Aufklärung sollte auch klar sein: Es gibt ein Recht auf Nicht-Wissen, das muss dann auch gut als Wunsch dokumentiert werden, am besten mit Unterschrift beider Gesprächspartner.

Die Frage, „Sage ich dem Patienten alles, was ich weiß?" kann klar beantwortet werden: Das muss ich nicht und das wird auch nicht erwartet. Hiernach richten sich die meisten Ärzte:

Nicht alles, was wahr ist, muss gesagt werden, aber alles, was gesagt wird, muss wahr sein.

Ärztlicher Umgang mit Sterben und Tod
Was ist die zugrundeliegende Problematik beim Überbringen schwieriger Nachrichten, worum geht es basal, warum fällt es meistens so schwer, dass man auch als Arzt immer wieder der Wahrheit ausweichen möchte? Dies hängt vom ärztlichen Umgang mit Sterben und Tod ab, denn der Tod wird oft als persönliches Versagen empfunden und jemanden in den Tod zu begleiten, lässt sich schwer als Erfolg verbuchen.[10]

Wir Ärzte müssen lernen, Verantwortung auch für das Sterben eines Menschen zu übernehmen, und dabei gibt es vielfältige ärztliche Aufgaben: Bera-

---

10 Müller-Busch, Ch. zitiert bei: Hempel, U. (2005): Vom ärztlichen Umgang mit Sterben und Tod. In: *Berliner Ärzte* 42 (11): S. 14–18.

tung, Begleitung, Beistand, Zuhören, aber auch praktische Anregungen (z. B. Patientenverfügung empfehlen).

Wenn die gefürchtete Frage kommt: „Herr Doktor, wie lange habe ich noch?" muss man als Arzt die Hoffnung nicht teilen, aber sie respektieren, über sie etwas erfahren und sie ansprechen.

Wer sich diesen Aufgaben bewusst stellt, wird bald spüren: Es gibt ein anhaltend positives Gefühl, es zu einem guten Ende gebracht zu haben.

Lieber nicht sagen
„Wir können nichts mehr für Sie tun."
„Ich weiß, wie Ihnen zumute ist."
„Sie müssen positiv denken."
„Das wird schon wieder."

Gut für sich sorgen
Ärzte wollen alles auf den eigenen Schultern tragen oder glauben, dies tun zu müssen. Ein Netzwerk von persönlich bekannten Helfern entlastet: Facharztkollegen, Balint-Gruppen, Supervision, Sozialarbeiter, Seelsorger, Psychoonkologen, Psychotherapeuten, Selbsthilfegruppen und dorthin „delegierte" Patienten kommen an.

Was hilft Patienten mittelfristig?
- Wissen, Verständnis über und für den Körper, über die Krankheit und die Behandlung im Sinne von Kompetenzstärkung. Dabei können alle an der Behandlung Beteiligten vermitteln.
- Teil eines Teams zu sein, helfen;
- die Familie konkret einbeziehen;
- ermutigen, Probleme und Aufgaben priorisieren.

Therapeutische (palliative) Ziele nach Operation, Chemotherapie, Strahlentherapie sind:
- Schmerzkontrolle und Verbessern der Lebensqualität;
- Realistische Hoffnung bestärken;
- Unterstützung und Beistand beim Sterben.

Was bewirken „Bad News" akut:
Die Anspannung des Arztes steigt vor der Besprechung schlechter Nachrichten und fällt in deren Verlauf ab.
Beim Patienten verhält es sich umgekehrt, Anspannung und Disstress steigen nach Mitteilung der Nachricht und halten noch für lange Zeit an.

Gute Kommunikation bewirkt:
Patienten von Ärzten, die ein Kommunikationstraining durchlaufen haben, weisen signifikant stärkere Stress-Reduktions-Werte auf, als Patienten einer Kontroll-Gruppe mit Ärzten ohne solche Weiterbildung.[11]

Im Anschluss an die Erarbeitung von Kriterien zu Breaking Bad News folgt die Umsetzung in Rollenspielen und schließlich in Interviews mit Simulationspatienten.

Angelehnt an ein langjährig bestehendes Projekt der Universitätsmedizin Berlin: TÄF – Trainingszentrum für ärztliche Fertigkeiten (Reformstudiengang, jetzt Modellstudiengang) wird mit trainierten Schauspiel-Patienten geübt. Diese haben nicht nur eine schwere Krankheit, sondern eine umfangreiche „Vita", die erfragt und berücksichtigt werden muss.

Auswertung eines Simulationsgespräches unter Beachtung von Feed-Back-Regeln:
- Wie geht es der Ärztin/dem Arzt?
- Wie geht es der Patientin/dem Patient und den Angehörigen?

Vorteile: Live mit Feedback (Gruppe/Patient), keine Belastung „echter" Patienten, Ausprobieren verschiedener Techniken und Inhalte, Gespräch kann angehalten, neu gestartet, variiert, abgegeben werden.

Sehr nah an der Wirklichkeit: viele Ärzte können sich hinterher kaum vorstellen, dass die Patienten nicht „echt" oder wenigstens „mit Erfahrung aus dem nächsten Familienkreis eines Patienten" waren.
Nachteile: Der Patient als Mensch ist unbekannt, Situation und Umgebung nicht „echt", Beobachtungssituation, Nervosität, Sorge vor Kritik können irritieren.

Ein solches Gesprächstraining enthält Potenziale: Anregung, Bestätigung, Ergänzung, macht Mut, zeigt Alternativen. Die Teilnehmer bestätigen einen

---
11 Holland, J.C./Almanza, J. 1999.

deutlichen Lerneffekt und mehr Sicherheit in offenen Fragen, weniger Beschwichtigung, mehr Struktur, weniger Angst vor Emotionen, mehr Zuhören, mehr Einbeziehen des Patienten.

Fazit
Der Dialog mit Patienten im Krisenfall ist ein komplexer und dynamischer Prozess, der eine gute Arzt-Patient(-Angehörigen)-Kommunikation zur Basis hat. Für Patienten kann die offene und empathische Kommunikation mit ihrem Arzt eine der wichtigsten Hilfen in der Auseinandersetzung (und letztlich Akzeptanz bzw. Coping) mit einer schweren Krankheit sein. Für den Arzt ist sie Kraftquell für Arbeitszufriedenheit und Schutz vor Burn-out.

Solche Kommunikation ist erlernbar und optimierbar.

JOACHIM KORNELIUS

Euphemismen in der Arzt-Patient-Kommunikation:
Über den Schrecken der Wörter, Kollokationen und Partikel im Kopf des Patienten beim Zahnarzt

1 Orientierungen

Mund auf, Mund zu. Machen Sie den Mund auf, machen Sie den Mund zu. Und jetzt voll zubeißen und halten, und jetzt den Mund wieder auf, und zu. Und nochmals, auf und zu. Das sind Wörter aus der Welt des Zahnarztes und seiner Patienten, Wörter, die sich mit Angst verbinden, verstanden als ein „mit Beklemmung, Bedrückung, Erregung einhergehender Gefühlszustand", als „undeutliches Gefühl des Bedrohtseins,"[1] Wörter, die diffus und ungerichtet, Erinnerungen an erlebte zahnärztliche Behandlungsszenarien auslösen, eben als Wörter aus dem und über den Mund, hier im speziellen Fall des Linguisten beim Zahnarzt.

Im Fokus steht damit eine spezifische Form eines Arzt-Patienten-Gesprächs. Es geht um den Linguisten, der beim Zahnarzt sitzt. Es wird zu zeigen sein, dass im Kopf des Linguisten, bedingt durch seine hochentwickelte Sprachkompetenz, durch sein analytisches Wissen von der Sprache und durch seine Stilsicherheit, im Kontext einer zahnärztlichen Behandlung intensiv erfahrene Ängste entstehen.

2 Die Behandlungssituation

Die angstauslösende Sprache des Zahnarztes generiert sich im Kontext einer unidirektionalen Kommunikation. Es ist der Arzt, der redet. Der Arzt redet arbeitsbegleitend, er kommentiert sein Handeln. Sicherlich geschieht dies in einer patientenfreundlichen Intention, so, um der großen sprachlichen Stille zu begegnen, in der sich die Geräusche des Bohrens, des Schleifens oder des

---

1 http://www.duden.de/suchen/dudenonline/angst.

Brechens in ihrer Wirkung im Kopf des Patienten leicht potenzieren. Denn der aus der Vertikale in die Horizontale verbrachte Mensch nimmt diffuse Gerüche, Geräusche und Gestalten wahr. Der Patient, der nicht zu reden, sondern allein zu hören vermag, leistet Unvereinbares, er *hält den Mund* und *macht den Mund auf*. Er nimmt den Arzt berufsmäßig gekleidet in Weiß, mit Mundschutz und Schutzbrille, von hinten über sich gebeugt, nur schemenhaft wahr. Instrumente aus Metall, von Glasträgern aufgenommen oder dort abgelegt, verbinden sich mit spezifischen Geräuschen, die Ohren und die Nase des Patienten erwachen, seine auditive und olfaktorische Wahrnehmung ist aktiviert. Gleiches gilt für Schutzmechanismen des Körpers, wenn eine objektunbestimmte Angst nun wiederkehrend körperliche Reaktionen eines *fight or flight* auslöst und der Patient seinen Rücken in den Behandlungsstuhl presst.

Aus der Sicht des sprachversicherten Patienten liegt sein spezifisches Problem darin, dass er sich als Linguist temporär seines Sprechorgans beraubt sieht. Sein Mund ist geöffnet, er kann nicht reden, er kann nur hören.

3   Rezeption und Interpretation

Der Arzt redet in Wortgruppen und in Teilsätzen und seine sprachlichen Äußerungen sind über einen längeren Behandlungszeitraum verteilt. Es entsteht damit keine zusammenhängende Rede. Ein geordnetes linguistisches Ganzes entsteht hingegen allein im Kopf des Patienten, des Linguisten.

Hier generiert sich berufsbedingt, quasi automatisch, eine *mind map,* eine dynamische Gedankenkarte, in die sich die Äußerungen des Arztes *hineinschreiben* und fortschreitend selbstständig *verlinken.*

Der Linguist nimmt damit während der Behandlung diese Wortgruppen und Teilsätze hörend auf, er versteht und verarbeitet sie professionell in einem geordneten mentalen Tableau. Hier entfalten verstreute sprachliche Einheiten des Zahnarztes in einer neuen Ordnung ihre ganze semantische Kraft. Sie lösen Assoziationsketten aus, sie verbinden sich mit mentalen Bildern, werden zu selbstaktiven Größen, die bei zunehmender Intensität und Dauer der Behandlung metamäßig kaum unter Kontrolle zu halten sind. So entstehen Ängste aus oftmals wohlgemeinten euphemistischen Äußerungen des Arztes.

Wenn der Linguist nun auch noch ein Übersetzungswissenschaftler ist, dann verschärfen sich die Dinge. Er hört so, wie der Übersetzer arbeitet. Die

Arbeitseinheiten des Übersetzers sind untersatzmäßige Sprachgrößen,[2] vor allem Wörter und Wortgruppen. Vor der Übersetzung gilt es, die Bedeutung der ausgangssprachlichen Einheiten eindeutig festzustellen. In einem paradigmatisch-semantischen Vorgehen deckt er Bedeutungen und Bedeutungsbeziehungen auf. Dies führt oft zur Ausgrenzung eines Wortfeldes oder Sachfeldes.[3]

Der Linguist und Übersetzer hört also mit einem gegebenen Wort zugleich die semantisch benachbarten Wörter auf einer paradigmatischen Achse mit. Wenn er ein Angstwort hört, hört er zugleich mehrere semantisch ähnliche Angstwörter mit. Auf der horizontalen, syntagmatischen Achse stehen die Wörter mit anderen Wörtern in restringierten Bedeutungsbeziehungen. Diese syntagmatischen Verbindungen sind wirkungsvolle Einheiten. Es handelt sich vor allem um Kollokationen, verstanden als Wortzweierverbindungen aus einer Basis und einem zur Basis affinen Kollokator.[4] Auch auf dieser syntagmatischen Achse hört der sprachgebildete mehr als der gemeine Patient, er „hört" bzw. assoziiert die potentiellen Mitspieler mit.

Dazu ein drastisches Beispiel: Nehmen wir das Wort *Mund*, so ergäbe sich das folgende paradigmatisch-syntagmatische Tableau.

- *Mund*
- *Fresse*
- *Schnauze*
- *auf den Mund schlagen, in die Fresse hauen, die Fresse einschlagen, die Fresse polieren, eins in die Schnauze kriegen, auf die Schnauze hauen, die Schnauze voll haben, die Schnauze, die Fresse, den Mund halten.*

Weitere Beispiele typischer Kollokationen sind: *Problem lösen, Hoffnung hegen, Liebe verspüren, Zorn besänftigen, einen Zahn ziehen, einen Zahn aufbohren.*

---

2   Vgl. Orbán, Wencke (2008): *Über die Entlehnung konstruktivistischer Lerntheorien in die Praxis der Übersetzungswissenschaft – Kooperatives Übersetzen als kommunikations- und prozessorientierte Handlungsform des Übersetzers*. Trier: WVT.

3   Kimmes, Anne/Kornelius, Joachim (2009): „Oftmals trügt der Schein: Bemessungen des *collocational range* und ihre Bedeutung für die Übersetzungspraxis". In: *AREAS*. Bd. 26, S. 495–518.

4   Vgl. Holderbaum, Anja (2003): *Kollokationen als Problemgrößen der Sprachmittlung*. Trier: Wissenschaftlicher Verlag; Kimmes, Anne (2009): *Exploring the Lexical Organization of English: Semantic Fields and their Collocational Ranges*. Trier: WVT.

Lösen legt sich an *Problem*, *hegen* ist affin zu *Hoffnung* und *aufbohren* kombiniert sich mit *Zahn*.

Dieses paradigmatisch und syntagmatisch ausgerichtete Hören eines sprachlich versierten Menschen führt in einem angstbestimmten Kontext dazu, dass sich die sprachlichen Einheiten auf der paradigmatischen Ebene vermehren und auf der syntagmatischen Ebene in ihrer Wirkung mental potenzieren.

Dem Muttersprachler sind die Kollokationen in der eigenen Sprache immer unbewusst, aber in der Behandlungssituation sind sie dem Linguisten voll bewusst, sie stellen sich automatisch ein, sie ordnen sich in paradigmatische und syntagmatische Strukturen. Der Patient sieht sich seines Sprechorgans beraubt, liegt mit offenem Mund danieder, hört paradigmatisch und syntagmatisch, generiert Wortfelder und Kollokationslisten, verarbeitet und speichert sprachlich Vernetztes in mentalen Gedankenkarten. Er führt assoziativ nachhaltige Gedankenkarten auf (*mind maps*) mit eingelagerten und vernetzten Anreicherungen, so mit Eindrücken von Sprachsequenzen, mit Wörtern, Kollokationen, Partikeln, mit Gerüchen, Geräuschen, Farbwerten, emotionalen Dispositionen (Ängsten) unter Beigabe eines Zeitstrahls. Es entstehen holistische mentale Karten, langlebig und jederzeit reaktivier- und ergänzbar, und es entfalten sich so individuelle Potentiale der Angst.[5]

4   Euphemismen in der Rede des Zahnarztes

Die einzelnen Phrasen, Teilsätze oder Sätze, die der Zahnarzt behandlungsbegleitend von sich gibt, sind beschwichtigend, verschleiernd oder mildernd angelegt. Es sind Einheiten des „Gut-Redens", wenn „Unangenehmes mit angenehmen Worten" gesagt wird.[6] Diese Euphemismen haben in der Regel drei, nicht schnittfreie Funktionen: Sie dienen der Beschönigung und der Aufwertung, der Verschleierung oder der Mäßigung. Es sind Euphemismen im Kontext der Tabuzone der Körperteile und Krankheit mit dem Fokus auf der Mundhöhle als einem Intimbereich der HNO. Diese Euphemismen realisieren

---

5   Bilić, Viktorija/Connelly, Martha/Kornelius, Joachim (2009): *Wissensrecherche als Kooperatives Handeln*. Trier: WVT.
6   http://www.duden.de/rechtschreibung/Euphemismus.

sich in sprachlichen Phrasen und Teilsätzen und hier vor allem in den spezifischen Ordnungsgrößen von Kollokationen und Partikeln.[7]

Der Linguist, jetzt reduziert auf den zuhörenden Patienten, vermag jede Art von Euphemismen zu orten und erkennt ebenso hörend auch Einbrüche in dem euphemistischen Sprechen des Arztes. Dieser spricht behandlungsbegleitend, im Fokus seines Handelns steht der medizinische Eingriff, die sprachliche Komponente hingegen steht unter keiner spezifischen, metamäßigen Kontrolle. Sein sprachliches Monitoring ergibt sich, wenn überhaupt vorhanden, durch seine berufliche Routine. Überdies ist der Zahnarzt in der Regel kein Linguist, sein sprachliches Handeln vollzieht sich also unabhängig von den hier zuvor dargelegten methodischen Überlegungen. Er kann in seinem wohlmeinenden Sprechen durchaus scheitern und damit unbewusst weitere negative Einträge in den mentalen Tableaus des Patienten generieren.

Dazu nun einige Belege aus einer kleinen Sammlung von Fallstudien, deren Signifikanz der Leser in vielen Fällen im Abgleich mit eigenen Erfahrungen beim Zahnarzt prüfen kann. Kommen wir also zu unserem Patienten mit dem *offenen Mund* und dem *faulen Zahn* und zur Analyse der unidirektionalen oralen Kommunikation.

Segment 1:
Begrüßung mit Handreichung. Dann wird der Behandlungsstuhl elektronisch abgesenkt, der Patient liegt fast waagerecht und blickt in kreisförmig angeordnete, stechende LCD-Punktlampen.

    ZA: *Haben Sie Schmerzen?*
    Pat.:   *Nein.*
    ZA: *Das ist schon mal gut.*

Hätte der Arzt die Abtönungspartikel weggelassen und einfach gesagt: *Das ist gut,* durch die Beigabe von *schon mal* erkennt der Linguist jedoch sofort die Beschwichtigungsformel. Er weiß um die Semantik von *schon mal gut*, die „wahre" Aussage ist, *es ist gar nichts gut.* Im Kopf des Linguisten und Patienten generiert sich automatisch der Teil eines lexikographischen Eintrags, der sich im *Digitalen Wörterbuch der deutschen Sprache* wie folgt darstellt:

---

7 Vgl. Luchtenberg, Sigrid (1985): *Euphemismen im heutigen Deutsch*. Frankfurt a. M.: Lang. Balle, Christel: *Tabus in der Sprache*. Frankfurt a. M.: Lang. Zöllner, Nicole: *Der Euphemismus im alltäglichen und politischen Sprachgebrauch des Englischen*. Frankfurt a. M.: Lang. Schröder, Hartmut: „Sprachtabu und Euphemismen ..." (FB) http://www.kuwi.europa-uni.de/de/lehrstuhl/sw/sw2 /forschung/tabu/weterfuehrende_informationen/artikel_zur_tabuforschung/sprachtabu.pdf.

(schon) 4d umgangssprachlich: *weist darauf hin, daß etw. nur in einem befriedigenden Grad erreicht ist, noch keine Vollständigkeit erlangt hat; drückt oft Beruhigung, Beschwichtigung aus. Schon gut; schon recht so; so ist es schon besser; jetzt geht es schon.*[8]

Segment 2:
Der Zahnarzt führt drehende und ziehende Handlungen mit einer langen Metall-Nadel im Mundraum an einem Backenzahn oben rechts durch. Der Patient drückt seinen Rücken gegen den Behandlungsstuhl, die Tendenz der Bewegung seines Körpers geht nach oben, es ist eine „Fluchtbewegung" als Zeichen der Angst.
    ZA: *Die Füllung sitzt locker.*
Der Linguist hört das Schlüsselwort *locker*. Er nimmt die Kollokation wahr, *Füllung* ist die Basis, der Kollokator ist *locker sitzen*. Er weiß um die Konsequenzen, er weiß, dass das, was locker im Mundraum sitzt, dort nicht *locker sitzen* bleiben kann. In der Gedankenkarte wird ein Marker gesetzt für einen unhaltbaren Zustand. Im Kopf generiert sich ein weiterer Lexikoneintrag. Etwa in der folgenden Art:

(locker): 2. mangelhaft befestigt, lose, wacklig ..., *ein lockeres Stuhlbein; lockerer Fensterrahmen; der Zahn ist locker; die Bindung (an den Skiern) ist locker; die Schraube, der Nagel, Knopf sitzt locker; der Stein in der Mauer ist nur locker befestigt; ich muss den Stein erst locker machen.*[9]

Segment 3:
    ZA: *Der Kiefer ist schon ordentlich geschwollen.*
Erneut eine Kollokation, mit der sich Ängste aufbauen können: Der *Kiefer ist geschwollen*. Der Kollokator *geschwollen* wird folgend nun selbst zur Basis, an die sich der umgangssprachliche Kollokator *ordentlich* anlehnt. Es entsteht eine geschachtelte Kollokation, die durch die Partikel *schon* erneut an Intensität gewinnt. *Schon* signalisiert zudem, dass die Entwicklung, also die Schwellung, noch nicht abgeschlossen ist. Weiterer Unbill naht.
    In der Gedankenkarte steht jetzt ein lexikographischer Eintrag in der Art:

---

8   http://www.dwds.de/?qu=schon.
9   http://www.dwds.de/?qu=locker&submit_button=Suche&view=1.

(ordentlich) 5. umgangssprachlich *groß: das war ein ordentlicher Happen, Schluck, Schreck; ein ordentliches Stück Arbeit; jetzt habe ich aber ordentlichen Hunger; er hat ein ordentliches Gehalt.*
sehr adverbiell, langt nur ordentlich zu!; er hat sich dabei ordentlich blamiert; ich möchte mich mal ordentlich ausschlafen.[10]

Nach einer Pause in der begleitenden Rede und in wachsender Stille folgt *Segment 4*:
ZA: *Da hat sich auch Eiter gebildet.*
Das Wort *Eiter* ist ein Schlüsselwort, es ist ein Wort der Angst, es löst eine Kette von Assoziationen aus: *Der Eiter fließt, der Eiter ist gelb*. Erneut zwei Kollokationen, dazu kommen weitere aus dem Syntagma N+N: *Eiterbeule, Eitererreger, Eiterblase, Eiterfluss, Eitergeschwür, Eiterherd, Eiterpfropf* und *Eitersack*.[11]

In der Gedankenkarte speichert sich ein weiterer lexikographischer Eintrag:

Eiter, der; -s, /ohne Pl./ bei bakterieller Entzündung im Körper entstehendes gelbgrünliches Gemisch aus abgestorbenen Gewebeteilen, weißen Blutkörperchen und Bazillen: *es hat sich Eiter gebildet; der Eiter muss abfließen; ... bei dem Abstrich wurde Eiter festgestellt.*[12]

Hinzu kommt: Unser Linguist hat in seinem ersten Leben als Assistent an einem mediävistischen Lehrstuhl gearbeitet. Er assoziiert aus seinem eigenen Fundus: *Eiter, Eiterbeule, Pest, dahin gerafft, Pestbeule, Schwarzer Tod*. Ein Satz tritt aus der Erinnerung hervor und geht umgehend in die *Mind Map* ein:

Manchmal, wenn Ärzte die Pestbeulen zum richtigen Zeitpunkt aufschnitten, den Eiter abfließen ließen und die Wunden mit Essigwasser desinfizierten, hatten die Patienten zumindest eine kleine Überlebenschance.[13]

Und jetzt hat der Patient Eiter in seinem Mund. Und der Zahnarzt fährt fort:

---

10 http://www.dwds.de/?qu=ordentlich&submit_button=Suche&view=1.
11 http://www.dwds.de/?qu=eiter&submit_button=Suche&view=1.
12 Ebd.
13 http://www.planet-wissen.de/politik_geschichte/mittelalter/leben_im_mittelalter/pest.jsp.

Segment 5:
> ZA: *Der Eiter drückt schon aus dem Kiefer.*

Segment 5 intensiviert Segment 4, der lexikographische Eintrag sichert die Kollokation.

> (drücken) 1a. *durch, mit Druck bewirken, daß etw. aus etw. herauskommt: den Saft aus der Zitrone, Zahnpasta aus der Tube, Wasser aus dem Schwamm, Eiter aus der Wunde drücken;*"[14]

Mental verfestigt sich ein Bild: Aus einem Kiefer drückt sich gelber Eiter heraus.

Segment 6:
Die Metallnadel schabt an einem Zahn. Im Kopf des Patienten, also in ihm selbst, entstehen Geräusche des Schabens und des Kratzens, er spürt Kräfte des Ziehens. Dann der Zahnarzt:
> ZA: *Wir nehmen jetzt mal die Füllung heraus.*

Der Patient hört diese unsägliche Wir-Formulierung, bekannt aus Mutter-Kind-Dialogen: *Wir nehmen jetzt den Finger aus der Nase. Wir trinken jetzt die Milch aus. Wir putzen uns die Zähne und gehen dann ins Bett.* Diesem Muster folgend wird der Patient zum Kind: *Wir nehmen jetzt mal die Füllung heraus.* In der Kollokation ist *Füllung* die Basis und *herausnehmen* der Kollokator. In die Gedankenkarte trägt sich ein, *herausnehmen, Verlust von, Leere, ein Loch*. Hinzu kommen die Partikel *jetzt mal*. Sie verstärken die Kollokation. Der Patient fürchtet, an ihm wird etwas ausprobiert. Er fühlt ein größer werdendes Teil aus Metall. Die Füllung fällt in den Mund. Er spukt aus. Die Zunge stößt pfeilschnell in ein Loch, er fühlt einen Krater.

Segment 7:
> ZA: *Ich habe da so die Befürchtung, dass wir da genauso so was haben, wie im Dezember.*

Mental blendet sich der Cellphone-Kalender des Patienten mit drei Terminen an den Donnerstagen vor Weihnachten ein. Das *BILD* geht in seine Gedankenkarte ein. Seine *fette Zunge* kennt die *Gebissformel*, die Zunge fährt an den 3. Molar im Oberkiefer links.

---

14 http://www.dwds.de/?qu=dr%C3%BCcken&submit_button=Suche&view=1.

Segment 8:
    ZA: *Der Spalt hat sich erweitert.*
    ZA: *Ja genau, der Zahn ist gebrochen.*

Erneut zwei Kollokationen: Der Spalt erweitert sich. Dann die beiden Partikel der Mündlichkeit: *Ja, genau*. Der Zahnarzt macht eine Art Entdeckung. Mental generiert sich der Satz: Der erweiterte Spalt erweitert sich, immer weiter, dann fatal und final: *Der Zahn ist gebrochen*. In der Gedankenkarte des Patienten steht der Rückbezug des Arztes auf die Behandlungen im Dezember. Dies leitet ihn zur Frage, in Hochdeutsch und deutlich: *längs oder quer*. Der Zahnarzt, der reden kann, gibt jetzt demjenigen, der nicht reden kann, und als Reaktion auf die Undeutlichkeit seiner Frage, ein non-verbales Zeichen, also längs.
Der Zahnarzt erklärt:
    ZA: *Beim Kauen entsteht Druck auf die Füllung und drückt die*
              beiden Zahnhälften auseinander.
            Dann bricht der Zahn.

Hätte der Patient nun während der Behandlung noch einen Internetzugang, so könnte er behandlungsbegleitend weitere Details erfahren, vor allem dazu, was Dr. Wolfgang Gerner in seinem ZAHNBLOG erklärend anmerkt:

> Frakturen oder Brüche sind in den meisten Fällen so eine Art Totenglöckchen für den Zahn. Unter Vorbehalt des Misserfolges schlossen wir ... die Wurzelkanalbehandlung des stark angeschlagenen Zahns ab und versorgten die Krone mit einer dentinadhäsiven Aufbaufüllung. Diese sollten die beiden Teile des Zahns („Fragmente") über eine Klebeverbindung stabilisieren. Leider nur ein frommer Wunsch: zwei Wochen nach Abschluss unserer Behandlung brach der Zahn auseinander. Wir mussten den Zahn daraufhin entfernen ...[15]

Der Patient hätte sofort verstanden, warum die dentinadhäsive Aufbaufüllung dem Druck nicht standgehalten hat und der Zahn auseinandergebrochen ist. Führt er diese Wissensrecherche nach der Behandlung durch, so werden auch dieser Blog und das Bild mit dem Krokodil Teil seiner persönlichen dentalen *Mind Map*. Die Behandlung nimmt ihren weiteren Verlauf.

Segment 9:
    ZA: *Wir setzen lieber mal eine Spritze.*

---
15 http://www.zahnblog.de/auseinander-gebrochen.

Mit dieser Kollokation eröffnet sich ein eigenes Angstfeld. Wer seine Ängste steigern möchte, dem sei angeraten unter dem Suchbegriff „Praxis der Injektionstechnik" oder „Spritze setzen" einschlägige *YouTube*-Videos aufzurufen.[16]

Segment 10:
    ZA: *Wir machen den Aufbau.*
Hier erfährt der Patient, dass *Aufbau* in Wahrheit *Abbruch* bedeutet. In seinem Alter hätte er dies an sich wissen müssen, denn nach dem Zweiten Weltkrieg setzte der Aufbau der Häuser den Abriss der Ruinen voraus. Und der Teilabriss der Ruine in seinem Mund ist ein erheblicher Eingriff.

    Er hört plötzlich drei Brechgeräusche in seinem Kopf. Diese Geräusche gehen als *Hörbilder* mit der Unterschrift „Zahn herausbrechen" in seine Gedankenkarte ein. Alle Eingriffe am Kopf des Menschen, die sich mit Geräuschen verbinden, setzen sich als nachhaltige Eindrücke fest. Der Zahnarzt bricht also jetzt einen Längsteil des Backenzahnes heraus. Er zeigt sich von dem Ergebnis beeindruckt.
    ZA: *Das ist ein ganz schöner Oschi.*
Der Patient kommt vom Niederrhein Er kennt die Wortbedeutung. *Oschi* steht für etwas Großes, weiterführende Beschreibungen finden sich unter *MundMische*.[17]

Der Zahnarzt redet also von einem *Mordsbackenzahn*. Und er fragt sich nachdenklich:
    ZA: *Haben wir alles geholt?*
Jetzt weiß der Patient, woher sein Zahnarzt regionalsprachlich kommt. Im Moselfränkischen wird in der Opposition *nehmen* und *holen* das *nehmen* nicht verwendet. „Wo unsereins ‚nehmen' sagt, da sagt der Trierer ‚holen'. Das gilt auch für Zusammensetzungen. So fragt der Trierer: ‚Kannst du mich mitholen?', wenn er mitgenommen werden will. Und er überholt nicht nur andere Autos, sondern auch Verantwortung. Und wenn er erfolgreich gefastet hat, kann er voller Stolz verkünden: ‚Ich hab zehn Kilo abgeholt!'"[18]

---

16 http://www.youtube.com/results?search_query=spritze+setzen.
17 http://mundmische.de/bedeutung/6811-Oschi.
18 http://www.spiegel.de/kultur/zwiebelfisch/zwiebelfisch-wo-holen-seliger-denn-nehmen-ist-a-462908.html.

Segment 11:
    ZA: *Maschine, ... dann Punktsauger.* Dann:
    ZA: *Das sprudelt ja ganz munter.*
Im Kopf generiert sich die Kette: Maschine zum Bohren, Loch im Kiefer, Blut, sprudeln, absaugen ...
    ZA: *Nehmen Sie Blutverdünner?*
Der gebildete Patient denkt an Blutungen als eine gefürchtete Nebenwirkung von blutverdünnenden Medikamenten.
    Pat.:   *ng, ng (nein)*
    ZA zu Helferin: *Sie können schon mal anrühren.*
    ZA: *Licht.*
Der Patient hat das schon einmal gehört. LED-Lampen benutzt man zum Schnellhärten von Zahnfüllungen. Aber es bleibt keine Zeit zur weiteren Verarbeitung. Der Patient vernimmt die klare Anweisung:
    ZA: *Und jetzt fest zubeißen. Und halten.*

Segment 12:
Das Finale: Es redet allein der Zahnarzt. Begleitend füllt sich die Gedankenkarte:
    ZA: *Ich habe Ihnen in die dritte verbliebene Wurzel*
           (VERBLIEBENE WURZEL, VERLUST, TIEFE, IM KIEFER, WURZELBEHANDLUNG)
           eine Titanschraube gesetzt (SCHRAUBE SETZEN; SCHRAUBEN, DREHEN)
    ZA: *Die Schwellung wird diesmal wohl nicht so stark.* (RÜCKBEZUG AUF DEN DEZEMBER)
    ZA: *Wir nehmen das Antibiotikum 2 x täglich und brauchen die gesamte Packung auf.*
           (MUTTER-KIND-SPRACHE, WIR NEHMEN, DER PATIENT ALS KIND)
    ZA: *Und wenn die Betäubung nachlässt, nehmen Sie ruhig gleich eine Tablette.*
Die Partikel *wohl, schon, ruhig* und *gleich* sind *schon* in der *Mind Map* enthalten und diese wird ergänzt um die Angabe *die gesamte Packung*. Man nimmt sechs Tage täglich zwei Tabletten.

5 Fazit

Der sprachversierte Patient wird in der zahnärztlichen Behandlung oftmals Opfer seiner eigenen Sprach- und Fachkompetenzen. Mit jeder weiteren zahnärztlichen Behandlung vermag er die wohlgemeinten Euphemismen des Arztes schneller zu enttarnen. Er erkennt auch, an welchen Stellen dem Zahnarzt das begleitende Gut-Reden missglückt. Maligne Größen des Hörens antizipiert er in Syntagmen mit Kollokationen und in den Positionen von Partikeln. Es generieren sich nachhaltige angstgeladene Gedankenkarten mit Wörtern, Kollokationen, Partikeln, mit Gerüchen, Geräuschen, Farben, Zeitangaben und emotionalen Dispositionen. In der auditiven und olfaktorischen Wahrnehmung des sprachversierten Patienten wird die euphemistische Grundhaltung des Arztes fortschreitend neutralisiert.

II EMPATHIE UND TABU BEI DER BEWÄLTIGUNG VON PERSÖNLICHEN KRISEN UND EXISTENTIELLEN GRENZERFAHRUNGEN

Romuald Cudak

Tabu und der thanatologische Diskurs

Unter diesem recht allgemein formulierten Titel möchte ich den Zusammenhang zwischen dem mit dem Tabu belegten Tod und dem diesbezüglichen Diskurs behandeln.

Offensichtlich ist, dass das, wie wir über den Tod reden (und was wir über den Tod sagen), von Mythen, der Religion, der Philosophie und der Kunst abhängt, deren Aufgabe gerade die Enttabuisierung des Todes ist. Aber ein zentrales Segment des Diskurses sind – allgemein gesagt – jene verbalen und nichtverbalen Formen von Äußerungen, welche aus kulturell allgemeinen und universellen Todeserfahrungen erwachsen; sie sind von enttabuisierenden Äußerungen beeinflusst, besitzen aber ihre Autonomie. In ihnen spiegelt sich vor allem das auf den Tod bezügliche Tabu[1] wider.

Der thanatologische Diskurs hat seine historischen Formen, auf denen die Formen des Tabus basieren. Zugleich bin ich davon überzeugt, dass zusammen mit der Entwicklung von Menschheit und Kultur sich die Art der Tabuisierung eines jener fundamentalen Bereiche ändert, welche dem Tabu unterworfen sind.

Man kann sagen, dass ursprünglich, als das Verbot nicht nur den Mord (den Tod eines anderen) zu betreffen begann, sondern auch „den Tod als individuelles existentielles Überleben" (der Tod wurde auch mein eigener), der Tod als Gegenstand der Angst, als etwas Geheimnisvolles, ähnlich dem Geheimnis Gottes tabuisiert wurde (dies war ein Einfluss von Mythen und der Religion). Aber der Tod war in gewisser Weise zugleich öffentlich – öffentlich gemacht. Heute eher mit Furcht (und mit Scham) verbunden, ist er in der Sphäre des Privaten verwurzelt, er ist ähnlich wie der Körper und die Physio-

---

1 Das Tabu verstehe ich als gesellschaftlich befolgtes Verbot etwas zu tun. Eine Sphäre dieses Verbots ist das Öffentlich-Machen, das Tabu ist daher auch ein gesellschaftlich befolgtes Verbot, etwas öffentlich zu machen. Überhaupt ist es mit dem Bewahren von Privatheit (Scham) oder dem Geheimnis einer verborgenen Erscheinung (Angst) verbunden. Dies betrifft Wörter und nonverbale Praktiken. Ein wesentliches Element ist die Tatsache, auf die sich in der Praxis Formen eines direkten Öffentlich-Machens beziehen. Um jede tabuisierte Erscheinung herum entsteht jedoch ein Diskurs, wenngleich er sich durch die Situation der Tabuisierung herausbildet.

logie tabuisiert.[2] Das ist ein Ergebnis langwährender zivilisatorischer und kultureller Veränderungen. Wichtig ist, dass jener Prozess der Determination des Tabus zugleich im thanatologischen Diskus verankert ist. Es gibt Ursachen für Veränderungen im Diskurs, aber der Diskurs selbst ist wiederum Ausdruck von Veränderung dieser determinierenden Faktoren.

Offensichtlich sind jenes „ursprünglich" und „modern" äußerste Extreme eines ganzen Spektrums von Erscheinungen. Wie es scheint, werden jenes „früher" („einst") und „heute" („jetzt") als Opposition angesehen, die man aus der Perspektive eines „heute" betrachten kann, welches die 2. Hälfte des 20. Jahrhunderts umfasst. Wesentliches Element ist die allmähliche Laizisierung auf dem Gebiet der Zivilisation und Kultur, aber auch Veränderungen in eschatologischen Konzepten der Kirche.

Intention dieses Aufsatzes ist es, den gegenwärtigen thanatologischen Diskurs in Opposition zu jenem „ursprünglichen", „einstigen" zu skizzieren.[3] Dies geschieht auf der Grundlage von Materialien zur polnischen Sprache und Kultur, um die Veränderungen im polnischen thanatologischen Diskurs zu verallgemeinern und exemplifizieren zu können. Die gewöhnliche Grenze zwischen „früher" und „heute" wird für die Wende zwischen den 1960er und 1970er Jahren angesetzt, an der Grenze zwischen dem Polen von Gomułka und Gierek.

Man kann sagen, dass „einst", selbst in Zeiten von Kriegen, Epidemien und einer kürzeren Lebenszeit, der Tod als „natürlicher" Lauf der Dinge erfahren wurde. Er war ein Element des Lebens und konnte als seine letzte Phase angesehen werden. Die Endlichkeit des Lebens wurde als biologisches Element verstanden. Man starb „wegen des Alters". Somit konnte man sich mit dem Tod arrangieren und sich auf ihn vorbereiten. Beachtung fand der Aspekt, dass dies der Übergang zu einem anderen Leben war. Hier auf der Erde war der Tod ein Tod des Körpers, aber dieser wahre Tod (des Menschen, der Seele) lauerte als Hölle und Verlust dort, in der anderen Welt. Das Gefühl der Angst vor dem Tod verband sich viel eher damit, ob dieser Übertritt wohl auch sicher

---

[2] Der wesentliche Unterschied zwischen Angst und Furcht besteht darin, dass Furcht einen Gegenstand hat, während Angst sich auf nichts Konkretes bezieht oder anders: ihr Gegenstand entzieht sich unserer Vorstellung.

[3] Nochmals sei betont, dass es um einen alltäglichen, allgemeinen und dadurch auf diese Art auch um einen universellen und kulturellen Diskurs geht. Sein grundlegender Maßstab ist der Tod als Ende der Existenz. Wir verweisen auch auf solche Formen des Diskurses, welche mit dem Heldentod, dem Tod im Krieg und gegenwärtig mit dem Tod bei Katastrophen – dem massenhaften und öffentlichen Tod verbunden sind.

und gelungen sein würde. Dies begünstigte die Konzeptualisierung des Todes als Boten Gottes, als Strafe für die Erbsünde sowie für eventuell während des Lebens begangene Sünden, welche die Erfahrung der ewigen Ruhe in der jenseitigen Welt ermöglichten. Jene Angst forderte eine Personifikation der Erscheinung ein, der Übertragung der Erfahrung des Todes jenseits des Körpers. Es entsteht ein ikonisierter Tod: ein Leichnam oder auch der zerfallene Körper. Von einem solchen „Gesichtspunkt" des Todes kann man ihn sich aneignen, kann man ihn umdeuten, mit ihm handeln. Somit war er, und nicht der sterbende Körper abstoßend. Der schwache Körper wurde ästhetisiert. Der alte Körper war nicht hässlich, erweckte keinen Abscheu. Eine strenge Dichotomie von sterblichem Körper und unsterblicher Seele hielt man für etwas Nebensächliches, wenn nicht gar für etwas Schlechtes. Der Tod des Körpers wurde als ein Abbruch der Lebensäußerungen erfahren, als toter Körper (das Lebensende wurde mit dem Ende von Bewegung gleichgesetzt). Wir haben es mit einer Kompilation empathischer und „natürlicher" Erfahrungen sowie religiöser Vorstellungen zu tun.

Charakteristisch für den „früheren" thanatologischen Diskurs ist das Einbinden des Todes in eine Zeremonie sowie seine Ritualisierung.

„Früher" starb man in Polen zu Hause. Wenn der Tod kam, musste man ein bestimmtes Ritual ausführen. Der Priester erteilte dem Sterbenden die heiligen Sakramente (Beichte, Kommunion, letzte Ölung) und bereitete ihn damit auf den letzten Weg vor. Der Sterbende selbst verabschiedete sich von allen. Die Lebenden nahmen am Bett des Kranken an seinem Tod teil, beteten für ihn, und als der Tod eingetreten war, wurden rituelle Handlungen vorgenommen, der Körper gewaschen (das tat eine dafür vorgesehene Person), er wurde festlich aufgebahrt und in den Sarg gelegt. Die Nachricht über den Tod verbreitete sich mündlich im Dorf oder in der Stadt; Nekrologe auf den Straßen sind ein Brauch, der sich im 20. Jahrhundert durchsetzte. Der Verstorbene lag normalerweise bis zum Tag der Beerdigung zu Hause im Sarg; durch festliches Wachen verabschiedeten sich Verwandte und Bekannte. Eine zeremonielle Institution waren „Fürbitter" – Personen, die für die Seele des Verstorbenen beteten. Dies hing mit durch den Aberglauben verbundenen Handlungen zusammen, speziell für die Zeit, als man den Leichnam aus dem Haus brachte (man schloss die Fenster, legte Lieblingsgegenstände in den Sarg und trug den Leichnam mit den Beinen nach vorne heraus). Das Begräbnis war ein Ereignis in der lokalen Gesellschaft, die Teilnahme daran war verpflichtend, weil das eine Form der Hilfe für den Verstorbenen auf seinem letzten Weg war. Der

Verstorbene ging nicht nur „*von uns*", sondern zur „*Begegnung mit Gott*" – zur „*ewigen Ruhe*", in den „*Schoß Abrahams*", zum „*ewigen Gericht*". Es war notwendig, ihn mit gemeinsamen Klagen und Beten zu begleiten. Auf diese Weise wurde das Zelebrieren des Todes vollendet und dadurch bekam die Tatsache der Beerdigung selbst Sinn. Das religiöse Verständnis wirkte durch gemeinsame Überzeugungen integrativ, und indem es das Begräbnisritual bestimmte, wurde die Beerdigung eine Manifestation jener Überzeugungen.

Man kann sagen, dass das Begräbnis ein Ensemble von Bräuchen war, die mit dem Tod verbunden sind. Gewöhnlich begann es mit dem Heraustragen des Leichnams aus dem Haus; im Haus begann die Begräbniszeremonie. Nach dem Abschied-Nehmen der Verwandten, Angehörigen und Bekannten vom Toten wurde der Sargdeckel geschlossen (gewöhnlich hatte man den Toten auf die Stirn geküsst oder seine Hand berührt), der Sarg wurde herausgetragen. Es bildete sich ein Trauerzug, der durch das Dorf/die Stadt zog. Der Trauerzug sang angemessene Psalmen und Lieder für Verstorbene (z. B. *Dobry Jezu…*), die durch den Kaplan oder Kantor (Organisten) intoniert wurden. An den meisten Begräbnissen – besonders bei den städtischen Begräbnissen – war ein Orchester beteiligt („*Begräbnis mit Orchester*"). Die Begräbniszeremonie erreichte über die Straßen der Stadt oder den Dorf-Weg die Kirche. Die Pflicht der Person, die am Begräbnis teilnahm, war ein Innehalten und – bei Männern – ein Abnehmen der Kopfbedeckung – sowie ein stilles Gebet *Wieczny odpoczynek* (Ewige Ruhe) für den Toten. Das Begräbnis, das zu verschiedenen Zeiten gemäß dem örtlichen Brauch stattfand, gehörte – das sei betont – zur „Landschaft" der Stadt. Gemäß den kirchlichen Regeln gelangte der Trauerzug auf dem Friedhof an. Auf dem Friedhofsgelände wurde der wichtigste Teil des Rituals fortgesetzt. Auf dem Weg zum Grab wurden Psalmen und Lieder intoniert. Auf dem Friedhof, über dem Sarg am offenen Grab, wurden nochmals Gebete für den Verstorbenen gesprochen. Der Geistliche am Grab segnete den Verstorbenen, schilderte dessen irdisches Leben und kondolierte den Angehörigen. Während des Hinunterlassens des Sarges und des Zuschüttens des Grabes wurde das Lied *Salve Regina* gesungen.

Nach dem Begräbnis fand eine Feierlichkeit in Erinnerung an den Verstorbenen statt (Gottesmahl, Imbiss, Leichenschmaus). Nach dem Tode bestand eine Trauerpflicht entsprechend ungeschriebener Gesetze, die sich zeitlich je nach Verwandtschaftsgrad unterschied. Sie zeigte sich in einem schwarzen Gewand, einer schwarzen Armbinde oder einem am Aufschlag des Sakkos bzw. des Kostüms befestigtem Trauerkrepp.

Das Anthropomorphisieren des Todes sorgte dafür, dass er selbst nicht nur ein Ereignis, eine Erscheinung war, wie jemand oder etwas, das von anderswo kam. Dafür vollendete sich – außer der Ikonisierung der Erscheinung – die Personifikation des Prozesses des Sterbens. Der Tod *erschien, nahm den Menschen mit* und *schloss ihm die Augen*[4]. Die Tabuisierung dieses Wortes führte dazu, dass dies meistens *er*, ein *Gerippe* oder eine *Greisin* war. Das Sterben als natürliches Ereignis und als normales Ende des Lebens war kein Tabu. Es wurde so lexikalisiert, wie es wahrgenommen wurde: als Aufhören der Lebensfunktionen: *die Augen schließen, den Geist aufgeben, für immer ruhen, sich nicht rühren, das Leben beenden, den Körper verlassen*. Man sagt, *sein letztes Stündlein habe geschlagen*. Die Wahrnehmung des Todes in geistlichen Kategorien bringt Euphemismen oder auch eher Synonyme für das Sterben und den Tod hervor, Ausdrücke, die mit religiösen und kulturellen Vorstellungen verbunden sind (der Tod als Schlaf): *in die andere Welt übergehen, sich ins Haus Gottes begeben, auf die Reise gehen, jene Welt verlassen, verlöschen, einschlafen, (im Herrn) entschlafen*. In diesen Kategorien hat Gott den Verstorbenen zu sich gerufen, zu sich befohlen, ihn aus dem Kreis der Lebenden genommen. Die aktive und so erfahrene Beziehung zum Tod hat ihre Entsprechung in der sepulkralen Kunst. Das dörfliche Grab ist in architektonischer Hinsicht bescheiden, aber gepflegt; es ist eine bewusste Kultivierung zu einer Ruhestätte für den Toten bis zu jenem Moment, wo er zu Staub zerfalle. Das städtische Grab ist sehr oft ein Gegenstand der funeralen Kunst. Erweitert sind jene Elemente, die mit dem religiösen Code verbunden sind, der symbolisch den Tod abbildet: Engel, Urnen und spezielle Säulen. Häufig findet man Grabinschriften und Epitaphien.

Wie es scheint, war der bedeutendste Zeitraum für Änderungen im Diskurs die romantische Kultur, wie Philippe Ariès[5] dies beschrieben hat. Die Romantik führte in den thanatologischen Diskurs den Tod des Anderen und mit ihm verbundene Aspekte wie Verzweiflung, Schmerz, Klage, Empathie und Vereinsamung ein. Ariès zufolge war die Generation, die als erste gegen den Tod

---

4 Über die Tabuisierung des Todes in der polnischen Sprache haben publiziert: Dąbrowska, Anna (1993): *Eufemizmy współczesnego języka polskiego*. Wrocław: Wydawn. Uniw. Wrocławskiego; Krawczyk, Tyrpa (2001): *Tabu w dialektach polskich*. Bydgosz. Siehe zu dieser Problematik auch: Jachnow, Helmut (1995): „Der Tod und die Sprache. Beobachtungen zu sprachlichen Ersatzstrategien mit Hilfe von Phraseologismen und Stereotypen bei der Kommunikation über Sterben und Tod". In: Weiss, Daniel (Hg.): *Slavistische Linguistik 1994*. München: Sagner, (=Slavistische Beiträge; 332), S.175–195.

5 Ariès, Philippe (1985): *L'homme devant la mort*. Paris: Éd. Du Seuil.

rebellierte, die Generation der Romantiker. Sie verehrten ihn, sie vergegenständlichten ihn, aber zugleich wurde das geliebte Wesen zu etwas Unzertrennlichem und Unsterblichem. Gleichzeitig aber war die Konsequenz daraus eine Lüge (im Namen der Liebe) bezüglich des Todes, nämlich das Verschweigen des Lebensendes der Sterbenden. Es begann die Verbergung des Todes. Ihm gegenüber entstand eine Mauer des Schweigens; dies bedeutete seinen Rückzug aus dem Bereich des Lebens. Die Entwicklung der Medizin und die damit verbundene Hospitalisierung verstärkten diese Erscheinung, und zudem begannen die Menschen den Anblick eines kranken Körpers zu erfahren, welcher Abscheu erregt, eines sterbenden und leblosen Körpers, der Widerwillen erweckt. Sowohl die Gemeinschaft, als auch die Angehörigen fühlen sich immer weniger in den Tod eines nahen Menschen einbezogen. Der Tod wird zur Nebensache des Lebens und zu etwas Schambesetztem, wie auch die Trauer. Dies wurde zum Fundament einer neuen Erfahrung des Todes und eines modernen thanatologischen Diskurses.

„Heute" kommt der Tod plötzlich daher und er wird von uns eher als Abbruch denn als Ende des Lebens erfahren. Er ist weniger mit dem Alter, als mit Krankheit, mit fehlender Gesundheit und sichtbar schwacher physischer Kondition des Körpers verbunden. Er stellt die Grenze von Allem dar. In unserer Vorstellung ist der menschliche Körper als Organismus dann ein Leichnam, dessen Lebensfunktionen erloschen sind. Das erregt in uns Abscheu und Widerwillen, den Wunsch, die Leiche loszuwerden und sie möglichst auch in ästhetischer Hinsicht zu optimieren. Durch die Gleichsetzung des menschlichen Wesens mit dem Körper erweckt der Tod das Gefühl des Nichtseins und ruft dadurch Angst hervor. Wenn man Furcht beherrschen kann, weil sie auf etwas Konkretes bezogen ist, so ist dies bei Angst nicht der Fall. Wir versuchen also die gesamte existentielle Situation des Todes aus unserem Leben auszublenden und aus unserem Erfahrungsschatz zu eliminieren. Wir sind versucht, sie zu verbergen. Dabei hilft uns die Einbindung des Todes in einen medizinischen Bereich, der Fakt, dass wir schon nicht mehr zu Hause sterben, sondern in Krankenhäusern, der Umstand, dass der tote Körper unverzüglich in den Sezierraum oder die Leichenhalle des Friedhofs verbracht wird.

In der gegenwärtigen polnischen Kultur wird – ähnlich wie in anderen „modernen" Kulturen – der Tod aus dem Bewusstsein des Polen als auch aus der Sphäre der Erziehung und des Handelns verdrängt. Über den individuellen, privaten Tod wird überhaupt nicht gesprochen, Informationen über ihn sind von „drastischen" Elementen befreit, dafür hat sich die Sphäre des „Drastischen" selbst immens ausgedehnt[6]. Indem man den Tod marginalisiert und minimiert, reduziert man die mit ihm verbundenen Aktivitäten auf unverzichtbare und konventionelle Aspekte. Das Sterben und das Begräbnis werden zu institutionalisierten und kommerzialisierten Prozeduren. Die zelebrierten und rituellen Handlungen werden durch theatralisiertes, spektakuläres und konventionelles Tun ersetzt. Dies beeinflusst freilich die Ausgestaltung des gesellschaftlichen thanatologischen Diskurses.

In der heutigen Welt stirbt der Pole zumeist allein im Krankenhaus oder im Hospiz. Häufig bis zum Ende seiner Tage belogen und unvorbereitet, verabschiedet er sich nicht von seinen nächsten Angehörigen und ist während seiner Agonie ohne jeglichen Beistand (aus Angst erkennt man ein solches Bedürfnis offenbar nicht an). Selten wird dem Toten durch seine Verwandten noch einmal ein Besuch abgestattet. Das Bestattungsinstitut schließt nach der Vorbereitung des Leichnams den Sarg, und es ist nicht üblich, ihn wieder zu öffnen.[7] Der Körper wird beim Bestatter verwahrt, seine Mitarbeiter haben die Leiche eingekleidet und sie auf das Hineinlegen in den Sarg vorbereitet; sie haben den Körper verschönert, falls dies als nötig angesehen wurde. Der Verstorbene muss nämlich nicht sauber sein, sondern nur ordentlich aussehen.

Die Begräbnisfeier wird darauf reduziert, die Leiche (den Sarg) in das Grab zu lassen, und die Verwandten sowie Bekannten nehmen an dieser Zeremonie teil. Im katholischen Polen beginnt das Begräbnis mit der heiligen Messe für den Verstorbenen, die gewöhnlich in der Kapelle auf dem Friedhof abgehalten wird. Das Begräbnis, das heute viel „ästhetischer" sein mag und als „religiös" durchgeführt oder inszeniert wird, vollzieht sich eilig und wird eher als eine Tatsache jenseits des alltäglichen Lebens betrachtet, nicht aber als eine Feier oder als ein wesentliches Ereignis. Die Art der Beteiligung am Begräbnis hat sich verändert. Wir singen keine Lieder mehr, weil wir sie nicht kennen und weil wir kein Bedürfnis nach einer derartigen Teilnahme an der Zeremonie verspüren. Wir verstehen die Pflicht einer Beteiligung als ein Abschied-Neh-

---

6   News sind dem massenhaften Tod, Katastrophen, höherer Gewalt gewidmet; dies findet in der Öffentlichkeit viel Beachtung. Dieser Tod ist als Event konzeptualisiert, in welchem der Mensch zum Opfer wird und ersetzt somit den Tod im Krieg. Diese Substitution hat noch eine andere Seite: der einzelne Mensch (VIP, der Prominente) kämpft ebenfalls mit dem Tod und wird zum gegenwärtigen Heros.

7   Dies hat auch im religiösen Diskurs sein Äquivalent. Die letzte Ölung wurde durch das Sakrament für den Kranken ersetzt. Der Pfarrer spricht weniger über den Tod, er tröstet vor allem den Kranken und gibt ihm Hoffnung auf Heilung (besonders im Krankenhaus!).

men der Verwandten und Bekannten vom Verstorbenen oder nur als Pflicht gegenüber seinen lebenden Verwandten, die er verlassen hat (sie sind einsam, bedürfen des Trostes und der Unterstützung). Daher werden recht oft religiöse Einkehr, das Gebet und das Gedenken an den Toten durch Gespräche mit lange nicht gesehenen Personen ersetzt. Die Begleitung des Toten auf seinem letzten Weg geht einher mit dem Erleben des Begräbnisses als einer weiteren Möglichkeit, Lebende zu treffen, Bekanntschaften aufrechtzuhalten und zu erneuern.

Am Grab verabschiedet man sich das letzte Mal vom Toten und richtet das letzte Gebet an seine Adresse. Den Verwandten wird kondoliert. Der Leichenschmaus wird zum Treffen von Verwandten im Restaurant; nun funktionieren schon der Bereich der Trauer und die mit ihm verbundenen Symbole nicht mehr. Recht oft wird unsere Teilnahme am Begräbnis durch ein in den lokalen Medien veröffentlichtes Kondolenzschreiben ersetzt.

Grundsätzlich begibt sich keiner *auf einen anderen Weg*, geht keiner *in ein anderes Leben über*, keiner *schläft ein* und niemand *schläft*. Wir leiden anlässlich des Todes nicht wirklich (jedenfalls verleihen wir dem Leiden keinen Ausdruck). Wir erfüllen vor allem eine kulturelle Pflicht und demonstrieren Empathie.

Der Tod wurde mit einem Tabu belegt. Daher wird er nicht dargestellt und personifiziert (für uns existiert keine solche Gestalt, sondern der Effekt eines Aufhörens des Lebens und der physiologischen Aktivitäten). Weil der Tod nicht von anderswo herkommt, wird oft die Art des Ringens mit ihm konzeptualisiert, als ein Kampf, nicht eine Begegnung (*er hat lange mit dem Tod gerungen*), wie auch oft auf eine Krankheit als Ursache verwiesen wird (*er hat den Kampf gegen den Krebs verloren*). Oft kommen kontextuelle Euphemismen vor (*ein unangenehmer Vorfall, eine Situation, ein Unglück hat ihn ereilt, welches auch an uns nicht vorübergeht, ihm war es nicht mehr vergönnt, seine Arbeit zu vollenden*). Grundsätzlich wird nicht über die letzten Stunden des Sterbenden gesprochen, weil diese zumeist ein Kampf um die Erhaltung des Lebens gewesen sind (*Respirator, Tropf, Reanimation*). „Im Sterben liegen" als ruhiges Weggehen vom Leben wurde durch den medizinischen Terminus *Agonie* ersetzt, und ihr Ergebnis ist *zgon* (Ableben), der *Exitus*, ein Wort, das in den medizinischen Kartotheken zugleich neben dem Ausdruck „*der Tod ist eingetreten*" erscheint. Der Tod wird als Abbruch der physiologischen Aktivitäten bis zum allmählichen Zerfall des Körpers erfahren, das Wort „*Leiche*" wird nicht ausgesprochen. Die häufigste Umschreibung ist *Leichnam*, welche zugleich eine medizinische Umschreibung ist (*die Überführung des uns teuren Leichnams*). Wir ziehen es vor, über den Körper (*den Körper des Verstorbenen*) oder über eine verstorbene Person zu reden (*ich bitte, den Verstorbenen der Obduktion zuzuführen*). Der Ausdruck „sterbliche Überreste" ist Katastrophen und einem tragischen Tod vorbehalten, das Wort „Seliger" ist aus der Lexik des thanatologischen Diskurses entschwunden. Das Begräbnis wird heute oft mittels Euphemismen benannt: *Bestattung, Geleit für den Leichnam, Beerdigung, letzter Dienst, trauriger Brauch.*

Das Motiv der „Wanderung" funktioniert eher als Weggang (*er ist von uns gegangen, er hat uns zurückgelassen, er hat uns verlassen*), welcher die Einsamkeit der Hinterbliebenen und ihre Gefühle hervorhebt. Weniger üblich sind einst recht verbreitete Grabinschriften und Epitaphien. Spärlich ist die Ästhetik im Bereich der sepulkralen Kunst. Solide Grabstätten aus gutem, teurem Marmor entbehren der Elemente, die den Tod und die Art seiner Benennung oder seiner Konzeptualisierung symbolisieren. Selten, außer in standardisierter Form, erscheinen Inschriften, die Schmerz oder Verzweiflung ausdrücken.

Man kann also sagen, dass, wenn dem thanatologischen Diskurs ein Szenarium zugrunde gelegen hat, das vorschreibt, was mit dem Verstorbenen zu tun ist und wie man sich ihm gegenüber zu verhalten hat, so beruht der zeitgenössische Diskurs auf einem Szenarium, das besagt, wie man sich im Moment des Todes einer uns nahen Person und gegenüber deren Verwandten benehmen soll. Wir verkünden also heute die Nichtgegenwärtigkeit des Todes, ohne eine Rücknahme des Konzepts der Auferstehung für notwendig zu halten.

Aus dem Polnischen übersetzt von Gabriela Lehmann-Carli

Hans Lehnert

Beamtinnen in Polizeieinsätzen mit psychiatrischem Hintergrund

Wenn Menschen psychotisch werden, wenn sie wahngesteuert sind und den Tod nicht fürchten, stehen viele, die an dem Geschehen beteiligt sind und die Situation entschärfen möchten, häufig vor einem Rätsel. Wir können uns in die Welt psychotischer Menschen nur bedingt hineinversetzen. Empathie im engeren Sinne, also im Sinne von Die-Gefühle-eines-Anderen-*erfühlen*-Können, ist hier kaum möglich. Deshalb unterscheidet die wissenschaftliche Literatur zwischen dem Erfühlen von Gefühlen und dem Erkennen von Gefühlen eines anderen Menschen. Begrifflich geschieht dies auf unterschiedliche Weise. Die Fähigkeit zum Ein-Fühlen wird meist als emotionale oder authentische Empathie bezeichnet, während für das Erkennen von Gefühlen die Begriffe „kognitive oder funktionale Empathie" verwandt werden.[1]

Wer denkt, das Erkennen von Gefühlen sei leichter als ihr Erfühlen, sieht sich durch Fehleinschätzungen in der Praxis nicht selten getäuscht. Die Auffälligkeit einer Person in ihrem Wesen zu erkennen ist eine Aufgabe, die Beteiligte überfordern und sie deshalb zu beklagenswerten Entscheidungen veranlassen kann.

Derartige Gedanken drängten sich bei der Lektüre eines Berichts in der *Zeit* vom 7. Februar 2013[2] über einen schrecklichen Vorfall in Berlin-Wedding auf. Er hatte sich im Oktober 2012 zugetragen. Bilder davon waren auch über die Nachrichtensender gegangen und hatten die Zuschauer erschüttert. Ein 50 Jahre alter Mann war von Passanten gefilmt worden, wie er von der Polizei angeschossen, getreten, geschlagen und mit Pfefferspray besprüht wurde, auch dann noch, als er schon wehrlos am Boden lag. Zuvor war bei der Polizei ein

---

1 Vgl. aus der Vielzahl der Literatur die populären Arbeiten: Ciaramicoli, Arthur P. (2001): *Der Empathie Faktor. Mitgefühl, Toleranz, Verständnis*. München: DTV, S. 247 ff.; Ekemann, Paul (2007): *Gefühle lesen*. Heidelberg: Spektrum Akademischer Verlag, S. 249.
2 Ahr, Nadine/Kotynek, Martin (2013): „Das war eine Hinrichtung". In: *Die Zeit* 7/2013, v. 7.2., S. 20.

Notruf eingegangen, dass sich ein mit einem Messer bewaffneter Mann vor einem Getränkeladen sehr auffällig verhalte, als ob er etwas anstellen wolle. Wenige Minuten später erschienen zwei Polizeibeamte am Ort des Geschehens: Eine Frau Ende zwanzig und ein nicht näher beschriebener Mann.

Es waren keine zwei Minuten vergangen, als der erste Schuss krachte. In dem Bericht heißt es: Beide Hände fest um die Waffe, soll die Beamtin auf der Straße gestanden haben. „Ihr gegenüber, drei, vielleicht vier Meter entfernt, André Conrad. In seinem Hosenbund steckte eine Axt. In der linken Hand hielt er eine Bierflasche, in der rechten ein Küchenmesser".[3] Nach dem ersten Schuss in die Luft folgte ein zweiter in die Beine, weil der Mann das Messer nicht weggeworfen hatte. Was dann folgte, schilderte eine Augenzeugin als Quasi-Hinrichtung. Hunde kamen zum Einsatz, der Mann wurde von inzwischen sechs Polizisten getreten, in die Augen sprühte man ihm Pfefferspray. Zwei Wochen lag der Mann danach im Koma, ehe er schließlich verstarb.

Es ist sicher Sache der Ermittlungsbehörden und des Gerichts, den genauen Sachverhalt zu rekonstruieren und zu bewerten, aber nehmen wir einmal an, dass er in seinen Grundzügen der Wirklichkeit entspricht – was fällt auf, welche Fragen stellen sich?

Es fällt erstens auf: Zwischen der Ankunft der beiden Polizeibeamten und dem ersten Schuss fehlt jeglicher Vermittlungsversuch. Geredet wird nicht, allenfalls geschrien, und zwar nur ein Satz: „Messer weg, Messer weg!" Begleitet wird das Geschrei durch konfrontative Gestik und eine furchteinflößende Präsenz.

Bedrohliche Situationen, in denen keine Zeit bleibt, lange nachzudenken, können natürlich entstehen und die Polizei weiß hier gewiss einiges über akuten Handlungsbedarf zu berichten. Dennoch ist der Einwand nachvollziehbar, dass es der Job von Polizisten sei, schwierige Situationen zu meistern, Gewalt gegen Bürger auf ein Minimum zu reduzieren.[4] In dem konkreten Fall drängt sich der Verdacht auf, dass offensichtlich von Anfang an nur eine Option gesehen wurde – die Konfrontation.

Ich möchte diese Beobachtung mit Erfahrungen vergleichen, die Mitarbeiter während eines Einsatzes des Berliner Krisendienstes machten.

Zu vorgerückter Stunde wurden zwei Mitarbeiter einmal in eine Einrichtung der so genannten Bürgerhilfe gerufen. Das war eine Einrichtung, in der

---

3   Ebd.
4   Siehe Kotynek, Martin (2013): „Bei Einsatz Tod". In: *Die Zeit* 28/2013, v. 4.7., S. 1.

Menschen mit massiven sozialen Problemen für einen bestimmten Zeitraum Bleibe und betreuende Unterstützung finden, keine klassische Obdachlosenunterkunft also mit täglich wechselnder Klientel, aber dennoch für einen spezifischen Personenkreis gedacht. Die Betreuer waren zu jener Nachtzeit bereits zu Hause, eine personelle Notversorgung hatte rasch ihre Grenzen erreicht.

Konfliktperson war ein großer stämmiger Mann, psychotisch, angetrunken und aggressiv. Er hatte das Krankenhaus, in dem er sich befand, gegen den Willen der Ärzte verlassen, war in seine Einrichtung zurückgekehrt, wo er nun tobte und gegen Mitbewohner auch übergriffig geworden war.

Die beiden Mitarbeiter versuchten den Mann zu beruhigen, was zunächst auch zu gelingen schien. Dann aber stellte sich der alte Zustand wieder ein, eine Schnapsflasche kreiste bedrohlich über den Köpfen. Funktionale Empathie führte nicht zum Erfolg: Der Mann war nicht dazu zu bewegen, ins Krankenhaus zurückzukehren, denn dort gehörte er wegen seines fremdgefährdenden Verhaltens in der konkreten Situation wirklich hin. Das Team verließ deshalb den Raum und rief die Polizei. Die herbeigeeilten Polizeibeamten, unter ihnen eine Frau, ließen sich die Lage schildern und forderten ihrerseits ein Sondereinsatzkommando der Polizei an, nachdem sich der Mann in seinem Zimmer verbarrikadiert hatte und drohte, aus dem Fenster zu springen. Dieses geschulte SEK überwältigte den psychotischen Mann und legte ihm Handschellen an.

Was war hier anders als in dem eingangs berichteten Fall?

Erstens wurde vor dem Einsatz von Gewalt der Versuch unternommen, durch ein Gespräch deeskalierend zu wirken. Das muss nicht gelingen, aber von vornherein darauf zu verzichten, funktionale Empathie einzusetzen, lässt meines Erachtens auf mangelnde Professionalität schließen. Es kommt, zweitens, hinzu, dass nach dem gescheiterten Gesprächsversuch ein angemessen geschultes Personal angefordert wurde. Auch das fehlte in dem eingangs berichteten Fall.

Dass der Einsatz der beiden Krisendienstmitarbeiter mit der Festsetzung des gewaltbereiten Mannes noch nicht zu Ende war, wurde im weiteren Verlauf des Einsatzes deutlich: Das SEK selbst wurde nun zum Problem. Die Polizei fragte zunächst, wohin der psychisch kranke Mann gebracht werden soll. Das zuständige Krankenhaus wurde genannt. Einer inneren Eingebung folgend, baten die Krisendienstmitarbeiter darum, in einem der Mannschaftswagen mit Platz nehmen zu dürfen. Und tatsächlich war dies auch nötig, denn der Mann tobte sich während der Fahrt verbal weiter aus. Unter anderem rief er sexistische Bemerkungen in Richtung der einzigen Polizeibeamtin, was einen jungen Kollegen des SEK, dazu veranlasste, dem körperlich wehrlosen Mann ins Gesicht schlagen zu wollen. Hier war der Krisendienst gefordert, solche Entgleisungen zu unterbinden. So zweckmäßig der Einsatz des SEK in der ersten Phase des Einsatzes war, so wichtig war es nun ganz offensichtlich, die emotional noch aufgeladene Crew aus der vordersten Linie zu nehmen.

Dann aber geschah etwas Merkwürdiges. Herausfordernd fragte der tobende Klient einen der neben ihm sitzenden Krisendienst-Mitarbeiter plötzlich: „Und was bist Du für einer?" Der wartete einen kleinen Moment ab und sagte dann ganz ruhig: „Ach, ich bin genauso ein kleines Würstchen wie Du." Augenblicklich verstummte der Mann, schweigend erreichten die Insassen des Polizeiwagens das Krankenhaus. Widerstandslos ließ sich der Mann vom aufnehmenden Arzt einweisen.

Offensichtlich hatte der Mitarbeiter das Codewort geknackt, um ins System des psychotischen Mannes zu gelangen. Es war nämlich ein angstbeherrschtes System: Der Mann hatte vor all den Akteuren der Hilfe – Ärzten, Polizisten, Sozialarbeitern – eigentlich nur Angst. Indem sich einer der Akteure kleinmachte, war so etwas wie funktionale Empathie erfolgreich. Hätte das früher geklappt, wer weiß, vielleicht wäre das SEK gar nicht nötig gewesen. Leider kann man solche entschärfenden Sätze nicht erlernen, aber wenigstens wollen sollte man deeskalierendes Verhalten. Vielleicht wäre auch der Mann aus dem Zeitungsbericht noch am Leben, wenn der Polizeibeamtin eine bessere Waffe eingefallen wäre als ihre Pistole.

Der Tod des 50-jährigen Mannes in Berlin-Wedding wird von der Presse nicht als Einzelfall betrachtet. Immer wieder formulieren Journalisten kritische Fragen, wenn es ihren Recherchen zufolge zum unverhältnismäßig schnellen Einsatz von polizeilicher Gewalt kommt. So geschehen im Zusammenhang mit dem Tod eines 31-jährigen Mannes am 28. Juni 2013 am Neptunbrunnen vor dem Berliner Rathaus[5]. Allein hatte sich ein Polizeibeamter mit wenig beruhigenden Messer-weg-Rufen und einer gezogenen Pistole seinem späteren Opfer genähert. Weitere Beispiele ließen sich anführen. Sie betreffen sowohl Beamte als auch Beamtinnen der Polizei.

---

5   Schnedelbach, Lutz (2013): „Fragen über Fragen". In: *Berliner Zeitung* 150/2013, v. 1.7., S. 15; Hutter, Ralf (2013): „Die große Waffendiskussion". In: *Neues Deutschland* v. 2.7.2013, S. 11.

Der Vorfall in Berlin-Wedding soll aber zum Anlass genommen werden, um sich einem weiteren Aspekt zu nähern – einem genderspezifischen. Er ist weit schwieriger zu formulieren als die Forderung nach einer auf Deeskalation ausgerichtete Einsatzlogistik.

Bei der Beschreibung des Einsatzes wurde neben der Favorisierung der Konfrontationsoption ein zweites Moment betont: Geschrien und geschossen hatte eine Polizeibeamtin, die erst Ende zwanzig war. Mit beiden Händen und ausgestreckten Armen habe sie die Pistole umklammert und auf den am Boden liegenden Mann gezielt. So hätten es Augenzeugen beschrieben.

Ob man will oder nicht: Es drängen sich einem beim Lesen des Berichts Bilder von „Tatort"-Krimis auf, zum Beispiel Action-Szenen mit der angestrengt dreinschauenden Ulrike Folkerts, von deren Rolle als Kriminalkommissarin es im Internet heißt: „Sie hat kein Problem damit, sich mit Männern anzulegen, die um einiges größer sind als sie, und keine Scheu, im richtigen Moment zur Waffe zu greifen. Kompromisse sind ihre Sache nicht, eher nimmt sie in Kauf, sich auch mal zu irren."[6] War es diese Philosophie, die hinter den Ereignissen in Berlin stand und zu einer wirklichen Tragödie führte? Denn: Was ist schon der richtige Moment? Wie weit darf Irrtum gehen?

Damit ist die durchaus pikante Frage nach der Gewalt von Frauen gestellt, eine Frage, die noch häufig mit dem Schleier des Tabus überzogen ist oder, sagen wir es anders, die durch das viel größere und offen diskutierte Problem der Gewalt von Männern überlagert ist. Es ist auch gar nicht zu verhehlen, dass man sich hier auf dünnem Eis bewegt, aber um der Enttabuisierung dieses Themas willen sollte keine Scheu bestehen, auch einmal die eigene Breitseite anzubieten.

Folgt man einer Studie der Soziologin Peggy Szymenderski zur Gefühlswelt von Polizistinnen und Polizisten, so erscheint ein genderspezifischer Blick irrelevant: „Meine Erfahrungen im Feld und die erste Auswertung der Interviews zeigen, dass es im Erleben und im Umgang mit Gefühlen bei der Polizei keine klassischen Geschlechtsunterschiede gibt."[7] Ein Blick auf Publikationen

---

6 http://www.daserste.de/unterhaltung/krimi/tatort/kommissare/team.ludwigshafen-odenthal-kopper-100.html (letzter Zugriff: 16.12.2013).

7 http://www.theopenmag.org/1616/die-gefuhlswelt-von-polizistinnen/, S. 3 (letzter Zugriff: 18.12.2013). Das Dissertationsprojekt „Gefühlsarbeit im Polizeidienst" der Chemnitzer Soziologin hatte eine erhebliche mediale Resonanz in den Medien ausgelöst, beschränkte sich aber auf die These von einer Diskrepanz zwischen rationaler Logik polizeilichen Handelns und dem persönlichen Erleben von Polizistinnen und Polizisten. Letztlich geht es dort um ein Gefühle-zeigen-Dürfen.

zur Spezifik gewalttätigen Verhaltens von Männern und Frauen im Allgemeinen, aber auch zur Situation von Frauen und Männern in polizeilichen und militärischen Einrichtungen lässt allerdings den Schluss zu, dass hier andere Akzente gesetzt werden. Es ist sehr wohl von Unterschieden die Rede.

Was die Spezifik gewalttätigen Verhaltens von Männern und Frauen im Allgemeinen betrifft, so lässt sich folgendes konstatieren: Gewalt von Männern wird in der wissenschaftlichen und halbwissenschaftlichen Literatur ausführlich beschrieben und durch Fakten unterlegt. Einen wesentlichen Beitrag dafür hat die feministische Bewegung geleistet, die sich dafür allerdings mitunter vereinfachender Feindbilder bedienen musste.[8] Weitaus weniger umfangreich ist die Literatur zur weiblichen Gewalt. In Publikationen zu diesem Thema wird dabei besonders herausgearbeitet, dass weibliche Gewalt vorrangig im häuslichen und familiären Bereich stattfindet[9], während männliche Gewalt den öffentlichen Raum dominiert.[10] Aufsehen hatte in diesem Zusammenhang der Fall Monika Ebeling erregt, die als Gleichstellungsbeauftragte der Stadt Goslar pronnonciert diese Gewalt von Frauen im häuslichen Bereich beschrieb[11] und dafür ihres Postens enthoben wurde.

Einen Schritt weiter ging Tatjana Weiß, die sich in der Arbeit „Täterin Frau – Gewaltverhalten von Frauen im gesellschaftlichen und institutionellen Bewusstsein" weniger der häuslichen Gewalt als vielmehr dem Thema „Gewalt von Frauen im öffentlichen Raum" zuwandte. Besonders hervorzuheben ist dabei ihr Bemühen, einen Zusammenhang zwischen dem tradierten Rollenverhalten von Mann und Frau und der Tabuisierung weiblicher Gewalt herzustellen. In dem von ihr angestrebten Tabubruch sieht sie ein erhebliches gesellschaftliches Veränderungspotenzial: Wenn die Gewalt von Frauen im öffentlichen Raum thematisiert wird, die Frauen sozusagen mit der gleichen Gewalt „ausgestattet" werden wie die Männer, so ist ihnen der Weg in ihre traditionelle Opferrolle gründlich versperrt. Zugleich merkt Weiß an: Diese

---

8 Wie heftig die Auseinandersetzungen in der Vergangenheit geführt wurden, lässt sich allein am Stichwort „Misandrie" ablesen: http://wikimannia.org/Misandrie (letzter Zugriff: 14.12.2013).
9 „Interessanterweise werden Frauen anscheinend eher gegen ihren Partner als gegen Fremde gewalttätig", heißt es in: www.scheidung.de/scheidungsnews/wenn-frauen-schlagen-gewalt-gegen-manner.html, S. 3 (letzter Zugriff: 24.9.2013).
10 Vgl. z. B. www.maennerberatung.de/gewalt-gegen-maenner.html, S. 4 (letzter Zugriff: 24.9.2013). Eine Literaturliste bietet www.wikimannia.org/Gewalt_gegen_männer, S. 3–4 (letzter Zugriff: 24.09.2013).
11 Ebeling, Monika (2011): „Gewalt gegen Männer, die von Frauen ausgeht?" In: gewalt-gegen-mc3a4nner-vortrag-polizei-gs.pdf (letzter Zugriff: 22.12.2013).

höchste Stufe der Enttabuisierung bedeutet auch höchste Gefahr angesichts der bisherigen Geschlechterrolle.[12] In dem Artikel „Miss verstanden" belegt Elisabeth Raether diese Gefahr mit Zahlen und Beispielen.[13] Leider hat Weiß diese Gefahr nur auf Handlungen von Frauen bezogen, die im öffentlichen Raum gegen das allgemeine Gewaltverbot verstoßen: Gewaltausübung am Arbeitsplatz, Mobbing, Menschenhandel, Gewalttätigkeit von Mädchen und jungen Frauen etc. Ausgespart blieb der spezifische Bereich der sanktionierten Gewalt.

Dieser Bereich hat mehrere Facetten. Eine von ihnen bildet die moralisch sanktionierte Gewalt von Frauen. Sie fand schon in frühen Jahren der Menschheitsgeschichte den Weg in die Öffentlichkeit. Ihren Kontext bildete der Tyrannenmord. Als herausragendes Beispiel wäre das Buch Judit zu nennen, das aber bezeichnenderweise nicht mehr Eingang in die kanonische Bibel der Protestanten gefunden hat. Judit, eine junge Witwe „von schöner Gestalt und blühendem Aussehen", fasst den Entschluss, ihrem bedrängten Volk der Israeliten zu Hilfe zu eilen. Vor den Toren der Stadt Betulia stehen die Truppen des Assyrerkönigs Nebukadnezzar und bereiten sich auf eine Strafaktion vor. Überzeugt, mit dem Segen ihres Gottes zu handeln, „machte sie sich schön, um die Blicke aller Männer, die sie sähen, auf sich zu ziehen" und so bis zum Oberbefehlshaber des assyrischen Heeres, Holofernes, zu gelangen. Dort gibt sie sich als hilfsbereite Überläuferin aus und demonstriert eindrucksvoll, was funktionale Empathie genannt werden kann. Ihr Gegenüber hat zwei Ziele: Er will die schöne Frau verführen und Betulia erobern. Sie hingegen versucht beides zu verhindern, muss sich dabei aber auf die kontextualen Vorgaben einlassen. Das gelingt ihr zum einen durch geschickte und hinhaltende Wahrung der rituellen Reinheit, zum anderen durch Kontextverschiebung: Sie begründet ihren Übertritt zu den Assyrern damit, dass die Israeliten Gefahr liefen, die Gesetze ihres Gottes zu verletzen, wenn sie in ihrer Not unreine Lebensmittel zu sich nähmen; ihr zürnender Gott werde deshalb sie, Judit, beauftragen, die Assyrer als Strafe zu senden. So gelingt es ihr, bei ihrem Vorhaben die eigene religiöse Überzeugung nicht zu verleugnen. Holofernes ist von ihrer Rede entzückt. Es grenzt an Illoyalität gegenüber seinem gottgleichen Herrn,

---

12 Weiß, Tatjana (2006): *Täterin Frau – Gewaltverhalten von Frauen im gesellschaftlichen und institutionellen Bewusstsein*. München: GRIN (E-Book), S. 16–33, 52–55.
13 Raether, Elisabeth (2013): „Miss verstanden". In: *Zeitmagazin* 10/2013, v. 28. 2., S. 6–13. Siehe auch den Kommentar: Joffe, Josef (2013): „Gute Mädel, böse Jungs". In: *Die Zeit* 12/2013, v. 14.3., S. 12.

da er ausruft: „Wenn du tust, was du versprochen hast, dann soll dein Gott auch mein Gott sein…" Judit hat den Heerführer so manipuliert, dass sie zur Tat schreiten kann. In der Nacht enthauptet sie den Heerführer und kehrt umjubelt ins gerettete Betulia zurück. Stolz heißt es: „Dann zog sie den Kopf aus dem Sack und zeigte ihn den Männern mit den Worten: Seht, das ist der Kopf des Holofernes… Der Herr hat ihn durch die Hand einer Frau erschlagen."[14] Auf eine ähnliche Adelung durften Terroristinnen in den letzten Jahrhunderten allenfalls in ihren eigenen Kreisen hoffen.

Gänzlich anders stellt sich weibliche Gewalt im öffentlichen Raum dar, wenn es sich um die Polizei handelt. Hier haben wir es mit staatlich sanktionierter Gewalt zu tun, anders gesagt: mit einem Gewaltmonopol, das darauf ausgerichtet ist, Gewalt zu verhindern. Auch bei psychiatrischen Einsätzen greift das polizeiliche Gewaltmonopol. Polizeibeamtinnen werden dabei zunehmend zum Normalfall. Beim deutschen Militär ist die Situation noch eine etwas andere, weil den Frauen erst seit wenigen Jahren die Wege zum Kampffeld geebnet worden sind. Dennoch wird auch hier vermehrt danach zu fragen sein, ob es einen genderspezifischen Umgang mit der anvertrauten Macht gibt.

Warum entscheiden sich Frauen für den Beruf der Polizistin oder der Soldatin? Die Beantwortung dieser Frage bedarf gewiss empirischer Studien, auf die hier nicht verwiesen werden kann. Bleiben einzelne Beobachtungen. Wenig genderspezifisch scheinen wirtschaftliche Erwägungen zu sein. „Nach dem Abitur wollte ich möglichst schnell mein eigenes Geld verdienen und unabhängig von meinen Eltern werden… Dass ich gleich von Anfang an Geld verdienen würde, war schon ein Argument."[15] So beschreibt ihren Einstieg die später traumatisierte Polizistin Martina Drosta. „Hallo, ich möchte nach der Schule zum Bund oder zur Polizei. Am liebsten würde ich zur SEK, ZUZ oder GSG 9", formuliert ihren Berufswunsch eine Noch-Schülerin im Internet.[16] Hier wäre schon nach einer geschlechtsspezifischen Angst vor einem tradierten Rollenverhalten, gefördert durch Krimis und Action-Filme in den Medien, zu fragen. Eine weitere Beobachtung wird sich nur schwer beweisen lassen: Es gibt Frauen, die eine gewisse Faszination gegenüber gebändigten Gewalttätern

---

14 *Einheitsübersetzung der Heiligen Schrift: die Bibel. Gesamtausgabe* (1985). Stuttgart: Katholische Bibelanstalt und Deutsche Bibelstiftung; Klosterneuburg: Österreichisches Katholisches Bibelwerk, S. 498–513.
15 Drosta, Martina (2009): *Ein Schuss – zwei Tote. Resümee einer Polizistin.* Leipzig: Engelsdorfer Verlag, S. 8–9.
16 www.gutefrage.net/frage/frauen-bei-der-polizei (letzter Zugriff: 24.9.2013).

erkennen lassen. Das sind zum Teil psychologisch gut ausgebildete Frauen, die gern in Männerabteilungen von Justizvollzugsanstalten arbeiten oder dort wenigstens ein Praktikum absolvieren würden. Dabei handelt es sich ganz und gar nicht um so genannte Rotkäppchen, traumatisierte Frauen, die sich in Verbrecher hinter Gitter verlieben,[17] sondern um selbstbewusste, relativ junge Frauen. Spricht man sie auf Motive an, so erfährt man wenig, jedenfalls nichts, was in eine empathische Richtung gehen könnte. Hier scheint eher ein Konfrontationsmodell im Vordergrund zu stehen, wie wir es künstlerisch von Schwester Ratched aus „Einer flog übers Kuckucksnest" her kennen. Als ich einmal einen Berliner Träger anrief, der weibliche Opfer männlicher Gewalt unterstützt, und um eine juristische Auskunft für einen Mann bat, der Opfer weiblicher Gewalt geworden war, erhielt ich zur Antwort: „Für Männer geben wir keine Auskunft."[18] Gibt es also eine genderspezifische Favorisierung des Konfrontationsmodells bei dem umrissenen Personenkreis? Das wäre ein Hemmfaktor für empathische Einstellungen gegenüber psychotischen Männern, Männern im Maßregelvollzug oder überhaupt Männern in Not. Man möchte sich nicht vorstellen, dass ein solcher Typus auch bei der Polizei Raum fände.

Die Suche nach Antworten gestaltet sich schwierig. Zwar werden in den Medien Fälle geschildert, in denen staatlich sanktionierte Gewalt entweder extrem ausgelegt wurde (Lynndie England und der Folterskandal im irakischen Gefängnis Abu-Ghuraib) oder einem Unrechtsregime entspringt (bestialische KZ-Aufseherinnen im Dritten Reich), bezogen auf die deutsche Realität des 21. Jahrhunderts werden aber andere Akzente gesetzt.[19] In Untersuchungen zur Rolle von Frauen bei der Polizei und beim Militär haben wir es bislang eher mit Fragestellungen zu tun, die das Augenmerk auf den zum Teil schweren Stand von Frauen in einem bislang männerdominierten Tätigkeitsbereich richten – ein gewiss ernstes Problem. So beschrieb zum Beispiel ein ehemaliger Kriminaldirektor beim BKA den skandalösen Mobbing-Tod einer

---

17 Vgl. Pfister, Elisabeth (2013): *Wenn Frauen Verbrecher lieben*. Berlin: Ch. Links Verlag. Siehe auch: Hacker, Doja (1997): „Zur Zeit nicht lieferbar". In: *Der Spiegel* 38/1997, S. 142–145.

18 Ich war überrascht, als ich las, dass auch andere solche Erfahrungen machen mussten. Siehe: www.maennerberatung.de/gewalt-gegen-maennern.htm, S. 14 (letzter Zugriff: 24.9.2013).

19 Berichte über forsche junge Polizeibeamtinnen haben eher kuriosen Charakter, siehe der Polizeieinsatz gegen einen betagten Künstler, der vor den Augen einer Polizistin bei Rot über die Straße ging: www.art-magazin.de/szene/62392/markus_lueperz_duesseldorf (letzter Zugriff: 24.9.2013).

Polizistin.[20] Studien häufig weiblicher Autoren zeugen nicht nur, aber vor allem von den Schwierigkeiten, mit denen Beamtinnen der Polizei zu tun haben.[21] Tendenziell erscheinen sie dadurch nicht selten in einer Opferperspektive, die unter Umständen tradierte Denkmuster reproduziert. Es muss deshalb die Frage gestattet sein, ob sich angesichts solcher Bedingungen genderspezifische Verhaltensweisen entwickeln können, die einem empathischen Reagieren entgegenwirken. Die junge Polizistin aus unserem Eingangsbeispiel wollte vielleicht besondere Stärke zeigen, sah womöglich jene männliche Gewalt vor sich, die latent ihr Polizistinnen-Dasein beherrschte. Vielleicht konnte die eigentlich angstgesteuerte Frau endlich einmal ihre Macht ausspielen… Das alles ist natürlich Spekulation, aber falls die Dinge so oder ähnlich abliefen, bliebe in jedem Fall festzustellen, dass die Folgen tödlich waren.

Gänzlich anders verlief ein Einsatz vor einigen Jahren, als der Berliner Krisendienst in tiefer Nacht zu Hilfe gerufen wurde. Die Eltern eines psychotischen jungen erwachsenen Mannes verständigten die Polizei darüber, dass ihr Sohn aus der psychiatrischen Klinik ausgebrochen und zu ihnen geeilt sei. Der junge Mann zeichne sich durch erhebliche Aggressivität aus, er sei kampfsportprobt usw. Die Polizei informierte ihrerseits den Krisendienst. Zwei Mitarbeiter begaben sich zu dem genannten Ort. Als sie die Wohnung erreichten, warteten vor dem Haus bereits drei Wagen der Polizei mit insgesamt zehn Beamten. Die Leitung des Polizeieinsatzes hatte eine Frau, die etwa 40 Jahre alt zu sein schien. Dass sie den Krisendienst anforderte, zeigte bereits: Sie wünschte Deeskalation, wollte vor einer möglichen Gewaltanwendung ein Vermittlungsgespräch schalten. Sie machte den Krisendienstmitarbeitern den Vorschlag: „Gehen Sie erst einmal allein in die Wohnung und versuchen Sie,

---

20 Schenk, Dieter (2000): *Tod einer Polizistin. Die Geschichte eines Skandals.* Hamburg: Hoffmann und Campe.
21 Vgl. z. B. Franzke, Bettina (1997): *Was Polizisten über Polizistinnen denken. Ein Beitrag zur geschlechterspezifischen Polizeiforschung.* Bielefeld: Kleine Verlag; *Frauen in der Polizei.* Schriftenreihe der Deutschen und Polizei". In: Herrnkind, Martin/Scheerer, Sebastian (Hg.): *Die Polizei als Organisation mit Gewaltlizenz. Möglichkeiten und Grenzen der Kontrolle.* Hamburg: LIT-Verlag, S. 195–206; Ahrens, Jens-Rainer/Apelt, Maja/Bender, Christiane (Hg.) (2005): *Frauen im Militär. Empirische Befunde und Perspektiven zur Integration von Frauen in die Streitkräfte.* Wiesbaden: Verlag für Sozialwissenschaften; Pfeil, Patricia (2007): *Polizei und Geschlecht. Thematisierungen, De-Thematisierungen, Re-Thematisierungen.* Opladen: Verlag Barbara Budrich; Wilde, Annett/ Rustemeyer, Ruth (2008): „Frauen in der Polizei. Chancen und Barrieren einer männlichen Organisation". In: Mensching, Anja/Werner, Jochen-Thomas (Hg.): *Empirische Polizeiforschung VIII: Polizei im Wandel? Organisationskultur(en) und -reform.* Frankfurt a. M.: Verlag für Polizeiwissenschaft, S. 51–70.

mit dem Mann zu reden. Wir werden uns zunächst im Hintergrund halten und eingreifen, wenn es die Situation verlangt."

Dem Vorschlag folgend, betraten die beiden Mitarbeiter die Wohnung. Die Polizisten blieben im Treppenhaus in Hab-Acht-Stellung. Der junge Mann begegnete dem Krisendienst im Flur mit unverhohlener Verachtung, als er begrüßt wurde. Er würdigte die beiden Männer keines Wortes, ging stattdessen an ihnen vorbei ins Badezimmer und schloss sich dort ein. Was er damit bezweckte, war unklar, deshalb unternahmen die Herbeigerufenen nichts, redeten nicht, lauschten lediglich den Geräuschen im Bad, weil man Suizidalität nie ganz ausschließen kann. Eine dreiviertel Stunde gespannter Nonverbalität in einer für alle offenen Situation endete damit, dass plötzlich die Tür aufging, der junge Mann das Bad verließ, ins Treppenhaus trat und sich widerstandslos in die Obhut der Polizei begab. Der Einsatz war beendet, es war kaum zu glauben.

Das Verhalten der leitenden Polizeibeamtin imponierte. Sie hatte das richtige Rezept gefunden: Funktionale Empathie, in diesem Fall durch Zeit-Geben. Der junge Mann hat adäquat reagiert: Er wusste, dass er in die Klinik zurückgebracht werden wird, aber er wollte sich nicht überwältigen lassen, wollte selbst agieren, das trotzige Gefühl haben, frei zu handeln. Diesen Triumph haben ihm die Polizeibeamten und auch die Krisendienstmitarbeiter gestattet und trotzdem ihr Ziel erreicht.

Das Verhalten der Einsatzleiterin genderspezifisch als „emanzipierte Mütterlichkeit" zu bezeichnen, mag zum Schmunzeln verleiten. Wiederholt konnte diese Art von „Mütterlichkeit" aber als wirksame Strategie bei Einsätzen des Krisendienstes mit polizeilichem Hintergrund beobachtet und gewürdigt werden. Empathie kommt hierbei erfolgreich zum Tragen, besonders, wenn es sich bei den Hilfebedürftigen um Heranwachsende und junge erwachsene Männer in Not handelt.

Ziehen wir ein vorsichtiges Resümee: Es liegt auf der Hand, dass den beiden Polizeieinsätzen mit der schnell schießenden Polizistin und der abwartenden Einsatzleiterin diametral entgegengesetzte Strategien zugrunde lagen. Empathisches Verhalten ist nur im letzten Beispiel erkennbar.

Dennoch schreibt das Leben manchmal Geschichten, die unterschwellig einer verblüffenden Logik folgen. So auch in dem Eingangsbeispiel. Es stellte sich nämlich heraus, dass es sich bei dem „gebändigten Ungeheuer" um einen Mann handelte, der an Depression litt und in den letzten Monaten vor seinem Tode Handlungen vollzog, die sich als Suizidversuche interpretieren ließen. In dem Artikel heißt es: „An einem Kiosk soll er laut einer Zeugenaussage den Verkäufer gefragt haben, ob der ihn umbringen könne." Falls das alles stimmt, so hat die Polizistin genau das getan, was sich der psychisch kranke Mann gewünscht hat. Sie hat objektiv aktive Sterbehilfe geleistet, obwohl sie subjektiv einer Konfrontationsstrategie folgte. Mit einem weiblichen Gespür höherer Ordnung dürfte dies aber ebenso wenig zu tun haben wie mit emotionaler bzw. authentischer Empathie. Und im Übrigen gehört aktive Sterbehilfe nicht zur Leistungsbeschreibung der Polizei, allenfalls als Straftat, die verfolgt werden muss.

MAIKE SCHULT

„Von Amts wegen barmherzig"?
Empathie und Tabu(-bruch) im Pfarrberuf

In seinen so genannten „Schlossgeschichten" beschrieb der kurländische Schriftsteller Eduard Graf von Keyserling (1855–1918) den Verfall des baltischen Adels.[1] In dem Roman *Dumala* (1908) jedoch macht er eine Ausnahme und dehnt das dekadente Lebensgefühl auf das Bürgertum aus. Ausgerechnet der Pastor von Dumala wird hier zum zweifelhaften Helden. Erwin Werner, groß, stark, schön, ist ein vitaler Mann in einem eng gesteckten Rahmen. Die Betulichkeit seiner Ehe, die Amtspflichten in der Gemeinde und die Wirtshausgespräche mit Organist und Lehrer ordnen seinen Alltag, befriedigen aber nicht. Nur wenn er singt, tut sich eine andere Seite auf. Dann füllt seine Stimme mit „schwülen Leidenschaftsrufen"[2] das ganze Pastorat, dringt durch die Fenster hinaus ins Freie, ehe ihn die gemütlich gefüllten Pfannkuchen seiner Frau wieder zurück an den Esstisch wickeln. Doch das Fremde, das im Gesang aufbricht, verschwindet nicht von selbst, und es verstummt auch nicht durch die Mahnung der Pfarrfrau: „Wir sind doch glücklich!"[3] Am nächsten Tag taucht es wieder auf, als Werner sich in einen Rausch predigt und den Dorfbewohnern die Versuchungen des Teufels mit solcher Leidenschaft von der Kanzel donnert, dass seine Auslegung von Mt 4, 1–11 „wie eine unheimliche Liebeserklärung an die Sünde" klingt.[4] Doch es ist nicht nur die eigene Beredsamkeit, die den Pastor erwärmt.[5] Es ist auch der Blick in die „Schlangenaugen"[6] der Baronin Karola, die Werner entflammen und das eigene Fremde in ihm aufsteigen lassen. Karola erkennt Werners wilde Seite und fühlt sich zu

---

1 Keyserling wurde auf Schloss Tels-Paddern in Kurland geboren und lebte seit 1895 in München. Durch ein Rückenmarksleiden war er seit 1907 völlig erblindet, beschrieb aber hellsichtig den Untergang seines Standes und die versinkende Welt der Baltendeutschen. Er zählt zu den großen Erzählern des Impressionismus.
2 Keyserling, Eduard von (2009): *Dumala*. Roman. München: Deutscher Taschenbuch Verlag, S. 8.
3 Keyserling 2009, S. 11.
4 Ebd., S. 16.
5 Ebd., S. 15.
6 Ebd., S. 43.

ihm hingezogen, aber auch sie ist verheiratet und pflegt ihren gelähmten Mann, den Baron Werland wie „eine Heilige".[7] Werlands Siechtum ist der willkommene Vorwand, den Pastor als Seelsorger auf das Schloss zu holen. Doch die Besuche befeuern auch den inneren Konflikt, der sich zur Identitätskrise steigert und Werner an seine Grenzen bringt. Der Pastor von Dumala, eingeschnürt in das Korsett seiner Amtsrolle und ermüdet von den vielen Scheinbeziehungen, in denen er sich bewegt, sehnt sich nach einer intensiven Lebenserfahrung. Er hofft, durch erotische Leidenschaft die innere Einsamkeit zu überwinden, die sein Beruf mit sich bringt. Doch Werner kann seine sinnlichen Bedürfnisse nicht bejahen. Ehebruch ist für ihn tabu, und so sucht er die begehrte Baronin zwar regelmäßig auf, verbirgt sein Verlangen aber hinter floskelhaften Wendungen. Eine echte Begegnung zwischen beiden wird so unmöglich. Der Pastor vernebelt die Liebe zu Karola durch phrasenhafte Bewunderung für „diese edle, geprüfte Frau"[8] und benutzt die Baronin in seinem ehelichen Zwist, um seine eigene Frau zu kränken. Auch seine Schäfchen fertigt Werner mechanisch ab wie einer, der eben „von Amts wegen barmherzig sein muß",[9] und missbraucht die Predigt für eitle Effekte. So verfehlt er seinen beruflichen Auftrag, eine wahrhaftige Sprache zu finden für das, was anderen im Leben und Sterben widerfährt, und verliert zudem Karola an einen Nebenbuhler. Denn anders als der Pastor mit seinem „Barmherzigkeitssport"[10] versteht sich der „Weiberkonsument"[11] Baron Behrent Rast auf blaues Blut und verbringt unter den Augen des gelähmten Gemahls wie des passiv verharrenden Pastors ungeniert seine Nächte mit Karola im *Sündenflügel* des Schlosses. Weil Behrent brennt, wo der Pastor nur schwelt und seine Gefühle unter der Amtsrobe zu ersticken sucht, lebt Karola ihren Wunsch nach Lebendigkeit mit dem Baron und nicht mit Werner, der ihr Helfer und Beichtvater bleiben soll. Zwar sinnt der Pastor auf Rache und geht nachts auf Pirsch, um den verhassten Rivalen aus dem Weg zu räumen. Doch sich selbst vom Mord zurückrufend, gelingt ihm „kaum das Gespenst einer Tat."[12] Am Ende des Romans steht

---

7   Ebd., S. 88.
8   Ebd., S. 19.
9   Ebd., S. 20.
10 Ebd., S. 51.
11 Ebd., S. 25.
12 Ebd., S. 98. Der Baron Rast kommt anfangs tagsüber, dann nachts über die sogenannte Galgenbrücke, die von hinten in den Gutspark führt. Der Pastor löst daraus ein morsches Brett, damit sich Rast mit seinem Schlitten zu Tode stürzt, warnt ihn jedoch im letzten Augenblick.

Karola, verwitwet und vom Liebhaber verlassen, allein vor ihrem Schloss, und der Pastor fährt an ihr vorüber, ohne zu halten.

In *Dumala* beschreibt Eduard von Keyserling nicht nur den Verfall und die Funktionslosigkeit des Adels. Er entlarvt auch die Fallen des Pfarrberufs und nimmt in lakonisch-ironischer Weise die entleerten Manierismen dieses Berufsstandes aufs Korn. Seit dem 18. Jahrhundert wird der Pfarrer als literarische Figur verhandelt. Er reizt zum Erzählen, insbesondere dann, wenn Rollenerwartung und tatsächliches Leben auseinander fallen und hinter dem Klischee die tabuisierten menschlichen Anteile dieses öffentlichen Repräsentanten für Religion[13] sichtbar werden: mangelnde Empathie, Eitelkeit, sexuelles Verlangen, Mordlust und anderes mehr.

Empathie und Tabu spielen in vielen Berufen eine wichtige Rolle. Medizin, Therapie und Erziehung sind ohne Einfühlung in ihr Gegenüber nicht zu denken und müssen sich doch an bestimmte Grenzen halten, um nicht übergriffig zu werden. Ärzte, Anwälte und Notare unterliegen der Schweigepflicht und dürfen ihnen Anvertrautes nicht an Dritte weitergeben. In der Industrie und Politik sind Betriebs- und Staatsgeheimnisse zu wahren, auch Militär und Geheimdienst behalten ihre Strategien besser für sich. Und wenn der Einzelne an die Grenzen des Lebens kommt, dann mag er hoffen, dass man seinen Angehörigen die Todesnachricht einfühlsam überbringt, ihn würdevoll bestattet und dass die Friedhofsruhe unangetastet bleibt – sofern das eigene Sterben nicht selbst ein Thema ist, das lebenslang nicht zur Sprache kommen darf.

Das Zusammenleben von Menschen ist ohne Empathie und Tabu nicht zu denken und von der grundlegenden Dialektik aus Aussprechen und (Ver-)Schweigen bestimmt. Dabei muss einzeln ausgelotet werden, was prinzipiell gilt und sich doch schwer verallgemeinern lässt: Wann genau ist eine Diagnose auszusprechen, ein Geheimnis preiszugeben, ein Skandal zu lüften? Wann ist Reden Silber und Schweigen Gold, und wie viel Wahrheit ist dem Menschen zumutbar?[14] Das Verhältnis von Empathie und Tabubruch muss also situativ austariert und berufsabhängig ausgehandelt werden, wenn es im konkreten Fall zu *einfühlsamen Brüchen* kommen soll.

---

13 Nicht nur der Pfarrer, auch andere haben ‚Religion als Beruf': Küster, Vorsänger und Organisten, Diakonissen und Kirchenjuristen, Religionslehrerinnen, Verleger, Journalisten, Prädikanten und Gemeindepädagoginnen.

14 Bachmann, Ingeborg (2011): *Die Wahrheit ist dem Menschen zumutbar. Essays, Reden, kleinere Schriften.* München/Zürich: Piper Verlag.

Das gilt auch für den Beruf, der Menschen wie kaum ein anderer durchs Leben begleitet. Noch immer trifft der Pfarrer/die Pfarrerin Menschen an den Wendepunkten ihres Lebens und gestaltet deren Übergänge durch Ritual und Gespräch. Von der Wiege bis zur Bahre bringen sie die so genannten Kasualien (lateinisch *casus*: „der Fall") in eine liturgische Form und gestalten die Wechselfälle anderer Menschen als Taufe, Einschulung, Konfirmation, als Hochzeit und Beerdigung. Manchmal sind sie die einzigen, die hinter einem Sarg hergehen und einem Menschen die letzte Ehre erweisen. Manchmal sind sie die einzigen, die ein Leben noch einmal nacherzählen und es narrativ abrunden, auch wenn es nicht rund gewesen ist. Dabei wird ihnen noch immer von Amts wegen ein Vertrauensvorschuss entgegengebracht, den andere sich erst erwerben müssen, und Zugang in Bereiche gewährt, die sonst verschlossen sind: Wohnstuben, Sterbezimmer und Gefängniszellen. Hier erfahren sie manches, was mit den nächsten Angehörigen nicht geteilt werden kann: erste Sünden, letzte Dinge und manche Hoffnungen und Zweifel, die das Leben in der Tiefe bestimmen. Anderes erfahren sie nie – weil es sich vor einem Pfarrer nicht schickt, man sich seiner Bedürfnisse schämt oder ein gutes Bild abgeben will. Was aus dem Berichteten, Beobachteten oder nur Angedeuteten in Predigten zur Sprache kommt, was nur verhüllt in Psalm und Gebet gesagt werden kann oder was dem Beichtgeheimnis unterliegt und ganz verschwiegen werden muss, das muss der Pfarrer/die Pfarrerin von Fall zu Fall entscheiden. Diese Entscheidungen werden nicht nur durch die jeweilige Familiendynamik, durch interaktionellen Druck, Delegationen und Auftragswünsche bestimmt und durch Normvorgaben, Dienstvorgesetzte und Bekenntnisschriften reglementiert. Sie sind auch abhängig davon, was die Amtsinhaber selbst an Empathiefähigkeit mitbringen, was sie als amtsgemäß empfinden und welche Tabuvorgaben in ihnen selber schlummern.

Das berufsbedingte Zusammenwirken von Empathie und Tabu(-bruch) soll darum im Folgenden exemplarisch für den protestantischen Pfarrberuf durchgespielt werden. Er ist selbst aus einem Tabubruch hervorgegangen und hat mit der Ordination von Frauen im 20. Jahrhundert einen weiteren Tabubruch vollzogen – einen Bruch, mit dem auch die Hoffnung auf *Auf*bruch durch eine einfühlsamere Amtsausübung verbunden war. Die kritische Reflexion der eigenen Rolle hat diesen Beruf dabei von Anfang an begleitet. Dass Anspruch und Wirklichkeit weit auseinander liegen können, wird von Amtsinhabern, von Kirchenleitungen und in der pastoraltheologischen Fachwissenschaft[15] nicht verschwiegen, doch können manche Aspekte erst schärfer formuliert werden, wenn der kirchliche Binnenbereich verlassen und eine verfremdende Perspektive eingenommen wird. Die Literatur kann hier als Dritte im Bunde fungieren. Sie illustriert, ironisiert und karikiert die tabuisierten Aspekte und kann zugleich die ‚menschliche' Seite der Amtsinhaber sichtbar machen. Indem sie sich in ein fremdes Bewusstsein einfühlt und die mit dem Beruf verbundenen Konflikte lesbar macht, kann sie nicht nur enttabuisieren, kritisieren und Wahrnehmungsmuster aufbrechen. Sie kann auch Empathie und Verständnis wecken für die Bürden eines Berufes, der von hohen Selbstansprüchen, von kirchlichen Klischeebildern und den Projektionswünschen anderer bestimmt wird.

1 Leben im Glashaus: Einblicke in den Pfarrberuf

Der Beruf des evangelischen Pfarrers ist fast fünfhundert Jahre alt. Bei seiner Begründung brachen die Reformatoren bewusst mit dem mittelalterlichen (Weihe-) Priesteramt und bestimmten den Beruf funktional als kommunikatives Geschehen.[16] Der Pfarrer oder Pastor, wie es norddeutsch heißt,[17] wurde nicht länger als Vermittler göttlicher Heilsgaben gesehen, sein Amt nicht länger sakramental begründet, sondern in Anknüpfung an neutestamentlich überlieferte Funktionen als Dienst an der Gemeinde verstanden. Hier war er Gleicher unter Gleichen, ein Vertreter des „allgemeinen Priestertums aller Gläubigen", wie es Martin Luther in der Adelsschrift 1520 tauftheologisch begründet hatte, und Erster unter Gleichen zugleich, herausgerufen zu einem eigenen Beruf,[18] für den jetzt eine akademische Ausbildung vorausgesetzt wurde. Denn das Ansehen der katholischen Priesterschaft, die Ende des 15.

---

15 Mit der Reflexion der Rolle befasst sich die so genannte Pastoraltheologie. Sie ist ein Aufgabenfeld der akademischen Teildisziplin Praktische Theologie und entwirft an den Universitäten berufstheoretische Konzepte für die Praxis.

16 Grethlein, Christian (2012): *Praktische Theologie*. Berlin, Boston: Walter de Gruyter, S. 461–479.

17 Die Amtsbezeichnungen für die protestantischen Geistlichen variieren regional. Das Wort „Pfarrer" könnte von „Pferch" abgeleitet sein und den zur Nachbarschaft oder zur Gemeinde Gehörigen bezeichnen. „Pastor" ist lateinisch für „Hirte".

18 Für Luther war dieser Beruf *Berufung*. Er unterschied sich zwar nicht wesensmäßig von anderen, hatte aber i. U. zu den Schwärmern einen klaren Auftrag seitens der Gemeinde und sollte durch eine geregelte Ausbildung kontrolliert werden.

Jahrhunderts durch mangelnde Bildung, rohes Verhalten und moralische Verfehlungen aufgefallen war, hatte am Vorabend der Reformation seinen Tiefpunkt erreicht. Das Sozialverhalten des Klerus war aus den Fugen geraten, seine eigentlich religiöse Funktion verfehlt. Die lateinische Liturgie war für die meisten Menschen unverständlich. Sprache und Handlungen des Gottesdienstes wurden als Mirakel, als ‚Hokuspokus'[19] in einem Tabubezirk empfunden, von dem die Gemeinde durch die Chorschranken getrennt blieb.

Dagegen sah Luther die Hauptaufgabe der Pfarrer darin, sich zu professionalisieren und *Zugänge* zum Glauben zu ermöglichen: vor allem die Schrift zu verstehen und sie anderen verständlich auszulegen. Er setzte sich für die geregelte Ausbildung der Pfarrerschaft ein, tauschte selbst die Mönchskutte gegen den schwarzen Talar, die Tracht der Gelehrten also, und entwarf die Strukturen des protestantischen Theologiestudiums an der Universität Wittenberg.[20] Im Zentrum der Ausbildung stand die Verkündigung des Wortes durch die Predigt. Luther übersetzte die Bibel ins Deutsche, schrieb bibelbezogene, alltagsrelevante Predigten, die die Lebenswirklichkeit der Menschen zur Sprache brachten, und setzte sich für eine allgemeine Schulpflicht ein, damit jeder des Lesens kundig werde und die biblischen Texte selbst studieren könne.

Am Beginn des neuen Berufes standen damit diverse Doppelbewegungen aus Empathie einerseits und Tabubruch andererseits: Die Ausrichtung des evangelischen Pfarrberufs auf die Kommunikation des Evangeliums erforderte die Einfühlung in die Lebenswelt der Gemeinde und eine *„sensible Adaption des jeweiligen Kontextes."*[21] Auf der anderen Seite stand die Desavouierung der geweihten Amtsträger. Wie andere Religionen auch hatte das Christentum bestimmte Personen hervorgehoben, „die den rituell geregelten Zugang zum Heiligen und das heilige Wissen" verwalteten.[22] Für die kultische Eignung wurden bestimmte „Reinheitsvorschriften (Tabus!)" vorausgesetzt wie sexuelle Abstinenz und Nahrungsaskese, eine physische und mentale Unversehrtheit

---

19 Dies wurde sinnfällig in dem bekannten Verhörer. Die lateinische Messformel „hoc est enim corpus meum" („denn dies ist mein Leib") der Abendmahlsliturgie, die in dem abgetrennten Bereich des Lettners der Gemeinde unzugänglich vollzogen wurde, wurde erstens nicht verstanden und zweitens als „Hokuspokus" erlebt.

20 Nieden, Marcel (2006): *Die Erfindung des Theologen. Wittenberger Anweisungen zum Theologiestudium im Zeitalter von Reformation und Konfessionalisierung.* Tübingen: Mohr Siebeck. In England zum Beispiel wurde die Theologie erst 1860 ein eigenes Universitätsfach.

21 Grethlein 2012, S. 469.

22 Klessmann, Michael (2012): *Das Pfarramt. Einführung in Grundfragen der Pastoraltheologie.* Neukirchen-Vluyn: Neukirchener Verlagsgesellschaft, S. 26.

sowie moralische Untadeligkeit.²³ Tatsächlich aber waren die Priester für ihre Ausschweifungen und Habgier bekannt und sollten nun durch strengere Moralforderungen einerseits in ihre Schranken gewiesen werden und andererseits ihre sexuellen Bedürfnisse legitimiert sehen können durch Aufhebung des Zölibats. Die Heirat des ehemaligen Mönches Martin Luther mit der entlaufenen Nonne Katharina von Bora²⁴ brach öffentlich mit bisherigen Tabuvorstellungen und diente als Leitbild, an dem sich die Rollen des protestantischen Pfarrers²⁵ und der bis dahin gar nicht existenten Pfarrfrau ausbilden sollten. Die „Kulturgeschichte des evangelischen Pfarrhauses" begann.²⁶ Es wurde als Bildungsstätte entworfen und zum Symbol gelebten Glaubens, in das alle, das ganze Haus (griechisch *oikos*), einbezogen waren: Mensch, Tier und Gesinde sowie die oft zahlreichen Pfarrerskinder, die nun allesamt im Dienste der neuen Glaubensgemeinschaft standen. Sie dienten als Projektionsfläche religiöser, gesellschaftlicher und familiärer Ideale und sollten in einer Welt voll Streit einen Ort des Friedens verkörpern.

Das Pfarrhaus lag in der Regel neben der Kirche. Es bezeichnete die weithin sichtbare Mitte des Ortes und war mit seinen Sorgen und Strukturen in die Welt der anderen eingebunden, um diese zu kennen und zu teilen. Es sollte ein geselliges Haus sein, ein Haus mit einer „offenen Tür", das Zuflucht bot für jedermann bei Tage und bei Nacht. Geleitet wurde es gleichwürdig vom Pfarrersehepaar. Die Pfarrfrau, die ihrem Mann im Glauben gleichgestellt war und seine Gefährtin sein sollte, übernahm das Wirtschaften. Sie schirmte den Pastor ab wie eine Pförtnerin, erwarb aber auch theologische Grundkenntnisse und übernahm im Alltag seelsorgliche Funktionen.²⁷ Pfarrer und Pfarrfrau

---

23 Klessmann 2012, S. 27.

24 Als beide 1525 heirateten, waren sie nicht ersten. Die ersten Priesterehen wurden 1521 und 1522 geschlossen. Neu und skandalös war hier die Hochzeit von *Mönch* und *Nonne*.

25 Obwohl er vielen als Inbegriff des ersten protestantischen Pfarrers gilt: Luther selbst war nicht Pfarrer, sondern Universitätsprofessor an der Universität Wittenberg. Das erste evangelische Pfarrhaus war auch nicht dortiges Augustinerkloster, sondern es stand neben der Stadtkirche und wurde von Johannes Bugenhagen bewohnt. Eine gewisse räumliche Trennung von der Gemeinde erfolgte erst mit dem Bau der Kirchengemeindehäuser Ende des 19. Jahrhunderts. Vgl. dazu: Schilling, Johannes: „Leitbild Luther? Martin Luther, das deutsche Pfarrhaus und der evangelische Pfarrerstand". In: Deutsches Historisches Museum (Hg.) (2014): *Leben nach Luther. Eine Kulturgeschichte des evangelischen Pfarrhauses*. Bönen: Verlag Kettler, 2. Auflage, S. 33–39.

26 Pfarrhäuser selbst gab es schon seit dem 9. Jahrhundert und zum Teil lebten auch Pfarrersfamilien darin, vor der Einführung des Zölibats oder danach gegen das kirchliche Recht. Vgl. Schilling 2014, S. 33 und 35.

27 Die Pfarrfrauen waren es, die sich durch „Dienstbereitschaft, Offenheit, Bildung und Empathie" auszeichneten, so: Pachmann, Herbert (2011): *Pfarrer sein – Pfarrerin sein. Ein Beruf und eine Berufung im Wandel*. Göttingen, Oakville: Vandenhoeck & Ruprecht, S. 200.

sollten friedlich miteinander umgehen und die gepredigten Ansprüche in die Tat umsetzen, bis Leben und Arbeit eins wurden und alle Bewohner zu einem Idealbild verschmolzen „in einem offenen, gastfreundlichen Haus, gelehrsam, bescheiden, hilfsbereit und ohne Falsch und Tadel."[28]

So entstand mit den protestantischen Pfarrern eine neue Sozialgruppe, die in die Berufswelt der bürgerlichen Gesellschaft eingebunden war und sich doch von ihr abheben sollte.[29] Die Pfarrfamilie war ein strategisches Mittel, den Protestantismus und die durch ihn evozierten Tabubrüche wie die Abschaffung des Zölibats und die Einrichtung der Priesterehe zu legitimieren und den Zugewinn an Freiheit öffentlich sichtbar zu machen. Beruf, Habitus und Lebensführung griffen eng ineinander und auf die gesamte Familie aus. Nicht nur der Pfarrer war immer im Amt. Auch seine Frau und seine Kinder unterlagen einer hohen sozialen Kontrolle. Sie lebten wie in einem „Glashaus",[30] das anderen jederzeit einsichtig war, und bewegten sich in dieser Berufs- und Privatwelt wie auf einer Bühne, auf der bestimmte Dinge gesagt und getan werden durften, andere nicht. Kleidung, gesellschaftliche Kontakte, Verhaltensweisen, Sprachmuster, Gebärden und Körperhaltung, all dies sollte die neue Lehre sichtbar machen. Jagd, Tanz, Trunk und Glücksspiel waren verboten. So prägte sich über die Generationen ein spezifisches Familienbewusstsein aus, das dem des Adels ähnlich war. Pfarrfamilien heirateten bevorzugt untereinander. Sie legten Genealogien und Stammbäume an, die die eben abgeschaffte apostolische Sukzession auf familiärer Ebene neu inszenierte, und wuchsen sich zu regelrechten Pfarrdynastien aus. Strukturell waren die Pfarrer allerdings nicht an der Oberschicht orientiert, sondern an den Beamten.[31] Preußen etwa verbeamtete sie nach dem Vorbild der höheren Staatsdiener und erklärte ähnlich wie für Richter und andere königliche Beamte 1811 den schwarzen Talar mit Beffchen zur verbindlichen Berufskleidung. Was Luther eingeführt hatte, um die Kluft zwischen Laien und Klerus symbolisch nieder-

---

28   Anke, Hans Ulrich (2014): „Grußwort". In: Deutsches Historisches Museum 2014, S. 12.
29   Weyel, Birgit (2007): „Pfarrberuf. Amt/Amtsverständnis/ Profession/pastoraltheologisches Leitbild". In: Gräb, Wilhelm/Weyel, Birgit (Hg.): *Handbuch Praktische Theologie*. Gütersloh: Gütersloher Verlagshaus, S. 639–649.
30   Steck, Wolfgang (1984): „Im Glashaus: Die Pfarrfamilie als Sinnbild christlichen und bürgerlichen Lebens". In: Greiffenhagen, Martin (Hg.): *Das evangelische Pfarrhaus. Eine Kultur- und Sozialgeschichte*. Stuttgart: Kreuz-Verlag, S. 109–125.
31   Der Protestantismus erst hat das Amt des Priesters zu einem Beamtenberuf gemacht, was sich zunehmend auch finanziell ausdrückte. Bis in die 1930er Jahre allerdings waren Pfarrer gemessen an ihrer Ausbildung verhältnismäßig schlecht bezahlt.

zureißen,³² wurde nun zu einer neuen Uniform. Der Pfarrberuf, der nach der Reformation erheblich entsakralisiert worden war, wurde nun wieder ständisch begründet als *status ecclesiasticus*³³ und elitär verstanden. Die Amtsträger hoben sich durch die Ordination und das Tragen der Talare von der Zivilbevölkerung ab. Die Priesterehe, die anfangs als Liberalisierung der Sitten erschienen war, wurde nun ein Muss. Erst sie machte den Pfarrer zur ordentlichen Amtsperson. In manchen Kirchräumen kehrten die Schranken zurück. Sie trennten die Gottesdienstbesucher nach sozialem Rang, indem sie Logenplätze zum Verkauf anboten. So formierte sich um 1850 eine kirchliche Binnenkultur, die in die gesellschaftliche Ordnung eingebunden war und zugleich die Andersheit des geistlichen Standes betonte. Bis ins 19. Jahrhundert hinein galt der Pfarrberuf als Musterbeispiel für den bürgerlichen Beruf, doch machte es die Beamtenrolle den Pfarrern auch schwer, die Kluft zu anderen Bevölkerungsgruppen zu überwinden und die mit der Industrialisierung verbundenen sozialen Umbrüche richtig einzuschätzen.

Ende des 19. Jahrhunderts erfuhr der Pfarrberuf erstmals seit der Reformation wieder einen deutlichen Ansehensverlust. Durch die Einführung der Personenstandsgesetze 1875 musste er sekundäre Berufsfunktionen wie die Schulaufsicht, die Armenfürsorge und die öffentliche Eheschließung an den Staat abgeben. Die Zivilehe wurde nun ohne ihn auf den neu eingerichteten Standesämtern geschlossen. Die traditionellen Bildungsaufgaben, insbesondere die an Bibel und Katechismus erworbene Lesefähigkeit, übernahm die Schule. Der Pfarrer wurde aus der Öffentlichkeit zurückgedrängt und fokussierte sich von nun an stärker auf seine Gemeinde, die einen vereinsähnlichen Charakter erhielt und den Pastor als Vorsitzenden der Kerngemeinde verstand.

Seit dem Ende des Ersten Weltkriegs wird in Theologie und Kirche konzeptionell um das Profil des Pfarrberufs gerungen. Die nationalkonservative Ausrichtung weiter Teile der Pfarrerschaft, die die deutsche Beteiligung am Kriege gutgeheißen und in Predigt und eigener Kriegsbeteiligung als Soldaten mitgetragen hatte, führte zu einer theologischen Spaltung. Die so genannte Dialektische Theologie betonte ab den 1920er Jahren den Weltabstand der Kirche und suchte bewusst den „Bruch" mit aller Kultur. Sie erwies ihre Stärke im Natio-

---

32 Luther hatte die Mönchskutte 1524 in der Wittenberger Stadtkirche abgelegt und war erstmals in der Schaube, einem langen umgürteten schwarzen Überrock, erschienen. Der schwarze Rock war im 16. Jahrhundert keine klerikale Tracht, sondern bürgerliche Laienkleidung.

33 Neben dem *status oeconomicus* und *status politicus*. Die Anknüpfung an die mittelalterliche Dreiständelehre geht allerdings auch auf Luther zurück.

nalsozialismus, wo sie mit der Bekennenden Kirche eine Gegenwelt zu verkörpern suchte, die sich dem faschistischen Staat und den Deutschen Christen widersetzte. Nach 1945 wirkte die Kirche als Bildungsträger bei der Re-Education der Bevölkerung mit und wurde darum von den Alliierten gefördert. Zugleich zeigte sie nach innen restaurative Tendenzen. Die Orientierung an der Dialektischen Theologie, an die man sich aus moralischen Gründen nach den erschütternden Erfahrungen von Krieg und Holocaust anschloss, wirkte sich lähmend aus. Die Verfehlungen der Institution während der nationalsozialistischen Herrschaft blieben weitgehend tabu. Statt lebensgeschichtlich orientierter Gespräche und kritischer Reflexionen agierten die Pfarrer eher wie in *Dumala* „von Amts wegen barmherzig".[34] Sie zogen sich auf ihre agendarischen Gottesdienste zurück, „die merkwürdig zeitenrückt wirkten und deren Form nur historisch begründet wurde",[35] zeigten in der Begleitung anderer wenig Empathie und ignorierten den zunehmenden Funktionsverlust, der sich zu einem Kommunikations- und Glaubwürdigkeitsproblem auswuchs.

Die Frauenordination brach in den 1960er Jahren diese Erstarrungstendenzen noch einmal auf. Die Frauen, die ihre kriegführenden Männer in den Gemeinden ersetzt hatten, drängten nun selbst ins Pfarramt. Zwar waren sie seit 1908/1909 in Deutschland zum Theologiestudium zugelassen,[36] der Beruf selber aber blieb ihnen verwehrt. Erst 1958 führte die Evangelische Kirche in der Pfalz die Ordination von Frauen ein, die anderen EKD-Gliedkirchen folgten, als letzte folgte 1991 die Evangelische Kirche von Schaumburg-Lippe.[37] Die Frauen, die nach Luthers Auffassung den Männern im Glauben gleichgestellt waren, mussten lange um ihre kirchenrechtliche Gleichstellung kämpfen, ehe sie schließlich den schwarzen Talar als Amtskleidung und die Abschaffung des Pflichtzölibats für sich durchsetzen konnten, mit dem eine Pfarrerin – im Unterschied zum evangelischen Pfarrer – noch bis 1978 belegt worden war.

Seither hat sich das Leben im Pfarrhaus erheblich verändert. Neben den ‚typischen' Pfarrfamilien gibt es inzwischen auch ledige oder geschiedene Pastoren, unverheiratete oder gleichgeschlechtliche Paare, Teilzeittätigkeit und Pfarrfrauen oder Pfarrmänner, die in anderen Berufen arbeiten, sowie Partner, die einer anderen Religion angehören oder konfessionslos im Pfarrhaus leben

---

34 Keyserling 2009, S. 20.
35 Grethlein 2012, S. 468.
36 Klessmann 2012, S. 255 – also zu der Zeit der Abfassung von *Dumala*.
37 Grethlein 2012, S. 468.

– und mancherorts lebt der Pfarrer/die Pfarrerin gar nicht mehr in den traditionellen Räumen, sondern in den eigenen vier Wänden, und das Pfarrhaus oder auch die Kirchgebäude selbst werden anders genutzt, vermietet oder verkauft. All dies aber gilt nach wie vor als Ausnahme von einer imaginären Regel, wie die oft willkürlich zugestandenen oder abgewiesenen Sonderregelungen in den einzelnen Landeskirchen sowie der anhaltende Streit um die Residenz- und Präsenzpflicht und die Pflicht zur Erreichbarkeit zeigen. Gelegentlich wird auch abschätzig von einer „*Feminisierung des Berufes*"[38] gesprochen, auch wenn angeblich ‚weibliche' Eigenschaften wie Kommunikations- und Empathiefähigkeit bei der Beschreibung des Berufsbildes positiv hervorgehoben werden.

Die grundsätzliche Unsicherheit bezüglich der Aufgaben und inhaltlichen Profilierung dieses Berufes, der auch im 21. Jahrhundert gesellschaftlich erkennbar und relevant bleiben soll, hat sich trotz der vielen pastoraltheologischen Entwürfe nicht aufgelöst. In den 1980er Jahren hatte der Göttinger Theologe Manfred Josuttis selbstbewusst konstatiert: *Der Pfarrer ist anders.*[39] Das war Forderung und Vorwurf zugleich. Der Pfarrer ist anders, und er soll es auch sein. Er soll wissen, dass sich besondere Erwartungen an ihn richten. Denn auch er erwartet von anderen, dass sie anders werden, sich bessern und bekehren. Die Vorbildlichkeit des Pfarrers wurde wieder betont und der Beruf in die Spannung zwischen Anpassung und Widerspruch gestellt. Nach wie vor wird er zu den modernen „Expertenberufen" gezählt und steht mit Ärzten und Juristen in einer Reihe. Wie diese soll er „nicht nur durch Sachkompetenz, sondern auch durch überdurchschnittliches Engagement, Aufopferungsbereitschaft und gelebte[r] Einheit von Beruf und Privatleben glänzen".[40] Person und Sache sollen nach wie vor verschmelzen, doch ist die gesellschaftliche Rolle der *berufenen Beamten* dabei ungeklärt. Bis heute ist das Pfarrdienstrecht mit seinen Grundsätzen der Bestenauslese, Hauptberuflichkeit und Alimentation stark an das Beamtenrecht angelehnt. Der Zugang zum Vikariat wird in manchen Landeskirchen wie in einem Wirtschaftsunternehmen über Assessment-Center geregelt, und das Theologiestudium an den Universitäten ist weniger

---

38 Ebd., S. 473.
39 Josuttis, Manfred (1982): *Der Pfarrer ist anders. Aspekte einer zeitgenössischen Pastoraltheologie.* München: Chr. Kaiser Verlag. 1996 radikalisierte er dies zu einem mystagogischen Konzept und sah Pfarrer nun als Personen, die andere in die verbotene Zone des Heiligen führen. Vgl. Josuttis, Manfred (1996): *Die Einführung in das Leben. Pastoraltheologie zwischen Phänomenologie und Spiritualität.* Gütersloh: Gütersloher Verlagshaus.
40 Weyel 2007, S. 646 f.

durch seine Studierendenzahlen als durch die Staatskirchenverträge garantiert. Statistisch gesehen geht das Ansehen des Pfarrberufs in der Bevölkerung zurück: In der vom Allensbacher Institut für Demoskopie erstellten Berufsprestige-Skala rangierten die Pfarrer seit 1966 recht zuverlässig auf Platz zwei und drei. Im Jahr 2011 lagen sie indes nur noch auf Platz 7 der 18 genannten Berufe und konnten sich erst nach Arzt, Krankenschwester, Lehrer, Handwerker, Ingenieur, Hochschulprofessor und Rechtsanwalt platzieren.[41] Das liegt nicht nur an dem allgemeinen Rückgang der Kirchenbindung und der Übernahme genuiner Berufsfunktionen durch andere Angebote wie Jugendweihe, Esoterik, Therapie oder freie Redner auf Hochzeiten und Beerdigungen. Es hat auch mit dem Aufdecken der massenhaften Missbrauchsfälle im vermeintlichen Schutzraum Kirche zu tun, der eine Tabugrenze überschritt und nicht nur die katholische Kirche ab 2010 stark erschüttert hat, sondern sich auch auf die evangelische Kirche negativ auswirkt.

Das sinkende Ansehen ihres Berufes wird von den Amtsinhabern oft durch Mehrarbeit kompensiert. 50 bis 60 Stunden pro Woche sind auch auf Teilzeitstellen keine Seltenheit und lassen für das Privatleben wenig Raum. Die Pluralisierung der Lebensformen sollte nicht den Blick auf die Belastungen verstellen, die damit noch immer für die einzelnen konkret verbunden sind, sei es Scheidung (das öffentliche Auseinandergehen von Paaren) oder Homosexualität (das öffentliche Zusammengehen von Paaren). Verschwiegen wird auch die innere Einsamkeit des Pastors/der Pastorin, die heute unter dem Stichwort „Burnout im Pfarramt"[42] neu verschlagwortet wird. Wie andere helfende Berufe stehen auch sie in der Gefahr, emotional auszubrennen. Die Dauerempathie in andere verhindert oft den Blick auf das, was einem selber Not tut, und Residenz- und Präsenzpflicht, ungeregelte Arbeitszeiten, fehlende Wochenenden und Feiertage, aber auch die Widersprüche zwischen Innen und Außen, eigene Glaubenszweifel etwa, machen einen Beruf schwer, an den hohe moralische Erwartungen gestellt werden und der doch nur selten die Anerkennung der Leistungsgesellschaft erfährt.

---

41 Grethlein 2012, S. 472.
42 Sendera, Alice/Sendera, Martina (2013): *Trauma und Burnout in helfenden Berufen. Erkennen, Vorbeugen, Behandeln. Methoden, Strategien und Skills.* Wien: Springer-Verlag.

2 Leviten lesen: Der Pfarrberuf in der Literatur

Die pastoraltheologische Fachliteratur, die sich im Umbruch zum 19. Jahrhundert als eigenständige Gattung herausbildet, spiegelt die professionstypischen Probleme des Pfarrberufs. Sie dokumentiert bis in die Gegenwart die gesellschaftlichen Veränderungen, denen der Beruf unterliegt, und will, vor allem in ihrer Anfangszeit, seinen Vertretern als Anleitungs- oder Ratgeberliteratur dienen. Das Leben der Pfarrfamilie, das der Gemeinde nicht selten „wie ein offenes Buch"[43] vor Augen liegt, wurde dabei allerdings eher ausschnitthaft thematisiert. Einzelne Punkte konnten durchaus kritisch verhandelt und diskutiert werden, eine grundsätzliche Infragestellung des protestantischen Lebensmodells, das mögliche ‚Versinken' dieses Berufes gar – analog zu Keyserlings Baltendeutschen – ist in diesem Genre dagegen schwer zu verhandeln. Insofern gibt es über das tatsächliche Leben im Pfarrhaus nur wenige und dann oft einseitige Überlieferungen.[44] Der Alltag ist meist kein Thema, auch wenn über die Jahrhunderte Abweichungen vom entworfenen Ideal vermerkt wurden.

Eine wichtige Rolle, das Innenleben des Pfarrberufs und seine Konfliktwelt zu verstehen, spielt darum die *erzählende* Literatur.[45] Sie fungiert nicht nur als kulturgeschichtliche Quelle. Sie kann auch die mit dem Beruf verbundenen Tabuthemen leichter zur Sprache bringen und in fiktiver Form mit den normativen Vorgaben experimentieren, die das Pfarrhaus seit Mitte des 18. Jahrhunderts zu einem bürgerlichen Ideal und Biedermeieridyll stilisierten – ein Ideal, das durch Literatur, Kunst und Wissenschaft nicht nur kritisch begleitet, sondern auch mit entworfen und kolportiert worden ist.[46] Dabei konzentriert sich die Literatur allerdings eher auf das Grenzüberschreitende, das Abweichende, das zum Erzählen reizt. Die Momente, in denen der Pfarrer wirklich „anders" ist als pastoraltheologisch erwartet und seine Motive dafür durch Empathie und Tabubruch ausgelotet werden müssen. In der Theologenschaft wird die so genannte Pfarrerliteratur darum eher ambivalent zur Kenntnis genommen. Einerseits wird ihr eine wichtige „seismographische Funkti-

---

43 Pachmann 2011, S. 198.
44 Köhle-Hezinger, Christel (2014): „Das evangelische Pfarrhaus: Kosmos, Glashaus, Sakralhügel?" In: Deutsches Historisches Museum 2014, S. 83–88, hier S. 86.
45 Ab dem 20. Jahrhundert dann zunehmend ergänzt durch das Medium Film.
46 Schorn-Schütte, Luise (2014): „Vorbild Pfarrhaus". In: Deutsches Historisches Museum 2014, S. 113–119, hier S. 113.

on"[47] für Theologie und Kirche zugeschrieben und die Besonderheit des Pfarrers daraus abgeleitet, der es zu einer „tragenden Figur eines modernen Romans"[48] gebracht hat. Andererseits wird ihr unterstellt, dass sie den eigenen Berufsstand nur karikiere und *den Leviten die Leviten liest*: „Halten die Schriftsteller [aus ihrer kritisch-distanzierten Position heraus] ‚uns' Pfarrerinnen und Pfarrer einen Spiegel vor, der uns in seiner Deutlichkeit erschrecken lassen müsste, oder entwerfen sie ein Zerrbild, das wir getrost vernachlässigen können?"[49]

Ein solches ‚Levitenlesen' ist allerdings zu moralisch gedacht. Das subversiv-entlarvende Moment ist der Literatur vielmehr *in ihrer Literarizität* eigen. Es liefert den Schreibimpuls, bringt innerfiktional die Handlung voran und führt zu komplex angelegten Figuren. Rezeptionsästhetisch dient es dazu, die Kehrseiten zu beleuchten, die mit den besonderen Erwartungen an den Pfarrberuf verbunden sind, und sie dem Leser lesbar zu machen. Die totale Berufsrolle und uneingeschränkte Identifikation wurde und wird den Vikaren oft schon im Predigerseminar angetragen und später von Kirchenleitungen affirmiert. Auch in der Bevölkerung, ob Kirchenmitglied oder nicht, scheinen Abweichungen vom postulierten Verhaltenscodex oft provozierender zu wirken als in anderen Berufen und werden öffentlich debattiert. Die kleinen und großen Verfehlungen der Amtsträger machen den anderen deren Anderssein vielleicht erträglicher. Für die Pastorenschaft selbst und ihre Familien jedoch bedeutet die dauernde Beobachtung einen enormen Leistungs- und Gewissensdruck. Um ein „Lichthaus"[50] sein zu können, das andere erhellt, müssen seine Bewohner ihre dunklen Seiten oft ausblenden. Schwierigkeiten werden unter den Teppich gekehrt und Ausbruchsversuche aus der „heiligen Familienfirma",[51] erotische Nebengleise, Depressionen, Suchterkrankungen und Suizide verheimlicht. So war und ist das Pfarrhaus nicht nur ein Ort des Wortes, sondern auch ein Ort des Schweigens und Verschweigens.[52]

---

47 Wiggermann, Karl-Friedrich (1993): „Er hat die Grenzen schon überschritten. Pfarrer in der deutschsprachigen Gegenwartsliteratur". In: *Pastoraltheologie* 82, S. 476–499, hier S. 478.
48 Wiggermann 1993, S. 499.
49 Klessmann 2012, S. 23.
50 Brückner, Shirley (2014): „Das Leben ist eine Bühne. Die (Selbst-) Inszenierung des Pfarrhauses". In: Deutsches Historisches Museum 2014, S. 55–59, hier S. 56.
51 Würzberg, Anja (2005): *Ich: Pfarrerskind. Vom Leben in der heiligen Familienfirma*. Mit einem Geleitwort von Margot Käßmann. Hannover: Lutherisches Verlagshaus.
52 Gestrich, Andreas (1984): „Erziehung im Pfarrhaus. Die sozialgeschichtlichen Grundlagen". In: Greiffenhagen 1984, S. 63–81, hier S. 81.

Eben dieses Verschwiegene kann die Literatur zur Sprache bringen, und sie hat es seit dem 18. Jahrhundert auch in zahlreichen Erzählungen und Romanen getan.[53] Keyserlings *Dumala* ist dabei nur eines von vielen Beispielen, und der Pastor Erwin Werner eine Ausnahme bei dem für seine Adelsgeschichten bekannten Schriftsteller.[54] Er zeigt den Pfarrberuf im Geflecht untergehender Stände und Zeiten, seine Isolation und Resignation in einer konventionell erstarrten Welt. Das Pfarrhaus bildet hier das Gegenüber zum Schloss und fungiert als Stützpunkt des bürgerlichen Lebens. In ihm wird die für den Protestantismus so wichtige Musik vom Pfarrersehepaar ‚noch wie zu Luthers Zeiten' gepflegt – von ironischen Untertönen begleitet.[55] Gesellige Kontakte zwischen Pfarrhaus und Adel gab es in der Regel nicht. Sie werden aber hier für das Deutschbaltentum konstatiert, auch um den geistlichen Beruf dem Verfall des Adels an die Seite zu stellen, der durch den gelähmten, siechen und am Ende sterbenden Baron Werland verkörpert wird.[56] Werner fungiert als so genannter Gutspfarrer, der sich in eine delikate Situation manövriert und dann doch die Standesunterschiede zu spüren bekommt. Seine Wirthausgespräche mit Organist und Lehrer, die ihm Untergebene und nicht recht ernst zu nehmende Konkurrenten sind, können ihn nicht befriedigen, doch der nächste Schritt ist für den Pastor zu weit. Seine hübsche, aber kurzsichtige Frau, die

---

53 Für erste Überblicke vgl. Minder, Robert (1959): *Das Bild des Pfarrhauses in der deutschen Literatur von Jean Paul bis Gottfried Benn*. Wiesbaden: Franz Steiner Verlag; Schimansky, Gerd (1995): *Die Last und Lust, ein Christ zu sein. Evangelische Pfarrergestalten in der Literatur*. Hannover: Lutherisches Verlagshaus; Hartwich, Wolf-Daniel (2003): Art. Pfarrbild, literarisch. In: *Religion in Geschichte und Gegenwart*[4] 6, Sp. 1221–1223; Steffensky, Fulbert (Hg.) (2004): *Nicolaigasse. Der Pfarrer und das Pfarrhaus in der Literatur*. Stuttgart: Radius-Verlag; Kretschmar, Katja (2009): „Zwischen Profession und Projektion: Pfarrerbilder in der Literatur". In: Schult, Maike/David, Philipp (Hg.): *Wortwelten. Theologische Erkundung der Literatur*. Berlin: LIT Verlag, S. 195–218; Isermann, Gerhard (2012): *Helden, Zweifler, Versager. Das Pfarrerbild in der Literatur*. Hannover: Lutherisches Verlagshaus.

54 Vgl. dagegen die vielen Pfarrergestalten bei Ricarda Huch, Theodor Fontane, Jeremias Gotthelf, Gerhart Hauptmann, Wilhelm Raabe und Uwe Johnson. Und: Quandt, Willy (1955): *Theodor Storm und das evangelische Pfarrhaus*. Heide in Holstein: Westfälische Verlagsdruckerei Boysens & Co.; Jens, Walter (1993): *Die Buddenbrooks und ihre Pastoren. Zu Gast im Weihnachtshause Thomas Manns*. Lübeck: Verlag der Buchhandlung Gustav Weiland Nachf.; Dannowski, Hans Werner (2008): *„Wie schade, daß ich kein Pfaffe bin". Wilhelm Busch und die Religion*. Hannover: Lutherisches Verlagshaus.

55 Im 19. Jahrhundert wurde das Pfarrhaus oft als Ort der Hausmusik dargestellt. Viele Bilder zeigen seine Bewohner mit Tasteninstrument oder singend und halten das gemeinsame Musizieren und Singen von Gesangbuchversen als Charakteristikum des Pfarrhauses fest. Auch *Dumala* wird am Abend vor der Sonntagspredigt mit gemeinsamer Musik eröffnet: Der Pfarrer singt eine Liebesschnulze, „die kleinen roten Hände" seiner Frau „stolperten aufgeregt über die Tasten." Vgl. Keyserling 2009, S. 7.

56 Bis ins 19. Jahrhundert hinein war es eher üblich gewesen, dass die jeweiligen Patrone (die Adligen und Fürsten) die Anstellungsträger der Pastoren waren und angehende Pastoren vor ihrer ersten Stelle als Hauslehrer bei adligen und großbürgerlichen Familien Dienst taten.

einen „Siegfried" in ihm sieht, ahnt seinen Schwachpunkt, die Liebe zur Baronin, sehr genau und kann ihr doch nicht mehr als ihre „kleine[n], legitime[n] Sinnlichkeit" entgegensetzen.[57] So dringt der pastorale Bariton in der Eröffnungsszene über den Novemberschnee, doch dem Pastorengesang antwortet nur ein Hund vom nahen Bauernhof „mit langgezogenem, sentimentalen Geheul."[58] Wo alles die Zensur „gemütlich" erhalten muss und nur die gemeinsamen Mahlzeiten die Partner zusammenhalten, kann keine Leidenschaft wachsen: „Am Eßtisch unter der Hängelampe war alles Fremde und Erregende fort."[59] Am Ende des Romans sieht Werner Karola auf der Freitreppe des Schlosses stehen als schwarze Gestalt im (Trauer-) Kleid, um schmerzhafte, aber echte Erfahrungen bereichert und von der untergehenden Sonne bestrahlt. Der Pastor hingegen kann sich in ihre Seele nicht einfühlen und bleibt mit allgemeinen Lebensweisheiten zurück: „Seltsam! dachte Werner, da glaubt man, man sei mit einem anderen schmerzhaft fest verbunden, sei ihm ganz nah, und dann geht ein jeder seinen Weg und weiß nicht, was in dem anderen vorgegangen ist. Höchstens grüßt einer den anderen aus seiner Einsamkeit heraus!"[60] So lässt der Pfarrer, dem keine echte Empathie gelingt und der doch den Tabubruch nicht wagt, den Leser am ersten Weihnachtstag zurück – mit einer leichten Enttäuschung über seine eheliche Treue.

3 Empathische Tabubrüche: Seelsorgliche Arbeit heute

Eine Berufsrolle kann „die Individualität einer Person verhindern, sie kann sie [aber] auch hervorbringen."[61] Dies sei abschließend an der Rolle aufgezeigt, die für das heutige Pfarramt Leitbild ist und durch Professionalisierung und Kommunikation auch in der pastoralen Praxis zu empathischen Tabubrüchen führen kann. Seelsorge ist neben Gottesdienst und Unterricht das dritte klassische Handlungsfeld, und der Großteil der Pastorinnen und Pastoren (61,3 %) orientiert sich bis heute an diesem Leitbild,[62] auch wenn im normalen

---

57 Keyserling 2009, S. 11.
58 Ebd., S. 8.
59 Ebd., S. 9.
60 Ebd., S. 128.
61 Steffensky 2004, S. 12.
62 Weyel 2007, S. 641. Die Seelsorge steht damit vor der Rolle des Verkündigers/der Verkündigerin.

Gemeindepfarramt nur etwa 4 bis 5% der tatsächlichen Arbeitszeit darauf entfallen. Sie kann in so genannten Sonderpfarrämtern wie Krankenhaus, Altenheim, Gefängnis, Polizei und Notfallseelsorge erfolgen, im Gemeindealltag selbst oder als Beratungsarbeit.

Die kirchliche Beratungsarbeit hat sich im deutschsprachigen Raum nach 1945 etabliert.[63] Die Kirchen haben hier Pionierarbeit geleistet und sind wichtige Träger unterschiedlichster Formen von Beratungstätigkeit geworden. Seit den 1950er Jahren findet sie nicht mehr nur in den Gemeinden statt, sondern wurde als Erziehungsberatung, dann auch als Ehe- und Lebensberatung in den 1970er Jahren in Westdeutschland, ab 1990 auch in den neuen Bundesländern breit ausgebaut. Inzwischen gibt es ein dichtes Netz von Beratungsstellen in kirchlicher Trägerschaft. Zu ihr gehören etwa die Telefonseelsorge, die 1956 in West-Berlin als anonyme Hilfsmöglichkeit für Suizidgefährdete eingeführt worden ist, sowie SMS-Seelsorge, Internetberatung und Beratung in spezifischen Problemlagen wie Drogen oder Schulden. Insgesamt sind hier um die 4000 Mitarbeiter beschäftigt, die pro Jahr etwa 250.000 Familienangehörige beraten. Die Klientel entstammt dabei nicht nur der Mittelschicht, sondern repräsentiert den Bevölkerungsdurchschnitt.

Empathiefähigkeit und beraterliche Kompetenz von Pfarrern und Pfarrerinnen werden in vielen Landeskirchen durch gezielte Aus- und Weiterbildung geschult. Kirchliche Beratung ist dabei ein eigener psychosozialer Dienst, der zwischen Seelsorge und Therapie liegt und dessen Beratungsmodelle von bestimmten psychotherapeutischen Richtungen wie Psychoanalyse, Gesprächstherapie und systemischer Therapie beeinflusst sind. Seelsorgliche Beratung ist demgegenüber allerdings noch einmal etwas Eigenes. Sie ist oft stärker am Alltag orientiert, an der konkreten Problemlösung, und richtet sich in beschränkter Zeit an Menschen, die sich Handlungsfähigkeit bewahrt haben. Sie basiert auf einer guten Beratungsbeziehung und hilfreichen Kommunikationsformen und zielt darauf, andere zur Selbsthilfe zu ermächtigen. In der Regel geht es in den Gemeinden geht es um Kurzzeitberatung. Dabei haben Pfarrer und Pfarrerinnen in ihren Arbeitsfeldern oft Möglichkeiten, die andere beratende Berufe nicht haben. Sie können im Gemeindealltag Menschen in kurzen informellen Begegnungen zwanglose Anstöße geben, Hausbesuche tätigen oder kirchliche Veranstaltungen nutzen. Besonders die Kasua-

---

63 Zum Folgenden vgl. Morgenthaler, Christoph (2007): „Beratung. Gespräch/Krisenintervention/ Seelsorge/Diakonie". In: Gräb/Weyel 2007, S. 446–457.

lien, die Amtshandlungen also an existentiellen Schwellen wie Taufe, Trauung und Beerdigung, bieten Gelegenheit zum seelsorglichen Gespräch. Diese Formen von Alltags- oder Zufallsseelsorge können an jedem öffentlichen Ort stattfinden, beim Einkaufen, beim Gespräch über den Gartenzaun, zwischen Tür und Angel. Sie sind niedrigschwellig und spontan und dauern oft weniger als 20 Minuten. Die Pfarrpersonen profitieren dabei noch immer davon, dass sie im Unterschied zu Therapeuten öffentlich bekannt und leicht zugänglich sind und die Gespräche kostenlos in Anspruch genommen werden können. Sie kennen die Betroffenen und ihre Familien vielleicht aus früheren Begegnungen, kennen die Bedingungen und Netzwerke vor Ort und können den Menschen auch nach einer Krise nahebleiben. Ihnen wird oft noch immer ein Vertrauensvorschuss eingeräumt und eine besondere Autorität zugesprochen, „die einfühlsam gebraucht werden kann".[64] In Gottesdiensten und Andachten können sie rituelle Ausdrucksformen finden, die anderen Berufen nicht zur Verfügung stehen, und existentielle Themen wie Sinn, Leiden, Schuld und Vergebung zur Sprache bringen. Eine besondere Situation ist die Palliativmedizin. Hier ist Seelsorge in besonderem Maße eingebunden in eine umfassende Betreuung des Menschen und arbeitet eng mit medizinischer, psychologischer und sozialer Begleitung zusammen. Methodisch orientiert sie sich dabei an der Gesprächspsychotherapie von Carl Rogers, die Akzeptanz, Empathie und Authentizität als wesentliche Grundlagen formulierte.

Eine entscheidende Erwartung an die Pfarrerschaft ist dabei bis heute: etwas zu sagen zu haben, wo es anderen sie Sprache verschlägt. Sich einfühlen können in fremde Lebensgeschichten und durch Gottesdienst, Predigt oder diakonisch-soziale Arbeit eine Öffentlichkeit schaffen, in der Ungerechtigkeiten benannt und Missstände aufgedeckt werden. In Krisenzeiten, nach großen Katastrophen wie dem 11. September 2001 oder dem Schulattentat in Erfurt sind die Kirchen voll. Der Theologe Henning Luther hat darum Seelsorge so definiert, dass sie immer mit Lebenssituationen zu tun hat, die aus dem Rahmen der abgesicherten, ungestörten Routine von Alltäglichkeit herausfallen[65] und damit an sich oft schon Tabubrüche darstellen. Seelsorge werde immer an den Rändern des Lebens nötig, dort, wo Brüche die bisherige Kontinuität irritieren und der fraglose, reibungslose Lebensvollzug nicht mehr gesichert

---

64 Morgenthaler 2007, S. 448.
65 Luther, Henning (1992): *Religion und Alltag. Bausteine zu einer Praktischen Theologie des Subjekts*. Stuttgart: Radius Verlag, S. 231.

ist. In existentiellen Grenzsituationen, die durch Krankheit, persönliches Scheitern oder Tod aufbrechen und die nicht nur wie in der Therapie zur Wiederherstellung der Handlungsfähigkeit und Alltäglichkeit dienen, sondern die strukturellen Gegebenheiten des Zusammenlebens selbst kritisch beleuchten sollten. Manche sprechen darum vom prophetischen Auftrag der Kirche, die als Institution grundlegende Missstände aufdecken und sich solidarisieren kann:

> Kommunikative Seelsorge müßte dieses Defizitmodell verabschieden und fähig wie bereit werden, das Andere, den Anderen zuzulassen, in ihm zugleich das Andere seiner selber zu erkennen. Erst in dieser nicht abwehrenden, sondern empathischen Einstellung ist Solidarität mit den Betroffenen möglich.[66]

Die besondere Rolle der kirchlichen Seelsorger und Seelsorgerinnen wird dabei auch vom Staat unterstrichen und durch rechtliche Sonderkonditionen zum Beicht- und Seelsorgegeheimnis unterstützt. So erlauben die staatlichen Prozessordnungen Pfarrern und Pfarrerinnen die Aussageverweigerung über das, was sie in ihrer Funktion als Seelsorger und Seelsorgerin erfahren haben, und müssen geplante Straftaten nicht zur Anzeige bringen. Dabei ist kirchenrechtlich noch einmal zu unterscheiden zwischen dem Beichtgeheimnis, das unverbrüchlich ist und das darauf zielt, dass das, was man in der Seelsorge erfahren hat, nur dann an Dritte weitergegeben werden darf, wenn der seelsorglich Begleitete dem ausdrücklich zustimmt. Das so genannte Dienstgeheimnis bezieht sich dagegen auf innerkirchliche Vorgänge. Für Aussagen dazu vor Gericht oder Behörden bedürfen Pfarrer der Aussagegenehmigung ihrer Kirche. So sorgt der Staat im Verbund mit den berufenen Beamten dafür, dass Menschen noch Räume finden, in denen sie einem anderen etwas „unter dem Siegel der Verschwiegenheit" anvertrauen können. Solche versiegelten Gespräche sind nötig, um sich eine Last „von der Seele zu reden" und darauf zu vertrauen: Das bleibt unter uns. Das kann im privaten Bereich sein, in der Familie oder mit Freunden. Aber manchmal tut es auch gut, jemanden zu haben, für den das Hüten von Geheimnissen zum Beruf gehört. Das Austarieren zwischen Aussprechen und Verschweigen zeigt sich dabei besonders im Umgang mit Familiengeheimnissen.[67] Denn in den Übergängen des Lebens be-

---

66 Ebd., S. 237.
67 Vgl. zum Folgenden: Wagner-Rau, Ulrike (2007): „Lebensgeschichten sind voller Geheimnisse.

kommen Geheimnisse, die es in jeder Lebens- und Familiengeschichte gibt, noch einmal eine besondere Bedeutung. Nach dem Tod eines Menschen kann sichtbar werden, was lange verdeckt wurde. Oder es kann sein, dass Familien nicht wollen, dass etwas sichtbar wird (Krieg, NS-Vergangenheit, Missbrauch, Untreue etc.). Bei Kasualgesprächen ist darum auf solche Geheimnisse zu achten, wenn der Pastor nicht der einzige sein will, der erst nach einer Taufe erfährt, was alle wissen: Ist es eigentlich der leibliche Vater, der am Taufbecken steht? Wie weit kann man den Informationen trauen, die man bekommt? Umgekehrt fürchten Angehörige, die Pastorin könnte von dort vorne am Altar etwas öffentlich verkünden, was als entblößend empfunden würde. Man gibt sich in die Hand des Pfarrers, der erzählt, und kann nicht kontrollieren, was in der Predigt veröffentlicht wird. So kommt es in Kasualgesprächen oft zu dem erschrockenen Innehalten: „Das sagen Sie aber nicht in der Predigt, oder?'"[68] Hier das richtige Maß zu finden aus Empathie einerseits und erlösender Enttabuisierung andererseits gehört zu den besonderen Herausforderungen, aber eben auch Chancen des Berufs. Man hat die Chance, ans Licht zu bringen. Aber es gibt auch Dinge, die im Dunkel bleiben sollen, und man hat weder das Recht noch die Macht, dies zu ändern. Hier sind die liturgische Handlung und die liturgische Sprache eine Möglichkeit, zwischen den Zeilen auszusprechen und subversive Sprachformen zu wählen für das, was unsagbar scheint und was der Pfarrer auch nonverbal repräsentiert in seiner Person: dass er es weiß und bezeugt.

Weil aber der rechte Umgang mit Geheimnissen auch Kirchenleuten nicht immer leicht fällt, wacht der Legende nach der heilige Nepomuk über sie. Nepomuk ist der Schutzpatron der Verschwiegenheit. Er war ein böhmischer Priester, der sich selbst seinem König gegenüber geweigert hat, das Beichtgeheimnis zu brechen. Weil er nicht preisgeben wollte, was ihm die Frau des Königs in der Beichte anvertraut hat, ließ ihn der König von der Karlsbrücke in Prag ins Wasser werfen und ertrinken. Nepomuk konnte wirklich schweigen „wie ein Grab". Auf Bildern sieht man, wie er die Finger an die Lippen legt und so seinen Mund versiegelt. Er erinnert daran, dass es einen Unterschied gibt zwischen Verschwiegenheit und Verschweigen. Und dass jeder Mensch, beruflich wie privat, für sich prüfen muss, wann der Augenblick da ist zu reden.

Familiengeheimnisse in der Kasualpraxis". In: *Zeitschrift für Gottesdienst & Predigt* 25 Heft 1, S. 9 und 10.
68   Ebd., S. 9.

CHRISTIANE LUDERER

Empathie im Umgang mit dem Tabu(bruch) – Feinfühligkeit in der Gesundheitsversorgung. Dyaden in der Videointeraktionsanalyse.

Einführung

Der demografische Wandel und die Umstrukturierungen im deutschen Gesundheitssystem sind nicht nur makroskopisch, sondern auch mikroskopisch mit besonderen Herausforderungen an die Akteure und Patientinnen/Patienten verbunden.[1] Die von den Patientinnen/Patienten häufig vermisste Fähigkeit der Akteure, trotz hoher Anforderungen auf sie als Menschen und nicht als „Fall" einzugehen und durch einfühlsame Betreuung und Behandlung eine nachhaltige Kooperationsbereitschaft zu bewirken,[2] ist ein entscheidender Faktor in Bezug auf die erreichbare Gesundheits- und Lebensqualität.[3]

Am Institut für Gesundheits- und Pflegewissenschaft der Medizinischen Fakultät der Martin-Luther-Universität Halle-Wittenberg wurde 2009 ein Projekt ohne Drittmittel-Förderung mit offener Laufzeit begonnen, dessen Aufgabe es ist, Signaturen feinfühligen Arbeitens in der Pflege zu identifizieren. Im Folgenden werden erste Einblicke in dieses Projekt gewährt, das sich der Primärzelle der Patientenbetreuung – der Dyade – widmet und das Ziel hat, Muster in Interaktionen zwischen Pflegenden und Patienten[4] zu identifi-

---

[1] Birg, H. (2009): „Der demografische Wandel als politische Herausforderung. Ein Resumee über Ursachen und Konsequenzen der demografischen Zeitenwende in Deutschland und Europa." In: *Onkologie* 32 Suppl 3: S. 3–7; Schmidt, C./Möller J./Hardt, F./Gabbert, T./Bauer, M. (2007): „Erfolgsfaktoren im deutschen Krankenhausmarkt. Kliniken zwischen Verbundbildung und Privatisierung." In: *Anaesthesist* 56 (12): S. 1277–1283.

[2] Sawicki, P. (2005): „Qualität der Gesundheitsversorgung in Deutschland." In: *Medizinische Klinik* 100 (11): S. 755–768.

[3] McKinstry, B./Ashcroft, R./Car, J./Freeman George, K./Sheikh. A. (2006): „Interventions for improving patients' trust in doctors and groups of doctors." In: *Cochrane Database of Systematic Reviews* (3): CD004134. DOI:10.1002/14651858.CD004134.pub2. (letzter Zugriff 10.2. 2014).

[4] Im Interesse der bestmöglichen Lesbarkeit wird in diesem Beitrag bei Personenbezeichnungen mehrheitlich die männliche Form verwendet, dabei sind die weiblichen Personen ausdrücklich mit einbezogen.

zieren, die über einfühlsames Verhalten zu verbesserter Patientenorientierung und langfristiger Adherence beitragen können.

Das Fernziel des Projektes ist die Entwicklung eines Instrumentes zur strukturierten Beobachtung pflegerischer Interaktionen, um die Ausprägung von Feinfühligkeit zu messen und für die Ausbildung in den Gesundheitsberufen oder Forschungszusammenhänge nutzbar zu machen.

Theoretischer Rahmen

Empathie ist in der Arbeit der Gesundheitsberufe notwendig, um Beziehungen zu Patientinnen und Patienten sowie Angehörigen aufzunehmen, fortzuführen und gestalten zu können.[5] Dabei ist Empathie eine wichtige Grundlage für authentische Beziehungsarbeit, welche jedoch nicht automatisch aus einem Vorhandensein emphatischer Kompetenzen einer Pflegekraft oder eines Arztes erwachsen muss.[6] Hier wird vielmehr deutlich, dass eine begriffliche Differenzierung von empathischem Potential bzw. Feingefühl einer Person und ihrem erkennbaren Handlungsrepertoire, das auf feinfühliges Verhalten hinweist, unerlässlich ist. Denn die Wahrnehmungsfähigkeit im Sinne von emphatischem Erkennen der Bedürfnisse eines anderen Menschen muss nicht zwangsläufig bedeuten, auch auf diese Bedürfnisse einzugehen; vielmehr kann auch im Sinne feindseligen Verhaltens ein hohes Ausmaß an Feingefühl dazu beitragen, die Bedürfnisse des Gegenübers absichtlich nicht zu berücksichtigen, um Ziele zu verfolgen, die eben nicht in jener altruistischen Sichtweise, die häufig mit dem Begriff Empathie assoziiert wird, auszulegen sind.[7]

Die begriffliche Auseinandersetzung zur Empathie reicht weit in die antike Philosophie hinein und ist immer auch ein Spiegel kulturhistorischer Epochen.[8] Folgende Übersicht, die aufbauend auf den Ausführungen von Batson (2009) erweitert und modifiziert wurde, zeigt die verschiedenen Herangehensweisen an das Konstrukt Empathie:

---

[5] Bischoff-Wanner, C. M. (2002): *Empathie in der Pflege: Begriffsklärung und Entwicklung eines Rahmenmodells*. Bern, Göttingen, Toronto, Seattle: Huber.
[6] Schaeffer, D. (2006): "Bewältigung chronischer Erkrankung." In: *Zeitschrift für Gerontologie und Geriatrie* 39 (3): S. 192–201.
[7] Kohut, H./Teicholz, J. G. (2001): *Empathie*. Frankfurt a.M.: Brandes und Apsel, S. 133.
[8] Breithaupt, F. (2009): *Kulturen der Empathie*. Berlin: Suhrkamp.

Preston & de Waal, Wispé, Eslinger (cognitive empathy), Ickes (empathic accuracy) u.a.	*Das Innere des Anderen einschließlich seiner Gedanken und Gefühle kennen*
Gordon (facial empathy), Dimberg et al. sowie Hoffmann (motor mimicry), Meltzoff & Moore sowie Titchener (imitation) u.a.	*Nachahmung, Imitation*
Darwall, Sober & Wilson, Damasio, Eisenberg et al., Preston & de Waal, Hatfield et al. u.a.	*Sich fühlen, wie sich der andere fühlt*
Lipps, Kohut (Einfühlung), Titchener (empathy), Wispé (aesthetic empathy) u.a.	*Selbstprojektion in die Situation des Anderen*
Stotland, Batson, Adolphs, Ruby & Decety, Barrett-Lennard (emphatic attentional set), Stotland (imagine-him), Körner u.a.	*Sich vorstellen, wie der andere sich fühlt und was er denkt*
A. Smith (changing places in fancy), Mead (role taking/empahty), Povinelli (cognitive empathy), Darwall (projective empathy), Piaget (perspective taking), Stotland (imagine-self) u.a.	*Sich vorstellen, wie man selbst anstelle des Anderen sich in der Situation fühlen und was man denken würde*
Krebs (empathy), Hoffman (empathic distress), Batson (personal distress) u.a.	*Sich durch das Leiden des Anderen gestresst fühlen*
Other-oriented emotion; Hume, Smith (pity, compassion), Hoffman (sympathetic distress), Darwall, Eisenberg, Preston & De Waal u.a. (sympathy)	*Stellvertretend für den Anderen, der leidet, fühlen*

Abb. 1: Das Konstrukt Empathie. [9]

---

9   Eigene Darstellung unter Einbezug der Ausführungen von Batson, C. D. (2009): „These things called empathy." In: Decety J./Ickes, W. (Hg.): *The social neuroscience of empathy*. Cambridge, Massachusetts: The MIT Press.

Die Vielfalt der Begriffsverständnisse verdeutlicht die Notwendigkeit einer Arbeitsdefinition, die grundlegend für ein Forschungsprojekt zum Thema Feinfühligkeit in der Gesundheitsversorgung sein soll.

Empathie ist in den Gesundheitsberufen ein wichtiger Garant, um das Befinden einer pflegebedürftigen Person durch Einfühlung angemessen erfassen zu können,[10] wobei eine Reduktion auf Sympathie oder Mitgefühl und die Sorge um einen Pflegebedürftigen oder auf die rein affektive Gefühlsansteckung der Komplexität des Phänomens nicht gerecht wird.[11] Empathie kann demzufolge nicht mit Interaktionskompetenz gleichgesetzt, sondern als deren Gestaltungselement und notwendige Basis authentischer Beziehungsarbeit angesehen werden.[12] Feingefühl als Wahrnehmungsfähigkeit und Bedingung für einfühlsames Verhalten ist somit eine fundamentale Variable gesundheitsberuflicher Professionalität, die es ermöglicht „die Perspektive eines anderen übernehmen" und „sein inneres Bezugssystem erfassen zu können"[13].

Die kleinste Zelle in der Gesundheitsversorgung wird durch die dyadische Konstellation des Zusammentreffens von Pflegenden, Ärztinnen und Ärzten oder weiteren Gesundheitsberuflerinnen und -beruflern und einer Patientin oder einem Patienten bzw. deren Angehörigen repräsentiert. Jene Dyaden sind es, in deren Charakter die Determinanten für das nachhaltige Festhalten am therapeutischen oder pflegerischen Prozess (je nach Berufsgruppe als Compliance oder Adherence bezeichnet) zu suchen sind.[14] Auch in Beantwortung der Frage nach der Lebensqualität der Versorgten und der Berufszufriedenheit der Versorgenden muss die unmittelbare dyadische Situation als bedeutendes Kriterium herangezogen werden.[15]

---

10 Kohut/Teicholz 2001, S. 133.
11 Eisenberg, N./Holmgren, R. A./Fabes, R. A. (1998): „The relations of children's situational empathy-related emotions to dispositional prosocial behaviour." In: *International Journal of Behavioral Development* 22 (1): S. 169–193; Breithaupt 2009.
12 Kohut/Teicholz 2001, Ebd.
13 Zwick, E. (2004): *Gesundheitspädagogik: Wege zur Konstituierung einer erziehungswissenschaftlichen Teildisziplin.* Münster: LIT Verlag, S. 90.
14 Behrens, J./Langer, G. (2006): *Evidence-based nursing and caring: interpretativ-hermeneutische und statistische Methoden für tägliche Pflegeentscheidungen; vertrauensbildende Entzauberung der „Wissenschaft".* Bern, Göttingen, Toronto, Seattle: Verlag Hans Huber; Melbourne, E./Roberts,S./Durand, M. A./Newcombe, R./Legare, F./Elwyn, G. (2011): „Dyadic OPTION: Measuring perceptions of shared decision-making in practice." In: *Patient Educ Couns.* 83 (1): S. 55–57.
15 Fallowfield, L. (2001): „Participation of patients in decisions about treatment for cancer." In: *BMJ* 323 (7322): S. 1144; Gustavsson-Lilius, M./Julkunen, J./Hietanen, P. (2007): „Quality of life in cancer patients: The role of optimism, hopelessness, and partner support." In: *Qual Life Res* 16 (1): S. 75–87; Kerr, J./Engel, J./Schlesinger-Raab, A./Sauer, H./Holzel, D. (2003): „Doctor-patient

Der Charakter einer Dyade wird neben den Rahmenbedingungen, in die eine Dyade eingebettet ist (wie z. B. das örtliche und zeitliche Setting und finanzielle, räumliche bzw. extrapersonale Einflüsse) durch die Akteure der Dyade selbst bestimmt. Deren kognitive und affektive Gegebenheiten, ihre Repräsentationen von Gesundheit, Krankheit und Rollenverständnissen sowie die aktuell einfließenden Erfahrungs- und Wissensbestände der Beteiligten wirken in jeder Interaktion mit.[16]

Trotz der unbestrittenen Notwendigkeit einer partizipativen und Autonomie fördernden Beziehungsgestaltung, die berufsrechtlich verankert ist (so beispielsweise in der Musterberufsordnung für Ärztinnen und Ärzte oder im Krankenpflegegesetz), sind dyadische Interaktionen aufgrund der Rollenstabilität und des Wissensvorsprungs der Akteure aus dem Gesundheitsbereich und der Instabilität der Patientenrolle, weil adaptiv in der (Re)Konstruktion befindlich, als asymmetrische Interaktionen gekennzeichnet.[17]

Allein die in einer einzigen dyadischen Begegnung erfahrenen Interaktionen können nachhaltig als Elemente der Beziehungsgestaltung wirken und die Beziehung und deren Wahrnehmung durch die Partner der Dyade selbst prägen.[18] Somit beeinflusst die dyadische Interaktion zwischen Gesundheitsdienstleisterinnen und deren Rezipientinnen die interne Evidenz der Patien-

---

communication: results of a four-year prospective study in rectal cancer patients." In: *Dis Colon Rectum* 46 (8): S. 1038–1046; Kruse, A. (1995): „Menschen im Terminalstadium und ihre betreuenden Angehörigen als »Dyade«: Wie erleben sie die Endlichkeit des Lebens, wie setzen sie sich mit dieser auseinander? Ergebnisse einer Längsschnittstudie." In: *Z Gerontol Geriatr* 28 (4): S. 264–272; Tejero, L. M. (2010): „Development and validation of an instrument to measure nurse-patient bonding." In: *Int J Nurs Stud* 47 (5): S. 608–615.

16 Berger, J. T. (2008): „The influence of physicians' demographic characteristics and their patients' demographic characteristics on physician practice: implications for education and research." In: *Acad Med* 83 (1): S. 100–105; Braun, M./Scholz, U./Bailey, B./Perren, S./Hornung, R./Martin, M. (2009): „Dementia caregiving in spousal relationships: a dyadic perspective." In: *Aging Ment Health* 13 (3): S. 426–436; Brink-Muinen, A./van Dulmen, S./Messerli-Rohrbach, V./Bensing, J. (2002): „Do gender-dyads have different communication patterns? A comparative study in Western-European general practices." In: *Patient Educ Couns* 48 (3): S. 253–264; Chodorow, N. J. (2010): „Beyond the dyad: individual psychology, social world." In: *J Am Psychoanal Assoc* 58 (2): S. 207–230; Kruse 1995; Schuffel, W./Egle, U./Schairer U./Schneider A. (1979): „Does history-taking affect learning of attitudes?" In: *Psychother Psychosom* 31 (1–4): S. 81–92; Van Humbeeck, G./Van Audenhove, C./Pieters, G./De Hert, M./Storms, G./Vertommen, H./Peuskens, J./Heyrman, J. (2002): „Expressed emotion in the client-professional caregiver dyad: are symptoms, coping strategies and personality related?" In: *Soc Psychiatry Psychiatr Epidemiol* 37 (8): S. 364–371.

17 Rohde-Dachser, C. (1981): „Dyade als Illusion? Überlegungen zu einigen Strukturbedingungen der Zweierbeziehung am Beispiel von Partnerschaft und Psychoanalyse." In: *Z Psychosom Med Psychoanal* 27 (4): S. 318–337.

18 Morse, J. M. (1991): „Negotiating commitment and involvement in the nurse-patient relationship." In: *J Adv Nurs*. 16 (4): S. 455–468.

tinnen und Patienten und deren Angehöriger und dies wirkt zurück auf die Effektivität gesundheitsberuflicher Interventionen.[19] Interne Evidenz ist vonnöten, um einerseits das Angebot der Gesundheitsberufe als ein passfähiges anzuerkennen und an diesem aktiv zu partizipieren und andererseits, um in der Annahme dieses Angebotes eine potenzielle Verbesserung der eigenen Gesundheitsqualität zu repräsentieren.[20]

Somit figuriert sich die Gesundheitsversorgung in ihrem Anspruch der Patientenorientierung und Gewährung der Autonomie der Betreuten vor allem vor dem Hintergrund dyadischen Geschehens. Die Betrachtung der Dyade als Mikrosystem steht stellvertretend für gesundheitssystemische Prämissen und die „Glaubwürdigkeit" eines Gesundheitssystems mit Wirkung auf das individuelle Gesundheitsverhalten.[21]

Arbeitsdefinition „Feinfühligkeit"

Nach Literatursichtung und im Forscherkonsens wurde 2010 eine Arbeitsdefinition beschlossen, um in Anbetracht der begrifflichen Vielfalt die theoretische Grundlage des Projektes eindeutig zu konturieren.

In dyadischen Prozessen, die durch asynchrone und asymmetrische Beziehungskonstellationen gekennzeichnet sind,[22] ist zur Erlangung einer Synchronität in der Dyade insbesondere die Feinfühligkeit derer von Bedeutung, die aufgrund ihrer Wissensvormacht und ihrer Zugehörigkeit zur Gruppe der Versorgenden die Asymmetrie in der Interaktion maßgeblich determinieren und einen Ausgleich annäherungsweise herstellen können.[23]

Die **Feinfühligkeit** in dyadischen Interaktionen wird unter diesem Fokus und unter Berücksichtigung von Mary Ainsworths Bindungskonzeption[24] für

---

19 Behrens/Langer 2006.
20 Iihara, N./Nishio, T./Okura, M./Anzai, H./Kagawa, M./Houchi, H./Kirino, Y. (2014): „Comparing patient dissatisfaction and rational judgment in intentional medication non-adherence versus unintentional non-adherence." In: *J Clin Pharm Ther* 39 (1): S. 45–52.
21 Baker, T. A./O'Connor, M. L./Roker, R./Krok, J. L. (2013): „Satisfaction with pain treatment in older cancer patients: Identifying variants of discrimination, trust, communication, and self-efficacy." In: *J Hosp Palliat Nurs* 15 (8): S. 455–463.
22 Rohde-Dachser 1981.
23 Ebd.
24 Ainsworth, M. D. S. (1978): *Patterns of attachment: a psychological study of the strange situation.*

das Projekt in Interaktionen zwischen Akteuren des Gesundheitsbereichs und Patienten definiert als

Prompte und angemessene Reaktion der versorgenden Person auf die Bedürfnisse des Patienten/der Patientin.

Dies schließt die Fähigkeit, die Bedürfnisse der Patientin/des Patienten zu erkennen, als Handlungsgrundlage ein.

Angemessenheit ist nach Meinung der Autorin in Interaktionsanalysen gut objektivierbar durch die nicht-interpretative Beschreibung der Beobachtungen der Reaktion auf ein Angebot. Dabei bezieht sich die Angemessenheit sowohl auf die zeitliche Dimension der Reaktion (prompte versus verzögerte versus Nicht-Reaktion) als auch auf die inhaltliche Ausgestaltung von Informationen und die emotionalen verbalen sowie para- und nonverbalen Signale, die durch die Interaktionspartner ausgetauscht werden. Die Betrachtung einer Dyade ist nur sinnvoll in der Aufeinander-Bezogenheit der Beteiligten und ihrer Reaktion auf die Angebote oder Reaktionen des Interaktionspartners, also im Kontext des wechselseitigen Reagierens. Stimmen sich beobachtbare Interaktionselemente, wie körperliche und sprachliche Gestaltung, Interventionsangebote usw. aufeinander ein, entwickelt sich Synchronität.

Forschungsleitende Fragestellung und wissenschaftliche Zielsetzung

Eine gute Beziehungsqualität zwischen Patient und Gesundheitsakteur[25] wird – auch aufgrund der geringen Effekte Adherence-steigernder Interventionen – als Adherence-fördernd sowie positiv auf die Klientenzufriedenheit wirkend angenommen und wird begünstigt, wenn Gesundheitsakteure in der Lage sind, aufgrund einfühlsamer Kommunikation ein Vertrauensbündnis herzustellen.[26] Der besondere Stellenwert der Pflege als Berufsgruppe liegt in der

---

New Jersey; New York; London: Wiley.

25 Pflegende, Ärztinnen und Ärzte und weitere Angehörige des therapeutischen Teams
26 Bosch-Capblanch, X./Abba, K./Prictor, M./Garner, P. (2007): „Contracts between patients and healthcare practitioners for improving patients' adherence to treatment, prevention and health promotion activities." In: *Cochrane Database of Systematic Reviews* (2): CD004808. DOI: 10.1002/14651858.CD004808.pub3. (letzter Zugriff 10.1.2014); Duncan, E./Best, C./Hagen, S. (2010): „Shared decision making interventions for people with mental health conditions." In:

umfassenden Nähe zum Patienten, die sowohl zeitlich als auch durch das berufliche Handlungsprofil begründet ist.[27]

Um dies genauer zu untersuchen, fehlt es an geeigneten Instrumenten: Im Bereich der Gesundheitsversorgung wird in Deutschland derzeit vorwiegend die Ergebnisebene betrachtet,[28] während bei der Betrachtung der Prozessebene, die insbesondere für qualitätssichernde Maßnahmen genutzt wird, der Fokus zumeist auf Kennziffern in Bezug zu einem Partner der jeweils bestehenden Dyaden liegt.[29] Werden Prozesselemente wie die Interaktionsgestaltung untersucht, wird die Sicht des Patienten oder die Perspektive des Personals in Kliniken und Pflegeheimen in der Regel durch Befragungen oder Beobachtungen in getrennten Studienarmen erhoben.[30] Das einzige bislang bestehende Instrument, das sich auf die strukturierte Betrachtung der Dyade stützt, ist der Care Index, ein Assessmentinstrument für den frühkindlichen Bereich, das von Patricia Crittenden ausgehend von der Bindungstheorie entwickelt wurde und mit angemessener wissenschaftlicher Güte für diese Altersgruppe und insbesondere die Begutachtung der Dyaden von Mutter und Kind empfohlen wird.[31]

Bestehende Untersuchungen zum Feingefühl beschäftigen sich meist mit einem Partner der Dyade und versuchen, die subjektive Erlebnisqualität im Interview abzubilden bzw. die Fähigkeit, sich in andere Menschen hineinzu-

---

Cochrane Database Syst Rev. (1): CD007297. DOI: 10.1002/14651858.CD007297.pub2. (letzter Zugriff 10.1.2014); Haynes, R. B./Ackloo, E./Sahota, N./McDonald Heather, P./Yao, X. (2008): „Interventions for enhancing medication adherence." In: *Cochrane Database Syst Rev.* (2): CD000011. DOI: 10.1002/14651858.CD000011.pub3. (letzter Zugriff 10.1. 2014).

27 Schaeffer 2006.

28 Oberender, P./Daumann, F. (1997): „Qualitätssicherung in der medizinischen Versorgung praktisch umsetzbar?" In: *Medizinische Klinik* 92 (1): S. 55–59.

29 Kliche, T./Töppich J./Kawski, S./Koch, U./Lehmann, H. (2004): „Die Beurteilung der Struktur-, Konzept- und Prozessqualität von Prävention und Gesundheitsförderung." In: *Bundesgesundheitsblatt – Gesundheitsforschung – Gesundheitsschutz* 47 (2): S. 125–132; Schuster, H. P. (1998): „Ist Prozessqualität in der Intensivmedizin messbar?" In: *Intensivmedizin und Notfallmedizin* 35 (4): S. 241–242.

30 Judge, T. A./Bono, J. E. (2001): „Relationship of Core Self-Evaluations Traits with Job Satisfaction and Job Performance: A Meta-Analysis." In: *Journal of Applied Psychology* 86 (1): S. 80–92; Judge, T. A./Heller, D./ Mount, M. K. (2002): „Five-Factor Model of Personality and Job Satisfaction: A Meta-Analysis." In: *Journal of Applied Psychology* 87 (3): S. 530–541; Neugebauer, B./Porst, R. (2001): „Patientenzufriedenheit." In: *ZUMA Methodenbericht* 2001 (7). Mannheim: ZUMA.

31 Crittenden, P. M. (2005): „Der CARE-Index als Hilfsmittel für Früherkennung, Intervention und Forschung." In: *Frühförderung interdisziplinär* 24 (Special issue: Bindungsorientierte Ansätze in der Praxis der Frühförderung): S. 99–106; Crittenden, P./Kozlowska K./Landini, A. (2010): „Assessing attachment in school-age children." In: *Clin Child Psychol Psychiatry.* 15 (2): S. 185–208.

versetzen, durch einen Fragebogen messbar zu machen.[32] Wie Übersichtsarbeiten zeigen, sind die bestehenden Instrumente zur Messung von Feingefühl nicht ausreichend valide, da die Selbstdarstellung in den Befragungen nicht zwangsläufig deckungsgleich mit dem beobachtbaren Verhalten ist.[33]

Eine entsprechende Beurteilungshilfe für die Dyaden erwachsener, pflegebedürftiger Menschen und ihrer Betreuer existiert momentan nicht.[34] Sie wäre hilfreich, um Unterschiede in der Wirksamkeit von Angeboten der Gesundheitsversorgung begründen zu können. Dieses derzeitige Fehlen einer Beurteilungshilfe für Dyaden in der Gesundheitsversorgung lässt einen wichtigen Baustein einer ganzheitlichen und dyadenbezogenen Beurteilung der Betreuungsqualität vermissen,[35] was wiederum die gezielte Auswahl geeigneter Interaktionstechniken oder Personen bzw. die Identifikation von Risikosituationen erschwert.

Die Autorin wurde im Austausch mit Fachkollegen, unter ihnen auch Patricia Crittenden selbst, sehr zu dem Vorhaben ermutigt, ein solches Instrument auf der Basis der qualitativen Videoanalyse[36] zu entwickeln.

Damit könnte erstmals die Dyade von Pflegekraft und Patienten betrachtet und die Entwicklung eines Indexes für Feingefühl (IFF) ermöglicht werden, der die Antwort auf die Frage gibt:

„Wie ist die Pflegekraft in der Lage, die Bedürfnisse des Patienten zu erkennen und umgehend sowie angemessen darauf zu reagieren?"

---

32 Davis, M. H. (1980): „A Multidimensional Approach to Individual Differences in Empathy." In: *JSAS Catalog of Selected Documents in Psychology* Retrieved 26.02.2010, from http://www.uv.es/~friasnav/Davis_1980.pdf. (letzter Zugriff 10. Januar 2014); Duan, C./Hill, C. E. (1996): „The Current State of Empathy Research." In: *Journal of Counseling Psychology* 43 (3): S. 261–274; La Monica, E. L. (1981): „Construct validity of an empathy instrument." In: *Res Nurs Health* 4 (4): S. 389–400.

33 Mischo, C. (2003): „Wie valide sind Selbsteinschätzungen der Empathie?" In: *Gruppendynamik und Organisationsberatung* 34 (2): S. 187–203; Yu, J./Kirk, M. (2008): „Measurement of empathy in nursing research: systematic review." In: *J Adv Nurs* 64 (5): S. 440–454; Yu, J./Kirk, M. (2009): „Evaluation of empathy measurement tools in nursing: systematic review." In: *J Adv Nurs* 65 (9): S. 1790–1806.

34 Search strategy in databases (Medline; Carelit; Cinahl): (Video OR Video-based OR videotape OR Audiovisual) AND (Dyad OR Interaction) AND (Assessment OR Index OR Screening) AND (Nurs* OR Med*).

35 Braun, M./Scholz, U. et al. (2009).

36 Knoblauch, H. (2004): „Die Video-Interaktions-Analyse." In: *Sozialer Sinn* 5 (1): S. 123–138; Knoblauch, H./Schnettler, B. (2009): „Videographie. Erhebung und Analyse qualitativer Videodaten." In: Buber, R./Holzmüller. H.(Hg.): *Qualitative Marktforschung. Konzepte - Methoden - Analysen.* Wiesbaden: Gabler-Verlag. S. 583–599; Schnettler, B./Knoblauch, H. (2009): „Videoanalyse." In: Kühl, S./Strodtholz, P./Taffertshofer,A. (Hg.): *Handbuch Methoden der Organisationsforschung.* Wiesbaden: Verlag für Sozialwissenschaften. S. 272–297; Tuma, R./Schnettler, B./Knoblauch, H. (2013): *Videographie.* Wiesbaden: Springer Fachmedien.

Dabei sind folgende Forschungsfragen erkenntnisleitend:
1. Welche Signaturen der Feinfühligkeit charakterisieren die Interaktion der Pflegenden-Patient-Dyade (d. h. welche typischen Verhaltensweisen sind beobachtbar, die patientenorientierte Pflege repräsentieren)?
2. Welche Muster sind in Dyaden von Gesundheitsakteuren und Patienten sichtbar, d. h. welche Typen von Dyaden sind identifizierbar?
3. Wie lassen sich verschiedene Ausprägungsgrade der Feinfühligkeit mittels eines praktikablen Instrumentes erfassen (Globale Feingefühlsskala)?
4. Welche Orientierungsrahmen Pflegender sind in Dyaden von Gesundheitsakteuren und Patienten identifizierbar?

Nebenfragestellungen sind:
1. Wie gestaltet sich Synchronität in kurzzeitigen Beziehungsarrangements?
2. Wie gestaltet sich Synchronität in eskalierenden Situationen?
3. Inwieweit sind „falsch positive Affekte" in Dyaden Erwachsener erkennbar? Inwieweit signalisieren sie Feinfühligkeit oder Nicht-Responsibilität?
4. Inwieweit sind asynchrone Dyaden ein Marker für gewalthafte Beziehungsmuster bzw. synchrone Dyaden ein Marker für PatientInnenorientierung?

Das Projekt hat das Ziel, mittels qualitativer Video-Interaktionsanalyse einen Itempool bereitzustellen, der die erkannten Muster und Signaturen des Feingefühls beschreibt. Dies bildet die Grundlage für einen später zu entwickelnden Index für Feingefühl (IFF) und eine Globale Feingefühlsskala, die aussagekräftig genug sind, um damit die Feinfühligkeit messbar zu machen.

Methodisches Vorgehen

Design
Im Projekt werden aufgrund der bislang zu dyadischen Analysen unbefriedigenden Forschungslage vordergründig qualitative Methoden angewendet: es

wird auf die qualitative Form der Bild- und Videointerpretation[37] zurückgegriffen und dabei die von Knoblauch[38] vorgeschlagene Video-Interaktions-Analyse (VIA) favorisiert. Dieses videogestützte qualitative Verfahren wurde gewählt, um der Überkomplexität der visuell beobachtbaren Interaktionen gerecht zu werden, wobei das Problem der Polysemie (Vieldeutigkeit) des Bildes[39] durch das gezielt zirkuläre Vorgehen und den interdisziplinären Gruppen-Analyseprozess bewältigt wird. Leitender methodischer Ansatz ist die dokumentarische Methode[40], die den Zusammenhang von Orientierungen und Erfahrungen rekonstruiert und den Zugang zu handlungsorientierenden Wissensbeständen ermöglicht, denn die dokumentarische Methode als Teil der qualitativen Forschung laut Nohl (2009: 9):

> dient der Rekonstruktion der praktischen Erfahrungen von Einzelpersonen und Gruppen, in Milieus und Organisationen, gibt Aufschluss über die Handlungsorientierungen, die sich in der jeweiligen Praxis dokumentieren, und eröffnet somit einen Zugang zur Handlungspraxis.[41]

Stichprobe und Feldzugang
Der Feldzugang zu den Institutionen, in denen die Videoaufzeichnungen vorgenommen werden, erfolgt über Kooperationseinrichtungen des Instituts für Gesundheits- und Pflegewissenschaft. Es handelt sich um eine weiter in der Rekrutierung befindliche Gelegenheitsstichprobe, die Einrichtungen der klinischen und ambulanten Langzeitversorgung (Krankenhäuser, Heimbeatmungszentren) sowie Pflegeheime für Seniorinnen und Senioren umfasst. Aufzuzeichnende Dyaden sollten sich aus je einer pflegebedürftigen und einer pflegenden Person zusammensetzen. Die Pflegenden werden über das Vorhaben in Kenntnis gesetzt und erhalten eine Beschreibung des Projektes sowie eine Erläuterung zum Datenschutz. Im Rahmen einer Besprechung mit dem Personal, das sich zur Mitarbeit bereit erklärt, erläutern die Wissenschaftler persönlich das weitere Vorgehen.

---

37 Knoblauch/Schnettler 2009; Bohnsack, R. (2009): *Qualitative Bild- und Videointerpretation: die dokumentarische Methode*. Opladen, Farmington Hills: Verlag Barbara Budrich.
38 Knoblauch 2004; Tuma/Schnettler/Knoblauch 2013.
39 Dinkelaker, J./Herrle, M. (2009): *Erziehungswissenschaftliche Videographie: eine Einführung*. Wiesbaden: Verlag für Sozialwissenschaften.
40 Bohnsack 2009.
41 Nohl, A.-M. (2009): *Interview und dokumentarische Methode*. Wiesbaden: Verlag für Sozialwissenschaften, S. 90.

Die Patienten werden mit einem Anschreiben über das Vorhaben und die potenzielle Kontaktaufnahme durch einen Projektmitarbeiter informiert. In einem persönlichen Gespräch wird das Projekt den Patienten gegenüber erläutert und das weitere Vorgehen abgesprochen. Da eine Filmaufzeichnung auch mit Berührungsängsten seitens der Gefilmten einhergehen kann, werden die Beteiligten wiederholt über die Verwendung für Forschungszwecke, über die Wahrung der Anonymität sowie das Prinzip der Freiwilligkeit informiert. Das Vorhaben wurde am 2. Juni 2010 durch die Ethikkommission der Medizinischen Fakultät der Martin-Luther-Universität Halle-Wittenberg genehmigt.

Datenerhebung

Die Erhebung der Daten erfolgt über die Aufzeichnung kurzer Sequenzen aus dem Pflegealltag (z. B. während der Mobilisation, des Essen- oder Medikamenten-Anrichtens, der Grund- oder Behandlungspflege), wobei 3–5 Minuten Aufzeichnung ausreichend sind. Durch die kurze und dezente Anwesenheit der Forscher während der Aufzeichnung werden die Praxisabläufe kaum beeinträchtigt. Für das Erstellen der Videos werden die Aufzeichnenden im Vorfeld eingewiesen, um Raum- und Lichtverhältnisse und die Darstellung der Dyade optimal aufeinander abstimmen zu können.

Beginn und Ende der Aufnahme werden durch die Aufzeichnenden angekündigt, sie bleiben hinter der Kamera und nehmen somit passiv beobachtend teil. Nach der Aufzeichnung fertigen die Filmer ein kurzes Memo zur Sequenz an, um nicht visuell erfasste Bedingungen (z. B. störende Hintergrundgeräusche) oder Informationen (z. B. im Vorfeld emotionsintensive Kommunikation) zu vermerken. Alle aufgezeichneten Filme werden gesichtet und editiert, d. h. in Handlungssequenzen geschnitten, indiziert und mit Startbildern (Fotogrammen) als Buttons in Menüform markiert, um die einzelnen Dyaden während der Sitzungen der Analysegruppen über PC/DVD unkompliziert abspielen zu können.

Relevante Sequenzen werden für spätere Ankerbeispiele durch Abschrift der Audiospur erfasst, um ausdruckbare Videotranskripte erstellen zu können. Für diese Videotranskripte wurden sowohl das Video-Analyseprogramm (f4) als auch makrobasierte Moviescript-Wordvorlagen verwendet. Folgende Abbildung veranschaulicht die Struktur der Videotranskripte:

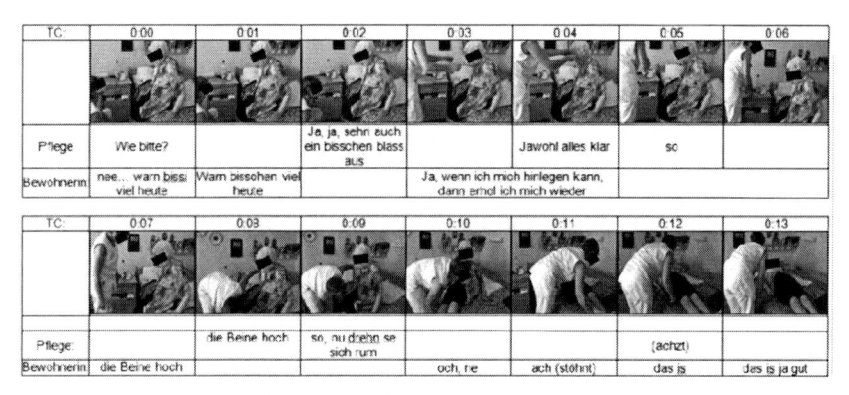

TC:	0:00	0:01	0:02	0:03	0:04	0:05	0:06
Pflege	Wie bitte?		Ja, ja, sehn auch ein bisschen blass aus		Jawohl alles klar	so	
Bewohnerin	nee… wam biss; viel heute	Wam bissehen viel heute		Ja, wenn ich mich hinlegen kann, dann erhol ich mich wieder			

TC:	0:07	0:08	0:09	0:10	0:11	0:12	0:13
Pflege		die Beine hoch	so, nu dreh se sich rum			(ächzt)	
Bewohnerin	die Beine hoch			och, ne	ach (stöhnt)	das is	das is ja gut

Abb. 2: Auszug aus einem Videotranskript, (Dyade „Mittagsruhe" Heim M/H; Projektmaterial).

Datenanalyse
Die editierten Aufnahmen werden im Forscherkreis betrachtet, um Signaturen und Muster zu erkennen. Dabei wird die offene Herangehensweise nach Knoblauch[42] angestrebt und die Filme wiederholt und multiperspektivisch analysiert. Ebenso werden Standbildaufnahmen (Fotogramme) in die Analyse einbezogen und Beobachtungen durch die Suche nach weiteren, sich ähnlich oder kontrastierend zeigenden Passagen verifiziert bzw. falsifiziert.[43]

Im Rahmen der Videoanalysen durch die Analysegruppen (Einzelanalysen werden nicht durchgeführt) wird folgendermaßen vorgegangen[44]:

---

42 Knoblauch 2004.
43 Ebd.; Dinkelaker/Herrle 2009.
44 Das Vorgehen der Arbeitsgruppe am IGPW bezieht sich bewusst auf eine Methodentriangulation aus dokumentarischer Bildinterpretation, sequenzieller Videointeraktionsanalyse und inhaltsanalytischer Bearbeitung der Sitzungsprotokolle, um die Ergebnisqualität methodisch abzusichern und den Forschungsprozess zu dokumentieren; eine methodische Modifizierung im weiteren Projektverlauf ist angesichts der Weiterentwicklung der Methoden dabei nicht ausgeschlossen.

	Schritt	methodische Begründung
1	Instruktion	Zeitlicher Rahmen, klare Moderation der Analysegruppe, Aufzeichnung der Gespräche zur späteren Protokollierung und ggf. weiteren qualitativen Analyse, Konzentration auf beobachtbares Verhalten.
2	Fotogrammanalyse des Startbildes	Herausarbeiten der durch das Bild gegebenen Eigenheiten und bei den Betrachtern angesprochenen Erfahrungsräume unter Bezug auf die dokumentarische Bildinterpretation (ikonografische und vor-ikonografische Ebene, Planimetrie, Perspektive, szenische Choreografie) um Themen zu identifizieren und auch, um die möglichen Wirkungen des Eingangsbildes auf die Analyse offenzulegen.
3	Betrachten des Films im Ganzen, danach Gruppenreflexion	Herausarbeiten berührter konjunktiver Erfahrungsräume der Forschenden; Formulierung von Themen, Unterthemen und Fragen zur Sequenzierung.
4	Wiederholte Betrachtung	Bestätigung, Erweiterung oder Verwerfen von Themen und Fragen zur Sequenzierung; Festlegung erster Sequenzen
5	Sequenz I: 1. Sequenzielle Analyse	Betrachtung der Sequenz; Beschreibung von beobachtbarem Verhalten und der Reaktion der Interaktionspartner darauf; ggf. Formulierung von Annahmen.
	Sequenz I: 2. Sequenzielle Analyse	Betrachtung der Sequenz; Beschreibung von beobachtbarem Verhalten und der Reaktion der Interaktionspartner darauf; ggf. Formulierung von Bestätigungen der Annahmen (Woran erkennen wir, dass es so ist…? Wie stellen die Aufgezeichneten das dar?)
	Sequenz I: 3. Sequenzielle Analyse usw.	Betrachtung der Sequenz; Beschreibung von beobachtbarem Verhalten und der Reaktion der Interaktionspartner darauf; ggf. Formulierung von Gegenannahmen (Woran erkennen wir, dass es nicht so ist…? Wie stellen die Aufgezeichneten das dar?)
6 …	Sequenz II: 1. Sequenzielle Analyse usw.	Weitere Sequenzanalysen wie unter 5. …
7	Abschluss der formulierenden Reflexion	Benennung wichtiger Signaturen (beobachtbare Verhaltensmuster) der analysierten dyadischen Interaktion zur Beantwortung der Forschungsfrage. Ggf. Bestimmung markanter Sequenzen (z. B. als Ankerbeispiele).
8	Auswahl des nächsten Analysematerials	theoretisches Sampling am vorliegenden Filmmaterial: Bestimmung kontrastierender/ähnlicher Dyaden für die nächsten Analysegruppen
9	protokollarische Transkription der Sitzungsmitschnitte	Transparenz des Forschungsprozesses, Extraktion der aufgezeigten Domänen und ihrer beobachtbaren Verhaltensmuster

Tab. 1: Ablauf der Sitzungen der Analysegruppen

Zeigen sich neue Signaturen oder Muster des Verhaltens, werden bereits betrachtete Videos erneut in den Analyseprozess einbezogen und darauf gesichtet. Dieses Vorgehen sichert die Reproduzierbarkeit der Ergebnisse durch die auf die Beschreibung beobachtbarer Verhaltensaspekte bezogenen und induktiv gewonnenen Kategorien, die stets einer Überprüfung am bestehenden und neu zu sichtenden Material unterzogen werden.

Weiterhin ist währen der Analysegruppen die Frage „Welche Funktion hat das Verhalten?" leitend. Dies wird durch die komparative Sequenzanalyse nachverfolgt, die durch konsequente Vergleiche eine Typenbildung[45] ermöglicht, die zur Identifikation unterschiedlicher Orientierungsrahmen und damit zur Beschreibung von Interaktionsmustern dienen kann.

Erste Ergebnisse

Aufgezeichnete Dyaden
Bis zum derzeitigen Projektstand (Januar 2014) konnten insgesamt 26 Dyaden in den folgenden Settings aufgezeichnet werden:
- Stationäre Altenhilfe (Altenpflege, N=15)
- Heimbeatmung (Intensivpflege, N=9)
- Stationäre onkologische Versorgung (Pflege, N=2)

Davon wiesen 24 Dyaden eine analysebegünstigende Aufzeichnung auf und waren für die Analysegruppen nutzbar. Bislang wurden zwölf Dyaden analysiert und die Methode kann für die Forschergruppe im Stadium der „gefestigten Anwendungssicherheit" verortet werden.

Die Ergebnisgewinnung im Projekt befindet sich derzeit noch in der Anfangsphase, so dass erste Signaturen abgesichert werden konnten und weitere folgen werden. Ergebnisse sind auch aus methodologischer Perspektive zu verzeichnen: der Effekt der Kameraaufzeichnung selbst muss zur methodischen Diskussion des Forschungsphänomens der sozialen Erwünschtheit ebenso veranlassen wie zur Betrachtung des hemmenden Effektes der Kamera oder gar der Reaktanz (wenn sich die Aufgezeichneten nicht konform zu üblichem Handeln verhalten).

Der Forschergruppe wurde im Rahmen der Aufzeichnungen verdeutlicht, dass eine laufende Kamera immer auch ein (meist moderates bis leicht erhöh-

---
45 Bohnsack 2009.

tes) Stressniveau induziert und damit auf das Verhalten wirkt. Für die leitende Fragestellung in Bezug auf die Feinfühligkeit in der Pflege wurde sich für eine pragmatische Sichtweise entschieden: wenn in moderaten Stress-Situationen Indizien für feinfühliges oder nicht feinfühliges Verhalten identifiziert werden können, so wird eine Pflegekraft, die sich in leichtem Stress feinfühlig zeigt, dies auch bei geringerem oder höherem Stress reproduzieren. Wer dagegen bereits in leichten Stress-Situationen nicht-feinfühliges Verhalten zeigt, wird dies auch in stärkeren Stress-Situationen (und wenn keine Kamera läuft) zeigen.

Ein weiteres Ergebnis ist das große Interesse der Pflegepraxis an den Ergebnissen des Projektes und an einem videobasierten Feedback zur Personalentwicklung im Rahmen der Aus- und Weiterbildung.

Domänen und Signaturen
Da die Analysegruppen in den Grenzen eines nichtfinanzierten Projektes weiterarbeiten, können an dieser Stelle nur vorläufige Ergebnisse vorgestellt werden, die weder gesättigt noch vollständig sind.

Erste Ergebnisse in Bezug auf dyadische Muster bleiben noch allgemein: es lassen sich Kontinuen zwischen den Extremen partizipationsgewährend/ partizipationseinschränkend und bedürfnisorientiert/funktionsorientiert ausmachen. Dabei ist die Verbundenheit (in Anlehnung an das Bindungskonzept) zum Pflegebedürftigen unterschiedlich intensiv:

Achtsamkeit/Verbundenheit	Unachtsamkeit/Unverbundenheit
Partizipationsgewährender Charakter	partizipationseinschränkender Charakter
bedürfnisorientierter Charakter	funktionsorientierter Charakter

Wichtige Domänen konnten an Positiv- wie Negativbeispielen festgemacht werden, wobei weitere Untersuchungen vor allem auf positive Ankerbeispiele orientiert sein müssen. Die derzeitigen Ankerbeispiele fokussieren aufgrund der noch geringen Auswahl aufgezeichneter Dyaden überwiegend in Bereiche einer eher geringen Feinfühligkeit, wie folgende Auszüge aus einem Videotranskript veranschaulichen, in der das Ziel des Essenanreichens mittels manipulativ-intrusiver Pflege erreicht wird:

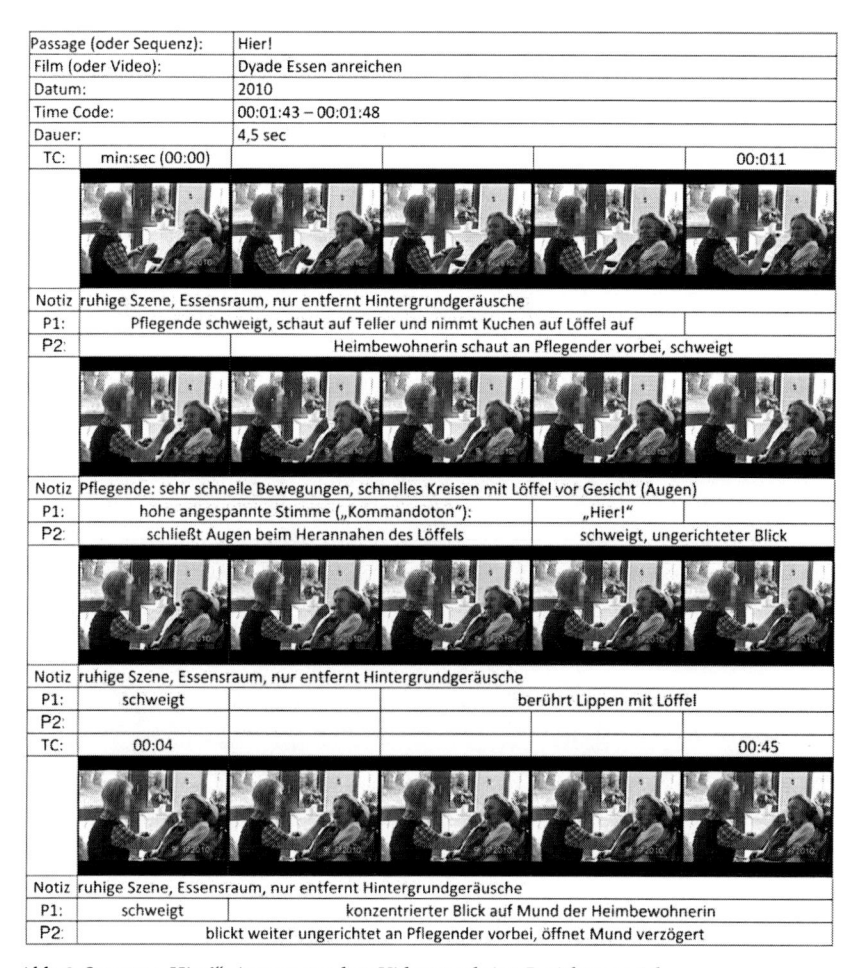

Passage (oder Sequenz):	Hier!			
Film (oder Video):	Dyade Essen anreichen			
Datum:	2010			
Time Code:	00:01:43 – 00:01:48			
Dauer:	4,5 sec			
TC:	min:sec (00:00)			00:011

Notiz	ruhige Szene, Essensraum, nur entfernt Hintergrundgeräusche	
P1:	Pflegende schweigt, schaut auf Teller und nimmt Kuchen auf Löffel auf	
P2:		Heimbewohnerin schaut an Pflegender vorbei, schweigt

Notiz	Pflegende: sehr schnelle Bewegungen, schnelles Kreisen mit Löffel vor Gesicht (Augen)	
P1:	hohe angespannte Stimme („Kommandoton"):	„Hier!"
P2:	schließt Augen beim Herannahen des Löffels	schweigt, ungerichteter Blick

Notiz	ruhige Szene, Essensraum, nur entfernt Hintergrundgeräusche	
P1:	schweigt	berührt Lippen mit Löffel
P2:		
TC:	00:04	00:45

Notiz	ruhige Szene, Essensraum, nur entfernt Hintergrundgeräusche	
P1:	schweigt	konzentrierter Blick auf Mund der Heimbewohnerin
P2:	blickt weiter ungerichtet an Pflegender vorbei, öffnet Mund verzögert	

Abb. 3: Sequenz „Hier!", Auszug aus dem Videotranskript; Projektmaterial

Aus diesem kurzen Videotranskript lassen sich nur Aussagen für die dargestellte Sequenz schlussfolgern: es findet wenig verbale Kommunikation statt, es wird – trotz der physischen Möglichkeit, dies zu tun – kein Blickkontakt aufgebaut, die beiden Körper (Pflegeperson: hoher Tonus, aufrecht, straff; pflegebedürftige Person: schlaff, bewegungslos im Rollstuhl) sind frontal positioniert und haben gemeinsam, dass die körperlichen Positionen geringen Komfort ermöglichen. Erst bei Betrachtung mehrerer Sequenzen und dem Nachweis von im gleichen Orientierungsrahmen abbildbaren Folgehandlungen konturiert sich der funktionsorientierte Charakter der Dyade heraus: Ziel ist vordergründig, eine ausreichende Zufuhr von Energie (sprich hier: dem Stück Kuchen) zu gewährleisten. Dieser Orientierungsrahmen der „guten Pflege bei erfolgreicher Bilanzierung" der zugeführten Nahrung lässt sich auch in folgender Sequenz ablesen, in der eine Scheinkausalität durch die Pflegende aufgebaut wird und damit eine Manipulation des Verhaltens der Pflegebedürftigen ermöglicht werden kann (die letzten Endes, das ist im Transkript unten nicht abgebildet, den Mund öffnet):

Passage (oder Sequenz):	Is der lecker?			
Film (oder Video):	Dyade Essen anreichen			
Datum:	2010			
Time Code:	00:02:06 – 00:02:13			
Dauer:	7 sec			
TC:	min:sec (00:00)			00:011
Notiz	ruhige Szene, Essensraum, leichte Hintergrundgeräusche durch andere Personen			
P1	Is der Lecker?	(Nickt) Ja?	Is der lecker? (lauter, nickt deutlicher) ja?	
P2:	Baut Blickkontakt zur Pflegenden auf.			nickt (verzögert)
Notiz	Pflegende setzt Becher in die Hand der Pflegebedürftigen und führt Becher mit Hand zum Mund (hohes Tempo)			
P1	dann könn' wir ja auch noch ma trinken.	Hochhalten!	Einen Schluck, ne!	
P2:	Blick von Pflegender weg, Zusammenkneifen des Mundes		ungerichteter Blick	

Abb. 4: Sequenz „Is der lecker?", Auszug aus dem Videotranskript; Projektmaterial

Im Projekt wurden bislang folgende Domänen mit Ankerbeispielen und diversen Ausprägungen herausgearbeitet:

Die Domäne **Zeit** wird dann feinfühlig gestaltet, wenn eine wechselseitige Harmonie entsteht hinsichtlich
- Tempo der Sprache;
- Tempo der Bewegungen (mit und ohne Körperkontakt);
- Zeit zum Nachdenken/Reagieren;
- zeitlich passenden Angeboten (logische Chronologie) sowie
- Rhythmus der Dyade (aufeinander eingespielt sein [Rituale], gemeinsame Erfahrungsräume teilen).

Dabei wurde an vielen Stellen durch die Forschergruppe festgestellt, dass die Sequenzen, die zur Analyse in Zeitlupe (z. B. mit 50–75 % der Laufgeschwindigkeit) abgespielt wurden, erst in Zeitlupe ein für die Pflegebedürftigen angemessenes Tempo bereitstellten. Somit ist das hohe Tempo der Angebote von Pflegenden an Pflegebedürftige nicht nur wenig bedürfnisorientiert, sondern deutlich partizipationshemmend, da Inhalte und Ziele der Angebote gar nicht wahrgenommen werden können.

Mit der Domäne Zeit, aber auch den kognitiven, körperlichen und institutionellen Entitäten sind **Angebote** verwoben. Angebote, bei denen
- die situative Angemessenheit (Person, Zeit, Ort);
- die Aufwand-Nutzen-Relation (in Bezug auf Gesundheit, Lebensqualität usw.);
- Motivation (Erfolgsaussicht, Selbstwirksamkeit) unter
- Wahrung der Intimsphäre, Würde und Entscheidungshoheit

realisiert werden, kennzeichnen feinfühlige Pflege.

Darüber hinaus ist die Domäne der **Sprache** mit
- Sprachmelodie;
- Sprachtempo und
- den gesprochenen Inhalten

als eine weitere Variable feinfühliger Pflege anzusehen, die wiederum mit den Domänen *Zeit* und *Angebote* verknüpft ist.

Auch in Bezug auf den **körperlichen Ausdruck**, der als Domäne die Kategorien
- Gesichtsausdruck (Blickkontakt möglich, Abschweifen des Blicks erlaubt, freundlich gestimmt, kongruent);
- körperliche Zu-/Abwendung (Wechselspiel von Nähe und Distanz, Raum und Zeit lassen, Intimzonen gewähren);
- Bewegung (Tempo, Entschleunigung bei körpernahen Interventionen, Sicherheit gebend/Freiraum gewährend);
- Komfort (Bequemlichkeit, Behaglichkeit, Sicherheit, Schutzräume gebend) und
- Berührung (Sanftheit, Nachdrücklichkeit, emotionale Berührung vs. kompensatorische Pflege)

beinhaltet, konnten erste Sequenzen identifiziert werden. Hier ist im Rahmen der weiteren Forschung von Interesse, inwieweit sogenannte Falsch-positive-Affekte (FPA's) trotz der widersprüchlichen Aspekte (sprachliches und körperliches Ausdrucksverhalten sind ggf. nicht kongruent) als Elemente einer feinfühligen Pflege ausgemacht werden können. Da FPA's auch Schutzfunktionen haben (z. B. in Szenen, die mit unangenehmen Situationen wie Geschwüren, Gerüchen oder Geräuschen einhergehen), stehen sie zukünftig besonders im Interesse der Forschergruppe.

Fazit
Das Projekt blickt nach den ersten Arbeitsschritten, die aufgrund einer fehlenden Finanzierung bereits mehrere Jahre andauern, auf einen ersten Pool an Domänen feinfühliger Pflege zurück. Der Datenbestand kann noch nicht als gesättigt betrachtet werden, so dass weitere Interaktionsanalysen folgen werden, um die identifizierten Domänen mit angemessenen Ankerbeispielen zu belegen und ihre Items aufzufüllen. Die angewendete, modifizierte Methode der sequenziellen Videointeraktionsanalyse ist zwar ein zeitaufwändiges und ressourcenintensives Verfahren; sie bietet aber mit entsprechender Anwendungssicherheit ein hohes Maß an Validität für die erreichten Ergebnisse.

MARKUS WÜBBELER

Empathie im Spannungsfeld der Demenz

1 Einleitung

1.1 Begriffsklärung

Der Ausdruck Demenz bezeichnet den allgemeinen Abbau kognitiver Funktionsfähigkeit. Diesem relativ unspezifischen Begriff werden eine Vielzahl von Ursachen und Krankheitsbildern zugeordnet. In der Symptomatik ist bei den Personen der Verlust autobiographischer Identität, von Persönlichkeitsmerkmalen, Einschränkungen zeitlich-örtlicher Orientierung, sowie der Kommunikationsfähigkeit, feststellbar. Die Erkrankten werden dadurch im Verlauf zunehmend von ihrem sozialen Umfeld abhängig. Die „International Statistical Classification for Diseases and Related Health Problems" definiert die Demenz wie folgt:

> Demenz (ICD-10-Code: F00-F03) ist ein Syndrom als Folge einer meist chronischen oder fortschreitenden Krankheit des Gehirns mit Störung vieler höherer kortikaler Funktionen, einschließlich Gedächtnis, Denken, Orientierung, Auffassung, Rechnen, Lernfähigkeit, Sprache, Sprechen und Urteilsvermögen im Sinne der Fähigkeit zur Entscheidung. Das Bewusstsein ist nicht getrübt. Für die Diagnose einer Demenz müssen die Symptome nach ICD über mindestens 6 Monate bestanden haben.[1]

Die mediale Präsens und ihr Erscheinungsbild führten in den letzten Jahren zu intensiven Forschungsbestrebungen auf diesem Gebiet. Frankreich investierte in einem Zeitraum von fünf Jahren 1.6 Milliarden Euro, um die Demenzforschung voranzutreiben.[2] Mittlerweile ist die Demenz als Angsterkrankung ei-

---

[1] „International Statistical Classification of Diseases and Related Health Problems" – Deutsches Institut für Medizinische Dokumentation und Information. http://www.dimdi.de/static/de/klassi/icd-10-gm/kodesuche/onlinefassungen/htmlgm2014/block-f00-f09.htm (letzter Zugriff: 30.01.2014).

[2] Kirchen-Peters, Sabine /Hielscher, Volker /Herz-Silvestrini, Dorothea (2012): *Expertise „Nationale*

ner breiten Gesellschaftsschicht bekannt.[3] Hierbei besteht weiterhin enormer Forschungs- und Aufklärungsbedarf. Insbesondere in der Bevölkerung sowie auch in Gesundheitsprofessionen hält sich der Glaube, Demenzen hilflos ausgeliefert zu sein. Im Umgang mit der Erkrankung besteht enormer Schulungsbedarf.[4] Risikofaktoren wie die Hypertonie bei vaskulärer Demenz können behandelt werden, Antidementiva verzögern den Krankheitsverlauf, eine gute Versorgung begünstigt die Lebensqualität der Betroffenen. Eine rechtzeitige Behandlung der Erkrankung ist daher in jedem Fall wichtig.[5] Wenn die Demenz voranschreitet, können Schulungen zum Umgang mit den Betroffenen Verhaltensauffälligkeiten und den Einsatz psychotroper Medikamente reduzieren.[6] Insbesondere die Kommunikation bzw. der empathische Umgang sind hier entscheidende Faktoren.[7] Unter allen Umständen ist eine Herabsetzung der Würde Demenzerkrankter zu vermeiden.[8]

1.2 Verbreitung der Demenz

Die häufigste Form ist die Alzheimer-Demenz (AD). Zwischen 50–70% aller Demenzerkrankten sind von dieser Art betroffen. Bei der Entstehung spielen u. a. Eiweißablagerungen, die sogenannten Plaques, eine wichtige Rolle. Die AD entwickelt sich über viele Jahre. Es kommt zu Störungen der Sprache und Beeinträchtigung von Alltagsfunktionen. Häufige Symptome sind Verhaltensstörungen, Depressionen, Schlafstörungen, Inkontinenz und Halluzinationen. Wahnvorstellungen und aggressive Ausbrüche sind weitere potentielle Symptome der Erkrankung.[9]

Demenzstrategien" Vergleichende Analyse zur Entwicklung von Handlungsempfehlungen für Deutschland. Bundesministerium für Familie, Senioren, Frauen und Jugend: Saarbrücken.

3 Ebd., S. 6.
4 Deutsche Gesellschaft für Allgemeinmedizin und Familienmedizin -DEGAM (2008): *Demenz - Leitlinie Nr. 12.* Düsseldorf.
5 Deutsche Gesellschaft für Psychiatrie, Psychotherapie und Nervenheilkunde & Deutsche Gesellschaft für Neurologie (2009*): S3-Leitlinie „Demenzen".* Bonn.
6 Richter, Tanja/Meyer, Gabriele/Möhler, Ralph/Köpke, Sascha (2012*): Psychosocial Interventions for Reducing Antipsychotic Medication in Care Home Residents (Review).* The Cochrane Collobaration.
7 Deutsche Gesellschaft für Psychiatrie, Psychotherapie und Nervenheilkunde & Deutsche Gesellschaft für Neurologie 2009, S. 94.
8 Connell, C. M./Boise, L./Stuckey, J. C./Holmes, S. B./Hudson, M. L. (2004): „Attitudes toward the diagnosis and disclosure of dementia among family caregivers and primary care physicians". In: *The Gerontologist* 44 (4), S. 500–507.
9 Marksteiner, Josef/Hinterhuber, Hartmann/Haring, Christian (2012): „Gerontopsychiatrie". In: Fleischhacker, Wolfgang/Hinterhuber, Hartmann (Hg.): *Lehrbuch Psychiatrie.* Wien: Springer, S.

Etwa 15–25% der Demenzbetroffenen sind der vaskulären Demenz zuzuordnen. Ihr Auslöser sind Gefäßveränderungen im Gehirn, die zu kleinen Hirninfarkten führen. Die Verschlechterung der Kognition verläuft im Vergleich zur AD nicht konstant, es können sich Plateauphasen zeigen, in denen die Gedächtnisleistungen der Betroffenen vergleichsweise stabil bleiben.[10] Symptome sind früh auftretende Gangstörungen, motorische Unsicherheiten mit häufigen Stürzen, Blasenstörungen und Persönlichkeitsstörungen wie z. B. Stimmungsveränderungen, Abulie, Depression und emotionale Inkontinenz.

Die sogenannte frontotemporale Demenz ist eine weitere, für das Betreuungsumfeld besonders belastende Form. Sie hat ihren Ursprung im frontalen Kortex und beeinträchtigt insbesondere das soziale Verhalten. Trotz relativ gut erhaltener Gedächtnisleistungen zeigen sich sehr starke emotionale Indifferenzen, meist begleitet durch eine fehlende Krankheitseinsicht und Verhaltensauffälligkeiten. Die Betroffenen vernachlässigen die eigene Körperpflege; geistige Inflexibilität sowie Ablenkbarkeit und stereotype Verhaltensweisen treten bei dieser Form vermehrt auf. Etwa 20% der Menschen mit Demenz unter 65 Jahren leiden unter der frontotemporalen Demenz.[11]

Weitere Formen sind die Demenz bei Parkinson und die Lewy-Körperchen-Demenz. Letztere zeichnet sich durch ein relativ gut erhaltenes Erinnerungsvermögen, bei primärer Einschränkung der Funktionsfähigkeit im Alltag, aus. Bei der Parkinson-Demenz entwickeln sich neben der Parkinson-Symptomatik zusätzlich allgemeine Gedächtnisstörungen. Sie ist der Lewy-Körperchen-Demenz im Erscheinungsbild ähnlich. Von einer Demenz bei Parkinson sind zwischen 20–40% der ca. 100 000 Parkinsonerkrankten in Deutschland betroffen, Zahlen zur Lewy-Körperchen-Demenz sind kaum verlässlich.[12]

Im Jahr 2001 wurde die weltweite Gesamtzahl aller Menschen mit Demenz mit 24.3 Millionen beziffert, für das Jahr 2040 ist bereits von 80.1 Millionen

---

353–392.

10 Deutsche Gesellschaft für Psychiatrie, Psychotherapie und Nervenheilkunde & Deutsche Gesellschaft für Neurologie 2009, S. 21.

11 Marksteiner/Hinterhuber/Haring 2012, S. 353–392.

12 Deutsche Gesellschaft für Psychiatrie, Psychotherapie und Nervenheilkunde & Deutsche Gesellschaft für Neurologie 2009, S. 20.

auszugehen.[13] In Deutschland sind derzeit etwa 1 Million Menschen von einer Demenz betroffen.[14]

1.3 Demenz als Tabu

Demenz ist in der gesellschaftlichen Perspektive als Erkrankung der Vergesslichkeit, zunehmender Pflegebedürftigkeit und Selbstentfremdung geprägt.[15] Diese Wahrnehmung konfrontiert Betroffene und ihre Familien mit starken gesellschaftlichen Zwängen. Abseits der Forschungsbemühungen um einen kurativen Behandlungsansatz wird der Diskussion um den richtigen Umgang mit der Erkrankung zu wenig Aufmerksamkeit geschenkt. Der überwiegende Teil der pflegenden Angehörigen fühlt sich hier weitgehend allein gelassen.[16]

> Frau T. hat eine demenzkranke Mutter, die sie seit vielen Jahren im eigenen Haushalt pflegt. Es ist ein schwieriger Spagat zwischen ihrer eigenen Familie – ihre Kinder sind 10 und 12 Jahre alt – und der Pflege ihrer Mutter. Ständig fühlt sie sich schuldig, weil sie zu wenig Zeit sowohl für die Kinder und den Ehemann als auch für ihre Mutter hat. Auch hat sie immer ein schlechtes Gefühl, wenn sie einkaufen geht, weil sie ihre Mutter in dieser Zeit in ihrem Zimmer einschließt.[17]

Pauschale Stigmatisierungen und die mangelnde gesellschaftliche Akzeptanz isolieren die Betroffenen und deren Angehörige. Vielfach haben die pflegenden Angehörigen neben einer aufopfernden Pflege zu wenige Versorgungsalternativen. Durch die Kombination aus mangelnden Hilfen und einer Stigmatisierung werden die Familien unter enormen Druck gesetzt. Es entsteht eine negative Wahrnehmungsspirale. Die Gesellschaft stellt keine bzw. zu wenig unterstützende Hilfen zur Verfügung, die Betreuung durch die Familien mün-

---

13 Cleusa P Ferri, Martin Prince, Carol Brayne, Henry Brodaty, Laura Fratiglioni, Mary Ganguli, Kathleen Hall, Kazuo Hasegawa, Hugh Hendrie, Yueqin Huang, Anthony Jorm, Colin Mathers, Paulo R Menezes, Elizabeth Rimmer, Marcia Scazufca, and Alzheimer's Disease International (2005): „Global prevalence of dementia: a Delphi consensus study". In: *Lancet* 17; 366 (9503).
14 Deutsche Gesellschaft für Psychiatrie, Psychotherapie und Nervenheilkunde & Deutsche Gesellschaft für Neurologie 2009, S. 24.
15 Kirchen-Peters/Hielscher/Herz-Silvestrini 2012, S. 6.
16 Georges, Jean/Jansen, Sabine/Jackson, Jim/Meyrieux, Arlette/Sadowska, Alicja/Selmes, Micheline (2008): „Alzheimer's disease in real life – the dementia carer's survey". In: *International Journal of Geriatric Psychiatry*. Volume 23, S. 546–551.
17 Deutsche Alzheimer Gesellschaft e. V. (2007): *Empfehlungen zum Umgang mit Schuldgefühlen von Angehörigen bei der Betreuung und Pflege von Demenzkranken*. S. 2.

det in Überforderung und die Demenz wird umso stärker als unwürdiger Zustand etikettiert. Schlechte Pflegequalität und totale Abhängigkeit sind im gesellschaftlichen Bild ausweglose Konsequenzen der Erkrankung. Ca. eine Million Betroffene allein in Deutschland haben nicht zu einer Öffnung gegenüber dem Erkrankungsbild geführt.[18] Die Wahrnehmung der Demenz wird trotz sehr individueller Verläufe weitgehend pauschalisiert. So sind die Zahlen zur Prävalenz herausfordernder Verhaltensweisen, wozu je nach Klassifizierung u. a. psychotische Symptome wie Wahn und Halluzinationen, Agitation, Aggression und Apathie gehören, weitgehend ungenau bzw. nicht vorhanden.[19] Sie reichen von 11–65% der Bewohner stationärer Pflegeeinrichtungen, die hiervon betroffen sind.[20] Herausforderndes Verhalten führt zu Überforderung bzw. allgemeinen Missständen in der Pflege, sie können dem Verhalten der Betroffenen jedoch ebenso wenig pauschal unterstellt werden wie eine krisenhafte Krankheitscharakteristik.

1.4 Neurodegeneration und Verhalten

Eine bedeutsame Grundfunktion sozialen Verhaltens ist die Fähigkeit, sich in andere Personen hineinzuversetzen, um Wahrnehmungen, Gedanken und Absichten anderer zu verstehen.[21] Voraussetzung dazu ist u. a. die Empathie, welche sich aus drei Elementen, der Gefühlsansteckung, der Perspektivenübernahme und der Fähigkeit, einen sozialen Kontext zu verstehen, bildet.[22] Bisherige Erkenntnisse legen nahe, dass sowohl der kognitiven Komponente wie auch der affektiven Struktur empathischen Denkens verschiedene Bereiche des Gehirns zugrunde liegen. Der kognitive Teil wird dem linken dorsalen anteriore midzingularen Kortex zugeordnet, an der affektiven Resonanz ist die

---

18 Sütterlin, Sabine/Hoßmann, Iris/Klingholz, Reiner (2011): *Demenz Report – Wie sich die Regionen in Deutschland, Österreich und der Schweiz auf die Alterung der Gesellschaft vorbereiten können.* Berlin-Institut für Bevölkerung und Entwicklung: Berlin, S. 6.
19 Deutsche Gesellschaft für Psychiatrie, Psychotherapie und Nervenheilkunde & Deutsche Gesellschaft für Neurologie 2009, S. 83.
20 Bartholomeyczik, Sabine/Halek, Margareta/Sowinski, Christine et al. (2006): *Rahmenempfehlungen zum Umgang mit herausforderndem Verhalten bei Menschen mit Demenz in der stationären Altenhilfe.* Bundesministerium für Gesundheit: Witten, S. 13.
21 Förstl, Hans (2012): „Theory of Mind: Anfänge und Ausläufer". In: Förstl, Hans (Hg.): *Theory of Mind – Neurobiologie und Psychologie sozialen Verhaltens.* Heidelberg: Springer, S. 3–10.
22 Körner, Jürgen (1998): „Einfühlung: Über Empathie". In: *Forum der Psychoanalyse,* Heft 14, S. 1–17; Decety, Jean/Jackson, Philip (2006): „A Social-Neuroscience Perspective on Empathy". In: *Current Directions in Psychological Science,* Heft 15, S. 54–58.

bilaterale anteriore Insula beteiligt.[23] Nach der Theory of Mind (ToM) wird Empathie zusätzlich durch die Prozesse der Gedankenreflektion und Ableitung der Absichten des Gegenübers erweitert.[24] Die ToM beschreibt damit einen aufwendigen und geplanten Prozess. Dieser impliziert Empathie, versteht diese Fähigkeit jedoch als Teil umfangreicherer Überlegungen. In diesem Sinne besteht die soziale Interaktion aus einer Kombination kognitiver Leistungen zwischen Gefühlen, Perspektiven, Erfahrungen, Motiven, Handlungen und einer Prognose der Situation. Die hierfür notwendigen kognitiven Kapazitäten kennzeichnen möglicherweise einen Punkt in der Entwicklungsgeschichte des Menschen, an dem sich das Gehirn in seinem herausragenden Körpermasseverhältnis ausgebildet hat.[25]

Die 2007 erschienene Self-Projection Theorie geht davon aus, dass auch die ToM nur als Baustein einer grundlegenderen Fähigkeit verstanden werden kann.[26] Neben den Annahmen zur Empathie und ToM ergänzen sich drei weitere essentielle Prozesse – die Prospektion als Vorhersage bestimmter Ereignisse, das episodische Gedächtnis und die räumliche Navigation. Zusammenhängend sind sie für die Konstruktion einer Alternativsituation verantwortlich. Der Mensch wechselt demnach ständig zwischen Realität und Simulation bzw. der Konstruktion von Alternativszenarien, wobei die Prospektion insbesondere zur Planung sozialer und kognitiver Problemstellungen notwendig ist. Die Fähigkeit zum ständigen Wechsel zwischen Realität und Simulation ist ein Schlüsselelement, welches bei Demenzerkrankungen gestört sein könnte. Eine Metaanalyse betrachtete die durch Alzheimer beeinträchtigten Hirnareale bei insgesamt 1351 Betroffenen.[27] Die Ergebnisse bestätigen demnach, dass die AD und die der Self-Projection Theorie zugeordneten Areale des Gehirns in einem Erkrankungszusammenhang stehen.

Spiegelneuronen, die ToM bzw. die Self-Projection Theorie zeigen die Komplexität der menschlichen Verarbeitungsprozesse, damit aber auch die Anfälligkeit gegenüber neuronalen Störungen. Die kognitiven und affektiven

---

23 Derntl, Birgit (2011): „Neuronale Korrelate der Empathie". In: Schneider, Frank (Hg.): *Positionen der Psychiatrie*. Berlin-Heidelberg: Springer, S. 83–88.
24 Förstl 2012, S. 4.
25 Whiten, Andrew (2000): „Social complexity and social intelligence". In: Bock, Gregory/Goode, Jamie/Webb, Kate (Hg.): *The Nature of Intelligence*. London: Novartis Foundation.
26 Buckner RL, Carroll DC (2007): „Self-projection and the brain". In: *Trends Cogn Sci* 11, S. 49–57.
27 Matthias L. Schroeter/Stein, Timo/Maslowski, Nina/Neumann, Jane (2009): „Neural Correlates of Alzheimer's Disease and Mild Cognitive Impairment: A Systematic and Quantitative Meta-Analysis involving 1,351 Patients". In: *NeuroImage*: Volume 47, S. 1196–1206.

Vorgänge im menschlichen Gehirn sind bislang nur teilweise entschlüsselt. Selbst geschlechtsspezifische Unterschiede in der Empathieforschung werfen ungeklärte Fragen auf.[28] Demenz kann nicht zwangsläufig mit einem Verlust der Empathie verbunden werden, wohl aber mit einer Störung der umfangreichen Planungs- und Verarbeitungsprozesse des Gehirns, die auch für die Vielfältigkeit des sozialen Handels benötigt werden.[29] Die Regeln des sozialen Raums sind zum Großteil verdeckt und ergeben sich aus einem vielfältigen Wahrnehmungskontext sowie Planungs- und Erwartungsprozessen. Abweichende Verhaltensweisen erhalten dadurch wenig Raum, soziale Enttabuisierung und Öffnung gegenüber dem Krankheitsbild werden dadurch negativ beeinträchtigt. In der Auswirkung der Erkrankung auf das soziale Handeln liegt wahrscheinlich ein Grund für die umfangreiche Stigmatisierung der Personengruppe.

2 Facetten der Empathie bei Menschen mit Demenz

2.1 Achtsamkeit im Umgang mit Demenz

Menschen mit Demenz sind durch die Komplexität sozialer Wirklichkeit oft überfordert. Zwar sind die Emotionen des sozialen Umfelds für die Betroffenen bis in späte Stadien der Erkrankung wahrnehmbar, die Verarbeitung und Reaktion auf die Emotion oder das Verhalten sozialer Partner entspricht in vielen Fällen jedoch nicht mehr den Erwartungen.[30]

> Nachdem der Lift zu und die Stationsleiterin woanders hingefahren ist, kommt Frau Gürtler auf mich zu. Sie steht direkt vor mir und sagt immer wieder ihre gewohnten Sätze. Ihre rechte Hand schlägt dabei in zittrigen Bewegungen immer wieder hin und her. Sie sieht mich an und sagt immer

---

28 Singer, Tanja/Seymour, Ben/O'Doherty, John P./Stephan, Klaas E./Dolan, Raymond J./Frith, Chris D. (2006): „Empathic neural responses are modulated by the perceived fairness of others". In: *Nature*. Volume 439, S. 466–469.

29 Hodges, JR (2006): „Alzheimer's centennial legacy: origins, landmarks and the current status of knowledge concerning cognitive aspects". In: *Brain* Volume 129 S. 2811–2822; Verdon Claire-Marie/ Fossati Philippe/Verny, Marc/Dieudonnè, Bénédicte/Teillet, Laurent/Nadel, Jacqueline (2007): „Social cognition: an early impairment in dementia of the Alzheimer type". In: *Alzheimer Disease and Associated Disorders*. Volume 21, S. 25–30.

30 Haberstroh, Julia/ Neumeyer, Katharina/ Pantel, Johannes (2011) *Kommunikation bei Demenz – Ein Ratgeber für Angehörige und Pflegende*. Springer: Berlin, S. 34.

schneller 20 40, 40 und 20, 20 und 40. Sie sagt es solange und streckt gleichzeitig ihre Hände in meine Richtung, bis ihre Stimme weinerlich klingt und sich auch ihr Gesicht verzieht.[31]

Gedankliche Prozesse wie sie in der ToM oder der Self-Projection Theorie beschrieben sind lassen sich für ein Verstehen der Situation eines Demenzerkrankten kaum zugänglich machen. Der Grund liegt in der scheinbaren Unstrukturiertheit der Gedanken und der mangelnden verbalen Auskunfts- bzw. Reflexionsfähigkeit des Betroffenen selbst. Auch gerät die Kreativität des menschlichen (gesunden) Geistes bei der Nachempfindung kognitiver Störungen naturgemäß an Vorstellungsgrenzen. Die alltäglichen Barrieren eines Rollstuhlfahrers sind zum Teil abstrahierbar. Ein Rollenspiel macht diese Situation in Ansätzen zugänglich. Die Interpretation der Situation eines Demenzerkrankten ist demgegenüber oftmals nicht möglich. Wie kann es passieren, dass eine Mutter ihren Sohn nicht mehr erkennt? Wie ist es möglich, dass sich eine Person sozial gestört verhält, sich in der Öffentlichkeit z. B. entkleidet? Der in der ToM implizite Versuch, die Absichten des Gegenübers zu interpretieren, ist oftmals zum Scheitern verurteilt und produziert im Ergebnis oftmals negative Emotionen. Wenn eine demenzkranke Mutter ihre Tochter nicht mehr wiedererkennt, führt dies zur Entfremdung und Blockade der Empathie. Ein Name oder der Verwandtschaftsgrad sowie eine korrekte Benennung ist das Ergebnis eines komplexen kognitiven Zusammenspiels. Dieses ist fehleranfällig und darf bei Menschen mit Demenz nicht mehr im Vordergrund stehen. Vielmehr ist eine achtsame Betrachtung der Person elementar. Die eigentlichen Botschaften finden sich in der Körpersprache, z. B. dem Augenkontakt und der Haltung, wieder. Je fortgeschrittener die Erkrankung, desto mehr ist eine Verlagerung der Kommunikation auf diese nonverbale Ebene notwendig.[32]

Erst die Achtsamkeit gegenüber der Person und deren körperlicher Kommunikation lässt eine Wahrnehmung des willens- und motivgesteuerten Handelns von Demenzbetroffenen zu. Aus dem davor erwachsenen Respekt

---

31 Trenscher, Hendrik (2012) *Kontexte des Lebens Lebenssituation demenziell erkrankter Menschen im Heim*. Springer: Wiesbaden, S. 110.
32 Kurz, Alexander/Gertz, Hermann-Josef/Monsch, Andreas/Adler, Georg (2004): „Demenzerkrankungen: Kommunikation zwischen Arzt, Patient und Angehörigen". In: *Deutsche Medizinische Wochenzeitschrift*. Volume 129, S. 199–203.

gelingt ein empathisches Verhältnis, welches sich nicht durch Herabsetzung oder primär durch Mitleid charakterisieren lässt.

> Dialog zwischen einer demenzerkrankten Mutter und ihrem Sohn:
> Sohn: „Wer bin ich?"
> Mutter: „Joachim"
> Kommentar: Mein Onkel, ihr jüngerer Bruder, dem ich als Kind sehr ähnlich sah und der sich vor bald zwanzig Jahren das Leben nahm.
> Sohn: „Und wer bist du?" Kommentar: Frage ich
> Mutter: „Jörn."
> Kommentar: Ups
> Sohn: „Wer bist du?"
> Mutter: „Jörn."
> Sohn: „Und wie ist das so, Jörn zu sein?"
> Mutter: „Schön."
> Sohn: „Das freut mich"[33]

In dem Beispiel wird deutlich, dass die Verknüpfung von Informationen nicht mehr vollständig gelingt. Obwohl die Mutter ihren Sohn als Bruder bezeichnet, wird dennoch die allgemeine Verbundenheit mit dem Sohn deutlich. Ohne die Achtsamkeit und Wertschätzung des Sohnes würde die Präsenz der objektiven Information eine positive Beziehung zwischen Mutter und Sohn stören. In dem Dialog geht es um den Austausch von Emotionen. Der positive Charakter und die Vertrautheit in der Beziehung werden durch die Mutter mit dem Wort „schön" betont. Die Worte des Sohnes „Das freut mich." widerspiegeln Akzeptanz und Respekt. Hier zeigt sich Empathie als Abschied von einer allzu strukturierten Ordnung im gegenseitigen Informationsaustausch. Der Sohn verabschiedet sich bewusst vom Inhaltsaspekt der Nachricht und konzentriert sich auf die „positive" Seite der Botschaft. Mithilfe biografischer Kenntnisse gelingt ihm seinerseits die Rekonstruktion der „fehlerhaften Botschaft".

2.2 Komplexität der Umwelt

Die Symptome der Erkrankung außerhalb des kognitiven Leistungsverlusts lassen sich nur schwer im Vorfeld bestimmen. Sie werden von der Art der

---

33 Klare, Jörn (2012): *Als meine Mutter ihre Küche nicht mehr fand – Vom Wert des Lebens mit Demenz*. Berlin: Suhrkamp, S. 206.

Demenz (u. a. AD, vaskuläre Demenzen, frontotemporale Demenz), dem Krankheitsfortschritt (Stadium der Demenz), der Versorgungsqualität (u. a. Erkrankungen, medizinische Versorgung, Pflegequalität) und dem Betreuungsumfeld (u. a. Wohnumfeld, Personen) determiniert. Darüber hinaus sind sie stark tagesformabhängig. Aufgrund des Charakters der Erkrankung steht der Betroffene nur zum Teil für eine Einordnung seiner Gefühlszustände und damit Steuerung der sozialen Situation zur Verfügung. Hier kann eine umfangreiche Kenntnis der Biografie unterstützend wirken. Wenn lange verankerte Muster, wie z. B. Essensvorlieben, bekannt sind, sollte eine Wahrnehmung daraus entstehender Interessen durch das Betreuungsumfeld sichergestellt werden. Der soziale Partner ist nicht nur im Sinne der Interessenswahrnehmung verantwortlich, sondern auch ein entscheidender Zugang zum Erleben des Demenzerkrankten. Wenn innere Gedankenprozesse, wie sie z. B. in der Self-Projection Theorie dargestellt werden, nicht mehr funktionieren, wird die Person auch verstärkt von äußeren Reizen beeinflusst. Der Aufbau eines inneren Dialogs, die Konstruktion einer Alternativsituation bzw. einer Distanz zur Umwelt ist kaum mehr möglich.

Wissenschaftlich gesehen muss jedoch eine Einordnung der Interaktionsfähigkeit zwischen dem Betroffenen und der Zugänglichkeit zu seiner sozialen Umwelt, vor allem in späten Phasen der Erkrankung, als weitgehend ungeklärt bezeichnet werden.[34] Selbst in späten Phasen der Erkrankung, in denen sich ein Demenzerkrankter scheinbar vollständig zurückgezogen hat, sollte sich die soziale Umwelt weiterhin als Bestandteil der Lebenswelt desjenigen verstehen. Muster frühkindlicher Sprache sind unbedingt zu vermeiden, sie führen schnell zu einem fremdbestimmten Umgang mit den Betroffenen.

> Provide 1- to 2-step simple verbal commands. Use a calm, reassuring tone. Offer simple choices (no more than 2 at a time). Avoid negative words and tone. Lightly touch to reassure, calm, or redirect. Identify self and others if patient does not remember names. Help patient find words for self-expression.[35]

---

34 Deutsche Gesellschaft für Allgemeinmedizin und Familienmedizin – DEGAM (2008): S. 17.
35 Gitlin, Laura N./ Kales, Helen C./ Lyketsos, Constantine G. (2012): „Nonpharmacologic Management of Behavioral Symptoms in Dementia". In: *The Journal of the American Medical Association*. Volume 308, S. 2020–2029.

Der Ausschnitt aus der renommierten *JAMA* Zeitschrift beinhaltet einige Grundaspekte empathischer Kommunikation bei Demenz. Für die Betroffenen ist eine Reduktion sozialer Komplexität notwendig, ebenso wie eine Steuerung der sozialen Situation. Die Konfrontation mit einer schwer interpretierbaren oder emotional aufgeladenen Situation ist für die Menschen mit Demenz (MmD) nur schwer zu verarbeiten. Die Gewährleistung dieser emotionalen Orientierung, ist auch ein Schwerpunkt des Validationskonzeptes der US-Amerikanerin Naomie Feil. Sie beschrieb 14 Techniken, die bei der Kommunikation beachtet werden sollen.[36]

1. Centring in order to focus upon the individual who is to be validated.
2. The use of non-threatening factual words to build trust. These include words such as "who", "what", "where", "when", and "how" – but not the word "why".
3. Rephrasing the person's speech to them.
4. Using polarity – asking the person to think about the most extreme example of their complaint.
5. Imagining the opposite.
6. Reminiscing.
7. Maintaining genuine, close eye contact.
8. Using ambiguity, as in the use of non-specific pronouns such as "they", "he", "she", or "it", in order to respond to the demented person's conversation when they are using non-dictionary words or when what they are saying is not understood.
9. Using a clear, low, loving tone of voice.
10. Observing and matching the person's motions and emotions in order to create trust and establish verbal and non-verbal relationships.
11. Linking behaviour to the unmet human need.
12. Identifying and using the person's preferred sense.
13. Touching – noting that people in the first stage, mal orientation, do not respond well to being touched.
14. Using music in order to trigger early memories and thoughts.

Obwohl die Autorin die Techniken als simpel bezeichnete, wird deutlich wie komplex sie die Kommunikation mit den Betroffenen strukturieren. Unabhängig davon, ob der Erfolg dieser Intervention bislang noch nicht dargelegt

---

36 Feil, Naomie (1993): *The Validation breakthrough: simple techniques for communicating with people with "Alzheimer's-type dementia"*. Baltimore: Health Professions Press.

werden konnte, betonen sie die Anpassung und Steuerung der Kommunikation durch den (gesunden) sozialen Partner.[37]

Diese Unterstützung für den Demenzbetroffenen greift weniger auf rationale Ansprache, wie z. B. eine konkrete Verbalisierung des Problems, zurück, sondern vor allem auf das Konzept der Gefühlsansteckung.[38] Hinter den Techniken der Demonstration innerer Ausgeglichenheit, Ansprache der geäußerten Gefühle und wenn möglich der gezielte Einsatz biografisch, für die Person greifbarer, positiv assoziierter Erlebnisse steht das Bestreben, den MmD bei der emotionalen Selbstpflege zu unterstützen.

Hierzu ist einerseits ein hohes Maß an empathischer Auffassungsgabe, aber auch die Fähigkeit zur Distanzierung von der Gefühlswelt des Demenzbetroffenen erforderlich. Grade in emotional kritischen Situationen gilt es die handlungs- steuernde Emotion einerseits wahrzunehmen und gleichzeitig ein positiv assoziiertes Szenario zu konstruieren, welchem der MmD in seiner intensiven Emotionslage folgen kann. Die Komplexität der Umwelt und der damit verknüpften Emotionen spielen insbesondere bei herausfordernden Verhaltensweisen eine wichtige Rolle.[39] Angst erzeugt Rastlosigkeit, Wut kann Schreien, Schimpfen, oder auch Schlagen bedeuten. Demenzbetroffene benötigen daher nicht nur bei physischen Verrichtungen Unterstützung, sondern auch bei der Bewältigung innerer Zustände.

2.3 Demenz und Person

Die Veränderung der Person im Laufe des Fortschritts kognitiver Einbußen führt zu einer zwangsläufigen Wesensänderung der Betroffenen. Das Capgras-Phänomen, bei dem meist nahestehende Personen als nicht mehr authentisch, als ausgetauscht wahrgenommen werden, ist im mittleren Stadium einer Demenz charakteristisch. Die Familienmitglieder werden in diesem Fall meist mit einem jüngeren Bild der Person assoziiert.[40] Bezugspersonen beobachten

---

37 Neal, Martin/Barton Wright, Philip (2009): „Validation therapy for dementia (Review)". In: *Cochrane Database of Systematic Reviews.* Issue 3. Art. No.:CD001394.

38 Körner 1998, S. 1–17.

39 Paschke-Müller, Mirjam S./Biscaldi, Monica/Rauh, Reinhold/Fleischhaker, Christian/Schulz, Eberhard (2013): *TOMTASS – Theory-of-Mind-Training bei Autismusspektrumstörungen.* Berlin: Springer, S. 61–65.

40 Förstl, Hans/Weber, Katja (2012): „Identifikation und ihre Störungen". In: Förstl, Hans (Hg.): *Theory of Mind – Neurobiologie und Psychologie sozialen Verhaltens.* Heidelberg: Springer, S. 3–10.

demgegenüber vor allem Verhaltensänderungen und Charakterzüge, die für die frühere Person nicht typisch waren.

> „Er ist sehr, sehr anhänglich. Das ist er vorher nie gewesen." Auf die Frage, ob er manchmal auch Angst habe, verlassen zu werden, meint sie: „Möglich, möglich. Als er das erste Mal ins Heim ist, hat er mich täglich angerufen. (...) Und das ist so gar nicht er. Das hat mit der Krankheit zu tun. Das hat er vorher nie, nie, nein."[41]

Verhaltensänderungen stehen im Zusammenhang mit der Neurodegeneration. Sie sind jedoch nicht allein darauf zurückzuführen.[42] Der Unterschied zwischen den Wesensänderungen und herausfordernden Verhaltensweisen ist oftmals fließend.[43] Im obigen Beispiel stellt auch die Ehefrau deutliche Änderungen des Charakters fest, erlebt jedoch die grundlegenden Persönlichkeitseigenschaften ihres Mannes als stabil.

> „Also seine Persönlichkeit bleibt." Er, der früher sehr dominant war, ist nun mit einer Situation konfrontiert, die für ihn völlig neu ist: „Es ist schlimm für ihn, dass ich ihm alles sagen muss. Und er wehrt sich zeitweise auch und sagt: du kannst mir doch nicht immer befehlen. Dann sagt er: Nein, geh weg! Und manchmal sagt er auch: du kommst ja nicht draus. Ja, das kommt alles vor."[44]

Diese Veränderungen werden von den Bezugspersonen oft mit einem Abschiedsprozess verbunden.[45] Ist der vormalige Charakter nur noch schemenhaft wahrnehmbar, kann dies sehr belastend werden. Im Textbeispiel dokumentiert die Ehefrau, dass sie ihren Partner trotz eines veränderten Wesens in den Grundzügen unverändert vorfindet. Langjährige Partner des Erkrankten können die Persönlichkeit sehr detailreich ausgestalten, gleichzeitig wird der Abschied umso schwerer. Im Umgang mit der Person ist es erforderlich, ehemalige Rollenbilder abzulegen. Eine umfassende Wahrnehmung der Person stellt die Körper-Geist-Verbindung und damit die bestehenden Ressour-

---

41 Karrer, Dieter (2009): *Der Umgang mit dementen Angehörigen – Über den Einfluss sozialer Unterschiede*. Wiesbaden: Verlag für Sozialwissenschaften, S. 79.
42 Gitlin/Kales/Lyketsos 2012, S. 2020–2029.
43 Bartholomeyczik/Halek/Sowinski et al. 2006, S. 13.
44 Karrer 2009, S. 79.
45 Haberstroh, Julia/Neumeyer, Katharina/Pantel, Johannes (2011): *Kommunikation bei Demenz – Ein Ratgeber für Angehörige und Pflegende*. Heidelberg: Springer, S.12.

cen in den Vordergrund.[46] Verbliebene Fähigkeiten, wie z. B. das Musizieren, geben dem MmD zeitweilig die Gelegenheit der Rückkehr in die verlorenen Rollenbilder. Sie ermöglichen dem sozialen Umfeld, von einer defizitorientierten Perspektive Abstand zu nehmen und die Person, z. B. den Vater, als ursprüngliche Figur wiederzuerkennen. Solche Fähigkeiten finden sich bei einer Mehrzahl der Betroffenen selbst im fortgeschrittenen Stadium wieder und können vielfach mobilisiert werden.

2.4 Tabu als Störfaktor von Empathie

Im Umgang mit Menschen mit Demenz sind gebrochene Tabus ein häufiges Problem. Da der MmD die Tabus im Verlauf der Erkrankung nicht mehr als solche verstehen kann, ist eine Einforderung ihrer Einhaltung nicht erfolgreich. Gebrochene Tabus können kurz- oder langfristig den Verlust von Empathie zwischen der Beziehung zum MmD beschleunigen und zu verbaler, teils körperlicher Aggression führen. Tabus können immer dann eine Gefahr darstellen, wenn sie die Integrität des sozialen Umfelds betreffen. Dabei kann es sich vor allem auch um „unberührbare" Tabus handeln.[47] Daher ist ein Bewusstsein für die eigenen „unberührbaren" Tabus in der Begegnung mit Demenzkranken von hoher Bedeutung.

> „Manchmal werde ich richtig aggressiv", sagt seine Frau. „Da muss ich mich sehr zurücknehmen. Der Alltag ist eben ganz anders geworden." Besonders demütigend sei, wenn ihr Mann sich in ihrer Gegenwart sexuell selbst befriedige. „Er lächelt mich dabei an und macht weiter, als sei das so okay."[48]

In einer langjährigen Beziehung verstärken sich diese Tabus. Die aus gegenseitiger Wertschätzung erwachsene, emotionale Beteiligung am Handeln des Anderen verstärkt die Bedeutung der Tabus und die Konsequenzen eines

---

46 Fuchs, Thomas (2012): „Das Selbst – Konstrukt oder Realität?" In: Schneider, Frank (Hg.): *Positionen der Psychiatrie*. Berlin-Heidelberg: Springer, S. 253–258.

47 Eggert, Hartmut (2002): „Säkuläre Tabus und die Probleme ihrer Darstellung. Thesen zur Eröffnung der Diskussion". In: Eggert, Hartmut/Golec, Janusz (Hg.): *Tabu und Tabubruch. Literarische und sprachliche Strategien im 20. Jahrhundert. Ein deutsch-polnisches Symposium*. Stuttgart [u. a.]: Metzler, S. 19.

48 Model, Sabine (2013:) „Wenn jede Empathie verloren geht". In: *Badische Zeitung* Kreis Breisgau-Hochschwarzwald. http://www.badische-zeitung.de/kreis-breisgau-hochschwarzwald/wenn-jede-empathie-verloren-geht--75739029.html (letzter Zugriff: 03.02.2014).

potentiellen Bruchs. Im obigen Textausschnitt steht wahrscheinlich nicht das allgemeine Tabu der öffentlichen Selbstbefriedigung im Vordergrund, sondern vor allem die Fortsetzung der Handlung in Anwesenheit der Ehefrau. In der Bekundung sich selbst „sehr zurücknehmen" zu müssen wird die emotionale Anspannung sehr deutlich. Es scheint das eigentlich von ihrem Ehemann gebrochene Tabu zu einer Entwürdigung der Ehefrau zu werden. Für den Demenzerkrankten sind diese Tabus sachlich nicht mehr zugänglich. Vor allem für enge Familienmitglieder sind diese Situationen sehr belastend. Sie stehen im Widerspruch zu der aufopfernden Fürsorge und der Frage nach entgegenkommender Wertschätzung. Schutzräume lässt die Erkrankung in vielen Fällen nicht zu. Für persönliche Verarbeitungsprozesse und Distanz zur Situation gibt es nur wenige, vor allem keine flexiblen Hilfen. Die Bezugsperson muss oftmals die Pflege weiterhin ununterbrochen sicherstellen.

3   Zusammenfassung und Fazit

Trotz der hohen Anzahl weltweit betroffener Menschen und der medialen Aufmerksamkeit wird die Demenz weiter tabuisiert. Sie ist als Angsterkrankung in der Gesellschaft angekommen. Betroffene fühlen sich im Umgang mit der Erkrankung weitgehend allein gelassen. Neben dem zeitlichen Aufwand der Betreuung wird die empathische Beziehung durch die Erkrankung stark belastet. Durch die fortschreitende Neurodegeneration kann der Betroffene die eigenen Bedürfnisse nicht mehr reflektieren bzw. verbalisieren. In der Komplexität der sozialen Umwelt findet er sich immer weniger zurecht. Die Abhängigkeit, der Rollenwechsel innerhalb der Familie und der sich verändernde Charakter der Person belasten das Familiensystem. Im Spannungsfeld eigener Bewältigungsmechanismen, der Annahme einer neuen Rolle und der Auffassung der Pflege als professionelle, regelgeleitete Aufgabe steht die notwendige Fähigkeit, eigene Gefühle in den Hintergrund zu stellen. In dieser schwierigen Situation ist die Achtsamkeit eine notwendige Bedingung. Sie ermöglicht die Wahrnehmung von Botschaften gegenseitiger Nähe und ist ein Vermittler zwischen den Bedürfnissen des MmD und denen der Bezugsperson. In Zukunft müssen pflegende Angehörige die Gelegenheit erhalten, emotionale Spannungsfelder durch flexible, niederschwellige Angebote zeitweilig aufzulösen und diese in supervisierten Kommunikationsschulungen verarbeiten zu können.

III Empathische (narrative) Strategien im Umgang mit dem Tabubruch

WERNER NELL

Tabubruch mit und Tabubruch ohne Empathie – zwei Erzählungen von Philip Roth und eine von Maxim Biller

Tabus bezeichnen etwas Verbotenes und weisen, indem sie es verbieten, zugleich darauf hin.[1] Sie gehören damit zu den Regeln, die mit der Bezeichnung einer Ausnahme zugleich der Herstellung, Sicherung und Verteidigung von Normalität innerhalb eines bestimmten historisch geprägten und sozialen Aushandlungsprozessen unterliegenden Handlungs- und Wertsystems[2] dienen. Freilich sind sie mit diesem auch entsprechenden Wandlungen und ggf. Interessenkonflikten ausgesetzt, so dass Tabus das Feld des „Normalen" zum einen gleichsam vom Rande, wenn nicht gar von außerhalb her, konturieren und zum anderen – im Sinne geometrischer Fluchtpunkte – auch perspektivieren und so zu seiner Strukturierung ebenso wie zu seiner Veränderung beitragen können.

I.

Kommunikationssoziologisch[3] stehen Tabus an der Grenze zwischen latenten und manifesten Strukturen[4], deren „*Funktion* für das System"[5] gerade auch dann für einen Beobachter relevant ist, wenn das Berühren des Tabus, seine

---

1 Vgl. Schmidt, Axel (2001): „Tabu". In: Cancik, Hubert/Gladigow, Burkhard/ Kohl, Karl-Heinz (Hg.): *Handbuch der religionswissenschaftlichen Grundbegriffe*, Bd. V. Stuttgart, Berlin, Köln: Kohlhammer, S. 160–162, hier S. 160.
2 Zur historischen Situierung jeweiliger Normalitätskonzepte vgl. Link, Jürgen (³2006): *Versuch über den Normalismus. Wie Normalität produziert wird*. Göttingen: Vandenahoeck & Ruprecht, S. 20.
3 Vgl. dazu grundlegend Bergmann, Werner/Erb, Rainer (1986): „Kommunikationslatenz, Moral und öffentliche Meinung. Theoretische Überlegungen zum Antisemitismus in der Bundesrepublik Deutschland". In: *Kölner Zeitschrift für Soziologie und Sozialpsychologie* 38, S. 223–246, hier bes. S. 225 f.
4 Merton, Robert K. (²1957): „Manifest and Latent Functions". In: ders.: *Social Theory and Social Structure. Revised and Enlarged Edition*. London: Collier-MacMillan The Free Press of Glencoe, S. 19–84.
5 Luhmann, Niklas (1984): *Soziale Systeme. Grundriss einer allgemeinen Theorie*. Frankfurt a. M.: Suhrkamp, S. 457 [Hervorhebung im Text – W. N.].

Setzung wie seine Verletzung, den Akteuren erst einmal nicht bewusst ist. Dies gilt auch dann, wenn der Konflikt gerade dadurch zustande kommt oder eskaliert, dass ein zugrunde liegendes Tabu in seiner konstitutiven Funktion, also in seiner sozialen und kommunikativen Latenz, nicht erkannt oder aber lediglich akzidentiell in Frage gestellt wird. Wie im Übrigen bereits die Rede von „Verletzen" und „Berühren" bzw. die jeweils im Tabu fixierten Verbote eines solchen „zu nahe" Tretens anzeigen, sprechen Tabus in Konzeption, Vermittlung und Wirkung offensichtlich immer auch eine spezifisch „körperliche" Dimension an, der eine über weite Strecken zumindest der abendländischen Zivilisation zu beobachtende Tabuisierung bzw. Missachtung gerade der Leiblichkeit des Menschen korreliert, die damit als Objekt des Begehrens und der Abwehr zugleich erscheint.[6] Im Zusammenhang der drei hier in Rede stehenden Erzählungen werden wir hierauf zurückkommen, im Blick dabei auch auf die Möglichkeiten und die Reichweite bzw. Grenzen der Empathie, bei der es sich – um Friedrich Theodor Vischers Sohn Robert (1847–1933) zu zitieren – um „ein unbewusstes Versetzen der eigenen Leibform und hiermit auch der Seele in die Objektform"[7] handelt.

Tabuisierung und Enttabuisierung stellen in dieser Hinsicht ebenso Impulsgeber und Prozessmarkierungen für gesellschaftliche Kommunikations- und Selbstverständigungsprozesse dar wie das Festhalten an Tabus. Deren Durchsetzung, Anerkennung oder Verteidigung zeigen sich gleichermaßen prozesshaft und widersprüchlich wie ihre Infrage-Stellung, Verletzung oder Zerstörung und ggf. Neuaufrichtung. In dieser widersprüchlichen Anlage kommt ihnen zunächst „die Aufgabe zu, diejenigen Phänomene in einer Sozialordnung oder einem Wertsystem zu markieren und auszugrenzen, welche sich mit Hilfe der überkommenen, kulturell geformten Wahrnehmungs- und Verhaltensmuster nicht eindeutig bestimmen lassen und sich somit als anormal und ambigue erweisen."[8] Gerade in ihrer Fixierung auf etwas Bestimmtes repräsentieren sie also zugleich die in der Form des Bestimmten codierte bzw. ggf. auch enthaltene Unbestimmtheit oder Mehrdeutigkeit dessen, was u. U. einer Gemeinschaft/Gesellschaft als eine ihr selbst

---

6 Vgl. „In der abendländischen, wahrscheinlich in jeder Zivilisation, ist das Körperliche tabuisiert, Gegenstand von Anziehung und Widerwillen." Horkheimer, Max/Adorno, Theodor W. (1947): *Dialektik der Aufklärung. Philosophische Fragmente*. Amsterdam, S. 278.

7 Zit. bei Fontius, Martin (2001): „Einfühlung/Empathie/Identifikation". In: Barck, Karl-Heinz u. a. (Hg.): *Ästhetische Grundbegriffe*, Bd. 2: Dekadent – Grotesk. Stuttgart: Metzler, S. 121–142, hier S. 131.

8 Schmidt 2001, S. 161.

unzugängliche Voraussetzung zugrunde liegt oder sogar diese ausmacht.[9] Als Grenzmarkierung bzw. Fluchtpunkt des „Normalen" steht das Tabu dem Heiligen[10] gegenüber, kann aber bspw. in Form des Totems auch mit ihm zusammenfallen und so die Funktion der Repräsentation eines sozial, kulturell, historisch oder auch rituell ansonsten Nicht-Repräsentierbaren wahrnehmen.

In der Wechselwirkung von Sinn-Entzug und Sinnaufladung bzw. Sinn-Bezug mögen – auch wenn Giorgio Agamben hier auf der Unterscheidung von religiöser und juridischer Konstruktion der jeweils zu erkennenden Ambivalenzen besteht[11] – die Erscheinungsformen des Heiligen und des Tabus einander nicht zuletzt in der Hinsicht entsprechen, dass sich die Unfassbarkeit eines meta-physisch verorteten Geschehens nicht anders als in der mit dem Tabu verbundenen Form seiner Präsentation oder Narration bestimmen und ggf. vermitteln lässt. Im Einzelfall spiegelt sich so die Ambivalenz des Heiligen in der Ambivalenz des darauf bezogenen Tabus wider, und auch die Notwendigkeit, als etwas Abgeschlossenes sich doch zugleich zur Seite seiner sozialen Vermittlung hin öffnen zu müssen, teilen beide miteinander. Erst recht korrelieren sie im Prozess der mit der Neuzeit verbundenen, in der Moderne dann forciert zunehmenden Individualisierung und Pluralisierung, auch Privatisierung religiöser Vorstellungen, Praktiken und Ansätzen der Lebensführung.[12] Natürlich werden dadurch auch die Konzepte des Heiligen und die Vorgänge der Tabuisierung bzw. Enttabuisierung und Tabu-Verletzung selbst auf die Ebene individueller bzw. gruppenspezifischer Setzungen und Wertungen, entsprechend auch individueller Erfahrungen und Vorstellungen von Verlet-

---

9 Dass dieses Opake bzw. Unzugängliche ggf. der „Zusammenhang" der Gesellschaft selbst ist, dessen Nicht-Erfahrbarkeit bzw. Unzugänglichkeit hinter der Tabuisierung von Themen und Diskursobjekten verbirgt bzw. sich eben nur in der diskursiven Auseinandersetzung um jeweilige gesellschaftliche Tabu-Themen fassen lässt, ist Gegenstand aktueller soziologischer Diskussionen und bildet zugleich den – mitunter unerkannten – Hintergrund entsprechender Debatten, wenn es darum geht, nach Gründen des Zusammenhaltens oder Auseinanderfallens gegenwärtiger Gesellschaften zu suchen. Vgl. Giesen, Bernhard/Seyfert, Robert (2013): „Kollektive Identität". In: *Aus Politik und Zeitgeschichte* 63/13-14, 39–43; Marchart, Oliver (2013): *Das unmögliche Objekt. Eine postfundamentalistische Theorie der Gesellschaft.* Berlin: Suhrkamp.

10 Vgl. Colpe, Carsten (1993): „Das Heilige". In: Cancik, Hubert/Gladigow, Burkhard/Kohl, Karl-Heinz (Hg.): *Handbuch der religionswissenschaftlichen Grundbegriffe*, Bd. III. Stuttgart, Berlin, Köln: Kohlhammer, S. 80–99.

11 Vgl. Agamben, Giorgio (2002): *Homo sacer. Die Souveränität der Macht und das nackte Leben.* Frankfurt a.M.: Suhrkamp, S. 83–87.

12 Vgl. Taylor, Charles (2002a): "Religion heute". In: *Transit. Europäische Revue* 19 (2002), 1–12, hier S. 5 f. [http://www.iwm.at/t-19txt1.htm (letzter Zugriff 27.11.2002)]; erweiterte Fassung Taylor, Charles (2002b): *Die Formen des Religiösen in der Gegenwart.* Frankfurt a. M.: Suhrkamp, Kap. III, S. 57–96.

zungen, Verletzbarkeit und schützenswerten Gütern herunter gebrochen.[13] Angriffe auf Tabus erschüttern damit sowohl deren Geltung und stellen zugleich deren Ambivalenz heraus, während sie im gleichen Zuge auch auf die Formulierung bzw. Stärkung eben dieser Tabu-Setzungen zielen und ggf. auch den Anspruch auf die Durchsetzung neuer Geltungsansprüche erhöhen.[14]

Anders aber als beim Heiligen, dessen Strahlkraft unter seinem Namen gleichsam ungebrochen in Erscheinung tritt,[15] geht es bei einem Tabu um die Inszenierung einer Sperre im Fortgang, systemtheoretisch gesprochen um eine Stabilisierung ermöglichende Sollbruchstelle. Es handelt sich um ein Verbot, das dadurch etwas bezeichnet, dass es sich einem unvermittelten Bezug auf den darunter verborgenen Inhalt in den Weg stellt: Das Nennen oder Berühren dieses Themas oder Kerns soll ebenso verboten sein bzw. skandalisiert werden wie seine Inszenierung oder Instrumentalisierung, ja das Verbot zielt u. U. gerade auch noch darauf, als Verbot gegenüber dem Verbotenen und ggf. mit ihm unsichtbar zu werden und zugleich als solches sichtbar zu bleiben. „Nicht soll seiner gedacht werden!" (Heinrich Heine) lautet hier der paradoxe Imperativ. Dieser ist freilich zunächst einmal als ein zu Verbergendes zu erinnern und muss, um im Bewusstsein zu bleiben und handlungsleitend zu sein, sowohl auf Dauer gestellt als auch sozial inszeniert werden; Komplexität und Zumutung des Tabus werden nicht zuletzt im Spiegel der Gewaltsamkeit erkennbar, mit der seine Einhaltung u. U. erzwungen oder seine Durchbrechung forciert werden, zumal dann, wenn nicht – entsprechend kulturell oder sakral codiert – das Verbot der Erwähnung oder Berührung durch Übersemantisierung oder entsprechend eingelebte Konvention überdeckt bzw. sozialisiert werden kann und wenn es sich überdies auch noch einer Pluralität der Positionen und Geltungsansprüche von Tabuisierung und Tabu-Verletzung ausgesetzt sieht.

Gesellschaftstheoretisch bzw. gemeinschaftsbezogen handelt es sich bei Tabus also um Schutzfunktionen, Machtinstrumente und Kommunikationsmedien, deren paradoxe, darüber hinaus dadurch auch produktive Funktion

---

13 Vgl. Türcke, Christoph: „Blasphemie (Religionswende Teil 1)". In: *Die Zeit* Nr. 13 vom 25. März 1994, S. 65.

14 Eine kritische Reflexion dieses Ansatzes findet sich etwa bei Kallscheuer, Otto (1989): „Ökumene welcher Moderne? Fünf Nachfragen zur Marschrichtung in den antifundamentalistischen Kampf". In: Meyer, Thomas (Hg.): *Fundamentalismus in der modernen Welt*. Frankfurt a. M.: Suhrkamp, S. 62–80.

15 Vgl. Eliade, Mircea (1998): *Die Religionen und das Heilige. Elemente der Religionsgeschichte* [1949]. Frankfurt a. M.: Insel, S. 38–43: „Das Tabu und die Ambivalenz des Sakralen".

darin besteht, dass sie etwas bezeichnen, was nicht benannt werden darf und das zugleich – in seiner Deck- und Schutzfunktion – ggf. institutionell, traditionell oder dogmatisch gesichert – zu den Grundsteinen eines sozialen Gebildes zählt, eine Glaubens-, Überlieferungs- oder Handlungsgemeinschaft ausmacht, mitunter sogar ihr Zentrum bildet.[16] In individueller Hinsicht sind mit ihm Ansprüche und Bedürfnisse der Abwehr oder Verdrängung von Verletzung und Vorstellungen möglicher Unverletzbarkeit verbunden, die ihrerseits aufs Neue zugleich Objekte der Verletzung und Medien ihrer Verhandlung zu werden vermögen. Durch den Entzug sozialer, kognitiver oder kommunikativer Zugänglichkeit in Bezug auf einen bestimmten Ansatzpunkt, einen bestimmten Inhalt oder ein darauf bezogenes Thema werden die damit angesprochenen Sinngeflechte und Handlungsnetze sowohl konstituiert als auch geschützt und zugleich repräsentiert; allerdings bieten sie damit immer auch erneut Angriffsflächen, deren Nutzung unter anderem durch Empathie und Engagement gesteuert werden können.

Tabus sind in diesem Sinn offene Geheimnisse, die jeder kennen muss, a) um sie nicht zu verletzen und b) um deren Verletzung als eine Form der Grenzüberschreitung wahrnehmen zu können, die den Zusammenhang der Gemeinschaft/Gesellschaft sowohl gefährdet und ggf. auch verletzt als auch in gewissem Sinne konstituiert oder festigt, sei es in der Verteidigung des Tabus, sei es im Blick auf die durch die Tabu-Verletzung zustande gekommene, neu zu definierenden Situation.

Das Geheimnis, das Heilige, das Peinliche und Schamhafte, nicht zuletzt die mit der Leiblichkeit des Menschen verbundenen Grenzbereiche: Körperfunktionen, in denen ggf. das nicht aufklärbare Verhältnis von Geist/Körper (commercium) in Erscheinung tritt bzw. fassbar wird, Köperöffnungen und Verletzungen, Sexualität und Tod,[17] gehören ebenso zu den Themengebieten und Wirkungsfeldern des Tabus wie Aggression, Sinnzerstörung, Katastrophen-Erfahrungen, Angst und Identitätsverlust, nicht zuletzt werden dann wiederum allerdings auch die Manifestationen des Außerwirklichen, das Heilige, Göttliche oder schlicht ansonsten Unfassbare selbst in Form des Tabus zur Erscheinung gebracht, als „unbenennbare" Ereignisse oder Namen in die Kommunikation eingeführt. Insoweit als Tabus auf Sozialität hin angelegt sind,

---

16   Vgl. Douglas, Mary (1988): *Reinheit und Gefährdung. Eine Studie zu Vorstellungen von Verunreinigung und Tabu*. Frankfurt a. M.: Suhrkamp 1988.
17   Vgl. dazu Kamper, Dietmar (1997): „Körper". In: Wulf, Christoph (Hg.): *Vom Menschen. Handbuch historische Anthropologie*. Weinheim, Basel: Beltz 1997, S. 407–416, hier S. 408.

ja eines ihrer Funktionselemente darstellen, sind sie auf kommunikative und soziale Konstruktion[18] gegründet und angewiesen, was sich wiederum in ihrer narrativen Einkleidung bzw. in der narrativen Struktur ihrer Präsentation erkennen lässt. Ähnlich wie beim Mythos, dessen Erzählung die in ihm enthaltene Sinnstruktur – ggf. bildhaft – sowohl auslegt als auch transportiert, ein zugrunde liegendes Geheimnis verrät und zugleich bewahrt, kann auch die Narration sowohl der Vermittlung und ggf. Legitimation des Tabus dienen als auch seiner Infrage-Stellung und u. U. dann auch Aufhebung bzw. Delegitimation – und nicht zuletzt kann sie von beidem unter durchaus widersprüchlichen, ambivalenten, ja paradoxalen Zielvorgaben berichten und entsprechend unübersichtliche Folgen zeitigen.

Wie andere soziale Tatsachen sind auch Repräsentation, Weitergabe und Wirkung/Geltung von Tabus in dieser Hinsicht an das Bestehen und Funktionieren von Kommunikation[19] gebunden, die sie gerade dadurch ermöglichen, dass sie Stellen, Themen benennen, berühren oder inszenieren, indem sie diese aus der Kommunikation herausnehmen und – zumal in Zeiten bürgerlicher Kultur[20] – in (individualisierte) Narration überführen. Wie dies funktioniert, lässt sich in ebenso eindrucksvoller wie vergnüglicher Weise an *Uncle Toby* erkennen, jener Figur aus Laurence Sternes 1759–1767 erschienenem großen Roman *Tristram Shandy*, deren Verletzung in der Leistengegend zu den großen, letztlich nicht aufgeklärten Geheimnissen des Werkes gehört und – als Tabu-Zone und Zoten-Anlass inszeniert – nicht nur in den Augen der Witwe Wadman deren Anziehungskraft noch steigert:

> And whereabouts, dear Sir, quoth Mrs. Wadman, a little categorically, did you receive this sad blow? In asking this question, Mrs. Wadman gave a slight glance towards the waistband of my uncle Toby's red blush breeches, expecting naturally, as the shortest reply to it, that my uncle Toby would lay his fore-finger upon the place. – It fell out otherwise – for my uncle Toby having got his wound before the gate of St. Nicolas, in one of the traverses

---

18 Vgl. Soeffner, Hans-Georg (1994): „Das 'Ebenbild' in der Bilderwelt. Religiosität und Religionen". In: Walter M. Sprondel (Hg.): *Die Objektivität der Ordnungen und ihre kommunikative Konstruktion. Für Thomas Luckmann.* Frankfurt a. M.: Suhrkamp, S. 291–317, hier S. 300 f.
19 Vgl. Berger, Peter L./Luckmann, Thomas (1980): *Die gesellschaftliche Konstruktion der Wirklichkeit. Eine Theorie der Wissenssoziologie* [1966]. Frankfurt a. M.: Fischer, S. 36–48.
20 Zur Konstitution „bürgerlicher Kultur" als spezifische Form einer Kommunikationsgemeinschaft vgl. Tenbruck, Friedrich H. (1986): „Bürgerliche Kultur" In: *Kölner Zeitschrift für Soziologie uns Sozialpsychologie.* Sonderheft 27 (= Kultur und Gesellschaft, hrsg. von Friedhelm Neidhardt/M. Rainer Lepsius/Johannes Weiß), Opladen: Westdeutscher Verlag, S. 263–285.

of the trench, opposite to the salient angle of the demi-bastion of St. Roch; [...] this struck instantly upon my uncle Toby's sensorium – and with it struck his large map of the town and citadel of Namur and its environs...²¹

Der tabuisierte Ort wird folglich nicht, wie erhofft, in der Leistengegend gesucht, sondern auf der Landkarte, wieder einmal fallen Territorium und Karte kategorial sowohl auseinander als auch in doppelter Kontingenz zusammen.²²

Natürlich fällt es auch ein bisschen unter die mit dem Roman auch ansonsten verbundenen Zoten, wenn der Erzähler Tristram ausgerechnet Uncle Toby, unwissentlich das zentrale Objekt lüsterner Begierden und Erkenntnisinteressen, mit einer – für Männer – ganz ungewöhnlichen – „extreme and unparalleled modesty"²³ ausstattet. Allerdings steckt darin auch mehr als nur ein Körnchen Wahrheit: Das Festhalten und Funktionieren von Tabus ist, wenn historisch-gesellschaftliche Rahmungen fehlen, an individuelle Voraussetzungen gebunden, die wie Einfachheit des Glaubens, Naivität, jugendliches Unwissen, Singularität des Charakters und der Erfahrung oder ideologische Fixierung den Menschen zumindest unter den Bedingungen der Moderne leicht in die Sphäre des Absonderlichen, Grotesken, Lächerlichen oder auch verstörend Monströsen einrücken.²⁴ Tabu-Fixierungen wie Tabu-Verletzungen erhalten dadurch sowohl etwas eigentümlich Irritierendes als auch latent sich selbst und andere Überforderndes, was sich in Aggression und Abwehr ebenso zeigen kann, wie in der Überlastung sozialer Beziehungen und ästhetischer Codes – oder aber eben der Empathie bedürfen, deren „Leistungsträger" vom empfindsamen Erzähler bis zum Coping Berater unserer Tage reichen.

Freilich ist der humoristische Roman selbst nicht nur eine bestimmte Form der Bearbeitung von Tabus, sondern, wie wir es später noch wieder aufnehmen können, neben der Satire²⁵ eine weitere Möglichkeit, sich im Medium künstle-

---

21 Sterne, Laurence (1967): *The Life and Opinions of Tristram Shandy, Gentleman*. Harmondsworth New York: Penguin 1967, S. 607.
22 Vgl. Baudrillard, Jean: *Die Agonie des Realen*. Berlin 1978, S. 8.
23 Sterne 1967, S. 90.
24 Entsprechend durchlässig bzw. gleitend sind die Übergänge zwischen Tabus und Ticks, zumal auf der Ebene individueller Setzungen und Wahrnehmungen, ob in den Bereichen des Sexuellen, des Umgangs mit Krankheiten und Tod oder auch im Rahmen von Vorstellungen des Religiösen, zumal dann wenn sie bspw. durch Späße oder Witze bis hin zu Lästerungen und blasphemischen Angriffen traktiert werden. Vgl. dazu Zijderveld, Anton C. (1983): *The Sociology of Humour and Laughter*. Current Sociology. La sociologie contemporaine Vol. 31/3, bes. S. 38–57.
25 So bei Berger, Peter L. (1998): *Erlösendes Lachen. Das Komische in der menschlichen Erfahrung*.

rischer Gestaltung und Reflexion vom Bann des Tabus insoweit zu befreien, als dass sein Funktionscharakter, seine Grenzen und Möglichkeiten der Variation bzw. sein „künstlicher" Charakter, sein Gemachtsein zur Ansicht gebracht und damit zur Diskussion gestellt werden können.[26] Stellt der humoristische Roman damit die eine Seite kultureller Ausarbeitung des Tabus dar, in der es bearbeit- und veränderbar erscheint, in dem Sinne als kulturell hergestellt erkennbar wird, in dem Martin Scharfe in seiner Kulturanthropologie von Kultur als *Menschenwerk* spricht,[27] so sind Funktion und Geltung von Tabus allerdings zur anderen Seite hin erst einmal daran gekoppelt, dass sie als historische bzw. soziale Institutionen gerade ihrem Gemachtheitscharakter enthoben erscheinen, also als von Göttern eingerichtet, von Urzeiten an bestehend, durch Satzung verbürgt oder durch wissenschaftliche Autorität (anthropologische Spekulation) beglaubigt, aufzutreten suchen; nicht zuletzt werden/wurden sie mit dem argumentum ad baculum verbreitet, also mitunter mit dem Rohrstock in die Individuen und Gruppenmitglieder hinein geprügelt – wir kommen darauf zurück.

Humoristische bzw. literarische Inszenierung und theoretische Reflexion stellen deshalb in gewisser Weise immer erst zweite Schritte in der Ausarbeitung von Tabu-Zonen dar, insoweit als sie darauf gründen, dass ihnen der Verletzung enthobene und zugleich dadurch erst zur Verletzung anstehende Gebiete, Themen und Gegenstände jeweils vorausliegen. Erst die Moderne, beginnend in der deutschen philosophischen Tradition mit dem sogenannten „Ältesten Systemprogramm"[28] nimmt die Schaffung von Zonen des Heiligen in Form der Herstellung eines neuen Mythos und entsprechender Tabu-Bereiche in ernsthafter Form wieder in den Blick, während ihr vorauslaufend in der Religionskritik der Aufklärung und in diversen, durchaus mit dem Überlegenheitsgefühl christlich gegründeter Beobachter (Missionare) geschriebenen Reiseberichten und Feldstudien die Funktionen des Tabus bereits als Mittel der Herrschaftslegitimation oder auch als unterkomplexes Mittel der Welterklärung und Gesellschaftskonstitution erkannt wurden; ein Zug der sich in der Europa-orientierten Ethnologie noch in den bis heute dazu grundlegenden

----

Berlin, New York: de Gruyter, S. 188.

26 Vgl. Nell, Werner (1987): *Poetische und historische Synthesis. Jean Pauls Kritik der höfischen Gesellschaft im poetologischen Kontext seiner Romane.* Frankfurt a. M.: Afra, S. 84 f.

27 Vgl. Scharfe, Martin (2002): *Menschenwerk. Erkundungen über Kultur.* Köln: Böhlau, S. 8 f.

28 Vgl. „Das ‚älteste Systemprogramm des deutschen Idealismus'. Kritische Edition". In: Jamme, Christoph/Schneider Helmut (Hg.) (1984): *Mythologie der Vernunft. Hegels „ältestes Systemprogramm des deutschen Idealismus".* Frankfurt a. M.: Suhrkamp, S. 11–14.

Studien etwa von William Robertson Smith, James George Frazer, Sigmund Freud, Meyer Fortes, Maurice Leenhardt usw. an dem Punkt findet, an dem die fraglose Geltung von Tabus an Zustände des „Primitiven", Urtümlichen oder schlicht „Vormodernen" gebunden wird.[29]

Gerade in den genannten Arbeiten und in dieser Tradition wurden allerdings auch die konstitutive Funktion des Tabus und die ihnen zugrundeliegenden Mechanismen erkannt und ausgearbeitet.[30] Sie zielen darauf, den Bestand des Tabus und des darin verborgenen Geheimnisses bzw. Sinns zu sichern, weiterzugeben und gerade dadurch zu erhalten, dass es in einem Akt der Kommunikation eben zugleich dieser entzogen bleibt, und damit gerade zum Bestand der darauf bezogenen Gemeinschaft beitragen kann. Im Blick auf die damit verbundenen Sinnerwartungen, Handlungsanleitungen und Welterklärungen stellen Tabus Funktionselemente eines Skripts dar und beruhen zugleich darauf, dass es weitere auf eine bestimmte Gruppe bezogene Skripten gibt, die ihrerseits den Bestand des Tabus vermitteln. Diese selbst müssen freilich historisch, kulturell, sozial und kommunikativ erst einmal hergestellt werden, so dass Tabus damit zugleich auch eine Erscheinungsform und ein Mittel der Erhaltung von Kommunikation durch Kommunikationslatenz darstellen, ohne deren (untergründige/tabuisierte) Existenz keine Kommunikation und damit keine Gesellschaft bestehen und sich vollziehen könnte.[31]

Mit dem Skriptcharakter von Tabus und ihrer Funktion als Skripten kommt freilich dann auch eine Ambivalenz zum Tragen, die grundsätzlich mit allen Kulturgütern, Artefakten verbunden ist: Während sie als Tabu der Befragung bzw. Anfechtung durch divergierende Erwartungen und Ansprüche enthoben sein sollen bzw. sein müssen, bedürfen sie als Skripten gerade wiederum selbst ihrer kommunikativen Beglaubigung, die als einzufordernde dann aber eben auch verweigert werden und misslingen kann, dem Missbrauch ausgesetzt ist oder auch zu gegenläufigen, auch sinnwidrigen Intentionen herangezogen werden kann. Möglicherweise lassen sich Zustände und Zeiten, in denen Tabus fraglos geglaubt wurden und gegolten haben könnten, immer nur – wie

---

29 Vgl. dazu Agamben 2002, S. 85 f.; Hirschberg, Walter (Hg.) (1988): *Neues Wörterbuch der Völkerkunde*. Berlin: Reimer, S. 465 f.; Auffahrt, Christoph/Kippenberg, Hans G./Michaelis, Axel (Hg.) (2006): *Wörterbuch der Religionen*. Stuttgart: Kröner 2006, S. 508 f.
30 Vgl. dazu v. a. Douglas, Mary (1986): *Ritual, Tabu und Körpersymbolik. Sozialanthropologische Studien in Industriegesellschaft und Stammeskultur*. Frankfurt a. M.: Fischer 1986, S. 25; S. 149.
31 Vgl. dazu Leach, Edmund (1971): "Anthropological Aspects of Language". In: Lenneberg, Erich H. (Hg.): *New Directions in the Study of Language*. Cambridge/Mass.: M.I.T. Press, S. 23–63.

in Schillers Unterscheidung des Naiven und Sentimentalischen[32] – rekursiv und ggf. rekonstruktiv bestimmen. Zugleich gehört es aber natürlich zu den Funktionsanforderungen an Tabus, dass sie – aufs Neue in Geltung gesetzt – immer wieder auch Ansprüchen auf Beglaubigung entzogen sein sollen, gleichsam auf fraglose Geltung hin angelegt erscheinen. Ob und in welchem Ausmaß moderne Gesellschaften in diesem Sinne Tabus haben können, bzw. sie sogar brauchen, ist freilich selbst Gegenstand gesellschaftlicher Diskussionen und Reflexion, die in dem Maße, in dem sie geführt werden, ihr Ziel sowohl in Frage stellen bzw. verfehlen als auch ggf. erreichen.[33]

Schutzfunktionen, Machtinteressen und die Selbstkonstitution durch Kommunikationseingrenzung gehören deshalb auch in Gesellschaften der Moderne zu den Feldern, auf denen die Mittel und das Phänomen der – durchaus kontroversen – Tabu-Bestimmung auftreten und zur Positionierung in Selbstverständigungsdiskursen herangezogen werden. Und es sind dann gerade wiederum die Formen und Mittel der Selbstreflexion der Moderne, wie sie in den spezifisch künstlerischen Feldern und so auch in der Literatur ausgearbeitet und angeboten werden,[34] in denen das Thema des Umgangs mit Tabus angesprochen und gestaltet wird und die – nicht zuletzt dadurch – dann auch selbst wieder zu Instrumenten des Tabu-Bruchs bzw. – wie etwa in den Reaktionen auf Salman Rushdies *The Satanic Verses* (1988) erkennbar – zum Gegenstand der Konstitution und Verteidigung von Tabu-Zonen werden können. Dass dabei noch immer/immer wieder religiöse Sphären und Themenbereiche als Austragungsorte für den Umgang mit Tabus, deren Erschütterung und Geltung, eine zentrale Rolle spielen, ist für die bundesrepublikanische Gesellschaft nicht zuletzt in der großen Aufmerksamkeit erkennbar geworden, die durch das im Juni 2012 bekannt gewordene Urteil des Kölner Landgerichts[35] zur Strafbarkeit einer religiös motivierten Beschneidung von

---

32 Vgl. dazu noch immer grundlegend Szondi, Peter (1978): „Das Naive ist das Sentimentalische. Zur Begriffsdialektik in Schillers Abhandlung". In: ders.: *Schriften II. Essays. Satz und Gegensatz. Lektüren und Lektionen. Celan Studien. Anhang: Frühe Aufsätze*. Frankfurt a. M.: Suhrkamp, S. 59–105.

33 Vgl. dazu Parin, Paul (1994): „Wer richtet ein Tabu ein und zu welchem Zweck?" In: Apsel, Roland u. a. (Hg.): *Forschen, erzählen und reflektieren. Ethnopsychoanalyse 6*. Frankfurt a. M.: Brandes & Apsel, S. 9–18. Eder, Klaus (1994): „Das Paradox der „Kultur". Jenseits einer Konsensustheorie der Kultur". In: *Paragrana. Internationale Zeitschrift für Historische Anthropologie* 3/1, S. 148–173.

34 Vgl. Soeffner, Hans-Georg (2000): „Zur Soziologie des Symbols und des Rituals". In: ders.: *Gesellschaft ohne Baldachin. Über die Labilität von Ordnungsstrukturen*. Weilerswist: Velbrück Wissenschaft, S. 180–208.

35 Vgl. http://openjur.de/u/433915.print (letzter Zugriff 09.01.2013); zur Kontextualisierung

kleinen Jungen, ausgelöst worden ist. Offensichtlich, auch dies ist gerade in dieser Debatte erneut deutlich geworden, stellen Ansprüche und Aussagen des Religiösen auch heute noch einen unabgegoltenen Stachel im Fleisch einer auf Innerweltlichkeit, Rationalität, Sachlichkeit und damit leider auch auf Endlichkeit hin ausgelegten Welt der Moderne dar.[36]

In welchem Maße dabei unter den Bedingungen der Moderne Tabu-Verletzung und Tabu-Erhalt einander bedingen und wie in der damit erkennbaren Relationalität von Tabu, Tabu-Bruch und dadurch provozierter, aber auch ggf. verhinderter Empathie jene die Moderne kennzeichnenden Merkmale des Schwebens,[37] der Vorläufigkeit, der Uneigentlichkeit und des Flüchtigen (transitoire) in ihrer literarischen Gestaltung in Erscheinung treten und zugleich in dieser ästhetisch codierten Form Stachel und Anstoß zu weitergehender Reflexion bieten, soll im Folgenden an einigen literarischen Texten erkundet werden. Zum einen sind dies die Erzählungen *The Conversion of the Jews* und *Eli, the Fanatic*, beide in der 1959 erschienenen ersten Buchveröffentlichung des 1933 geborenen amerikanischen Autors Philip Roth *Goodbye, Columbus and five short stories*[38] enthalten. In ihnen werden die konstitutiven und destruktiven Seiten des Umgangs mit Tabus zum einen im Blick auf die Sphäre der Macht, zum anderen im Blick auf Herstellung bzw. den Erhalt von Sozialität vorgestellt, während die Möglichkeiten der Empathie durch die literarische Gestaltung der Texte und die Situierung des Geschehens in einem grundlegend religiösen Kontext erkundet und in verschiedener Weise gerade auch in einer leibgebundenen Perspektive bestimmt werden. Um einen dritten Aspekt anzusprechen, der weniger mit der religiösen Sphäre als vielmehr mit der – vielleicht als Komplementär- oder Ersatzbereich zu sehenden – Frage der Identitätskonstruktion verbunden ist, werde ich zum Dritten eine ebenfalls frühe, durchaus an Philip Roth orientierte Erzählung[39] des 1960 in Prag geborenen Schriftstellers Maxim Biller heranziehen, die sich unter dem bereits

---

Widmann, Peter (2013): A Court Decision and its Political and Social Impacts. Germany debates children's rights, religious freedom and circumcision. Istanbul BILGI University European Institute News Letter; http://eu.bilgi.edu.tr/docs/Peter-Widmann-Germany-Brief-3.pdf. (letzter Zugriff 09.02.2014).

36 Vgl. Joas, Hans (2004): *Braucht der Mensch Religion? Über Erfahrungen der Selbsttranszendenz.* Freiburg; Basel; Wien: Herder, S. 151 ff.

37 Vgl. Schulz, Walter (1979): *Ich und Welt. Philosophie der Subjektivität.* Pfullingen: Neske, S. 97–100: „Metaphysik des Schwebens".

38 Roth, Philip (1993): *Goodbye, Columbus and five short stories.* New York: Vintage International.

39 Vgl. Biller, Maxim (2001): „Goodbye, Columbus". In: ders.: *Deutschbuch.* München: dtv, S. 89–95.

Tabu verletzenden, provozierenden Titel „Harlem Holocaust" Fragen des Tabus und des Tabu-Bruchs im Hinblick auf die Geschichte und Erinnerung an den Holocaust bzw. die Shoah zuwendet.

II.

In der nämlichen Härte, mit der die Zwangskonversion der Juden im frühneuzeitlichen Spanien durchgeführt wurde,[40] werden in der erstgenannten Kurzgeschichte Philip Roth' auch die Mitglieder einer kleinen Synagogen-/Schul-Gemeinde in einer zeitgenössischen mittelgroßen amerikanischen Stadt dazu gezwungen, sich einem der Glaubensgeheimnisse des christlichen Bekenntnisses zu unterwerfen. Sie tun dies freilich nicht im Angesicht drohender Folter oder Verbrennung, sondern voller Empathie und Mitgefühl für die Mutter eines rebellischen Schülers und ihn selbst, der ansonsten, sollten sie dieses Bekenntnis verweigern, damit droht, sich vom Schuldach in den Tod zu stürzen. Auslöser dieser verfahrenen Situation ist ein Streit des Schülers mit seinem Lehrer, Rabbi Binder, in dem es zum einen um die Möglichkeiten einer rationalen Durchdringung von Glaubensgeheimnissen ging, zum anderen aber auch deutlich genug darum, dass hier postpubertäre Jugendliche ihre Freude am Umgang mit bislang tabuisierter Sexualität freien Lauf zu lassen suchen und dafür mit Ohrfeigen traktiert werden. Entzündet hatte sich dieser Streit im Klassenraum an der Möglichkeit bzw. Unmöglichkeit der Vorstellung einer jungfräulichen Schwangerschaft Marias. Deren Unmöglichkeit hatte der Rabbi zunächst aufgeboten, um den Unsinn der christlichen Glaubensbotschaft vom bereits historisch in Erscheinung getretenen Messias zu belegen. Damit aber provoziert er den Widerstand der Jungen, die gerade in einem Alter sind, in dem Rebellion, Neugier und Selbsterprobung zusammenfinden:

> 'Anyway, I asked Binder if He could make all that in six days, and He could pick the six days he wanted right out of nowhere, why couldn't He let a woman have a baby without having intercourse.' ‚You said intercourse... to Binder?' ‚Yeah.' ‚Right in class?'[41]

---

40 Vgl. Poliakov, Léon (1981): *Geschichte des Antisemitismus IV. Die Marranen im Schatten der Inquisition*. Worms: Georg Heintz, bes. S. 28 ff.
41 Roth 1993, „The Conversion of the Jews", S. 141.

Provokation und Tabuverletzung bewegen sich hier bereits auf mehreren Ebenen. Hinter dem in der Jungfrauengeburt angesprochenen Glaubensgeheimnis der Christen, das zunächst einmal deren Irrationalität herausstellen soll, wird die rationale Unerreichbarkeit der Vorstellung eines allmächtigen Gottes erkennbar, eine Tabuzone, die das Judentum mit dem Christentum ebenso teilt wie die Tabuisierung der menschlichen Sexualität, die schon den Gebrauch des Wortes „intercourse" zum Tabubruch und – aus der Sicht der Jungen – zu einer Heldentat werden lässt. Es war nicht der erste Zusammenstoß, den Ozzie, der Protagonist der Erzählung, mit dem Rabbi hatte, und nicht zuletzt die darauffolgende Prügel-Attacke des Rabbi lassen die Situation eskalieren. Statt sich für weitere Zweifel an der Autorität des Rabbi zu entschuldigen, flüchtet Ozzie mit dem Ruf: „You don't know! You don't know anything about God!"[42] aufs Schuldach und kann – angesichts der ausweglosen Situation: Eltern, Feuerwehr und Schuldiener stehen unten und versuchen ihn umzustimmen, während ihn andere Schaulustige zum Springen ermuntern[43] – das eigene Gesicht nur wahren, indem er die Gemeindemitglieder dazu zwingt, dass sie alle und laut selbst das christliche Geheimnis bekennen: „Tell me you believe God can make a child without intercourse."[44] Nicht zuletzt ermöglicht ihm diese Demütigung der anderen, zu deren Gelingen diese aus Einsicht und Empathie selbst beitragen müssen, ihm so nicht nur den Weg vom Dach herunter, sondern vermittelt ihm auch die wie auch immer zweifelhafte Vorstellung eines Sieges des Jungen über die Welt der Erwachsenen. Dies setzt freilich gerade Empathie bei jenen voraus, die aus der Sicht des Jungen als Herausforderer, Gegner, ja lächerliche und groteske Gegenüber erscheinen müssen. Immerhin bringen der Rabbi, die Mutter und auch die übrigen Gemeindemitglieder genügend Empathie auf, um es Oscar zumindest zu ermöglichen, nicht nur sein Gesicht zu wahren, sondern darüber hinaus die Unverletzlichkeit der eigenen Person, des eigenen Gesichts, das nunmehr das im Tabu zu schützende Gut geworden ist, einzufordern. „Promise me, promise me, you'll never hit anybody about God."[45]

Allerdings ist diese Geschichte weder lustig noch endet sie lediglich im Guten. Denn dass es bei der Thematisierung und Verletzung der religiösen Tabu-

---

42 Ebd., S. 146.
43 Ebd., S. 152–155.
44 Ebd., S. 157.
45 Ebd., S. 158.

Zone auch um eine für den Jungen unerwartete Erfahrung der Macht geht, er eine Initiation in die Gewalt von Diskursen und Anerkennungsforderungen erfährt, wird an einer Nebenfigur deutlich: dem alten nahezu tauben und insgesamt die Dinge um ihn herum nicht mehr recht wahrnehmenden Gemeindediener Yakov Blotnik, dessen von Ozzie gefordertes Bekenntnis zum Christentum über keinerlei Empathie geleitet wird, sondern lediglich gegen das Unverständnis des alten Mannes durch die Gewalt der Drohung Ozzies und die Macht der Umstehenden erzwungen wird: „'Make *him* tell me.' There was no doubt who *him* was. In a few moments Ozzie heard an old comical voice say something to the increasing darkness about God."[46] Totalitäre Machtentfaltung, eine Ermächtigung des Individuums ins Übermenschliche: „Next, Ozzie made everybody say it. And then he made them all say they believed in Jesus Christ – first one at a time, then all together"[47] mögen zunächst als Ausdruck einer postpubertären Allmachtserfahrung erklärbar sein. Als Konsequenz aus den Verletzungen individueller Rationalität, Würde und leiblicher Integrität bilden sie auch einen Umschlagpunkt zu neuer Demütigung und zu neuen Verletzungen, gerade auch, wenn wir hier Emmanuel Levinas folgen wollen,[48] einer mit dem menschlichen Gesicht verbundenen Gottesebenbildlichkeit.

Auch die zweite Geschichte in Philip Roth' Sammlung, *Eli, the Fanatic*, bewegt sich in religiösen Sphären und schildert am Beispiel des Anwalts Eli Peck die Konfrontation einer liberalen jüdischen Gemeinde an der amerikanischen Ostküste mit einer Gruppe jüdischer Displaced Persons, die die Shoah überlebend, nunmehr als Flüchtlinge in einer alten Schule am Rande der Stadt Woodenton Unterkunft gefunden haben. Allerdings unterscheiden sie sich aufgrund ihres mit der orthodoxen Tradition verbundenen Auftretens und Habitus deutlich von den liberal assimilierten Mitgliedern der städtischen jüdischen Gemeinde. Was auf der Oberfläche als Konflikt zwischen zwei Strömungen des europäischen Judentums erscheint, die in Gestalt der Flüchtlinge und nach den Verwerfungen der Judenvernichtung in den 1940er Jahren nunmehr auch die USA erreicht haben, und zunächst als Gegenüberstellung

---

46 Ebd. Hervorh. im Text.
47 Ebd.
48 Vgl. Levinas, Emmanuel (1991): *Entre nous. Essai sur le penser-à-l'autre*. Paris: Grasset & Fasquelles, S. 114 f.; dt. (1995): *Zwischen uns. Versuche über das Denken an den Anderen*. München: Hanser, S. 133 f. Zum Zusammenhang vgl. Stegmaier, Werner (2002): *Levinas*. Freiburg: Herder, S. 131–134.

eines modernen liberalen religiösen Bekenntnisses mit einem traditionalen, vormodernen, „hinterwäldlerischen" und fremden, ja Angst einflößenden Judentum auch die ortsansässigen Gemeindemitglieder bewegt, in deren Auftrag Eli als Anwalt die Neuankömmlinge entweder zum Fortzug oder aber zur Übernahme liberaler moderner Lebensformen bewegen soll, wird in der Tiefe von zwei weitaus schwerwiegenderen Themen geprägt. Deren Erwähnung bleibt freilich implizit, da es sich bei beiden um Tabu-Themen handelt, deren Thematisierung und Bearbeitung auch die Mitglieder der amerikanischen Gemeinde in ihrem Selbstverständnis zu sehr belasten, ggf. deren Selbstsicherheit sprengen würde.

Zum einen, und dies ist noch das leichtere Thema, ist dies die Fremdheit der osteuropäischen Juden, die, obwohl sie gleichermaßen Juden sind, als Fremde eben jenen Verdächtigungen ausgesetzt sind, denen auch andere Fremde unterliegen: „Next thing they'll be after our daughters", wobei die Antwort Elis „Michele and Debbie wouldn't look at them"[49] sicherlich nicht geeignet ist, das nur tabuisiert angesprochene Problem zu lösen, sondern es auf einer anderen Ebene lediglich weiterführt. Wesentlich abgründiger aber ist das zweite tabuisierte Thema: Die Furcht der liberalen Gemeinde aufgrund des auffallenden Äußeren der ostjüdischen Orthodoxen auch ihrerseits jene antisemitischen Ressentiments zu wecken, von deren Nicht-Existenz sie ausgehen müssen, um ihr Leben als amerikanische Juden überhaupt führen zu können. Was zunächst als Verhaltensregel zu einem zeitgemäßen Auftreten angesprochen wird: „This is, after all, the twentieth century, and we do not think it too much to ask that the members of our community dress in a manner appropriate to time and place",[50] wird im Anschluss als aus der Angst vor weiterer (erneuter) Verfolgung geborene Tabuisierung der eigenen religiösen Quellen und Orientierungen erkennbar. Im Spiegel der Abwehr dieser fremden Überlebenden der Shoah in Europa erscheint die eigene (offensichtlich durchaus wohlbegründete) Angst vor dem nächsten Pogrom auch in der Neuen Welt:

> Woodenton, as you may know, has long been the home of well-to-do Protestants. It is only since the war that Jews have been able to buy property here, and for Jews and Gentiles to live beside each other in amity. For this

---

49 Roth 1993, „Eli, the Fanatic", ebd., S. 258.
50 Ebd., S. 262.

> adjustment to be made, both Jews and Gentiles alike have had to give up some more extreme practices in order not to threaten or offend the other. Certainly such amity is to be desired. Perhaps if such conditions had existed in prewar Europe, the persecution of the Jewish people … in fact, might not have been carried out at all.[51]

Eli, der diese von Seiten der Gemeindebewohner geforderte Vereinbarung zunächst als Anwalt, also im Sinne eines modernen Rechts- und Management-Verständnisses zu verhandeln hat, wird freilich im weiteren Fortgang einem ihm selbst nicht mehr verständlichen Transformationsprozess unterworfen. Die Anziehung des fremden Gegenübers, die Empathie mit jenen, denen außer dem, was sie auf ihrem Körper tragen bzw. an Spuren der Gewalt auch in ihm, nichts geblieben ist: „But I tell you he has nothing. *Nothing*. You have the word in English? *Nicht*? *Gornisht*? … A medical experiment they performed on him yet. That leaves nothing, Mr. Peck, Asolutely nothing!"[52], lässt ihn nicht nur den Anzug mit seinem Gegenüber tauschen, sondern auch die Seiten wechseln: Während der in den Lagern geschundene Schuldiener künftig in Elis modernem Anzug durch die Stadt spazieren kann, wird dieser selbst zu demjenigen Gespenst, das in der schwarzen Kleidung und mit dem Hut der Ostjuden als Erinnerung an die vergessene, verdrängte Verfolgung der Juden in Europa (aber auch im eigenen Land) die Bewohner der Stadt irritiert und an das ihrer modernen und liberalen Existenz vorausliegende Tabu des offensichtlich auch in der Neuen Welt vorhandenen und auch dort immer wieder drohenden Antisemitismus erinnert. Zugrunde liegt diesem Kleider- und Rollentausch die erschütternde, von Empathie getragene Übernahme der Perspektive, ja der Existenz des „Anderen": „Eli had the strange notion that he was two people. Or that he was one person wearing two suits. (…) Eli's heart

---

51 Ebd. Vgl. auch S. 277: „There's going to be no pogroms in Woodenton. Right?"
52 Ebd., S. 264. Hervorh. im Text. Vgl. dazu die ebenfalls die eigene Verletzung/Kastrierung tabuisierende Aussage von Kafkas Affen Rotpeter: „Ich, ich darf meine Hosen ausziehen, vor wem es mir beliebt; man wird dort nichts finden als einen wohlgepflegten Pelz und die Narbe nach einem – wählen wir hier zu einem bestimmten Zwecke ein bestimmtes Wort, das aber nicht missverstanden werden wolle – die Narbe nach einem frevelhaften Schuss. Alles liegt offen zutage; nichts ist zu verbergen;…". Zit. Kafka, Franz (1970): „Ein Bericht für eine Akademie" [1917]. In: ders.: *Sämtliche Erzählungen*, hg. von Paul Raabe. Frankfurt a. M.: Fischer, S. 147–155, hier S. 149. Der Abstand zum vordergründig Männer-Zoten ansprechenden Verdacht gegenüber Uncle Tobys Verletzung könnte im Medium des humoristischen Romans größer nicht sein; freilich bezieht sich auch dieses Motiv Sternes auf historisch und lebensweltlich vertraute Verletzungen und das von ihnen ausgehende Leid. Uncle Tobys „Unschuld" und das Tabu, seine Verletzung „zu berühren", ist damit auch an ein blasphemisches (Sprach-)Spiel mit den Versatzstücken des Heiligen, des Tabus und der darin kodierten Sakralität des Leibes, auch im oben angesprochenen Sinne Agambens (Fn.11), gebunden.

shivered, and his brain was momentarily in such a mixed-up condition...".⁵³ Für Eli endet dies freilich mit einem völligen Zusammenbruch, dessen (ggf. letaler) Ausgang am Ende ungeklärt bleibt. Deutlich allerdings wird mit dieser Geschichte, dass es sich bei Tabu und Empathie um leibgetragene Erfahrungen, bzw. auch um kulturelle Setzungen vor dem Hintergrund historischer Erfahrungen handelt, deren Möglichkeiten, Erscheinungsweisen und Grenzen allerdings auch mit denen des Leibes verbunden sind, ja mit ihnen enden: „Then a needle slid under his skin. The drug calmed his soul, but did not touch it down where the blackness had reached."⁵⁴

III.

Während es sich bei Philip Roth' Erzählungen um Modelle handelt, in denen die dem Selbstverständnis der Gemeinde und des Individuums zugrunde liegenden Tabus gerade in ihrer konstitutiven, freilich auch von ihrer destruktiven Seite her erkundet, in spezifischer Weise ans Licht gehoben werden, wozu Empathie sowohl ein Lösemittel bietet als auch eine aufs Neue brauchbare Strategie der Verführung darzustellen scheint, stellt Maxim Billers 1998 zunächst als Kurzroman erschienene Erzählung *Harlem Holocaust*⁵⁵ bereits auf der Ebene der Handlung und der Textanlage einen Tabu-Bruch eigener Art dar. Empathie wird zwar gefordert, vermittelt und auch aufgeboten; sie führt allerdings ins Leere bzw., statt Mitgefühl zu wecken, auf die Macht- und Bemächtigungsinteressen der handelnden Personen in der Geschichte und dessen zurück, der ihre (und seine) Geschichte erzählt.⁵⁶ Von zwei Seiten aus

---

53 Roth 1993, „Eli, the Fanatic", S. 289.
54 Ebd., 298; „Blackness", das umfasst freilich auch die osteuropäische Erfahrung der Flüchtlinge im Banne der nationalsozialistischen Mörder und in den Rahmungen, die aktuell mit Timothy Snyder unter dem Stichwort „Bloodlands" diskutiert werden. Vgl. Snyder, Timothy (2010): *Bloodlands. Europe between Hitler and Stalin*. London: Vintage; eine Übersicht kritischer Stimmen deutschsprachiger Historiker findet sich http://www.perlentaucher.de/buch/timothy-snyder/bloodlands.html (letzter Zugriff: 10.02.2014).
55 Zit. nach Biller, Maxim (1990): *Wenn ich einmal reich und tot bin. Erzählungen*. Köln: Kiepenheuer & Witsch, S. 89–143.
56 Dass dies in einem an Nabokov, die Postmoderne und eben auch Philip Roth angelehnten Verwirrspiel um Identität und Rolle(n) nicht nur des Erzählers, sondern auch der in der Geschichte geschilderten Personen angelegt wird, mag zum einen die Komplexität und damit auch die ästhetische Form der vorliegenden Erzählung ausmachen, trägt zum anderen aber eben auch dem Umstand Rechnung, dass Identität (und Geschichte) im Banne von Antisemitismus und Shoah nicht einfach mehr zugerechnet, vorausgesetzt oder „entfaltet" werden können. Vgl. dazu Steiner, George (1987): „Das lange Leben der Metaphorik. Ein Versuch über die Shoah". In: *Akzente* 34/3, S. 194–212.

werden zunächst die Legitimation und Selbstkonstitution einer im Schatten des Holocaust fassbaren Opfer-Identität in Frage gestellt, handelt sich doch bei dem Erzähler Ephraim Rosenheim gerade nicht, wie der Name nahelegen könnte, um einen Juden, sondern um den Abkömmling einer nichtjüdischen Familie von Mitläufern des NS-Regimes,[57] der sich selbst durchaus als „Tätersohn"[58] charakterisiert und damit zumindest oberflächlich Schuldanerkennung und eine „gewisse" Sensibilität im Umgang mit Juden und jüdischer Erfahrung vor dem Hintergrund des 20. Jahrhunderts für sich reklamiert. Freilich verliert er seine Freundin und damit seine eigenen Lebenspläne an den mit allen antisemitischen Stereotypen, auch denjenigen des zeitgenössischen sekundären Antisemitismus,[59] gezeichneten amerikanischen jüdischen Schriftsteller und Literaturkritiker Warszawski. Dieser kann seinerseits darauf verweisen, seine eigene Identität gerade vor dem Hintergrund der entmächtigenden Erfahrungen der Shoah aus der Identifikation mit der schwarzen Emanzipationsbewegung der 1960er Jahre gewonnen zu haben.[60] Damit erwirbt dieser im Rahmen der seit den späten 1960er Jahren in der westlichen Welt zeitgenössischen Schuld-, Opfer- und Anerkennungsdiskurse gleichsam einen Status der Uneinholbarkeit, ja Unberührbarkeit, wodurch er zugleich aber auch zum Ferment der im Erzähler vorhandenen Aggressionen und judenfeindlichen Projektionen jedweder Art wird: „Warszawski, der immer so tat als ob er um ein Haar deportiert worden wäre, ließ seine Hand auf Inas Knie fallen."[61]

Jüdischer Selbsthass[62]: „Verwirrt, aber zusehends schadenfroher verfolgte ich Warszawskis Hasstiraden"[63], Erinnerungen, die sich auf den Bericht eines Überlebenden der Shoah beziehen und in der literarisierten Form, die War-

---

57 „Der Vater meines Vaters schrieb abwechselnd mit Werner Höfer im 12-Uhr-Blatt gegen jüdisch-amerikanischen Kulturbolschewismus an und verfasste steife Übermensch-Oratorien…". Biller 1990, „Harlem Holocaust", S. 90 f.

58 Ebd., S. 94.

59 Vgl. dazu Decker, Oliver u. a. (2012): *Die Mitte im Umbruch. Rechtsextreme Einstellungen in Deutschland 2012*. Bonn: Dietz, S. 68 ff., S. 74 f.

60 Vgl. Biller 1990, „Harlem Holocaust", S. 97: „…er verriet, wie er sich vor dem Lebensgefühl seiner Eltern in die pathetische, aber aufrichtige Welt seiner schwarzen New Yorker Freunde geflüchtet hatte…"; vgl. auch S. 115: „Warszawskis Bebop-Euphorie hatte den savonarolahaften Charme der Pubertät. Sie war Begeisterung und Protest-Geste in einem. Denn der Siebzehnjährige betrachtete die amerikanischen Neger als seine Juden…".

61 Ebd., S. 89.

62 Vgl. dazu Gilman, Sander L. (1993): *Jüdischer Selbsthass. Antisemitismus und die verborgene Sprache der Juden*. Frankfurt a. M.: Jüdischer Verlag, S. 11–46, bes. der Hinweis auf das zunächst psychologisch bestimmte Konzept des „double bind" einer stigmatisierten Gruppe von Menschen, ebd., S. 13 f.

63 Biller 1990, „Harlem Holocaust", S. 112.

szawski von diesem Abend gibt, brüsk abgewiesen werden: „Soll ich mir die ganze Zeit euren Nazi-Quatsch anhören und unsere tausendjährige Leidensgeschichte memorieren?"[64], schließlich die Konfrontation einer zeitgenössischen us-amerikanischen jüdischen Literatur mit den durch die Erwartungen und Denkfiguren der Schuld und der „Vergangenheitsbewältigung" bestimmten vorauseilend „wohlwollenden" Rezeptionsbedingungen einer jüdischen Literatur in Deutschland nach 1945 erscheinen in Zuge der Erzählung zunächst als unwirkliche und zugleich paradoxe Formen einer vermeintlich nach der Shoah wieder möglichen deutsch-jüdischen Konvergenz.[65] Deren vor dem Hintergrund der deutsch-jüdischen Geschichte (und ihrer Nachkommen) provozierende Schamlosigkeit spiegelt sich nicht zuletzt in einer pornographisch geschilderten Sex-Szene wider,[66] in der der Erzähler noch einmal alle antisemtischen Stereotype aufbietet, um in seinem Konkurrenten einen „jüdischen" Scharlatan, Triebmenschen und Verräter zu entlarven.[67] Damit zielt der Text auf die Thematisierung und Provokation zweier Tabus, die für die Erinnerungsdiskurse der Bundesrepublik im Umgang mit dem deutschen Judenmord seit den 1960er Jahren konstitutiv geworden sind und die Y. Michal Bodemann in seiner diesbezüglichen Studie unter dem Begriff des Gedächtnistheaters gefasst hat: Die Geschichte der „jüdischen Gemeinschaft und ihre deutsche Erfindung".[68]

In diesem Sinne hebt Billers Text auf die in Deutschland, zumal in der öffentlichen Würdigung der jüdisch-deutschen Beziehungen vielfach missachteten bzw. missinterpretierten Individuen und deren letztlich uneinholbaren Geschichten ab,[69] die stets als Repräsentanten eines Diskurses und deshalb

---

64 Ebd., S. 117.
65 Vgl. dazu Diner, Dan (1987): „Negative Symbiose. Deutsche und Juden nach Auschwitz". In: ders. (Hg.): *Ist der Nationalsozialismus Geschichte? Zu Historisierung und Historikerstreit*. Frankfurt a. M.: Fischer, S. 185–197, bes. S. 187 f.; Aly, Götz (2012): *Warum die Deutschen? Warum die Juden? Gleichheit, Neid und Rassenhass 1800–1933*. Frankfurt a. M.: Fischer.
66 Biller 1990, „Harlem Holocaust", S. 124–127.
67 Deren Literarizität wird dabei vom Erzähler selbst reflektiert: „Wie ekelhaft! Wie widerlich! Das klingt ja wie Portnoys Beschwerden! Und deshalb genug damit, ich habe mich vergaloppiert...". Ebd., S. 126 f.
68 Vgl. Bodemann, Y. Michal (1996): *Gedächtnistheater. Die jüdische Gemeinschaft und ihre deutsche Erfindung*. Hamburg: Rotbuch.
69 In ähnlicher Weise thematisiert Vladimir Vertlib diesen Verbrauch jüdischer Lebensgeschichten und Menschen in seinem Roman *Das besondere Gedächtnis der Rosa Masur*, diesmal zugunsten eines Stadtjubiläums, zu dem die aus Russland nach Deutschland gekommene russische Jüdin, zu deren Lebensgeschichte die Belagerung von Leningrad gehört, einen Beitrag leisten soll, der dann aber, weil die Feier aufgrund eines Datierungsfehlers des Jubiläums abgesagt werden muss, in der Versenkung verschwindet. Vgl. Vertlib, Vladimir (2003): *Das besondere Gedächtnis der Rosa Ma-*

niemals in ihrer individuellen Besonderheit, die eben wie bei allen Menschen auch Negatives, Widersprüchliches und Bösartiges mit umfassen könnte und umfassen können müsste, gezeigt werden. „Vielmehr", so Y. Michal Bodemann, „werden Juden als Genus repräsentiert, vereinzelte jüdische Individuen in ein Korsett des Bedürfnisses nach Stereotypen gezwängt. Der jüdische Körper wird in dieser Form öffentlich gemacht und soll Zeugnis ablegen über Judentum in Deutschland nach Auschwitz. Als Ort gesellschaftlicher und politischer Orientierung dient er der exotischen Begierde, als Medium wiederum dient er der Kommunikation als Kafkasche Schreibtafel."[70] Gesteigert, zugespitzt wird die Provokation der Tabuisierungsprozesse im deutsch-jüdischen Verhältnis nach 1945 in Billers Erzählung freilich noch einmal dadurch, dass der Stellenwert des Textes selbst, in den sich der Leser/die Leserin bis zum Schluss entweder in der Perspektive des betrogenen Liebhabers oder des beobachteten amerikanisch-jüdischen Schriftstellers eingelesen hat und ggf. einfühlen konnte, am Ende ganz ins Unklare und Unklärbare verschoben wird. Den Abschluss der Erzählung bildet das „Postskriptum" eines New Yorker Professors Hermann Warschauer. Er berichtet davon, den vorliegenden Text nach dem Tode eines Friedrich Rosenhain anstelle des von diesem möglicherweise verfassten, aber unauffindbaren Textes „Warschauers Vermächtnis" auf eigenen Entschluss hin herausgegeben zu haben, weil dieser Text „zugleich das Dokument eines selbstzerstörerischen Talents und der großen deutschen Krankheit ist."[71]

Eine Seite zuvor waren die Intentionen des ggf. fiktiven Schriftstellers Warszawski programmatisch so gefasst worden: „Das zentrale Ereignis in der Dichtung, und ganz besonders in meinen Fiktionen, ist nicht der Holocaust, ist nicht die Auslöschung der Juden, sondern die Tilgung dieser Auslöschung als zentrales Ereignis aus unserem Bewusstsein."[72] Dies nimmt – parodistisch? – einen Ansatz auf, der bereits 1980 von dem US-amerikanischen Literaturwissenschaftler Alvin Rosenfeld unter dem Stichwort „A Double Dying" ausgearbeitet wurde[73] und der darauf zielte, das Verschwinden des Gedächtnisses an die Auslöschung des europäischen Judentums im Zuge der Shoah zu themati-

---

sur. Roman. München: dtv.
70 Bodemann 1996, S. 11 f.
71 Biller 1990, „Harlem Holocaust", S. 143.
72 Ebd., S. 142.
73 Vgl. Rosenfeld, Alvin Hirsch (1980): *A Double Dying. Reflections on Holocaust Literature.* Indiana UP.

sieren, das Tabu einer doppelt vergessenen Geschichte zu brechen: Erst wurde die Vernichtung der Juden verschwiegen, dann die Erinnerung an sie vergessen bzw. eben dann in einen Diskurs der Normalisierung überführt,[74] in dessen Fortgang die Fragen nach Schuld und Verantwortlichkeit ebenso einer erneuten Tabuisierung unterworfen wurden wie die – zuletzt in den 1990er Jahren durch die Ausstellung des Hamburger Instituts für Sozialforschung zu den „Verbrechen der Wehrmacht"[75] erneut aufgeworfene – Frage nach den Tätern und ihren sie ggf. im Familiengedächtnis uminterpretierenden Nachkommen.[76]

Einen *anderen* Weg, die Überbietung der mit dem Gebrauch eines verbotenen Wortes verbundenen Verletzung durch einen von Empathie getragenen und entsprechend vermittelten gegenläufig interpretierbaren Mythos, weist dagegen die erstmals 1949 erschienene Erzählung „Down at the Dinghy" von Jerome D. Salinger (1919–2010), die von der Beschämung bzw. Verletzung eines Jungen durch die antisemitischen Ausfälle des Hauspersonals berichtet. Der Mutter gelingt es, den Jungen am Ende eines langen und quälenden Gesprächs aus seiner selbstgewählten Isolation auf dem Segelboot der Eltern wieder in die Welt zurückzuholen, indem sie sich voller Empathie auf seine von mythischen Wesen und Ängsten besetzte Vorstellungswelt einlässt. Dadurch gelingt es ihr, ihm zu erklären, dass Sandra, das Dienstmädchen nicht von seinem Vater als einem „Kike" gesprochen habe, einem in den 1950er Jahren noch gebräuchlichen Schimpfwort für Juden, dessen Denotat der Junge zwar nicht kennt, dessen Konotat er aber sehr wohl in seiner verletzenden Wirkung verstanden hat. Vielmehr sei von einem „Kite", einem Drachen, die Rede gewesen, „so einem Ding, das in die Luft steigt, das man an einer Schnur festhält."[77] Einfühlung in die Realwelt der Kinder, so möchte Salinger es nahelegen, kann offensichtlich die Macht einer ebenso unter dem Tabu versteckten wie in der Verletzung von Tabus sich zeigenden Gewaltbereitschaft brechen, zumindest den davon ausgehenden Bann mitunter wieder lösen.

---

74 Vgl. Link ³2006, S. 357–362.

75 Vgl. Heer, Hannes (1996): „Verwischen der Spuren. Vernichtung der Erinnerung". In: Hamburger Institut für Sozialforschung (Hg.) (1996): *Vernichtungskrieg. Verbrechen der Wehrmacht 1941–1944. Ausstellungskatalog.* Hamburg: Hamburger Edition, S. 160–176.

76 Vgl. Welzer, Harald/Moller, Sabine/Tschuggnall, Karoline (2002): *„Opa war kein Nazi". Nationalsozialismus und Holocaust im Familiengedächtnis.* Frankfurt a. M.: Fischer, bes. S. 44–80.

77 Erstmal in *Harper's Magazine*, January 14, 1949; dann In: Salinger, J. D. (1953): *Nine Stories*. Boston: Little, Brown and Company; dt. Salinger, J. D. (1968): „Unten beim Boot". In: ders.: *Neun Erzählungen.* Hamburg: Rowohlt, S. 59–68, hier S. 68.

EVA KOWOLLIK

„Ich schaue sie an".
Empathie als künstlerischer Zugang in Dragana Mladenovićs *Rodbina*

1 Zugänge

Das Interesse für Empathie in der gegenwärtigen kulturwissenschaftlichen Forschung wird als eine Folge der Entdeckung der Spiegelneuronen angenommen. Dank neurobiologischer Erkenntnisse ist Empathie als eine das menschliche Miteinander prägende emotionale Fähigkeit einzuschätzen.[1] Weiterhin wird auf die „intellektuelle Vorgeschichte"[2] des Empathie-Begriffs, beginnend bei Aristoteles' Vorstellung des Mitleids verwiesen und nach den Grenzen empathischer Reaktionsmuster, d. h. der „Filterung, Beschränkung und Blockade von Empathie" als einer „entscheidende[n] kulturelle[n] Leistung"[3] gefragt. Die Überlegungen zur kulturellen Kodierung emotionaler Prozesse führen Breithaupt zum Begriff der narrativen Empathie und Breger und Breithaupt schließlich zur Frage, „ob der Prozess der Empathie selbst (regelmäßig oder gar notwendig) narrativ strukturiert ist" und sich ein Beobachter „die Geschichte des anderen *als Geschichte* erzählt"[4].

Empathie als eine Form emotionalen zwischenmenschlichen Kontakts soll im Folgenden in seiner Wechselwirkung mit ethischen Prämissen untersucht werden. Die oben genannten kulturellen Kodierungen von Empathie, die sich

---

1 Vgl. Breithaupt, Fritz (2009): *Kulturen der Empathie*. Frankfurt a. M.: Suhrkamp, S. 8; Breger, Claudia/Breithaupt, Fritz (2010): „Einleitung". In: Breger, Claudia/Breithaupt, Fritz (Hg.): *Empathie und Erzählung*. Freiburg i. Br., Berlin, Wien: Rombach, S. 7–20, hier S. 8, 14 f; Gallese, Vittorio (2010): „Die mannigfaltige Natur zwischenmenschlicher Beziehungen. Die Suche nach einem gemeinsamen Mechanismus". In: Breger, Claudia/Breithaupt, Fritz (Hg.): *Empathie und Erzählung*. Freiburg i.Br., Berlin, Wien: Rombach, S. 21–51; Lehmann-Carli, Gabriela (2013): „Empathie und Tabu(bruch) als interdisziplinäres Projekt. Konzeptionelle Prämissen und Forschungsansätze". In: Lehmann-Carli, Gabriela (Hg.): *Empathie und Tabu(bruch) in Kultur, Literatur und Medizin*. Berlin: Frank & Timme, S. 7–36, hier S. 15/16.
2 Vgl. Breger/Breithaupt 2010, S. 9 f.
3 Breithaupt 2009, S. 114.
4 Breger/Breithaupt 2010, S. 13.

in narrativen Mustern niederschlagen, sind, so die in diesem Beitrag verfolgte These, u. a. ethischer Natur. Ansätze der *narrativen Ethik* und des *ethical turn* in der Literaturwissenschaft[5], konkret der *ethics of deconstruction* oder *ethics of alterity*, ermöglichen Rückschlüsse auf ethische Implikationen in Narrativen.

Die hier vorgenommene literaturwissenschaftliche Analyse folgt allerdings keinem rezeptionsästhetischen Zugang, wie er in Breithaupts *Kulturen der Empathie* und in den Beiträgen im von Breger und Breithaupt herausgegebenen Band *Empathie und Erzählung* dominiert. Untersucht werden Inszenierungen von Empathie im literarischen Text und es werden die literarischen Strategien herausgearbeitet, mit denen Empathie im Text zur Darstellung kommt.[6]

In den folgenden Ausführungen soll Empathie als künstlerischer Zugang zu einem Leiden verstanden werden, das die Autorin selbst nicht erfahren hat und dem sie sich aus Gründen der Verantwortung nicht verschließen kann. Mit Dragana Mladenovićs Lyrikband *Rodbina*, auf Deutsch zweisprachig unter dem Titel *Verwandtschaft* erschienen, wurde ein Text der serbischen Gegenwartsliteratur ausgewählt.[7] In diesem Buch werden Empathie und die dadurch ermöglichte Katharsis des Einzelnen als Voraussetzung für eine gesellschaftliche Umorientierung gesetzt. Von Interesse sind insbesondere die literarischen Verfahren, die Formen der literarischen Inszenierung empathischer Prozesse und das Potenzial der Sprache, empathische Prozesse zum Ausdruck zu bringen. Auf einer weiteren Ebene muss die Leserin natürlich mitgedacht werden, denn „erzählende Literatur" hat, so Fritz Breithaupt, „einen wohl nicht unwesentlichen Anteil in dem Einüben von Mustern der Empathie"[8].

---

5 Zur Schnittstelle zwischen Empathie und narrativer Ethik vgl. Lehmann-Carli, Gabriela (2013): „Empathiepotential beim Tabu(bruch)? Narrative Ethik und ärztliche Kommunikation in Texten der russischen Literatur". In: Lehmann-Carli, Gabriela (Hg.): *Empathie und Tabu(bruch) in Kultur, Literatur und Medizin*. Berlin: Frank & Timme, S. 127–177. Zur narrativen Ethik vgl. Joisten, Karen (Hg.) (2007): *Narrative Ethik. Das Gute und das Böse erzählen*. Berlin: Akademie Verlag. Zum *ethical turn* in der Literaturwissenschaft vgl. den Überblick in Kowollik, Eva (2013): *Fiktionalisierungsstrategien bei Radoslav Petković, David Albahari und Dragan Velikić*. Berlin: LIT, S. 38–40.

6 In dem von Lehmann-Carli (2013) herausgegebenen Band *Empathie und Tabu(bruch) in Kultur, Literatur und Medizin* werden von der Herausgeberin beide Facetten berücksichtigt: „Wie und mit welchen Mitteln wird dieser Zusammenhang von Empathie und Tabu(bruch) dann in der narrativen Literatur dargestellt? Und mit welchen Mitteln und Strategien kann Empathie beim Leser erzeugt und das Tabu dargestellt oder der Tabubruch legitimiert werden?" (S. 19).

7 Zitiert wird aus der zweisprachigen Ausgabe: Mladenović, Dragana (2011): *Verwandtschaft*. Aus d. Serb. v. Jelena Dabić. Wien: Edition Korrespondenzen.

8 Breithaupt 2009, S. 14.

Den philosophischen Hintergrund für den genannten Schnittpunkt von Empathie und Ethik sowie das Beschreibungsinstrumentarium der empathischen Beziehungen in *Rodbina* stellt das Denken des französischen Philosophen Emmanuel Lévinas dar. In der literaturwissenschaftlichen Forschung auf dem Feld der narrativen Ethik und dem ethical criticism erwies sich Lévinas' Philosophie als fruchtbar.[9] Ethik entsteht Lévinas zufolge im direkten zwischenmenschlichen Kontakt, von Angesicht zu Angesicht, und wird im Spätwerk als Verantwortung begriffen. Lévinas denkt prinzipiell nicht vom „Ich" her, sondern immer vom *Anderen*, dem Gegenüber also, mit dem ein Mensch konfrontiert ist. Demzufolge ist ethisches Handeln keine Folge einer bewusst getroffenen individuellen Entscheidung, sondern ist etwas, das dem Individuum geschieht, dessen es sich nicht entziehen kann. Das, was dem Ich aufgrund der Begegnung mit dem Anderen geschieht, nennt Lévinas zwar *Verantwortung*, aber Verantwortung ist für ihn nichts, was man übernehmen kann, sondern was notwendigerweise aus der Begegnung mit dem Anderen für das Ich resultiert. Als ein Bestandteil der Verantwortung generierenden zwischenmenschlichen Begegnung soll im Folgenden Empathie gewertet werden. Empathie ist möglicherweise die Ursache dafür, dass sich das Subjekt überhaupt erst aus der Begegnung mit dem Anderen konstituieren kann. Subjektwerdung vollzieht sich nach Lévinas nicht-intentional, „[b]esessen von Verantwortlichkeiten, die nicht auf Entscheidungen des frei um sich blickenden Subjekts zurückgehen"[10]. Auf diesen Mechanismus kann der (von Lévinas selbst nicht verwendete) Begriff „Empathie" angewendet werden: „Mitleid, Verzeihen, Anteilnahme sind Gefühle, die sich nach Lévinas keiner Gegenseitigkeit verdanken und nicht auf die Entscheidung des bewussten Subjekts gewartet haben, sondern vom Subjekt in seiner Empfänglichkeit Besitz nehmen."[11]

Die Lévinas'schen Annahmen der Unumgänglichkeit des Übernehmens von Verantwortung aufgrund des Antlitzes des Anderen lassen sich in der Analyse der in *Rodbina* eingesetzten Verfahren anwenden. Lévinas' dialogisches Modell liefert somit ein adäquates Beschreibungsinstrumentarium für

---

9 Vgl. Kotte, Christina (2001): *Ethical Dimensions in British Historiographic Metafiction. Julian Barnes, Graham Swift, Penelope Lively*. Trier: WVT; Eaglestone, Robert (1997): *Ethical criticism. Reading after Levinas*. Edinburgh: Edinburgh University Press.

10 Lévinas, Emmanuel (1992a): *Die Spur des Anderen. Untersuchungen zur Phänomenologie und Sozialphilosophie*. 3. Aufl. Übers., hrsg. u. eingel. v. Wolfgang Nikolaus Krewani. Freiburg, München: Alber, S. 314.

11 Staudigl, Barbara (2009): *Emmanuel Lévinas*. Göttingen: Vandenhoeck & Ruprecht, S. 105.

das Empathie-Verständnis der Autorin. In der folgenden Textanalyse liegt der Fokus auf den Erzähler-Zuhörer-Konstellationen und den ethischen Codes, die in den Konstellationen von Angesicht zu Angesicht Empathie ermöglichen oder verhindern. Ein besonderes Augenmerk erfordern die sprachlichen Mittel, mit denen der Aspekt des Narrativen in den (empathischen) Beziehungen – das Leiden der Anderen erzählbar machen – dargestellt wird. Lévinas verwendet den Begriff der *Spur*, um die das Ich vom Anderen trennende Diachronizität zu beschreiben und hebt eine ethische Form der sprachlichen Kommunikation hervor,[12] die Nähe und Berührung, letztlich also Empathie, zulässt: „Welche auch immer die in der Rede übermittelte Botschaft sei, das Reden ist Berührung."[13]

Um zu verdeutlichen, inwieweit Dragana Mladenović, die als eine der politisch engagiertesten Vertreterinnen der serbischen Gegenwartsliteratur gilt, Empathie in ihren Gedichten mitgedacht hat, möchte ich zunächst aus einem Interview zitieren. Dort stützt sich die Autorin auf den Begriff der *Katharsis*, der auf persönliche Verantwortung setzt, die aus dem von Empathie gekennzeichneten Verhältnis der Autorin zu den Opfern der jugoslavischen Zerfallskriege rührt. Eine Katharsis „ließe sich nur erreichen, wenn man sich mit den Dingen befasst, die geschehen sind, und nicht um sie herumschleicht, wie eine Katze um den heißen Brei"[14]. Die folgend beschriebene Erinnerung lieferte die Idee für *Rodbina* und stellt die Handlung des ersten Teils:

> Ich habe erlebt, wie ein Kriegsverbrecher hier in Pancevo untergebracht wurde, in einer Familie, die ich kannte. Viele Serben reden sich noch immer damit heraus, dass an unserem Volk auch Verbrechen begangen wurden. Ich denke aber, dass es besser wäre, wenn wir uns für unsere Seite, für unsere Verbrechen entschuldigen. Deshalb habe ich mein Buch *Rodbina* geschrieben. Es ist meine Katharsis, mein Akt, um Entschuldigung zu bitten.[15]

---

12 Lévinas unterscheidet zunächst zwischen „Sagen" als dem Akt und „Gesagtem" als dem Inhalt sprachlicher Kommunikation. Entscheidend ist das „Sagen", dessen ethische, Nähe zum Anderen ermöglichende Form wiederum wird als „Rede" bezeichnet. Vgl. dazu Staudigl 2009, S. 95–97.
13 Lévinas 1992a, S. 274.
14 Schwanitz, Mirko (2011): Unbekannte Helden. Streifzug durch die serbische Literaturszene. http://www.deutschlandradiokultur.de/unbekannte-helden.1013.de.html?dram:article_id=171604 (letzter Zugriff: 5.3.2014).
15 Ebd.

Der Katharsis-Begriff ist aufschlussreich, denn er unterstreicht noch einmal die Stärke der empathischen Reaktion auf das fremde Leiden und das Potenzial der Verantwortung anstelle eines eher distanzierten Mitgefühls.[16]

Folgerichtig wählt die Autorin für die Zuhörer- und Erzählerrollen in Bezug auf das fremde Leiden, dem sie sich annähern möchte, auch zwei Protagonistinnen und einen Protagonisten, die wie sie selbst den Krieg nicht miterlebt hatten.

2 Rodbina (Verwandtschaft)

Das Buch besteht aus drei Teilen: erzählt wird zu Beginn die Geschichte einer serbischen Familie, die den Kriegsverbrecher Tiodor versteckt. Der zweite Teil ist als die Anzeige des Kriegsverbrechers durch einen Beobachter gestaltet, die sich zum Verhör des Beobachters wandelt. Daraufhin wird im dritten Teil die Geschichte einer bosnischen Familie im niederländischen Exil erzählt. Es handelt sich um ein genreübergreifendes Werk, das gleichermaßen lyrische, narrative und dramatische Verfahren einsetzt. Zwei der Protagonistinnen, die Serbin Mila und die Bosnierin Jasmina, sind Opfer der Kriege, beide vergewaltigt und geschwängert von dem Kriegsverbrecher Tiodor. Bereits in diesem kurzen Überblick wird deutlich, dass die Autorin die Ambivalenz von Beziehungen vor Augen führt, die in Bezug auf dieselbe Person sowohl unter dem Vorzeichen der Gastlichkeit als auch des Verbrechens betrachtet werden können. Für die Interpretation dieser Thematik werden sich Lévinas' Gedanken zum Anderen und zum Dritten und damit zum Verhältnis von Verantwortung gegenüber dem unmittelbaren Nächsten zum Dritten als nutzbringend erweisen.

---

16 Mit ihrem Anspruch, das Leiden der Anderen in den Fokus zu nehmen, ist Dragana Mladenovićs Buch zwar eine seltene, aber keine singuläre Erscheinung in der serbischen Gegenwartsliteratur. In Saša Ilićs Roman *Berlinsko okno* [2005; Berliner Fenster] wird dieses Anliegen durch ein dem Roman vorangestelltes Lévinas'sches Motto unterstrichen: „In meiner Verantwortung für den Anderen ‚blickt' mich die Vergangenheit des Anderen, die nie meine Gegenwart gewesen ist, an." (Lévinas, Emmanuel (1995): *Zwischen uns. Versuche über das Denken an den Anderen* [1991]. Aus d. Frz. v. Frank Miething. München: Hanser, S. 146); Ilić, Saša (2005): *Berlinsko okno*. Beograd: Fabrika knjiga. Zu diesem Roman und den Implikationen der Philosophie Lévinas' vgl. Kowollik, Eva (2013): „Fremde Erinnerungen. Die Polyphonie traumatischer Kriegserfahrungen in Saša Ilićs Berlinsko okno". In: Burlon, Laura/Frieß, Nina/Gradinari, Irina/Różańska, Katarzyna/Salden, Peter (Hg): *Verbrechen – Fiktion – Vermarktung. Gewalt in den zeitgenössischen slavischen Literaturen*. Potsdam: Universitätsverlag Potsdam.

2.1 Prvi deo (Erster Teil)

Der erste Teil wird größtenteils aus der Perspektive der Ich-Erzählerin Mila erzählt, zeitweise wird ein Wechsel zur Perspektive der jüngeren Schwester Sara vorgenommen. Der Teil besteht aus 61 nummerierten Gedichten, die zu insgesamt neun Gruppen zusammengefasst sind. Die einzelnen Gruppen umfassen zunächst regelmäßig fünf bis sieben Gedichte (bis zum 38. Gedicht). Darauf folgt eine lange Gedichtgruppe von 20 Gedichten, gefolgt von zwei einzeln stehenden Gedichten, womit der erste Teil von *Rodbina* schließt. Die Geschichte der Familie Milas wird chronologisch von der Ankunft bis zur Abreise des Gastes Tiodor erzählt. Die erste Gedichtgruppe fungiert als Exposition und stellt die allgemeine Familiendisposition dar, die Handlung der letzten beiden Gedichte, einem P.S. ähnlich nachgestellt, ereignet sich nach Abreise des Gastes.

Im Zentrum der einführenden ersten Gedichtgruppe steht Milas distanzierte Beobachtung des Verhaltens ihres Großvaters Stanko, der auf der Suche nach den sterblichen Überresten des Četnik-Generals Draža Mihajlović ist. Des Großvaters Besessenheit für serbisches Heldentum, seine kritiklose Bewertung von Verrat und Treue in Bezug auf die Četnik-Bewegung, fungieren als ethische Codes, die Milas ablehnende Haltung dem Denken des Großvaters gegenüber plausibel machen. Mila sehnt sich nach einer anderen Familie: „a meni je to/ dosadno pa/ zamišljam/ da sam ja/ jedna devojka/ iz komšiluka"[17] [„aber für mich ist das/ langweilig deshalb/ stelle ich mir vor/ ich sei/ ein mädchen/ aus der nachbarschaft"[18]]. Beachtet man die Verwandtschaft der Wörter „rodbina" (Verwandtschaft), „porodica" (Familie), „roditi" (gebären), „rod" (verwandt/ Verwandter/ Geschlecht) und „narod" (Volk), so muss in Milas Wunsch nach einer anderen Familie eine übergreifende kollektive Zugehörigkeit mitgedacht werden. Auf eine makabre Weise ist dieser Wunsch als ein Vorgriff auf ihre spätere Vergewaltigung und Schwangerschaft zu lesen, da sie derart tatsächlich die traumatischen Erfahrungen bosnischer Frauen während des Bosnienkrieges teilen wird.

Die zweite Gedichtgruppe wird im 7. Gedicht mit Milas Vorstellung ihrer Person eingeleitet, eine der seltenen Passagen, in denen die Erzählerin über sich selbst spricht und in den wenigen biographischen Angaben ihre durch die Familie verursachte Isolation beschreibt. Die folgenden Gedichte behandeln

---

17 Mladenović 2011, S. 10.
18 Ebd., S. 11.

die Ankunft Tiodors und die Übersiedlung Milas in den Keller zu ihrem Onkel Griška. Die Gründe dafür werden in den Gedichten nicht thematisiert. In die Familie eingeführt wird Tiodor von Onkel Voja, „zato što je Srbin"[19] [„weil er ein Serbe war"[20]]. Auch hier wird die Verschränkung der Begriffe *Familie/ Abstammung/ Volk* erneut offenkundig. Mit Tiodors Ankunft strebt die Familie an, sich als harmonische Ganzheit zu präsentieren, was einerseits die Verdrängung der unpassenden, als „krank" und „verrückt" stigmatisierten Mitglieder wie Mila und Griška in den Keller zur Folge hat, als auch die Zelebration der gemeinsamen Mahlzeiten „za stolom". Bei diesen Gelegenheiten, in denen sich die Familie gegenübersitzt – von Angesicht zu Angesicht – gibt es kein Blicken und kein Sprechen, sondern individuelle Isolation hinter einer Fassade, die sich beispielsweise in der Anweisung der Mutter äußert „da za stolom/ ne lupam gluposti"[21] [„dass ich bei Tisch/ keinen Unsinn reden soll"[22]]. Der Mythos der gemeinsamen Abstammung/Familie ermöglicht überhaupt das Verstecken eines Verbrechers und fungiert darüber hinaus als kultureller Code, so dass dem unmittelbar gegenüber sitzenden Anderen keine empathische Begegnung zuteilwerden kann. Vor diesem Effekt hatte Lévinas in seinem Spätwerk gewarnt. Dort hat er zwar den „Dritten" als diejenigen Personen eingeführt, mit denen der Andere in Beziehung steht, aber dennoch die Priorität des Anderen und der unmittelbaren Verantwortung diesem gegenüber betont: „Eine Gerechtigkeit, die sich nicht der Nähe zum Anderen und dem Appell der Verantwortung verdankt, läuft Gefahr, in einer Totalität zu erstarren"[23]. Die Gastlichkeit, die Lévinas in seinem Frühwerk als nichtintentionalen Akt der Subjektwerdung versteht[24], kann, so dieses Beispiel einer konkreten Gastfreundschaft, die Ausgrenzung Anderer nach sich ziehen und ein Verbrechen unterstützen. Notwendig erscheint tatsächlich der von Lévinas in *Jenseits des Seins oder anders als Sein geschieht* Übergang von der Unmittelbarkeit der Verantwortung in bewusste und reflektierte Gerechtigkeit:

---

19 Ebd., S. 18.
20 Ebd., S. 19.
21 Ebd., S. 18.
22 Ebd., S. 19.
23 Staudigl 2009, S. 100.
24 Vgl. Lévinas, Emmanuel (1993): *Totalität und Unendlichkeit. Versuch über die Exteriorität* [1961]. Übers. v. Wolfgang Nikolaus Krewani. 2. unveränd. Aufl. Freiburg (Breisgau), München: Alber, S. 28 f.

> Von selbst findet nun die Verantwortung eine Grenze, entsteht die Frage:
> ‚Was habe ich gerechterweise zu tun?' Gewissensfrage. Es braucht die Gerechtigkeit, das heißt den Vergleich, die Koexistenz, die Gleichzeitigkeit, das Versammeln, die Ordnung, das Thematisieren, die *Sichtbarkeit* der Gesichter und von daher die Intentionalität und den Intellekt [...].[25]

Mila gelingt aufgrund ihres Status' als Außenseiterin ein unbeteiligter, streckenweise kindlich naiver Blick auf den Neuankömmling. Ihre detaillierte Beobachtung Tiodors erschließt dem Leser trotz der verfremdeten Perspektive, dass sich der Gast verstecken muss: „naš gost nije često izlazio// povremeno bi samo/ strčao do dvorišta/ ubrao neku ljubičicu/ i potom je dugo razgledao"[26] [„unser gast ging nicht oft aus// nur manchmal/ lief er hinunter in den hof/ pflückte ein veilchen/ und betrachtete es lang"[27]]. Tiodors Interesse an Pflanzen wird im letzten Gedicht des ersten Teils noch einmal aufgegriffen: „verovali smo/ da se radi o bilju"[28] [„wir dachten/ es handle sich um pflanzen"[29]]. Das Motiv der Pflanzen wird durch die Wiederholung semantisiert und weist auf folgende Handlungssegmente hinaus: die Erzählerin im dritten Teil ist eine junge Bosnierin mit Namen Bilja (bilje: Pflanzen), deren Tante Jasmina von Tiodor vergewaltigt wurde. Tiodor pflückt Frauen wie Pflanzen und traumatisiert deren weiteres Leben. Sein Blick gilt nicht der lebenden Pflanze resp. dem lebenden Menschen, sondern er vereinnahmt sein Gegenüber, tut ihm Gewalt an und bricht dessen Wesen. Lévinas spricht bei dieser den Anderen vereinnahmenden Selbstbezogenheit von „imperialistische[r] Herrschaft" und „Tyrannei"[30]. Bereits aus Milas neutraler Beobachtung heraus erscheint der harmlos wirkende Gast als Okkupator.

Im 12. Gedicht, das auf die Beobachtung des Blumenpflückens folgt und ihrer eigenen Vergewaltigung unmittelbar vorausgeht, paraphrasiert Mila Tiodors Erzählung über einen gequälten Jungen. Die Umstände bleiben im Dunkeln, ausschlaggebend ist die Haltung des Erzählenden, der sein leidendes Gegenüber emotionslos gesehen hatte: „pa su ga ostavili da/ tako visi izboden i

---

25 Lévinas, Emmanuel (1992b): *Jenseits des Seins oder anders als Sein geschieht* [1974]. Aus d. Frz. v. Thomas Wiener. Freiburg (Breisgau), München: Alber. S. 343.
26 Mladenović 2011, S. 20.
27 Ebd., S. 21.
28 Ebd., S. 70.
29 Ebd., S. 71.
30 Lévinas 1993, S. 57.

da/ jauče"[31] [„und sie ließen ihn/ hängen so zerstochen/ und jaulen"[32]]. Die darauf folgende Schlüsselszene im 13. Gedicht, in der Tiodor Mila aufsucht, negiert die Harmlosigkeit des Blumenpflückens und akzentuiert das Leiden. Der Blick des imperialistischen Ich ist beherrschend. Das Nicht-Sagbare des erfahrenen Gewaltaktes erfährt seine poetische Entsprechung in einer hochgradigen Reduktion. Mila schildert lediglich das heimliche Eintreten des nach „Seife"[33] duftenden Mannes: „bešumno je ušao/ u moju sobu// mirisao je na sapun"[34] [„lautlos trat er/ in mein zimmer// er roch nach seife"[35]]. Durch die Reduktion wird ein Spielraum für variierende Interpretation eröffnet. In späteren Passagen wird Tiodor mit einer Schlange verglichen, die, so Onkel Griška, verführerische Pelze kauft. Die Skala zwischen Verführung eines wehrlosen, isolierten Mädchens und Vergewaltigung ist eine Grauzone, welche die Fragen nach den Grenzen von Verbrechen und Legalität aufwirft. Die Mehrdeutigkeit der lyrischen Sprache erlaubt auch Einblicke in die psychische Verfassung der Ich-Erzählerin, der die Ausmaße des erfahrenen Verbrechens in seiner Tragweite noch nicht bewusst zu sein scheinen.

Die thematisch und formal kongruente und regelmäßige Anordnung der Gedichte wird mit den folgenden drei Gedichtgruppen fortgesetzt. Die dritte Gruppe beinhaltet die liebevolle Beziehung von Mila und ihrem Onkel Griška: „kod ujka griške nije tako lepo/ ali on je dobar/ zasmejava me"[36] [„bei onkel grischka/ ist es nicht so schön/ aber er ist gutmütig/ er bringt mich zum lachen"[37]]. Beide sind in der Familie marginalisiert, beide gelten als körperlich und psychisch krank, beide halten sich im Keller, also im Untergrund auf. Die Autorin problematisiert an dieser Stelle nicht nur die Ausschließungsstrategien einer (scheinbar) vernünftigen Gesellschaft.[38] Sie stellt die Frage, inwiefern eine einen Verbrecher beherbergende Familie vernünftig handeln kann und

---

31 Mladenović 2011, S. 20.
32 Ebd., S. 21.
33 Die „Seife" wird durch eine parallele Verwendung im 23. Gedicht semantisiert (s.u.), in dem es um ein Reinwaschen des Sessels vom „Eiter" der Vergangenheit geht. Der Akt der Reinwaschung, der im 13. Gedicht vor dem Verbrechen stattgefunden hatte, erinnert an Pontius' Pilatus' Waschen der Hände in Unschuld.
34 Mladenović 2011, S. 20.
35 Ebd., S. 21.
36 Ebd., S. 24.
37 Ebd., S. 25.
38 Zu dieser Problematik vgl. Foucault, Michel (1993): *Wahnsinn und Gesellschaft. Eine Geschichte des Wahns im Zeitalter der Vernunft* [1961]. 10. Aufl. Frankfurt a. M.: Suhrkamp.

rückt damit die Ambivalenz der Begriffe Normalität und Wahnsinn in den Fokus.

Der Beginn der Verrücktheit des Onkels und sein Rückzug in den als „Bunker" bezeichneten Keller wird von Mila auf die Zeit „od jula 1999. godine"[39] [„seit juli 1999"[40]], also nach der NATO-Bombardierung Belgrads, datiert. In die Aktivitäten der beiden Ausgegrenzten impliziert die Autorin geschickt die Macht der Kunst im Rahmen subversiver Ausdrucksformen. Onkel Griška rezitiert „čudne pesme"[41] [„seltsame Gedichte"[42]], schreibt „manično"[43] [„manisch"[44]] und sammelt Abfall, um diesen in Kunst – „drugostepene modelativne/ sisteme"[45] [„modellierende systeme/ zweiten Grades"[46]] – zu transformieren und auf diese Weise den Zustand der Gesellschaft bloßzustellen.

Das 20. Gedicht, das erste der vierten Gedichtgruppe, setzt erneut mit der persönlichen Vorstellung der Ich-Erzählerin ein. Die ersten Worte „zovem se mila" sind identisch mit Milas erster Einführung ihrer Person im 7. Gedicht. Durch den Parallelismus des einleitenden Satzes gewinnen die folgenden Unterschiede an Bedeutsamkeit. Heißt es im siebenten Gedicht noch: „zovem se mila/ imam 30 godina/ i porodicu"[47] [„ich heiße mila/ bin 30 jahre alt/ habe eine familie"[48]], so erkennt die Protagonistin nun die Brüchigkeit der Familienbande: „zovem se mila/ lazar mi je bio otac/ sve dok nije rekao// nisam"[49] [„ich heiße mila/ lazar war mein Vater/ bis er einmal sagte// ich bin es nicht"[50]]. Interessant ist in den folgenden, dem Verhältnis zu den Eltern gewidmeten Gedichten die Anrede Milas, die Lazar im 22. Gedicht mit „oče"[51] [„Vater"[52]] um Aufklärung für seine Ablehnung bittet, im 24. Gedicht jedoch keine Verwandtschaftsbezeichnung sondern den Vornamen einsetzt: „govori lazare/

---

39 Mladenović 2011, S. 22.
40 Ebd., S. 23.
41 Ebd., S. 24.
42 Ebd., S. 25.
43 Ebd., S. 24.
44 Ebd., S. 25.
45 Ebd., S. 24.
46 Ebd., S. 25.
47 Ebd., S. 16.
48 Ebd., S. 17.
49 Ebd., S. 30.
50 Ebd., S. 31.
51 Ebd., S. 32.
52 Ebd., S. 33.

ko je/ čuješ li me/ ko mi je otac/ ako nisi ti"[53] [sprich lazar/ wer ist es/ hörst du mich/ wer ist mein vater/ wenn du es nicht bist"[54]]. Das Schweigen des Vaters zur (nur familiären?) Vergangenheit korrespondiert mit einem eitrigen Fleck an seinen Rücken. Der Mutter genügt es, mit Seife und Tiodors Hilfe den vom Eiter beschmutzten Fernsehsessel des Vaters reinzuwaschen. Im folgenden Zitat ist interessant, wie die differenzierten Beobachtungen der Ich-Erzählerin künstlerisch realisiert wurden:

> tiodor i mama su jedva/ izneli tatu iz fotelje// mama je rekla/ da fotelja smrdi užasno/ užasno/ na gnoj// s mukom se je preneli/ u kupatilo// (na tatinom leđima/ bilo je zeleno)// mama ju je pokvasila/ i trljala sapunom/ pa su je odneli na terasu/ a tatu stavili/ na drvenu stolicu/ da ne padne[55]

> [tiodor und mama haben gerade noch/ papa aus dem sessel gehoben// mama sagte/ dass der sessel entsetzlich stinkt/ entsetzlich/ nach eiter// mit mühe schafften sie den sessel/ ins bad// (papas rücken/ war grün)// mama machte den sessel nass/ und rieb ihn mit seife ein/ dann schafften sie ihn auf den balkon/ und papa setzten sie/ auf einen holzstuhl/ dass er nicht umfällt[56]].

Mila verwendet, obwohl der Vater die Vaterschaft anzweifelt, weiter das Wort „Papa", wenn sie beobachtend über ihn spricht. Das zitierte 23. Gedicht befindet sich zwischen den beiden oben zitierten, in denen Mila im Dialog zunächst die Anrede „Vater" (22. Gedicht) und später „Lazar" (24. Gedicht) verwendet. Außerdem weist sie subtil, nämlich in Klammern gesetzt, auf das Leiden des Vaters hin. Hier wird das Antlitz des Anderen wahrgenommen. Mila blickt ihren Vater an, spürt sein Leiden und wendet sich ihm trotz dessen Abweisung verwandtschaftlich zu. Tiodor und der Mutter geht es hingegen ausschließlich um die Säuberung des Sessels. Die hier eingesetzte Seife, die auch Ungewünschtes aus der Vergangenheit, dem nicht sichtbaren Rücken des Vaters entwichen, zum Verschwinden bringen soll, ist parallel zur Säuberung des Verbrechers mit Seife vor der Vergewaltigung im 13. Gedicht zu lesen. Indem die Erzählerin im 25. Gedicht außerdem die Worte „Sessel" und „Stuhl" als sprachliche Bilder für das veränderte, kranke Äußere des sich vom Sessel zum

---

53 Ebd., S. 34.
54 Ebd., S. 35.
55 Ebd., S. 32.
56 Ebd., S. 33.

Stuhl verwandelten Vaters einsetzt, wird das Einfühlungsvermögen der eben nicht nur beobachtenden sondern auch mitfühlenden jungen Frau in der lyrischen Sprache zum Ausdruck gebracht.

In der fünften Gedichtgruppe gerät die bisherige Beobachterin und Erzählerin, die ihr eigenes Leiden nur andeuten wollte oder konnte, in den Fokus. Um diesen Umschwung zu erreichen, setzte die Autorin Wechsel der Perspektive und der Erzählerstimme ein. Im 26. Gedicht spricht Mila über ihre Krankheit aus der Perspektive der Mutter, bzw. sie berichtigt die Aussage „jer sam bolesna"[57] [„weil ich krank bin"[58]] in: „uvek sam bila/ bolesna za nju"[59] [„immer bin ich/ für sie krank gewesen"[60]]. Im 27. Gedicht übernimmt Milas Schwester Sara das Wort. Der Name der Schwester wird in dieser Gedichtgruppe noch nicht genannt, das Verwandtschaftsverhältnis erschließt sich nur aus Saras Referenz auf dieselbe Mutter. Saras von Empathie gekennzeichnetes Verhältnis zu ihrer ausgegrenzten Schwester entwickelt sich im Laufe des Erzählens. Ihre Erzählung zeugt von der narrativen Strukturiertheit von Empathie, die entstehen kann, indem man sich „die Geschichte des anderen *als Geschichte* erzählt" [kursiv im Orig.][61]. In Saras Worten erscheint die Isolation Milas drastischer und die Verbindung zum Erscheinen des Gastes, vor dem man das kranke Familienmitglied verstecken möchte, deutlicher als in Milas eigener Darstellung: „otkako je došao tiodor/ mila retko kad ruča/ sa nama/ mama uvek kaže da je/ razdržljiva/ i da ostane u sobi"[62] [„seitdem tiodor da ist/ isst mila nur selten/ mit uns zu mittag/ mama sagt immer dass sie/ empfindlich ist/ und dass sie im zimmer bleiben soll"[63]]. In beiden Fällen meint die Familie, sie täte das Richtige. Die vordergründige Sorge der Mutter, deren Stimme mit Berufung auf den Arzt Mila zur Bettruhe zwingt und derart das 28. Gedicht füllt, wird gerahmt von der heimlichen Sorge der Schwester, die im 27. Gedicht äußert: „ali je ja ipak često/ krišom izvodim/ u park"[64] [„aber ich gehe oft mir ihr/ heimlich/ in den park"[65]], sowie der des Onkels Griška[66], von

---

57 Ebd., S. 36.
58 Ebd., S. 37.
59 Ebd., S. 36.
60 Ebd., S. 37.
61 Breger/Breithaupt 2010, S. 13.
62 Mladenović 2011, S. 38.
63 Ebd., S. 39.
64 Ebd., S. 38.
65 Ebd., S. 39.

dessen Sorge Sara berichtet: „ujka mi je rekao/ da pazim na nju kad pada kiša/ da je ne polomi"[67] [„mein onkel sagte mir/ dass ich aufpassen soll auf sie wenn es regnet/ dass sie nicht zerbricht"[68]].

Im 30. und letzten Gedicht der fünften Gedichtgruppe ergreift wieder Mila das Wort (diese Gruppe wird also von Milas Worten eingerahmt). Mila unterdrückt ihren Wunsch, die Mutter nach ihrer Herkunft zu fragen: „jer znam/ šta će reći/ reći će/ mila/ pa ti si bolesna/ jesi li popila lek// jesi li"[69] [„weil ich weiß/ was sie sagen wird/ sie wird sagen/ mila/ du bist doch krank/ hast du deine medikamente genommen// hast du"[70]]. Durch die Wiederholungen der Phrase „jesi li" in diesem Gedicht (womit das Gedicht auch schließt), und besonders eindrücklich noch im 51., in dem die Reaktion der Familie auf Milas Ankündigung ihrer Schwangerschaft mit demselben Stilmittel gestaltet wird, wird verdeutlicht, dass derartige abwiegelnde Ausflüchte den familiären Dialog dominieren und es wird die Permanenz, die ständige Präsenz der gewaltsamen familiären Überstimmung, mit dem die Andere zum Verstummen gebracht werden soll, ausgedrückt. Es geht nicht um die Heilung eines tatsächlich kranken Familienmitglieds sondern um die Unterdrückung störender Andersartigkeit.

Die sechste Gedichtgruppe dreht sich um die Schwester der Mutter, Tante Vileta, die, selbst zu Gast, als einzige in der Familie im 35. Gedicht (in der Mitte dieser Gruppe) Tiodor identifiziert. Aus Milas verfremdender Perspektive heißt es:

> čula sam majku/ kako joj na vratima/ govori da je tiodor/ dobar čovek/ a vileta joj je sa stepeništa/ doviknula/ da smo pustili guju/ u kuću/ i da to majka/ vrlo dobro zna// ona ne može više/ da laže za nas/ i otišla[71]

---

66 Im serbischen Original können die konkreten verwandtschaftlichen Verhältnisse nachvollzogen werden. Onkel (stric) Voja, der Tiodor in die Familie gebracht hat, ist der Bruder des Vaters. Onkel (ujka) Griška, mit dem Mila den Keller teilt, ist der Bruder der Mutter. Onkel Voja und Milas Mutter, die sich beide mit dem Kriegsverbrecher familiär verbunden fühlen, sind selbst gar keine leiblichen Verwandte. Diese strategische Konstellation unterminiert einmal mehr die familiäre wie nationale Einheit als Phantom.
67 Mladenović 2011, S. 38.
68 Ebd., S. 39.
69 Ebd., S. 40.
70 Ebd., S. 41.
71 Ebd., S. 46.

[ich hörte wie mutter/ an der wohnungstür zu ihr/ sagte tiodor sei/ ein guter mann/ und vileta schrie/ aus dem stiegenhaus herauf/ dass wir eine natter/ ins haus gelassen hätten/ und dass mutter/ das sehr wohl wisse// sie könne nicht mehr/ lügen für uns/ dann war sie weg[72]].

Entscheidend sind für das folgende Textverständnis die Begriffe „guja" (Schlange)[73] und „Lüge". Der Autorin gelingt in einem Spiel der Verweise die Gleichsetzung der Schlange und der Lüge. Mila vergleicht die Lüge im 37. Gedicht zunächst mit einer persischen Katze, einem schönen Tier, das sich auf leisen Pfoten bewegt und hinter den Möbeln versteckt. Im 38. Gedicht hört Mila ein – zu Katzen passendes – Kratzen und macht sich auf die Suche, allerdings nicht nach der Katze, sondern nach der Schlange, die sie mit einer harmlosen Eidechse gleichsetzt und in einer Keksdose verstecken will, um mit ihr zu spielen. Im vorletzten Gedicht wiederum spürt Milas Schwester Sara das Kind ihrer Schwester durch die Bauchdecke – und sie empfindet die Kindsbewegungen als Kratzen. Die Schlange resp. die Lüge könnte sich also in Mila eingenistet haben.

Die siebente Gedichtgruppe fällt durch den Umfang von 20 Gedichten auf die sich um den Abschied von Tiodor drehen. Einleitend geht es zunächst um das Misstrauen Onkel Vojas, in der Familie sei ein Verräter – eine Vorschau auf den zweiten Teil des Bandes, worin Tiodor von einem Zeugen angezeigt wird. Auch hier wird durch klare ethische Codes die Empathie des Lesers auf die von Voja Verdächtigten – Mila und Onkel Griška – gelenkt. Tiodors äußerliche Veränderung – in der Verfremdung von Milas oder Saras Worten: „tiodor je bio lepši bez brade/ samo su mu obrazi bili crveni/ od brijanja"[74] [„tiodor war ohne bart schöner/ nur seine wangen waren rot/ vom rasieren"[75]] – kann als Folge der im zweiten Teil thematisierten Anzeige gelesen werden.

Das Herzstück der siebenten Gedichtgruppe ist schließlich das gemeinsame Abendessen, worin parodisierend auf das biblische letzte Abendmahl angespielt wird, da unter den Anwesenden ein Verräter vermutet wird.[76] Das

---

72 Ebd., S. 47.
73 „Guja" entspricht in zoologischer Hinsicht die „Natter", die zu den Schlangen gehört. In der deutschen Übersetzung wurde „guja" daher mit „Natter" wiedergegeben. Da in *Rodbina* jedoch die symbolischen und mythologischen Implikationen der Schlange von Bedeutung sind, wird in den folgenden Ausführungen von „Schlange" die Rede sein.
74 Mladenović 2011, S. 54.
75 Ebd., S. 55.
76 Im Serbischen bedeutet „večera" Abendessen; für das letzte Abendmahl im christlichen Kontext

Abendessen wird im 43. Gedicht von Voja (paraphrasiert von Mila) angekündigt: „a/ onda je rekao da ćemo/ da večeramo kao porodica/ i da se s tiodorom pozdravimo/ kako dolikuje"[77] [„und/ sagte dann jetzt werden wir/ zu abend essen wie eine familie/ und tiodor begrüßen/ wie es sich gehört"[78]]. Onkel Vojas Anliegen, „a se svi/ okupimo"[79] [„dass wir alle/ zusammenkommen"[80]], wäre fast am Widerstand des Vaters, der sich nicht aus seinem Fernsehstuhl fortbewegen möchte, und des Großvaters, der den leeren Platz seiner verstorbenen Frau vermisst, gescheitert. Die in den Gedichten 44 und 45 geschilderten Auflehnungen, also noch ohne die bereits im Untergrund agierenden Griška, Mila und Sara, entlarven erneut die Familie als geschlossen auftretende und gemeinsame Werte vertretende Gemeinschaft als Mythos. Aufrechterhalten wird dieser Mythos allein durch Gewalt: dem Vater wird die Fernbedienung entrissen und er wird auf seinem Stuhl in die Küche getragen, auf den Fluchtversuch des Großvaters reagiert Voja mit einem Wutanfall, „da su šoljice sa police/ sletele na pod"[81] [„dass die tassen aus dem regal/ auf den boden flogen"[82]].

In den Gedichten 46 bis 56 wird das gemeinsame Abendmahl geschildert. Sara übernimmt erkennbar die Erzählerrolle – durch den Wechsel wird die Leserin in Unsicherheit versetzt, wer eigentlich in den vorherigen Gedichten erzählt hatte, denn nur in den Gedichten 39 bis 42 ist Mila zweifelsfrei Erzählerin. Die Gedichte 43 bis 45 könnten von beiden Schwestern erzählt worden sein. Sara paraphrasiert also Vojas Ansprache und seine an sie und Mila gerichtete Anweisung zu schweigen: „okupili smo se kao porodica/ primili smo gosta/ ko da nam je rod/ rekao je stric// o tome ćemo da ćutimo/ je l' tako saro pitao me je/ gledajući u milu"[83] [„wir sind wie eine familie zusammengekommen/ und haben einen gast empfangen/ wie einen verwandten/ sagte onkel voja// darüber werden wir schweigen/ nicht wahr sara fragte er mich/ und schaute zu mila"[84]]. Entscheidend sind in diesem Zitat der Blick und die

---

    wird dasselbe Wort verwendet (poslednja večera).
77 Mladenović 2011, S. 54.
78 Ebd., S. 55. Bei „pozdraviti" handelt es sich an dieser Stelle allerdings um die Bedeutung „verabschieden".
79 Ebd., S. 54.
80 Ebd., S. 55.
81 Ebd., S. 56.
82 Ebd., S. 57.
83 Ebd., S. 56.
84 Ebd., S. 57.

Stimme: Mila wird als Gefahrenquelle erblickt, Sara hingegen wird als die kooperative der beiden Schwestern eingeschätzt und angesprochen. Auch in den folgenden Gedichten tragen Blicke und Stimmen – unabhängig vom Inhalt des Gesagten – den Hauptanteil an Bedeutung. Der normale Ablauf, zu dem Tiodors von Sara paraphrasierte Rede der Dankbarkeit im 47. Gedicht gehört, wird im 48. Gedicht gestört, in der Sara von Milas Versuch, sich Gehör zu verschaffen, berichtet, und den die Mutter zu unterbinden versucht.

Milas Beichte „trudna sam"[85] [„ich bin schwanger"[86]] steht als singulärer Satz im 49. Gedicht und als Höhepunkt der Abendmahlsszene genau in der Mitte dieser Gedichtgruppe. Sara berichtet weiter von den Reaktionen der Familienmitglieder: „svi su skočili na nju"[87] [„alle stürzten sich auf sie"[88]], von den Versuchen, Mila der Lüge zu überführen und sie durch die Einnahme von Medikamenten zum Schweigen zu bringen. Tiodors ruhiger Blick[89] und sein Schweigen – „on je ćutao/ i mirno gledao/ u nas"[90] [„er aber schwieg/ und sah uns/ still an"[91]] – stehen sowohl im Kontrast zum aufgeregten Durcheinander der Familienmitglieder als auch zum Gewaltakt, mit dem Mila die Medikamente gegen ihren Willen eingeflößt werden. Bei der Schilderung dieser Gewalterfahrung lösen die Schwestern einander im Erzählen ab. Im 54. Gedicht schildert Sara den Tathergang und Milas Widerstand:

> onda su je za ruke/ uhvatili deda i stric/ majka joj je gurala lek/ mila je vikala da ne želi/ da je trudna da će da rodi/ da će da ode/ da neće i neće lek[92]
>
> [dann packten opa und onkel voja/ sie an den armen/ mutter stopfte ihr das medikament in den mund/ mila schrie dass sie es nicht nimmt/ dass sie

---

85 Ebd., S. 58.
86 Ebd., S. 59.
87 Ebd., S. 60.
88 Ebd., S. 61.
89 Vgl. die Interpretation des vereinnahmenden, im Lévinas'schen Sinne „imperialistischen" Blicks am Beispiel der Betrachtung gepflückter Blumen und der Vergewaltigung (s. o., 11. und 13. Gedicht).
90 Mladenović 2011, S. 62.
91 Ebd., S. 63. Dem hier mit „still" übersetzten Adjektiv „mirno" entspricht im Kontext der gesamten Szene eher die Bedeutung „ruhig"; enthalten sind auch die Bedeutungen „gelassen" und „kaltblütig".
92 Mladenović 2011, S. 62.

schwanger ist dass sie das kind bekommen wird/ dass sie weggehen wird/ dass sie das medikament nicht und nicht will[93]].

Im Gegensatz zur Vergewaltigung (vgl. Gedicht 13) wird dieses Verbrechen detailliert geschildert, letztlich auch aus Milas eigener Perspektive und mit ihren Worten, die im 55. Gedicht von ihrer erneuten Isolation in ihrem Zimmer spricht, getrennt von den Stimmen der Anderen: „progutala sam/ i otišla u sobu// čula sam da grebe/ čula sam glasove/ njegov glas/ i smeh"[94] [„ich schluckte es/ und ging auf mein zimmer// ich hörte wie es kratzte/ ich hörte stimmen/ seine stimme/ gelächter"[95]].

Das Erzählen wird nun offensichtlich wieder von Sara aufgenommen, die von der guten Stimmung des weiteren Abends erzählt, um dann wieder zu Mila zu wechseln, die sich erneut, das dritte Mal, an die Leserin wendet: „zovem se mila/ imam 30 godina// uskoro ću napustiti stan"[96] [„ich heiße mila/ ich bin 30 Jahre alt// bald werde ich die wohnung verlassen"[97]]. Diese Vorstellung hat im Gegensatz zu den vorherigen, identisch beginnenden Erklärungen perspektivischen Charakter, dessen Ausgang jedoch offen bleibt. Die in Gedicht 54 von Mila getroffene Entscheidung, das Kind zu bekommen, zeugt von einer bedingungslosen Verantwortung im Lévinas'schen Sinne und von der im 57. Gedicht geäußerten Chance, die Wohnung und damit den Keller, die Isolation, zu verlassen.

Das obige Zitat des 55. Gedichts weist eine überraschende Wendung in Bezug auf die bereits erwähnten Schlüsselbegriffe der Schlange und der Lüge auf, denn „grebe" („es kratzt")[98] wird in einer unbestimmten Form genannt. Was hört Mila denn kratzen? Durch den Parallelismus aufmerksam gemacht, überrascht im 60. Gedicht, das singulär auf die siebente Gedichtgruppe folgt, dass Sara die Bewegungen von Milas Kind – von Mila selbst nur als „bewegen" empfunden – als Kratzen wahrnimmt: „pipni saro/ pipni// ruke su joj tanke/ stomak mali vreo// je l' osećaš/ mrda// osetila sam/ da grebe// iznutra"[99] [„fühl mal sara/ fühl mal// ihre arme sind dünn/ der kleine bauch heiß// spürst du's/

---

93 Ebd., S. 63.
94 Ebd., S. 64.
95 Ebd., S. 65.
96 Ebd., S. 64.
97 Ebd., S. 65.
98 Vgl. die oben analysierten Zusammenhänge zwischen „Schlange", „Lüge", „Katze" und „kratzen".
99 Ebd., S. 68.

es bewegt sich// ich spürte/ dass es kratzt/ von innen"[100]. Hier scheint die außen stehende, der Protagonistin empathisch verbundene Erzählerin Sara ein tatsächliches Gespür für das Innere ihrer Schwester aufzubringen. Die Schwangerschaft und das Kind sind im ersten Teil von *Rodbina* von Ambivalenz gekennzeichnet. Es ist Milas Chance, aus den destruktiven Familienverhältnissen. Die traumatischen Erinnerungen an die Umstände der Zeugung, den Vater, die Verwandtschaft des noch ungeborenen Kindes zu diesem Verbrecher, zur Lüge, lassen sich verdrängen aber nicht negieren und machen durch Kratzen schon im Mutterleib auf sich aufmerksam.

2.2 Drugi deo (Zweiter Teil)

Der Mittelteil ist als Dialog in dramatischer Form gestaltet. Es stellt die protokollierte Form einer Zeugenaussage dar, wobei sich die Anzeige des Zeugen zu dessen Verhör wandelt. Durch einen Doppelpunkt werden in jeder Zeile die Fragen/ Nachfragen/ Suggestionen des Polizisten auf der linken Seite von den Antworten des Zeugen auf der rechten Seite getrennt. Durch Kenntnis des ersten Teils wird spätestens bei der Unterschrift des Polizisten: „voja ristić" deutlich, dass es sich mit hoher Wahrscheinlichkeit um Milas Onkel Voja, den Komplizen Tiodors, handelt. Ein weiterer Hinweis auf die Identität des Polizisten mit Milas Onkel ist die Ähnlichkeit, die der Zeuge zwischen einem von ihm beobachteten Begleiter des Verbrechers und seinem Gegenüber auf der Polizeistation erkennt. Die Gliederung des lyrischen Protokolls in 15 Gedichte folgt inhaltlichen Strukturelementen und lässt die Rhythmik des Verhörs einschließlich kurzer Pausen erkennbar werden.

Im ersten Gedicht wird der Zeuge biographisch situiert und die Autorin spielt allein durch die Wahl des Namens mit den Begriffen des Angeklagten oder Schuldigen und des Zeugen, der sich im konkreten Fall zur Anzeige des versteckten Kriegsverbrechers entschlossen hat. Der Name Živorad Žurić, Spitzname Žura wird von dem Zeugen mit „mutavi"[101] [„der Stumme"[102]] ergänzt, der „kasno progovorio"[103] [„spät zu reden angefangen"[104]] hat. Diese

---

100 Ebd., S. 69.
101 Mladenović 2011, S. 74.
102 Ebd., S. 75.
103 Ebd., S. 74.
104 Ebd., s. 75.

Angaben verweisen einerseits auf ein ehemaliges Mitglied des „Zemunski klan" (Zemuner Clan) mit dem Spitznamen „Đura Mutavi" und Kronzeuge im Ermittlungsverfahren bezüglich der Ermordung des serbischen Ministerpräsidenten Zoran Đinđić. Žura verweist weiterhin auf das Verb „žuriti" (eilen).[105] Die Autorin spielt also neben der Ambivalenz des Zeugenbegriffs auch mit der Ambivalenz von (zu) später oder (zu) früher Aussage.

Die persönlichen Angaben zum Wohnort – der Zeuge gibt die „frühere marschall-tito-straße" an – und das Geburtsjahr 1945 deuten auf eine vom Tito-Jugoslavien geprägte Identität. Die gegenteilige Wertung des Gegenübers wird durch die Berichtigung des Straßennamens deutlich. An diesem Beispiel zeigt sich bereits, dass der Polizist zum Verhörenden wird, der die Antworten vorgibt, die vom Zeugen ergänzt werden müssen: „adresa: bivša maršala tita/ cara: lazara 16a"[106] [„adresse: frühere marschall-tito-straße/ kaiser: lazar-str. 16a"[107]]. Der Name der Straße weckt in der Leserin einerseits Assoziationen an die serbische Volkspoesie, den Kosovo-Mythos und die mythisch überhöhte Figur des Zaren Lazar, andererseits an die groteske Figur von Milas Vater Lazar, der nicht der ist, für den man ihn hält und dessen Rücken – das was hinter ihm liegt – von stinkendem Eiter bedeckt ist.

Bereits im zweiten Gedicht, das weitere biographische Angaben beinhaltet, wird die verschobene Schuldfrage deutlich, denn die Beteuerung des Zeugen, sein vorbestrafter Sohn sei unschuldig, wird vom Verhörer mit „tako svi kažu"[108] [„das sagen alle"[109]] abgewiegelt, d. h. es geht einerseits um die Frage, wie relativ Schuld ist – ein Ausblick auf den weiteren Verlauf des Verhörs – und um die Glaubwürdigkeit des Zeugen. Die weiteren Versuche des Polizisten, die Glaubwürdigkeit des Zeugen zu untergraben werden im dritten Gedicht deutlich. Die Aussage des Zeugen, er habe Tiodor an einem Samstag nach Mitternacht gesehen wird vom Verhörenden mit „nemate san"[110] [„haben sie keinen schlaf"[111]] kommentiert. Auf die detaillierte optische Beschreibung

---

105 Die Deutung der politischen und historischen Konnotationen des Namens verdanke ich Tijana Matijević.
106 Ebd., S. 74.
107 Ebd., S. 75.
108 Ebd., S. 76.
109 Ebd., S. 77.
110 Ebd., S. 76.
111 Ebd., S. 77.

durch den Zeugen kontert der Verhörende mit der Feststellung „rekli ste da je bila noć"[112] [„sie sagten es war nacht"[113]].

Im vierten Gedicht beginnt der Verhörende, Drohungen einzusetzen und setzt auf des Zeugen Angst: „a sad: i sad me je strah/ zašto: za život/ pa vi ste već mrtvi: nisam/ šalim se: šalite se"[114] [„und jetzt: jetzt habe ich auch angst/ worum: um mein leben/ sie sind doch schon tot: bin ich nicht/ ich scherze: sie scherzen"[115]]. Stilistisch fallen die Wiederholungen auf: der Verhörende wiederholt Aussagen des Zeugen, die als Nachfragen formuliert werden, der Zeuge wiederholt, wie im letzten Zitat, die Worte, die ihm unglaublich erscheinen müssen. Ersteres ist ein Spiel, letzteres ein Prozess des Begreifens.

Im sechsten Gedicht wird die Schuldfrage nochmals aufgegriffen. Die Argumentation des Verhörenden ist in sich schlüssig. Nur die Kenntnis des politischen Kontextes und eine daraus resultierende ethische Kodierung verhindert ein Akzeptieren des logisch-kausalen Gedankenganges des Polizisten, der den Zeugen, der sich auf Gehörtes und Gelesenes beruft, erneut als unglaubwürdig überführen will, ihn gewissermaßen zum Denunzianten eines Unschuldigen macht:

> mislite da je kriv: tiodor/ da: tražen je/ pitam da li je kriv: nije na meni/ je'l vama naudio: čuo sam da je ubijao/ čuli: i čitao[116]
>
> [glauben sie dass er schuldig ist: der tiodor ja: er wird gesucht/ ich frage ob er schuldig ist: das ist nicht an mir/ hat er sie geschädigt: ich habe gehört dass er gemordet hat/ gehört: und gelesen[117]].

Eine dritte Strategie des Nachweises der Unglaubwürdigkeit entwickelt der Polizist im siebenten Gedicht. Dort wird dem Zeugen seine Unkenntnis des Krieges nachgewiesen: „da li ste bili u ratu: ne/ šta ste tada radili: gasio požare"[118] [„waren sie im krieg: nein/ was haben sie dann gemacht: brände gelöscht"[119]].

---

112 Ebd., S. 76.
113 Ebd., S. 77.
114 Ebd., S. 78.
115 Ebd., S. 79.
116 Ebd., S. 78.
117 Ebd., S. 79.
118 Ebd., S. 80.
119 Ebd., S. 81.

Das achte Gedicht befindet sich in der Mitte des zweiten Teils und stellt auch einen Höhe- und Wendepunkt des Verhöres dar. Der Polizist nutzt das Beispiel der Verwandtschaft, um jegliche Empathie mit Fremden, die der Zeuge offensichtlich empfindet, als absurd hinzustellen. Auch hier erscheint die Argumentation überzeugend logisch und gleichermaßen nicht richtig. Die Maßstäbe sind also ethischer, nicht logischer Natur:

> recimo imate sina: imam ga/ i napadne vas neko: napadne me/ i sin ga ubije: spase me/ i je l'sin onda kriv: ne znam/ ne znate: a ovde sam/ zašto: zbog nečijeg/ tuđeg: sina/ ili: majke/ ili: sestre/ poznajte nekoga od njih: ne[120]
>
> [sagen wir sie hätten einen sohn: ich habe einen/ und jemand greift sie an: greift mich an/ und ihr sohn bringt ihn um: rettet mich/ und ist ihr sohn dann schuldig: ich weiß es nicht/ sie wissen es nicht: aber ich bin jetzt hier/ warum: wegen irgend/ jemandes: sohn/ oder: mutter/ oder: schwester/ kennen sie jemanden von ihnen: nein[121]].

Und tatsächlich wird mit dieser Passage die Frage aufgeworfen, warum der Zeuge leidenden Fremden gegenüber mehr Empathie aufbringt als einem Angehörigen seines eigenen Volkes, quasi einem Verwandten? Entscheidend ist, dass der Zeuge offensichtlich den Lévinas'schen Dritten mitgedacht hat. In seinem beobachtenden Blick auf den Verbrecher sieht er nicht nur dessen Antlitz, sondern auch diesen in seiner Beziehung zu wieder Anderen. Seine Empathie wäre gemäß Breithaupt auf eine Entscheidungssituation zurückzuführen.[122] Diese wiederum gründet sich auf Gerechtigkeit im Sinne von Lévinas.[123] Die Passage führt somit den Funktionsmechanismus von Empathie und Übernahme von Verantwortung vor. Der von Lévinas postulierten Verantwortung gegenüber dem Anderen geht Empathie voraus, die ihrerseits aus einer Entscheidung zwischen den Anforderungen mehrerer Anderer entsteht.[124]

Der Zeuge wird spätestens im nächsten Gedicht zum Angeklagten, als ihm der Vorwurf der Lüge gemacht wird und er als krank und daher unzurech-

---

120 Ebd., S. 80.
121 Ebd., S. 81.
122 Vgl. Breithaupt 2009, S. 152 f.
123 Vgl. die an Beispielen des ersten Teils (s. o.) erläuterten Gedanken Lévinas' zu reflektierter, vergleichend entstandener Gerechtigkeit in *Jenseits des Seins*.
124 Vgl. den zu Beginn erläuterten Ansatz Breithaupts, Empathie liege generell eine Entscheidung zugrunde (vgl. Breithaupt 1992, S. 12 f.).

nungsfähig deklariert wird: „lepo ste to smislili: nisam/ nego je istina: da/ vi ste bolesni: imam šećer"[125] [„schön haben sie sich das ausgedacht: hab ich nicht/ sondern es ist wahr: ja/ sie sind krank: ich habe zucker"[126]]. Der Drang, ungewünschte Stimmen zum Schweigen zu bringen, beruft sich im ersten und zweiten Teil des Bandes also auf Krankheit und Verrücktheit und findet willkürliche Kriterien der Abgrenzung von Normalität und Abweichung.

Eine veränderte Strategie familiärer Vertraulichkeit wird im zwölften Gedicht eingesetzt: der Polizist duzt den Zeugen, der seinerseits beim Sie bleibt: „pitaću te sad kao da si mi rod: recite/ zašto si došao: zar smo na ti/ zašto si došao: nisam mogao/ više: da ćutim"[127] [„ich frage dich jetzt wie einen verwandten: fragen sie/ warum bist du gekommen: sind wir denn per du/ warum bist du gekommen: ich konnte nicht/ mehr: schweigen"[128]]. Nach dem darauf folgenden Angebot eines Schweigegeldes – wofür die Vertraulichkeit die Grundlage liefern sollte – wagt auch der Zeuge eine Frage nach den Lebensumständen des Polizisten und wird sofort in seine Grenzen gewiesen: „ja pitam: ja odgovaram"[129] [„ich frage: ich antworte"[130]].

Das letzte Gedicht zeugt von der Aufrichtigkeit des Zeugen, der daraufhin von seinem Gegenüber zunächst als verrückt (lud) und dann als blöd (tup) beschimpft und, als dieser aller Bestechungen und Beschimpfungen zum Trotz bei seiner Aussage bleibt, bedroht wird: „i šta sad :želim kući/ idite: hvala vam/ oprezno: laku noć"[131] [„und was jetzt: ich möchte nach hause/ gehen sie: danke/ vorsichtig: gute nacht"[132]]. Nach dieser Ankündigung eines eventuell mit Gefahren verbundenen Heimweges weist der Polizist in einer das Protokoll ergänzenden Anmerkung auf die diagnostizierte Paranoia des Zeugen hin und damit wiederum auf die Unglaubwürdigkeit der Aussage.

Die Kenntnis des ersten Teils ermöglicht jedoch eine weitere Einschätzung, die der Zeugenaussage Sinn abgewinnt. Im 39. und 40. Gedicht berichtet Mila von Onkel Vojas Wut und seiner Suche nach einem Verräter in der Familie. Diese Szene wurde bereits als ein Vorgriff auf die Aussage des Zeugen im

---

125 Mladenović 2011, S. 80.
126 Ebd., S. 81.
127 Ebd., S. 80.
128 Ebd., S. 81.
129 Ebd., S. 80.
130 Ebd., S. 81.
131 Ebd., S. 86.
132 Ebd., S. 87.

zweiten Teil gewertet. Trotz aller Versuche, den Zeugen einzuschüchtern, haben das Hinschauen des Zeugen und seine Aussage somit Wirkung gezeigt, denn der Verbrecher sah sich gezwungen, sein Versteck zu wechseln.

2.3   Treći deo (Dritter Teil)

Im dritten Teil geht es um die bosnische Familie, die von der Abwesenheit der toten Familienmitglieder geprägt ist. Die einzigen auftretenden und erzählenden Figuren sind die in den Niederlanden lebende Bilja und ihre aus Bosnien angereiste Tante Jasmina, die dem Kriegsverbrechertribunal beiwohnen möchte.

Dieser Teil ist in siebenundzwanzig Gedichte unterteilt, die inhaltlich miteinander verknüpft sind, aber – im Unterschied zu den ersten beiden Teilen – mit Überschriften versehen wurden, so dass deren innere Geschlossenheit weitaus ausgeprägter ist. In den ersten fünfzehn und den letzten vier Gedichten erzählt die Nichte aus der Ich-Perspektive über ihre Reaktion auf die Ankunft und die tragische Geschichte der Tante. Der auch dort stellenweise vorgenommene Wechsel zur Stimme der Tante unterliegt einem eigenen Rhythmus, der die Emotionen der Figuren spiegelt. Die Tante spricht zunächst wenig, dann jedoch in einer Abfolge mehrerer Gedichte in einem Zug über das Verschwinden und den Tod ihres Mannes und ihres Sohnes und über ihre Vergewaltigung durch den serbischen General Tiodor. Der Nichte kommt in dieser Binnenerzählung die Rolle der Zuhörerin zu. Ihre eigene, die Binnenerzählung rahmende Erzählung zeugt davon, dass das Schicksal der Tante perspektivisch – so suggeriert der Ausblick im letzten Gedicht – auch ihr eigenes Leben verändert und richtet sich an einen imaginären Empfänger. Weitaus drastischer als im ersten Teil des Bandes wird also vorgeführt, auf welche Weise Empathie und Narration miteinander korrelieren.

Ihr Verhältnis zur Tante ist zunächst von Unsicherheit und Abwehr gekennzeichnet. Sowohl die Erzählerin als auch ihre Mutter sind der Tante gegenüber reserviert. Im dritten Gedicht „E-Mail" kommen die Vorwürfe von Biljas Mutter zur Sprache, die Tante, die ihr Heim nicht hatte verlassen wollen, sei schuld am Tod ihres Bruders und ihres Neffen:

za smrt mog brata/ kriva je/ i sina svog/ eto joj sad kuća/ ognjište i dom/ a govorili smo joj/ dođite dok ne prođe/ i zvali zvali zvali"[133]

[am tod meines bruders/ ist sie schuld/ und am tod ihres sohnes/ jetzt hat sie ihr haus/ ihr heim ihr zuhause/ dabei haben wir ihr gesagt/ kommt zu uns bis es vorbei ist/ und sie eingeladen immer wieder eingeladen"[134]].

Die Schuldvorwürfe der Mutter korrespondieren im Gedicht „Buljuna" („Eule") mit der Reue der Tante. Beachtenswert ist in der Diskussion um Schuld und vor dem Hintergrund der im zweiten Teil geführten logischen Argumentation, welche die Unschuld des Kriegsverbrechers beweisen soll, der Appell der Autorin, zunächst die eigene Schuld in den Blick zu nehmen.[135]

Wichtig ist in Bezug auf die Figurenkonstellation der Umstand, dass es sich bei „ujna" nicht um eine leibliche, sondern um eine angeheiratete Verwandte handelt, die Frau des Bruders der Mutter. Die Mutter definiert das Verwandtschaftsverhältnis mit „nekakav rod", das „eine Art Verwandte" bedeutet[136] und spricht auch an späterer Stelle schlecht über ihre Schwägerin.[137] Die Gastlichkeit der Nichte spiegelt die Aufnahme des Kriegsverbrechers durch die serbische Familie im ersten Teil. Die Autorin spielt mit dem Begriff der Gastlichkeit und wieder sind es ethische Codes, die eine Rolle bei der Bewertung einzunehmen scheinen. Für die Protagonisten der beiden Familien spielt die Verwandtschaft die ausschlaggebende Rolle. Das komplette Zitat bezüglich des Verwandtschaftsverhältnisses zur Tante lautet: „ali ti je ugosti kako/ dolikuje/ i ujna je/ nekakav rod"[138] [aber nimm sie auf wie/ es sich gehört/ auch die tante ist schließlich/ eine verwandte"[139]]. Des Vergleiches wegen soll noch einmal die Szene aus dem ersten Teil gegenübergestellt werden, die im 46. Gedicht den Beginn des Abendmahls einleitet: „okupili smo se kao porodica/ primili smo gosta/ ko da nam je rod"[140] [„wir sind wie eine familie zusammengekommen/ und haben einen gast empfangen/ wie einen verwandten"[141]].

---

133 Ebd., S. 94.
134 Ebd., S. 95.
135 Vgl. das unter „Zugänge" aufgeführte Interview.
136 Diese Nuance verliert sich leider in der Übersetzung in Mladenović 2011.
137 Vgl. das Gedicht „Skladan par" [„Ein hübsches Paar"].
138 Ebd., S. 94.
139 Ebd., S. 95.
140 Ebd., S. 56.
141 Ebd., S. 57.

Die ambivalente Haltung der Nichte, die sich langsam von Abwehr in Richtung Einfühlung bewegt, dominiert in den ersten Gedichten. Die Ankunft der Tante wird als Einschnitt empfunden, der das Leben der Nichte einteilt in ein Vorher und ein Nachher, geprägt vom Leiden der Tante. Die Trauer um das alte Leben vor der Ankunft der Tante schimmert in einzelnen Gedichten immer wieder durch.

Zunächst dominiert die Distanz. Im zweiten Gedicht „Himmel"[142] hadert die Ich-Erzählerin mit der angekommenen Tante, sie sehnt sich nach Freiheit, einem eigenen Leben in der Gegenwart, ohne die Last der Vergangenheit und ohne die Last, Verantwortung für die Tante übernehmen zu müssen. Ausgedrückt wird die Abwehr durch eine räumliche Trennung, die eine Konfrontation von Angesicht zu Angesicht vermeiden hilft: die Ich-Erzählerin sitzt auf dem Badewannenrand, die Tante sieht in der Küche Fotos an. Beide Frauen sind traurig. Der Blick der Tante gilt den Fotos, der Vergangenheit. Die Nichte fürchtet um ihre Gegenwart und Zukunft. Im folgenden Gedicht „Nisam ja" [„Hab ich nicht"] blickt die Ich-Erzählerin sowohl auf die Tante als auch auf die Fotos. Die Tante identifiziert sich nur mit den Fotos. Der Titel des Gedichts „Nisam ja" ist sowohl ein Auszug aus dem Text „kaže nekad nisam/ ovako izgledala"[143] [„sie sagt früher habe ich nicht/ so ausgesehen"[144]], ist aber auch in sich schlüssig in der Bedeutung „Ich bin nicht". Für die Nichte sind beide Blicke wichtig, der Blick auf die Fotos erlaubt einen Blick in die ihr fremde Vergangenheit der Tante, zugänglich dadurch, dass sie jetzt ihre leiblichen Verwandten sieht, die auch die Nächsten der Tante waren. Der gegenwärtige Anblick der Tante lässt die Abgründe ahnen, die der Nichte noch nicht zugänglich sind. Der wechselnde Blick zwischen Fotos und gegenwärtigem Antlitz überbrückt die Diachronizität, die laut Lévinas das Ich vom Anderen trennt.[145]

Mit dem Gedicht „Deo ranijeg života" [„Ein Teil des früheren Lebens"] wird eine sprachliche Verbindung zwischen der Leichtigkeit des Einst und der Schwere des Jetzt geknüpft. Die Ich-Erzählerin findet eine Nachricht ihrer Freundin Tanua in ihrer Wohnung unter einem Stein, sie solle, einem serbischen Phraseologismus entsprechend, ihrem Schwarm Denis mit dem Stein

---

142 Auch im Original deutsch. Im Text heißt der Klub „Himmel", in dem der Mann, in den sich die Ich-Erzählerin verliebt hat, am Ankunftstag der Tante auftreten soll.
143 Mladenović 2011, S. 96.
144 Ebd., S. 97.
145 Vgl. Lévinas 1992b, S. 38–41.

auf den Kopf schlagen, damit dieser sich in sie verliebe.¹⁴⁶ Mit „steinern wurde jedoch bereits im ersten Gedicht „Ujna" die Tante charakterisiert: „stigla je/ ujna/ kamena teška"¹⁴⁷ [„die tante/ ist gekommen/ steinern schwer"¹⁴⁸]. Und dieses Attribut vereinnahmt nun die Wohnung der Ich-Erzählerin, die statt ihres Liebsten die Tante auf ihrem Sofa beherbergt, die Schmerz und Tod versteinert hatten. Das Gedicht heißt „Oblak", erneut ein zweideutiger Titel, denn er bedeutet sowohl „Wolke", bezieht sich aber auch auf das Beziehen der Bettdecke: „oblači jorgan/ leže/ kameni jorgan oblak i/ san"¹⁴⁹ [„sie überzieht die decke/ legt sich hin/ steinern sind die decke die wolke/ der schlaf"¹⁵⁰]. Von der steinernen Last, die die Tante sowohl trägt als auch verkörpert, geht etwas Ansteckendes aus: nicht nur das Bett und der Schlaf versteinern, der Wein wird zum Steinwasser und auch die Nichte wird infiziert. Das Gedicht „Šveps" [Schweppes] beschreibt das Ausmaß, in dem die Gedanken der Erzählerin bereits der Tante gewidmet sind, die sich unter den Zuschauern im Gerichtssaal von Den Haag befindet.

Die Macht des Blickes wird im folgenden Gedicht „Oko" [„Auge"] thematisiert, denn die Tante erblickt im Gericht einen der Verbrecher. Dieser, von ihr mit „buljuna" [„eule"] bezeichnet, weicht den Blicken der Menschen jedoch aus, stellt sich nicht ihren Angesichtern: „samo gleda/ preda se u sto/ u nas/ ne sme ni krajičkom"¹⁵¹ [„er starrt nur/ vor sich auf den tisch/ uns anzuschauen/ traut er sich nicht mal aus dem augenwinkel"¹⁵²].

Im Gedicht „Spisak" [„Liste"] bekommt der Blick die Bedeutung des Aufrufs zur Verantwortung. Die Erzählerin spürt den Blick der Tante durch seine Schwere in ihrem Rücken: „kamen mi na leđima"¹⁵³ [„ein stein in meinem rücken"¹⁵⁴]. Wieder kommt Abwehr, denn die Erzählerin wendet sich dem Blick der Tante nicht zu: „reci ujna kažem joj/ bez osvrtanja"¹⁵⁵ [„brauchst du was

---

146 Auf den serbischen Phraseologismus weist eine Anmerkung der Übersetzerin hin.
147 Mladenović 2011, S. 90.
148 Ebd., S. 91.
149 Ebd., S. 102.
150 Ebd., S. 103.
151 Ebd., S. 108.
152 Ebd., S. 109.
153 Ebd., S. 112.
154 Ebd., S. 113.
155 Ebd., S. 112.

tante sage ich/ ohne mich umzudrehen"[156]. Die Tante verlangt nun nach dem Blick der Erzählerin, um gemeinsam die Liste mit den Namen der Ermordeten zu lesen: „samo sam htela/ ako ti ne smetam da/ na kompjuteru vidimo/ imena"[157] [„ich wollte nur/ wenn es dir nichts ausmacht/ mit dir am computer/ die namen anschauen"[158]].

Im nächsten Gedicht, das den bezeichnenden Titel trägt „Čitam joj" [„Ich lese ihr vor"], werden Blick und Stimme im Akt des Lesens vereint: die Nichte liest der Tante von einer Liste die Namen der Toten vor. Die Tante, die den Blick auf die Liste selbst nicht wagt, hört aus dem Mund der Nichte unter den Namen auch die von ihrem Mann und ihrem Sohn. Das Lesen der Namen wird von der Nichte als eine erzwungene Form des Einverleibens erlebt, und führt die junge Frau an die Grenze des Erträglichen:

> po abecenom redu// nije trebalo da pristanem/ na to// čitam i gutam slogove/ metkove/ knedle/ čitam do abida/ čitam do omera// nemoj ujna/ nemoj[159]

> [in alphabetischer reihenfolge// ich hätte mich darauf nicht/ einlassen sollen// ich lese und schlucke silben/ geschoße/ schlucke// lese bis zu abid/ lese bis zu omer// lass tante/ lass[160]].

Im Gedicht „Vino/ Wein" kommen konzentriert die verschiedenen Bedeutungsschichten des Steinernen zum Ausdruck: das Abweisende im Wesen der Tante, die Last des Grabsteins, und das empathische Mitfühlen der Nichte, die nicht mehr frei von dieser Last ist und das Schicksal der Tante nun durchaus als eigene Last wahrnimmt, die sie quasi lebendig begräbt:

> ne mogu više/ teška je nadgrobna/ a ja sam još uvek živa// negoduje/ neće karmin/ ni kameni puder/ vodim je u bar/ za pušače/ negoduje/ kamen je// čaša vina/ još jedna čaša// voda kamena[161]

> [ich kann nicht mehr/ die grabplatte ist schwer/ und ich bin noch am leben// sie ist unwillig/ will keinen lippenstift/ keinen steinharten puder/ ich

---

156 Ebd., S. 113.
157 Ebd., S. 112.
158 Ebd., S. 113.
159 Ebd., S. 114.
160 Ebd., S. 115.
161 Ebd., S. 118.

gehe in eine bar mit ihr/ eine raucherbar/ sie ist unwillig/ ist wie ein stein// ein glas wein/ noch ein glas// steinwasser[162]].

Dieses Gedicht ist der Auftakt zur Binnenerzählung der Tante in acht aufeinander folgenden Gedichten. Im ersten Gedicht „Buljuna" [„Eule"] wird die Abholung von Abid und Omer geschildert, der sie abführende Soldat ist die bereits aus der Erzählung der Gerichtsverhandlung bekannte Eule, der Todesbote: „buljuna kad ti na/ vrata pokuca odmah/ iskopaj grob"[163] [„die eule wenn sie an/ deine tür klopft kannst du dir/ dein grab schaufeln"[164]]. Wichtig ist auch die familiäre Sprache, mit der sich die Eule an die Frau, diese als „snajka"[165] bezeichnend, wendet: „a meni kaže/ ne plači snajka/ ima da ti se vrate/ lepši no što su ti sad"[166] [„und zu mir sagt er/ wein nicht junge frau/ sie werden zurückkommen/ schöner als sie jetzt sind"[167]].

Der Blick trägt also – ebenso wie die Nennung eines Namens – auch die Kehrseite der Empathie in sich, nämlich den Blick des Täters auf das Opfer.[168] Im Gedicht „Rat" [„Krieg"] erzählt die Tante von ihrer Begegnung mit Tiodor:

> diže pogled s papira/ gleda me/ naslanja se da mu/ udobnije bude/ gleda me/ pohlepno zverski// jasmina/ kaže/ pa je l' i kod vas/ žena dole počeo rat[169]

> [er hebt den blick von den papieren/ schaut mich an/ lehnt sich zurück um/ es bequemer zu haben/ er schaut mich an/ gierig viehisch// jasmina/ sagt er/ hat denn bei euch frauen/ da unten auch schon der krieg angefangen[170]].

Nur dieses eine Mal, aus dem Mund des Täters wird in *Rodbina* der Name der Tante genannt und die Anonymität gebrochen. Der Sohn, den Jasmina nach der Vergewaltigung geboren hat, bleibt in den Gedichten im Gegensatz zu dem toten Sohn Omer namenlos. Kennzeichnend ist für dieses Kind vor allem

---

162 Ebd., S. 119.
163 Ebd., S. 120.
164 Ebd., S. 121.
165 „Snajka" bedeutet nicht nur „junge Frau", sondern auch „Schwägerin".
166 Mladenović 2011, S. 120.
167 Ebd., S. 121.
168 Vgl. die Interpretation vergleichbarer Passagen im ersten Teil des Bandes (s. o.).
169 Mladenović 2011, S. 132.
170 Ebd., S. 133

wieder der Blick, denn die Tante träumt, diesen Sohn mit seinem Vater zu konfrontieren: hranim ga samo/ da vidi/ oca/ zlotvora/ da se nagleda"[171] [„ich füttere ihn nur durch/ damit er/ seinen vater sieht/ den verbrecher/ damit er ihn lange anschauen kann"[172]].

Neben der Stimme, dem Erzählen also, kommt auch im dritten Teil des Buches dem Blick eine Schlüsselrolle in dem von Empathie gekennzeichneten Annäherungsprozess der beiden Figuren zu. Sie schauen sich an, bevor sie sprechen oder anstelle zu sprechen. Unmittelbar auf die Binnenerzählung der Tante folgt beispielsweise das Gedicht „Ćuti" [„Sie schweigt"]. Die Nichte erzählt vom Schweigen der Tante und auch von ihrer eigenen Sprachlosigkeit, in der nur der Blick bleibt: „gledam je/ skupila se/ ljuljuška se// kako se grli kamen/ o ujna ujna ujna"[173] [„ich schaue sie an/ sie kauert/ und schaukelt// wie ein Stein sich umarmt/ oh tante tante"[174]].

Das letzte Gedicht „Sklapanje/ Zusammenfalten" ist als eine Nachricht an einen unbekannten Empfänger gestaltet – mehrere Gedichte im dritten Teil von Rodbina sind als E-Mail oder sms markiert – und beschreibt mit wenigen Worten den katastrophalen emotionalen Zustand, in dem sich die Nichte nach der Abreise der Tante befindet. Äußerlich und innerlich versteinert und in ihrer Wohnung noch immer geprägt von der Präsenz der Tante ist sie wie lebendig begraben: „sama kod kuće// sklapam tanuin ležaj/ sklapam ruke/ sklapam se/ mali je stan/ ko mali grob// send"[175] [„allein zu hause// ich klappe tanuas couch zusammen// ich falte die hände/ ich falte mich/ eine kleine wohnung ist/ wie ein kleines grab// senden"[176]]. Das Senden der Botschaft deutet auf die Unmöglichkeit hin, den Zustand der Freiheit, der vor Ankunft der Tante geherrscht hatte, wiederherzustellen. Im Gedicht „sms" zu Beginn des dritten Teils ist sich die Erzählerin des zerstörerischen Potenzials ihrer Erzählung, was bedeutet, einen Anderen an ihrer Erzählung teilhaben zu lassen, sehr wohl bewusst: „uprskaću ako pritisnem/ send"[177] [„ich mache alles kaputt wenn ich/ auf senden drücke"[178]].

---

171 Ebd., S. 140.
172 Ebd., S. 141.
173 Ebd., S. 134.
174 Ebd., S. 137.
175 Ebd., S. 142.
176 Ebd., S. 143.
177 Ebd., S. 110.
178 Ebd., S. 111.

Um die zentralen Aspekte von Dragana Mladenovićs empathischem Zugang zusammenzufassen, möchte ich eine Rezension von Dragoljub Stanković erwähnen. Sie lautet *Prijavi rodbinu radi ubistva* [*Zeige deine Verwandtschaft wegen Mordes an*], erschienen in der serbischen kulturkritischen Zeitschrift *Beton*. Dort heißt es bezüglich des dritten Teils, der sich um die bosnische Familie dreht, es gehe „um uns, die wir uns vor soviel unfassbarem Schmerz abwenden, um den Versuch, darüber zu sprechen […], um etwas Unmögliches, das uns in die Augen und ins Herz schaut und worüber wir sprechen müssen, wenn wir uns Menschen nennen wollen."[179] Stanković berührt zwei entscheidende Anliegen, die Dragana Mladenović m. E. mit *Rodbina* verfolgt: erstens, dass das Leiden der Anderen, deren Andersartigkeit bereits mit dem Titel *Rodbina* [*Verwandtschaft*] angezweifelt wird, emotional erfahrbar ist, denn der Schmerz schaut uns „in die Augen und ins Herz". Und zweitens das Plädoyer dafür, den Blick nicht abzuwenden, sondern hinzuschauen – erinnert sei an die intensive Auslotung des Blickes in den Gedichten. Hinzuschauen, dem Anderen in Verantwortung zu begegnen und dessen Leid auszuhalten und mitzutragen, das ist die schmerzhafte Erfahrung, die Dragana Mladenović im eingangs zitierten Interview mit „meine Katharsis" beschrieben hat.

---

179 Stanković, Dragoljub (2010): Prijavi rodbinu radi ubistva. In: *Beton* 103. http://www.elektrobeton.net/cement/prijavi-rodbinu-radi-ubistva/ (letzter Zugriff: 5.3.2014).

Hilmar Preuß

Empathiepotentiale in Vladimir Korolenkos *Slepoj muzykant* (*Der blinde Musiker*)

Blindheit ist ein seit der Antike immer wieder in Literatur und Künsten aufgegriffenes Thema. Es erscheint oft mit einer starken emotionalen Komponente verbunden. Die Brisanz rührt sicher daher, dass dem Sehvermögen trotz kultureller Unterschiede und gewisser Differenzierungen (neben dem Gehörsinn) meistens die größte Bedeutung innerhalb einer hierarchischen Bewertung der Wahrnehmungsfelder zugebilligt wird.[1] Das Leben ist in weiten Teilen stark durch die visuellen Signale geprägt. Für Sehende resultiert daraus auch eine besondere Angst vor dem Erblinden. Bei Menschen mit Sinnesbehinderungen zeigt sich außerdem oft eine stärker ausgeprägte soziale Distanz als bei denjenigen mit körperlichen Behinderungen.[2]

Die Bedeutungen und Implikationen des Auges und des Sehens haben mannigfache Wandlungen erfahren. Wurde dem Sehen von den griechischen Philosophen auch eine entscheidende Erkenntnisfähigkeit beigemessen, so wurde dies später aber immer wieder in Frage gestellt.[3]

Wie Harry Merkle konstatiert, sind Blinde in der Literatur „nur selten dominierende Protagonisten eines Textes. Sehr viel häufiger sind sie nur kurz auftretende oder schlicht marginale Figuren"[4]. Desweiteren sind in literarischen Texten „groteske, bisweilen karikierende und diffamierende Überzeichnungen geläufige Gestaltungselemente körperbehinderter Figuren, die sich von Blinden – nur – durch die augenfällige Form der Behinderung unterschei-

---

1 Siehe: Gröne, Maximillian (2005): „Sinneswahrnehmung". In: Jagow, Bettina v./Steger, Florian (Hg.) (2005): *Literatur und Medizin: ein Lexikon*. Göttingen: Vandenhoeck & Ruprecht, Sp. 722–731.
2 Siehe: Fröhlich, Christian (2008): *Behinderung im Kulturvergleich. Einstellung zu Behinderung und Behinderten in Deutschland und Russland*. Saarbrücken: VDM Verl. Müller, S. 31.
3 Siehe z. B.: Wulf, Christoph (1984): „Das gefährdete Auge. Ein Kaleidoskop des Geschichte des Sehens." In: Kamper, Dietmar/Wulf, Christoph (Hg.): *Das Schwinden der Sinne*. Frankfurt a. M.: Suhrkamp, S. 21–45.
4 Merkle, Harry (2000): *Die künstlichen Blinden. Blinde Figuren in Texten sehender Autoren*. Würzburg: Königshausen & Neumann (=Epistemata: Reihe Literaturwissenschaft; 290), S. 37.

den."[5] Im Zusammenhang mit entstellenden Beschreibungen heißt es bei Merkle dann: „Die Literatur tabuisiert den behinderten Körper, indem sie sich ihm scheinbar unverschämt nähert."[6]

Die Ausprägungen des Blindheitsmotivs und Vorstellungen über Blinde in der Literatur wurden bereits untersucht.[7] Im Spannungsfeld von philosophischen Debatten insbesondere seit der Aufklärung analysierte Kai Nonnenbacher die Umkonzeptualisierungen der Blindheit in der Ästhetik.[8]

Anne Waldschmidt hat angeregt, auch bei „Blindheit" wie bei anderen z. B. medizinischen Kategorien die Aspekte der sozialen Konstruktion, der kulturellen Bedingtheit einzubeziehen.[9] Die literatur- und kulturwissenschaftliche Untersuchung von „Behinderung" erstreckt sich auf Texte von der Antike bis zur Gegenwartsliteratur.[10] Weitere Ansätze wie z. B. von Johannes Gruntz-Stoll richten sich auf Überschneidungszonen von Heil- und Sonderpädagogik mit der Literaturwissenschaft unter Einbeziehung geschichtsphilosophischer Perspektiven.[11]

Behinderungen erwiesen sich den Erkenntnissen der Disability Studies zu Folge als beliebtes Stilmittel um einprägsame Charaktere zu schaffen und den Leser für moralische Botschaften zugänglich zu machen. Beim Leser wird ein Spektrum unterschiedlicher Gefühle, Resonanzen und Bilder geweckt.[12] Ansätze der Disability Studies wurden bereits in der russischsprachigen For-

---

5 Ebd., S. 11.
6 Ebd., S. 13.
7 Siehe z. B. die umfangreiche Analyse: Baumeister, Pilar (1991): *Die literarische Gestalt des Blinden im 19. und 20. Jahrhundert: Klischees, Vorurteile und realistische Darstellungen des Blindenschicksals.* (=Europäische Hochschulschriften: Reihe 1, Deutsche Sprache und Literatur; 1230). Frankfurt a. M. [u. a.]: Lang; Merkle 2000.
8 Nonnenmacher, Kai (2006): *Das schwarze Licht der Moderne. Zur Ästhetikgeschichte der Blindheit.* Tübingen: Niemeyer (=Communicatio. Studien zur europäischen Literatur- und Kulturgeschichte; 34).
9 Waldschmidt, Anne (2005): „Disability Studies: Individuelles, soziales und/oder kulturelles Modell von Behinderung?" In: *Psychologie & Gesellschaftskritik* 29 (1), S. 9–31, hier S. 21 f.
10 Aktuelle Arbeiten bieten z. B.: Müller, Toni (2012): *Was schaut ihr mich an? Darstellungen von Menschen mit Behinderung in der zeitgenössischen Dramatik.* Berlin: Frank & Timme; Mürner, Christian (2010): *Erfundene Behinderungen: Bibliothek behinderter Figuren.* Neu-Ulm: AG-SPAK-Bücher.
11 Gruntz-Stoll, Johannes (2012): *Erzählte Behinderung: Grundlagen und Beispiele narrativer Heilpädagogik.* Bern: Haupt. Der Autor legt u. a. den Aufbau einer Datenbank und eines Textkorpus zur Darstellung von Behinderung in literarischen Texten dar.
12 Dederich, Markus (2007): *Körper, Kultur und Behinderung. Eine Einführung in die Disability Studies.* Bielefeld: transcript Verlag, S. 108. Dederich bezieht sich dabei u. a. auf Mitchell, David T./Snyder, Sharon L. (2000): *Narrative Prosthesis. Disability and the Dependencies of Discourse.* Ann Arbor: The University of Michigan Press.

schungsliteratur einbezogen und z. B. in Hinblick auf literarische und filmästhetische Repräsentation von Behinderung diskutiert bzw. als Zugang genutzt.[13]

Relevant für die Frage nach Empathiepotentialen in literarischen Texten ist die Feststellung, dass mit der Darstellung von Behinderung die emotionale Reaktion des Lesers abgesichert werden soll.[14] Im Band *Empathie und Tabu(bruch) in Kultur, Literatur und Medizin* werden ausgewählte Empathie-Ansätze erörtert, die besonders geeignete Untersuchungszugänge bieten.[15]

In der Forschung wurden von Fritz Breithaupt und anderen speziell die Zusammenhänge von Narration und Empathie in den Blick genommen. Die grundsätzliche Hypothese lautet, dass die Erzeugung, Konfiguration und Kontrolle von Empathie insbesondere durch narrative Prozesse erfolgt.[16] Wichtig auch in Hinblick auf die Narration über Behinderung sind die Beobachtungen, dass z. B. „langandauernde Situationen (wie etwa das Leiden an einer Krankheit ohne Ereignis) weniger in der Lage zu sein scheinen, Mitleid und Empathie zu erregen"[17]. Desweiteren wurde im Kontext der Erforschung der Spiegelneuronen festgestellt, dass diese üblicherweise bei der Beobachtung und Reaktion auf konkrete Emotionen wie z. B. Schmerz oder Ekel, die bestimmte Reize aussenden, Aktivitäten zeigen.[18]

---

13 Siehe z. B.: Sukovataja, Viktorija A. (2012): „Drugoe telo: invalid, urod i konstrukcii dizabiliti v sovremennoj kul'turnoj kritike". In: *Neprikosnovennyj zapas*, 3 (83), www.http://magazines.russ.ru/nz/2012/3/s7.html (letzter Zugriff 15.12.2013); Bogdanov, Konstantin/Murašov, Jurij/Nikolozi, Rikardo (Hg.) (2006): *Russkaja literatura i medicina: Telo, predpisanija, social'naja praktika.* Sb. Statej. Moskva: Novoe Izdat.; Kuljapin, Aleksandr I./Skubač, Ol'ga A. (2005): „Semiotika telesnych deformacij v literature i kul'ture stalinskoj ėpochi". In: Skovorodnikov, Aleksandr P. (Hg.): *Sovremennaja filologija: aktual'nye problemy, teorija i praktika.* Krasnojarsk: Krasnojar. gos. universitet, S. 313–318.

14 Dederich 2007, S. 108 f. unter Bezug auf Mitchell, David T./Snyder, Sharon L. (1997): „Introduction: Disability Studies and the Double Bind of Representation". In: Dies. (Hg.): *The Body and Physical Difference. Discourses of Disability.* Ann Arbor: The University of Michigan Press, S. 1–31.

15 Lehmann-Carli, Gabriela (Hg.) (2013): *Empathie und Tabu(bruch) in Kultur, Literatur und Medizin.* Unter Mitarbeit von Hilmar Preuß. Berlin: Frank & Timme (=Ost-West-Express; Bd. 14). Siehe z. B. dort: Lehmann-Carli, Gabriela: „Empathie und Tabu(bruch) als interdisziplinäres Projekt. Konzeptionelle Prämissen und Forschungsansätze", insbesondere S. 7–19.

16 Breger, Claudia/Breithaupt, Fritz (2010): „Einleitung". In: dies. (Hg.): *Empathie und Erzählung.* Freiburg i. Br., Berlin, Wien: Rombach (=Rombach Wissenschaften Reihe Litterae; 176), S. 7–20, hier insbesondere S. 11–13.

17 Ebd., S. 13.

18 Siehe: Rizzolatti, Giacomo/Sinigaglia (2008): *Empathie und Spiegelneurone. Die biologische Basis des Mitgefühls.* Aus dem Italienischen von Friedrich Griese. Frankfurt a. M.: Suhrkamp, S. 174–192. Vgl. Gallese, Vittorio (2010): „Die mannigfaltige Natur zwischenmenschlicher Beziehungen. Die Suche nach einem gemeinsamen Mechanismus." In: Breger/Breithaupt 2010, S. 21–51.

Im Folgenden werden einige Aspekte von Vladimir Korolenkos *Slepoj muzykant. Ėtjud* (*Der blinde Musiker. Eine Studie*) analysiert. Korolenko beschreibt in seinem 1886 verfassten und bis 1898 überarbeiteten Text ausgewählte Entwicklungsschritte eines von Geburt an blinden Jungen, vom Säuglings- bis ins junge Erwachsenenalter.[19] Die Ursache der Blindheit verbleibt im Ungewissen. Der Erzähler bezieht oft eine psychologische Perspektive ein. Dieser Text zählt zu den frühesten etwas differenzierteren Narrativen der Behinderung in der russischen Literatur.

Korolenko situierte den blinden Jungen gezielt in einer wohlhabenden Familie mit einem Landgut, deren Einkommen also abgesichert war. In der Literatur erschienen sonst oftmals Figuren mit Behinderung, die in prekären sozialen Verhältnissen ums tägliche Überleben kämpfen mussten. Beim *Slepoj muzykant* wird die Aufmerksamkeit des Lesers jedoch z. B. stärker auf Gedanken, Empfindungen, Reaktionen der Menschen und die Kommunikationsbedingungen gelenkt.

In einem Text kann nicht nur die narrative Darstellung einer blinden Figur analysiert werden, wie es in verschiedenen literaturwissenschaftlichen Arbeiten über Blinde in der Literatur bereits geschehen ist. Unter dem Fokus der Empathie kann sich das Interesse besonders auch auf die Kommunikation der Figuren in diesem Erzähltext richten. Gespräche der nahestehenden Personen mit und über den blinden Jungen spielen im *Slepoj muzykant* eine wichtige Rolle. Es sind die unterschiedlichen Aspekte von (mangelnder) Empathie gestaltet. Der Text Korolenkos kann beim Leser Empathie sowohl für den Jungen mit Sinnesbehinderung als auch für ihm nahestehende Personen induzieren.

Der Vater wird im *Slepoj muzykant* zwar erwähnt, ihm kommt jedoch keine Funktion zu. Auch für die Interaktion mit dem blinden Petr spielt er keine Rolle. Im Text kommt es zu keinerlei Kommunikation zwischen diesen beiden Figuren. Der Autor zeigt die Kommunikation und Interaktion von Seiten der Mutter, ihres älteren Bruders (Onkel Maksim), Petrs und dessen späterer Freundin Ėvelina.

Korolenko entwirft eine Folge von Episoden einzelner Entwicklungsphasen Petrs. Ein wiederkehrendes Prinzip ist die Gestaltung von Situationen mit starker emotionaler Beteiligung der Figuren.

---

19 Korolenko, Vladimir G. (2012): „Slepoj muzykant. Ėtjud". In: Ders.: *Deti podzemel'ja. Povesti, rasskazy i očerki*. Moskva: Detskaja literatura, S. 81–238.

Der Text konfrontiert den Leser zu Beginn des ersten Kapitels mit den noch unbestimmten Sorgen der jungen Mutter. Mehrfach werden ihre Tränen beschrieben. Die Mutter erkennt in den ersten Wochen, dass der Säugling sich eigenartig verhält, auf ihre beunruhigten Fragen reagieren die anderen Menschen jedoch gleichmütig und erklären, nichts Besonderes bemerken zu können.

In diesen Kontext integrierte Korolenko eine typische Szene nicht empathischer Arzt-Patient-Kommunikation: Die besorgte Mutter macht den Arzt während der Untersuchung auf die suchende Bewegung der Babyhände aufmerksam:

> „Sehen Sie, wie merkwürdig er mit den Händen sucht ..." „Kinder können die Bewegung ihrer Hände noch nicht mit den visuellen Eindrücken koordinieren", erwiderte der Arzt. „Warum blickt er nur ständig in ein und die selbe Richtung? ... Ist er ... ist er blind?" entrang sich plötzlich ihrer Brust die schreckliche Ahnung, und niemand vermochte sie zu beruhigen.
> Der Arzt nahm das Kind auf den Arm, drehte es rasch zum Licht und blickte in seine Augen. Er war leicht irritiert, sagte einige bedeutungslose Worte und fuhr weg mit dem Versprechen, in zwei, drei Tagen wiederzukommen.[20]

Bei seiner nächsten Untersuchung mit einem Ophthalmoskop bestätigt der Arzt dann die Blindheit ohne Hoffnung auf Heilung. Die geschilderte Szene zeigt, dass der Mediziner nicht auf die schon anfangs vorhandene Angst und Sorge der Mutter eingeht. Erst nach der Entladung der Emotion betrachtet er die Augen des Säuglings. Die Mutter kann zuerst ihre Befürchtung, dass das Kind blind sein könnte, nicht direkt verbal äußern. Auslassungspunkte verweisen auf das nicht Ausgesprochene. Im Weiteren markiert der unterbrochene Redefluss die Schwierigkeit und Überwindung, die Befürchtung auszusprechen.

Im Zusammenhang mit den Emotionen ist auf ein sprachliches Charakteristikum des Textes hinzuweisen. Im Bereich der Lexik und der Semantik

---

20 Korolenko, Wladimir (1991): *Der blinde Musiker. Eine Studie.* Aus d. Russischen übertragen von Günther Dalitz. Frankfurt a. M.; Leipzig: Insel Verlag, S. 6–8. («— Посмотрите, как странно ищет он что-то руками... — Дитя не может еще координировать движений рук с зрительными впечатлениями, ответил доктор. — Отчего же он смотрит все в одном направлении?.. Он... он слеп? — вырвалась вдруг из груди матери страшная догадка, и никто не мог ее успокоить. Доктор взял ребенок на руки, быстро повернул к свету и заглянул в глаза. Он слегка смутился и, сказав несколько незначащих фраз, уехал, обещая вернутся дня через два.» Korolenko 2012, S. 84).

existiert eine sehr starke antithetische Struktur. So dominiert die Gegensätzlichkeit u. a. von Licht und Dunkelheit, Glück und Leid, Ruhe und Erregung. Oft zeigt sich ein antonymisches Paradigma, wobei in den ersten Kapiteln häufig die positiven Glieder fehlen.[21] Immer wieder findet sich Lexik wie z. B. Leiden (stradanie), Leid (gore), Krankheit (bolezn') und Schmerz (bol').

Für die Narration über Behinderung in Korolenkos Text kommt der Figur Onkel Maksim eine besondere Bedeutung zu. Relevanz hat der Umstand, dass das Engagement des Onkels für den blinden Neffen durch die eigene Körperbehinderung motiviert ist. Der ehemalige Raufbold und Rebell hat im Kampf ein Bein verloren und eine versehrte Hand. Er wird als „verkrüppelter Haudegen"/„Kriegskrüppel" („izuvečennyj boec") bezeichnet. Dieser Maksim sinniert darüber nach, dass das Leben ein Kampf sei, in welchem sich kein Platz für „Invaliden" böte. Die eigene Identität wird dabei offensichtlich entscheidend durch das Nützlichkeitsdenken der Gesellschaft geprägt. Dieser Maksim bezeichnet sich auch selbst als „Krüppel" („kaleka"). Er hat in seiner Selbstsicht die Perspektive der Gesellschaft aufgenommen. Die gravierenden ethischen Probleme werden nur angedeutet. Bezeichnend ist die erste Äußerung Maksims über sich und den blinden Petr:

> „Hm ... ja", sagte er einmal nachdenklich und den Jungen unter den Brauen hervor ansehend, „dieser kleine Bursche ist ebenfalls Invalide. Täte man uns beide zusammen, ergäbe das möglicherweise doch sowas wie einen halbwegs brauchbaren ganzen Menschen." Seit dem ließ er seinen Blick immer häufiger auf dem Kinde ruhen.[22]

Dieser Gedanke impliziert die Vorstellung von der Kompensation fehlender Sehkraft und eingeschränkter Mobilität. Verwiesen sei in diesem Zusammenhang z. B. auf die Fabel vom Blinden und vom Lahmen mit ihrer Botschaft, „dass nur beide behinderten Figuren zusammen, so genannt »vollwertige« Personen, also Normale seien."[23]

---

21 Šumskich, Ekaterina A. (2006): „O jazyke povesti V. G. Korolenko «Slepoj muzykant»". In: Russkij jazyk v škole (3), S. 69–74.
22 Korolenko 1991, S. 11. («— Гм... да, — задумчиво сказал он однажды, искоса поглядывая на мальчишку, — этот малый тоже инвалид. Если сложить нас обоих вместе, пожалуй, вышел бы один лядащий человечишко. С тех пор его взгляд стал останавливаться на ребенке все чаще и чаще.» Korolenko 2012, S. 88).
23 Mürner, Christian (2003): Medien- und Kulturgeschichte behinderter Menschen. Sensationslust und Selbstbestimmung. Weinheim, Basel, Berlin: Beltz, S. 83.

Neben der Mutter avanciert der Onkel zu einer der wichtigsten Bezugspersonen für den blinden Petr. Der äußerlich rau wirkende Mann entwickelt jedoch im Verlauf der Handlung eine besondere Empathie in Bezug auf seinen blinden Neffen. Dies wirft Fragen nach der besonderen Relevanz der spezifischen Kommunikation und Interaktion von Menschen mit Behinderungen, bzw. von der Umgebung als „behindert" Stigmatisierten auf.

Für den Leser gestaltete Korolenko ein gezieltes Spannungsfeld mit der Beschreibung eines äußerlich rauen ehemaligen Raufboldes und „Haudegens" der sich plötzlich um das Wohlergehen seines blinden Neffen zu sorgen beginnt. Der „abweichende Körper" wird in den Text eingeführt:

> Seine Schultern hatten sich unter dem ständigen Druck der Krücken gehoben und sein Rumpf quadratische Form angenommen. Sein sonderbares Äußeres, die finster zusammengeschobenen Brauen, das Pochen der Krücken und die Wolken von Tabakqualm, in die er sich ständig hüllte, ohne die Pfeife aus dem Mund zu nehmen – all das schreckte die Leute, und nur dem Invaliden Näherstehende wußten, daß in dem von Säbelhieben verunstalteten Leib ein glühendes und gütiges Herz schlug und in dem großen quadratischen, von dichtem Borstenhaar bedeckten Schädel die Gedanken rastlos arbeiteten.[24]

Der Körper Maksims wird also als über die Amputation noch hinausgehend „deformiert" beschrieben. Zusätzlich bewirken auch eine „finstere" Mimik und der Klang der Krücken eine negative emotionale Reaktion anderer Menschen.

Maksim nimmt bewusst die Funktion eines Erziehers an. Diese Rolle prägt seine Perspektive auf den Jungen. Er wird als sehr aufmerksamer Beobachter dargestellt, der stets sowohl Petrs als später auch Ėvelinas Gedanken und Gefühle zu ergründen versucht. Dabei zeigen sich zugleich die Aspekte des Mitgefühls, der wohlwollenden Anteilnahme als auch des Ausforschens des Gegenüber. In der Strategie Maksims erscheint dabei als eine Komponente das „kalkulierende Gedankenlesen"[25].

---

24 Korolenko 1991, S. 10. («Плечи от постоянного упора костылей поднялись, туловище приняло квадратную форму. Странная наружность, угрюмо сдвинутые брови, стук костылей и клубы табачного дыма, которыми он постоянно окружал себя, не выпуская изо рта трубки, – все это пугало посторонних, и только близкие к инвалиду люди знали, что в изрубленном теле бьется горячее и доброе сердце, а в большой квадратной голове, покрытой щетиной густых волос, работает неугомонная мысль.» Korolenko 2012, S. 87).
25 Breithaupt, Fritz (2009): *Kulturen der Empathie*. Frankfurt a. M.: Suhrkamp (=suhrkamp taschenbuch wissenschaft 1906), S. 8.

Maksim schockiert seine Schwester absichtlich mit einer drohenden völligen Hilfsbedürftigkeit Petrs, damit sie über eine Erziehung des Kindes zur Selbstständigkeit nachdenken sollte. Einen heftigen Tabubruch stellt jedoch folgende Aussage des Onkels dar: „Er wäre besser gar nicht geboren."[26]. Diese pessimistische und problematische „Aussicht" wird jedoch am Ende der Handlung aufgehoben. Der blinde Musiker kann einen eigenen – für ihn glücklichen – Lebensweg realisieren.

Der Autor wählte für seinen Text mehrfach die Strategie dem Leser die besondere Wahrnehmung des blinden Kindes nahezubringen. Die Beschreibung bietet dem Leser eine direkte Möglichkeit sinnlich-assoziativer Einfühlung, wenn detailliert und eindringlich das Einstürmen der zahlreichen Sinneseindrücke geschildert wird. Auditive und haptische Wahrnehmung treten in den Fokus.

So reagierte z. B. der etwa dreijährige Petr im Frühling plötzlich verunsichert, was sich die anderen nicht erklären können. Die Mutter erkennt schließlich, dass die vielen Geräusche des Frühlings den Jungen verwirren. Als sie ihn dann zum ersten Frühlingsspaziergang mitnimmt, beachtet jedoch selbst die Mutter die große Angst des Kindes nicht. Der blinde Junge wird von der Macht der zahllosen Eindrücke die auf ihn einstürmen überwältigt, verliert das Bewusstsein und durchlebt eine bedrohliche Krankheit.[27]

Diese beunruhigende Episode bestärkt Maksim in seinen begonnenen Bemühungen, sich autodidaktisch für die zielgerichtete Erziehung seines blinden Neffen zu schulen. Er besorgt sich Fachliteratur zu Physiologie, Psychologie und Pädagogik und befasst sich eingehend mit der Entwicklung der kindlichen Psyche. Zur damaligen Zeit waren in Russland überwiegend die Familien für die Sorge um Menschen mit Behinderungen verantwortlich.[28] Allerdings kam es im letzten Viertel des 19. Jahrhunderts in Russland vermehrt zu Aktivitäten zur Einrichtung von speziellen Schulen für Blinde.[29]

Als problematisch erweisen sich die, anfangs missglückten, Versuche der Mutter, einen neuen musikalischen Kontakt zum Sohn herzustellen. So bemerkt sie bei ihrem ersten Klavierspiel nicht, welche Angst die bisher unbekannten Klänge bei ihrem Kind auslösen. Maksim spürte dies jedoch.

---

26 Korolenko 1991, S. 12.
27 Ebd., S. 15–20.
28 Fröhlich 2008, S. 27.
29 Malofeev, Nikolaj N. (2004): „Obučenie slepych v Rossii XIX veka: gosudarstvo i filantropija." In: *Defektologija* (5), S. 74–82.

Mehrere Szenen thematisieren die Versuche, dem blinden Petr die Unterschiede von schwarz und weiß und die Farben verständlich zu machen. Ein Moment der starken emotionalen Belastung der Mutter wird dem Leser nahegebracht in dem beschrieben wird, wie sie verzweifelt und verbissen versucht ihrem Sohn die Unterschiede von Schwarz und Weiß am Klavier klanglich fassbar zu machen.[30] Hier stößt man auch auf das Problem, dass Breithaupt in Anknüpfung an Thomas Nagels Artikel „What is it like to be a bat?" aufgeworfen hat.[31] Welche Konsequenzen ergeben sich also aus der Unterschiedlichkeit der Wahrnehmungsformen? Möglichkeiten und Grenzen des sich in den anderen Hineinversetzens werden relevant. Korolenko präsentiert Szenen, die die differierenden Wahrnehmungen berühren und demonstriert z. B. die enorme Anspannung sowie die psychische und physische Erschöpfung der Figuren.

Im Text werden häufig Gesichtsausdrücke erwähnt und beschrieben. Damit ist die Divergenz zwischen sehenden und blinden Menschen stets präsent:

> Wir sehenden Menschen können die Widerspiegelung seelischer Regungen auf den Gesichtern anderer beobachten und lernen daher, unsere eigenen Regungen zu verbergen. Blinde sind in dieser Beziehung absolut schutzlos, und so konnte man in Pjotrs erbleichten Zügen lesen wie in einem vertraulichen Tagebuch, das aufgeschlagen im Zimmer vergessen wurde ...[32]

Den Figuren und dem Leser werden immer wieder die Emotionen über das Gesicht des Kindes bzw. jungen Mannes beschrieben. Die Palette reicht von Erschrecken über Schmerz und Angst bis hin zum Ausdruck von Erstaunen oder Ratlosigkeit.

Das gesteigerte Hörvermögen bedingt bei Petr wie bei anderen blinden Figuren eine stärkere Sensibilität für die Klänge der Natur und einen spezifischen Zugang zur Musik. Eine besondere musikalische Fähigkeit blinder Figuren und ihr eindrucksvolles Spiel sind in der Literatur oft deutlich akzentuiert.[33] Im Verlauf der Handlung beeinflussen die Gedanken und Emotionen

---

30 Korolenko 1991, S. 65 f.
31 Breithaupt 2009, S. 18f; Nagel, Thomas (1974): „What is it like to be a bat?". In: *The Philosophical Review* 83, S. 435–450.
32 Korolenko 1991, S. 82. («Мы, зрячие, видим отражение душевных движений на чужих лицах и потому приучаемся скрывать свои собственные. Слепые в этом отношении совершенно беззащитны, и потому на побледневшем лице Петра можно было читать, как в интимном дневнике, оставленном открытым в гостиной...» Korolenko 2012, S. 163).
33 Siehe dazu Merkle 2000, S. 125–129.

dann auch stetig sein Klavierspiel. Veränderungen zeigen sich so z. B. nach wichtigen Gesprächen.

Als eine Schlüsselszene erscheint im dritten Kapitel die Begegnung des Jungen mit einem selbstbewussten Mädchen aus der Nachbarschaft, das nicht wusste, dass er blind war. Petr saß allein auf einem Hügel, als das Mädchen hinzukam. Anfangs forderte Petr das Mädchen, das ihn ansprach, mehrmals unfreundlich auf, nicht seine Ruhe zu stören. Sie nannte ihn einen garstigen Jungen. Petr bedauerte es jedoch, die Unbekannte, die im Gegensatz zu den anderen Kindern mit angenehmer ruhiger Stimme sprach, gekränkt zu haben. Eine erneute Begegnung, die Petr sogar erhofft hatte, folgte nach drei Tagen. Als er sie kommen hörte, fragte er, ob sie es wieder sei. Das Mädchen antwortete erst nach längerem Schweigen, was Petr als unangenehm empfand:

> In diesem Stehenbleiben und dem darauffolgenden Schweigen witterte er eine Spur beabsichtigter Geringschätzung. „Sehen Sie denn nicht, daß ich es bin?" fragte sie schließlich mit großer Würde […].[34]

Diese anscheinend unverfängliche Frage traf den Jungen tief. Er war nicht in der Lage etwas zu entgegnen, seine Körpersprache deutete jedoch auf eine hohe Anspannung hin: „nur seine Hände, mit denen er sich auf die Erde stützte, verkrampften sich gleichsam im Gras."[35]

Dieser Gesprächsausschnitt beschreibt ein Tabu, das auch in der Gegenwart die Kommunikation von sehenden und blinden Menschen erschwert:

> Als erste Kommunikationsbarriere erwies sich das Evidenztabu, Dinge, die offensichtlich sind, nicht auszusprechen. Das Tabu führt zwingend dazu, dass Blinde z. B. beim Erkennen von Personen und bei Kontaktaufnahmen ‚behindert' erscheinen. Auf eine Nachfrage wie: „Wer sind Sie denn?" reagieren sehende Befragte schließlich vor allem empört.[36]

Das Mädchen fordert ihn im weiteren Verlauf des Gesprächs auf, mit ihm zu spielen, woraufhin er erklärt, dass er mit ihr nicht spielen könne. „Eben so"

---

34 Korolenko 1991, S. 53. («В этой остановке и последовавшем за нею молчании он уловил оттенок умышленного пренебрежения. — Разве вы не видите, что это я? — спросила она наконец с большим достоинством,» Korolenko 2012, S. 132).

35 Ebd., S. 54. («и только его руки, которыми он упирался в землю, как -то судорожно сватились за траву» Korolenko 2012, S. 134).

36 Länger, Carolin (2002): *Im Spiegel von Blindheit. Eine Kultursoziologie des Sehsinnes*. Stuttgart: Lucius & Lucius, S. 195.

antwortet er wiederholt. Das treuherzige und naive Beharren des Mädchens rief einen stumpfen Schmerz hervor. Petr hatte nie zuvor mit jemandem über seine Blindheit sprechen müssen.

Als er dann auf für ihn gewohnte Weise das Gesicht des Mädchens zur taktilen Erkundung abtastete und sie ihm erstmals in sein Gesicht blickte erschrak sie vor ihm, empfand ein Gefühl, das an Grauen grenzt. Das Mädchen war völlig aufgewühlt: „»Warum erschreckst du mich, garstiger Junge?« fragte sie zornig durch ihre Tränen hindurch."[37]

Diese Passage bietet bereits eine Reminiszenz an das traditionelle Motiv des „bösen Blinden", das später im Text aufgenommen werden sollte. In der Forschung wurde bereits darauf verwiesen, dass beispielsweise auch abweichende Körper oft als „hässlich" betrachtet werden und unangenehme Reaktionen und Empfindungen auslösen können.[38]

Der Junge machte zum ersten Mal die Erfahrung, dass seine Behinderung – im Text als „Gebrechen"/„körperlicher Makel" („fizičeskij nedostatok") bezeichnet – nicht nur Mitgefühl oder Mitleid hervorrief, sondern auch Erschrecken bewirken konnte. In der Familie wurde der Umstand tabuisiert und nicht darüber gesprochen, dass die Blindheit bei anderen Menschen Angst und Abneigung hervorrufen kann. Weder die Mutter noch Maksim hatten Petr auf solch eine mögliche Konfrontation vorbereitet. Von dem unbestimmten aber deutlich fühlbaren Erkennen und der empfundenen Demütigung getroffen, fiel der Junge weinend ins Gras. Für den Leser bietet diese plötzliche negative Reaktion des Mädchens und die heftige Erschütterung des Jungen eine Möglichkeit des Mitfühlens.

Das Mädchen, das im Begriff gewesen war, fort zu gehen, empfand nun Mitleid mit dem weinenden Jungen und versicherte ihm, sie werde sich nicht über ihn beschweren. Sie streichelte sein Haar, tröstete ihn und half ihm sich wieder vom Boden zu erheben.

Sie sagte ihm mit „nachdenklicher Anteilnahme", dass er trotzdem „sehr seltsam" („očen' strannyj") sei. Der Junge muss nun zum ersten Mal selbst seine Blindheit einer anderen Person gegenüber deutlich verbal kommunizie-

---

37 Korolenko 1991, S. 54. («—Зачем ты пугаешь меня, гадкий мальчишка? — заговорила она гневно, свозь слезы.» Korolenko 2012, S. 135).
38 Siehe dazu: Dederich 2007, S. 120 f.

ren: „»Ich bin nicht komisch«, erwiderte er mit kläglicher Miene. »Nein, ich bin nicht komisch ... Ich ... bin blind!«"[39]

„Blind?" fragt das Mädchen gedehnt und mit bebender Stimme zweimal zurück. Sie wird von einem unüberwindlichen Mitgefühl ergriffen, schlingt die Arme um seinen Hals, schmiegt sich an ihn und muss heftig weinen.

Diese Szene zeigt also auch eine affektive Ansteckung beim Mädchen. Generell ist die Gesprächssituation für die beiden jungen Gesprächspartner von einer starken emotionalen Belastung geprägt. Die Erzählung wechselt hier ständig zwischen den Perspektiven und Eindrücken der beiden Kinder. Für den Leser bedeutet dies, dass sich seine Empathie im Fortgang der Textpassage erst auf den blinden Jungen und dann abwechselnd auch auf das Mädchen richten kann.

Im Text erscheinen neben Petr in einzelnen Episoden weitere blinde Nebenfiguren. Eine wichtige Funktion erfüllt der im sechsten Kapitel eingefügte blinde Novize und Glöckner Egorij, ergänzt von dem erst im Laufe der Kindheit erblindeten Novizen Roman. Auf den letzten Seiten des sechsten Kapitels werden dann einige blinde Bettler eingeführt. Im Folgenden werden darum einige Aspekte der Kontakte mit diesen Blinden aufgegriffen.

Eine Schlüsselszene wird mittels der Begegnung mit einem jungen blinden Novizen und dessen Gespräch mit Petr gestaltet. Während eines Ausflugs will die Reisegesellschaft, der neben dem herangewachsenen Petr u. a. auch seine Mutter (Anna Michajlovna) und seine Geliebte Ėvelina angehören, den Glockenturm eines Klosters besteigen. Die Mutter und die Freundin sind betroffen als sie die Blindheit des Novizen registrieren:

> Anna Michailowna bemerkte als erste den Ausdruck dieses Antlitzes und seiner Augen und griff nervös nach Evelinas Hand. „Er ist blind", flüsterte das Mädchen leicht erschrocken. „Sprich leise", antwortete Pjotrs Mutter. „Und außerdem ... Bemerkst du's?" „Ja ..." Unschwer ließ sich in den Zügen des Novizen eine merkwürdige Ähnlichkeit mit Pjotr feststellen.[40]

---

39 Korolenko 1991, S. 57. («— Я не странный, — ответил мальчик с жалобною гримасою. — Нет, я не странный... Я... я — слепой!» Korolenko 2012, S. 136).

40 Ebd., S. 107. («Анна Михайловна первая заметила выражение этого лица и глаз и нервно схватила за руку Эвелину. — Слепой, — прошептала девушка с легким испугом. — Тише, — ответила мать, — и еще... Ты замечаешь? — Да... Трудно было не заметить в лице послушника странного сходства с Петром.» Korolenko 2012, S. 191).

Diese Szene rückt also die Reaktionen der Frau und des Mädchens und deren Kommunikation in den Fokus. Eigentlich hätten die beiden entspannter reagieren können, denn es gibt auch andere blinde Menschen. Ursprünglich wagte die Mutter gar nicht zu sprechen. Sie ergriff die Hand des Mädchens. Ėvelina spricht dann flüsternd aus, was sich die Mutter nicht in Worte zu fassen getraute. Obwohl Ėvelina ohnehin nur flüsterte, forderte Petrs Mutter sie explizit auf, leise zu sprechen. Es ist beiden unangenehm über die Blindheit zu sprechen und offensichtlich soll auch Petr nichts erfahren.

Als der blinde Novize auch noch einen Hustenanfall bekam, starrte die Mutter „ihn aus weit aufgerissenen Augen an, als sei ihr plötzlich ein Gespenst erschienen…"[41]. Für einen potentiellen Leser bieten diese Signale der Angst und des Erschreckens die Möglichkeit die Empathie auf die Mutter zu richten.

Nach Betreten des Turms befand die Mutter sich für kurze Zeit gewissermaßen in der Position eines Blinden, da sie auf Grund der Dunkelheit anfangs nichts sehen konnte und der Glöckner ihr später Halt bot.

Die Begegnung mit diesem anderen blinden Menschen konfrontierte die Frau mit den Ängsten und Sorgen bezüglich ihres Sohnes. Nachdem der Novize, der sich allein wähnte, plötzlich mit leidgequälter Stimme seine Verzweiflung über das Schicksal offenbarte, brechen sich bei der Mutter, die es unwillkürlich mit anhören musste, die Emotionen Bahn. Ihr Gesicht ist Tränen überströmt. Diese persönliche Szene löst ein starkes Mitgefühl in ihr aus. Sie ist die gesamte Zeit hindurch jedoch nicht in der Lage auch nur ein einziges Wort an den blinden Novizen zu richten. Sprachlos reicht sie ihm eine Banknote.

Auf dem Glockenturm bemerkte schließlich die ganze Reisegesellschaft, mit Ausnahme des unten wartenden gehbehinderten Maksims, die „auffallende Ähnlichkeit" insbesondere des Gesichtsausdruckes der beiden Blinden. In Analogie zur Mutter war es dann Ėvelina, die unbemerkt eine Unterhaltung des blinden Novizen Egorij mit ihrem Freund Petr anhörte.

In dem kurzen Gespräch argumentierte Egorij, dass es später Erblindete, wie der Novize Roman, leichter hätten:

> „… Er hat das Licht schon einmal gesehen, kann sich an seine Mutter erinnern. Verstehst du: Er schläft nachts ein, und sie kommt im Traum zu ihm … Freilich ist sie jetzt alt, er sieht sie im Traum immer noch jung … Und

---
41 Ebd., S. 107. («смотрела на него широко раскрытыми глазами, точно перед ней вдруг появился призрак…» Korolenko 2012, S. 191).

du, träumst du von deiner Mutter?" „Nein", entgegnete Pjotr mit tonloser Stimme. „Eben. Das kommt nur vor, wenn jemand erst spät blind geworden ist. Aber wer schon so geboren wurde! ..." Pjotrs Miene umdüsterte und verfinsterte sich, als würde sein Gesicht von einer Wolke überschattet. Die Brauen des Glöckners fuhren ebenfalls plötzlich in die Höhe, und in seinen Augen stand der Evelina so vertraute Ausdruck blinden Leidens ...[42]

Korolenko wählte in dieser Szene gezielt eine sehr emotionale Thematisierung der Blindheit. Dem Leser wird über den Verweis auf die Vorstellung von der eigenen Mutter und deren hohe emotionale Bedeutung ein potentieller Zugang zur Einfühlung angeboten. Desweiteren wirkt die Perspektive Ėvelinas.

Der Glöckner, der also wie Petr ebenfalls von Geburt an blind ist, wird generell mit den grundsätzlichen Zügen einer Figur des „bösen Blinden" gezeichnet.[43] In seinen Äußerungen und dem Gesichtsausdruck zeigt sich mehrfach etwas Boshaftes. Es wird offenbar, dass er von einer tiefen Verbitterung erfasst ist, da er enorm darunter leidet, nie einen Blick auf die Welt geworfen zu haben und dies auch niemals zu können. Die mögliche Empathie des Lesers wird durch plötzliche Wechsel von „boshaften" und leidgequälten Äußerungen und Handlungen des blinden Glöckners Egorij beeinflusst. So klingt seine Stimme zuweilen „schmeichlerisch" und drückt „Gier" aus.

Korolenko hat die Episode mit den beiden blinden Novizen in die 1898 publizierte sechste Ausgabe seines *Slepoj muzykant* eingefügt. Im Vorwort schrieb er zur Bekräftigung der Authentizität, dass er die Elemente dieser Szene, die Einstellungen, Worte und Handlungen bei einem Besuch im Sarovskij Kloster (Tambover Eparchie) beobachtet habe.[44]

In der Folge wurde von der Familie und den Freunden diese Erfahrung und die Begegnung Petrs mit dem verbitterten blinden Novizen sprachlich tabuisiert:

> Wie auf stille Verabredung hin kam niemand wieder auf das Erlebnis im Kloster zurück, die ganze Fahrt schien aus aller Gedächtnis entschwunden

---

42 Ebd., S. 115. («Он свет видал, свою матку помнит. Понял ты: заснет ночью, она к нему во сне и приходит... Только она старая теперь, а снится ему все молодая... А тебе снится ли? — Нет, — глухо ответил Петр. — То-то нет. Это дело бывает, когда кто ослеп. А кто уж так родился!.. Петр стоял сумрачный и потемневший, точно на лицо его надвинулась туча. Брови звонаря тоже вдруг поднялись высоко над глазами, в которых виднелось так знакомое Эвелине выражение слепого страдания.» Korolenko 2012, S. 197).

43 Zur literarischen Gestaltung blinder Figuren als Verkörperung des Bösen siehe: Baumeister 1991, S. 356–376.

44 Korolenko 2012, S. 81 f.

und in Vergessenheit geraten. Unverkennbar jedoch hatte sie eine tiefe Spur im Herzen des Blinden hinterlassen.⁴⁵

Èvelina bemerkte, dass Petr sich nach dem Gespräch ebenfalls für grundsätzlich böse hielt. Maksim, der nicht mit auf den Glockenturm steigen konnte, hatte von den bedeutsamen Ereignissen nichts bemerkt. Er erkannte jedoch, dass etwas vorgefallen sein musste. Èvelina berichtete ihm schließlich auf sein Drängen hin von der Begegnung mit den blinden Novizen Egorij und Roman. Von dem Gespräch der zwei Blinden und ihrem Eindruck wagte sie erst zu erzählen nachdem die Mutter das Zimmer verlassen hatte. Teilweise fasste Maksim die Gedanken Èvelinas in Worte, wenn sie etwas nicht aussprechen konnte. Sie sprach dabei mit Unterbrechungen und partiell ausweichend:

> Evelina schwieg eine Weile und fuhr dann ganz leise, als kosteten die folgenden Worte sie einen schweren inneren Kampf, kaum hörbar fort: „Im Gesicht ähneln sich die beiden nicht ... ihre Gesichtszüge sind anders. Aber im Ausdruck ... Mir schien, früher sei Pjotrs Gesichtsausdruck manchmal ein wenig wie bei Roman gewesen, doch jetzt sieht er immer häufiger aus wie dieser andere ... und dann ... Ich habe Angst, ich denke ..."⁴⁶

Erst als Maksim das Mädchen, dem die Tränen in die Augen getreten waren liebevoll streichelte und ermunterte weiter zu sprechen, konnte sie den schwerlastenden Gedanken aussprechen: „»Ich denke mir, er ... ist jetzt der Meinung, ... alle Blindgeborenen sind böse ... Und hat sich eingeredet, er ebenfalls ... zwangsläufig.«"⁴⁷

Korolenko schildert heftige Schwankungen der Emotionen des blinden Jugendlichen. Vor dem einschneidenden Erlebnis mit dem blinden Novizen hatte Èvelina Petr (im fünften Kapitel) ihre Liebe offenbart und von ihrer gemeinsamen Zukunft gesprochen. Als dramatischer Einschnitt unterbricht die Unterhaltung mit dem ebenfalls von Geburt an blinden Egorij die aufkei-

---

45 Korolenko 1991, S. 115. («Точно по безмолвному уговору, никто не возвращался к эпизоду в монастыре, и вся эта поездка как будто выпала у всех из памяти и забылась. Однако было заметно, что она запала глубоко в сердце слепого.» Korolenko 2012, S. 200).

46 Ebd., S. 117. («Эвелина еще помолчала и затем, как будто эти слова стоили ей тяжелой внутренней борьбы, проговорила совсем тихо: — Лицом оба не похожи... черты другие. Но в выражении... Мне казалось, что прежде у Петра бывало выражение немножко, как у Романа, а теперь все чаще виден тот, другой... и еще... Я боюсь, я думаю...» Korolenko 2012, S. 202).

47 Ebd., S. 118. («— Я думаю, что... он считает теперь, что... все слепорожденные злые... И он уверил себя, что он тоже... непременно.» Korolenko 2012, S. 203).

mende Wirkung der neuen positiven Empfindungen. Der Leser wird mit einem Petr konfrontiert, der sich grundsätzlich als böse erachtet und gleichzeitig vom unstillbaren Verlangen seine Geliebte sehen zu können, gequält wird.

Petr hielt sich plötzlich für unglücklicher als die blinden Novizen im Kloster oder blinde Bettler, die täglich ums pure Überleben kämpfen mussten. Es kommt darüber sogar zum Streit mit dem Onkel. Maksim empfand in dieser Situation Mitgefühl für Ėvelina, die Petrs Qualen bedrücken. Er suchte nach einer Möglichkeit dem Neffen einen Ausweg aus seiner Krise bieten zu können.

Aus heutiger Perspektive scheint es problematisch, dass Korolenko den gängigen Deutungsmustern des 19. Jahrhunderts folgend, die Blindheit von Anfang an als Leid konzeptualisiert. In der traditionellen, einseitigen Sicht wurde und wird (nicht nur in Russland) überwiegend davon ausgegangen, dass ein Mensch mit Behinderung bzw. ein Mensch der für „behindert" gehalten oder stigmatisiert wird, per se zu bedauern sei, da er vermeintlich nicht glücklich sein könne. Auch Ende des 20. Jahrhunderts wurde Behinderung in Russland von vielen Menschen vorrangig als katastrophales Ereignis gedeutet.[48]

Petr selbst wird als eine durchaus ambivalente Figur entworfen, die selbst lange Zeit nicht in der Lage scheint, sich in die Leiden anderer hineinzuversetzen. Maksim ist es, der Petr bewusst macht, dass er sich durch die Fixierung auf sein eigenes Schicksal als unempfindlich für das Leiden anderer Menschen erweist. Die Situation kulminiert dann nach dem früheren Streit bei der Begegnung mit blinden Bettlern, die durch die sehenden Konkurrenten von einträglicheren Stellen an den Stadtausgang verdrängt worden waren. Mit ihrem leidgequälten Bettelgesang müssen sie um milde Gaben ringen um überleben zu können. Einer dieser Bettler, Fedor Kandyba, ist ein alter Bekannter Maksims, der im Krieg erblindet war. Baumeister nennt diese blinden Bettler als Beispiel für die im 19./20. Jahrhundert erfolgte Abkehr von der ironischen Darstellung solcher Figuren. Wesentlich sei dabei die vorzugsweise Orientierung „an ernsten Figuren und an einer von Mitleid und Tiefsinnigkeit bestimmten Sprache".[49] Als Petr sich schnell von den blinden Bettlern entfernen will, reagiert Maksim heftig:

---

48 Siehe: Fröhlich 2008.
49 Baumeister 1991, S. 35.

„Nein, du wartest!" schrie Maxim zornig. „Noch keiner ist an einem Blinden vorbeigegangen, ohne ihm wenigstens fünf Kopeken hinzuwerfen. Willst du wirklich davonlaufen, ohne wenigstens das zu tun? Du verstehst es bloß, lästerliche Reden zu schwingen in deinem satten Neid auf anderer Hunger! …" Pjotr warf den Kopf in die Höhe wie unter einem Peitschenhieb.[50]

Die Kommunikation des Onkels mit seinem Neffen und Zögling erscheint in dieser Situation plötzlich stark affektiv aufgeladen. Das zornige Schreien wird begleitet durch nonverbale Elemente wie entsprechende Mimik und Augenausdruck: „mit funkelnden Augen", „Sein Gesicht war feuerrot, seine Augen glühten".[51] Maksim bricht an diesem Punkt die Kommunikation abrupt ab und geht.

Maksim erkennt und fühlt jedoch, dass Petr eine existentielle Krise erlebt. Er wählt eine eigentlich undenkbare Lösung. Im Einvernehmen mit Petr vertraut Maksim nach einiger Zeit, verborgen vor der Familie, seinen Neffen dem blinden Freund Fedor Kandyba an. Monate später, nachdem er unter der Führung des gutmütigen Fedor Kandyba in einer Gruppe von blinden Bettlern umhergezogen war, erscheint Petr schließlich verändert:

> [Petr] lauschte auf den Lärm der Jahrmärkte und Basare und erfuhr manches Leid, blindes und sehendes, unter dem sich sein Herz mehr als einmal schmerzhaft zusammenkrampfte … Und seltsam – jetzt fand er in seiner Seele Raum für alle diese Empfindungen.[52]

Am Ende des Textes berührt Korolenko dann eine weitere vom Tabu betroffene Thematik. Es handelt sich um die Elternschaft von Menschen mit Behinderungen. Bis in die Gegenwart ist dieses Thema sowohl mit Tabus behaftet als auch von Diskriminierung und Vorurteilen gekennzeichnet.[53] Zum Ende der

---

50 Korolenko 1991, S. 134. («— Нет, постой! — гневно крикнул Максим. — Никто еще не прошел мимо слепых, не кинув им хоть пятака. Неужели ты убежишь, не сделав даже этого? Ты умеешь только кощунствовать со своею сытою завистью к чужому голоду!.. Петр поднял голову, точно от удара кнутом.» Korolenko 2012, S. 221).
51 Ebd., S. 134.
52 Ebd., S. 140. («[…] слушал гомон ярмарок и базаров, узнавал горе, слепое и зрячее, от которого не раз больно сжималось его сердце... И странное дело – теперь он находил в своей душе место для всех этих ощущений.» Korolenko 2012, S. 228).
53 Siehe z. B. Hermes, Gisela (2007): „Elternschaft und Behinderung: Tabu, Barrieren, Unterstützungsmodelle." In: Schnoor, Heike (Hg.): *Leben mit Behinderungen: eine Einführung in die Rehabilitationspädagogik anhand von Fallbeispielen*. Stuttgart: Kohlhammer, S. 209–221.

Handlung wird dem dann verheirateten Paar Ėvelina und Petr ein Kind geboren. Der Text vermittelt den Eindruck einer heftigen Anspannung. Petr erlebt eine starke psychische Belastung, da er befürchtet, dass er die Blindheit an seinen Sohn vererbt haben könne. Im Kontext der ärztlichen Untersuchung des Säuglings, die schließlich die Sehfähigkeit des Kindes attestiert, wird die Empathie der Leser auf den blinden Vater gelenkt. Als narrative Strategie wählt der Autor die Präsentation dieser Angst und das Durchleben dieser Phase fokussiert auf die Gedanken und Empfindungen Petrs.

Abschließend lässt sich hervorheben, dass Korolenko in seinen Text nicht nur verschiedene Figuren mit Behinderungen in einzelnen Episoden, sondern zwei zentrale Protagonisten mit Behinderung einbezogen hat. Im Kontext der Stimulierung von Emotionen wurde auch das Mitleid mit eingeschlossen. Für die Forschung scheint es perspektivreich, die thematisierten und weitere Aspekte der Narrative von Behinderung im Zusammenhang mit möglichen Empathiepotentialen sowie der Darstellung von Empathie zu analysieren. Wichtige literarische Quellen hierfür sind u. a. Texte der russischen Literatur seit dem 19. Jahrhundert.

AGNIEZKA TAMBOR

Tabus im Film – gestern und heute

Bezogen auf den Film kann man den Terminus Tabu auf sehr unterschiedliche Weise verstehen. Entsprechend der ursprünglichen Bedeutung ist Tabu etwas Verbotenes. Ursprünglich aus dem Polynesischen stammend, haben sich heute dem Begriff des Tabus neue Bedeutungsfelder erschlossen. Heute verbindet man sowohl den Tabubruch als auch den Kampf gegen ein Tabu mit der Verarbeitung eines tief verwurzelten kulturellen Verbots. Dies bezieht sich im Unterschied zu früheren Zeiten nicht zwangsläufig auf ein religiöses oder Glaubensverbot. Ohne Zweifel modifizierte sich das, was als Tabu angesehen wurde, seit der Übernahme des Terminus in der westlichen Zivilisation immer wieder. Es scheint, als ob es in einer modernen, offenen Welt, in welcher Fernsehen und Internet dominieren, keinerlei Themen mehr gäbe, die tabuisiert wären. Schließlich kann man gerade im Internet alles finden und sich fast zu jedem Thema frei äußern. Dennoch kann man nach wie vor Verhaltensweisen beobachten und Gespräche verfolgen, welche Tabuzonen betreffen.

Im täglichen Leben sowie in den zwischenmenschlichen Beziehungen, ändert sich das, was man für ein Tabu halten kann, bedeutend langsamer, und die Grenzen zwischen Offiziellem und Nichtoffiziellem, zwischen Privatem und Dienstlichem sind von langer, stabiler Dauer. Im Kino dagegen, ändert sich das, worüber es sich zu reden ziemt oder auch nicht, geradezu von einem Tag auf den anderen. Natürlich gibt es Momente in der Geschichte der Kinematographie, in denen man diesen dynamischen Prozess aufzuhalten versuchte. Unstrittig ist, dass diese Versuche meist mit Zensur einher gingen. Jedoch ist eine öffentliche Kontrolle des Informationsflusses, die als Einschränkung der Gedankenfreiheit verstanden wird, sicherlich nicht immer mit der Absicht der ideologischen Einflussnahme auf den Adressaten verbunden. Denn beschweren sich heutzutage nicht gerade Konsumenten der Massenkultur sehr oft über fehlende Einflussnahme auf die moralische Botschaft des Kinos (ich denke hierbei besonders an Themen wie pornographisch anmutende Erotik oder Brutalität)? Anna Dąbrowska stellt in ihrem Aufsatz über die Gründe des Auftretens von Sprachtabus fest, dass „ein Grund für die Euphemisierung ‚the desire not to shock or offend' sei"[1]. Es scheint aber, dass das Grundprinzip, welches die moderne Kinematographie beherrscht, gerade das des „desire TO shock or offend" ist. Die Freiheit des Wortes, das Fehlen jeglicher Zensur und Beschränkung sind Werte, wofür Künstler über Jahrzehnte gekämpft haben. Wenn wir jedoch aus heutiger Perspektive auf jene so ersehnte Freiheit schauen, dann kann man sagen, dass das Verhängen von Zensur als Wächter über ein Tabu, in vielen Fällen die Phantasie des Künstlers (des Regisseurs oder Drehbuchautors) anregte und auf diese Weise viele hervorragende Werke entstanden sind, die nachhaltig in die Geschichte des Kinos eingegangen sind.

> Es lohnt daran zu erinnern (…), dass das, was einst war, geschätzt wird, wenngleich es auch nur als interessantes Detail sowie als Meisterstück der dreißiger, vierziger, fünfziger und sogar sechziger Jahre des 20. Jahrhunderts angesehen wird. Es geht darum, dass in jener Zeit auf primitive Kunstgriffe beim Drehen verzichtet wurde, dank derer man gedankenlos auf den Bildschirm starrte und nicht einmal wusste, worum es in dem Film eigentlich ging. Das Wichtigste war die Handlung, welche neugierig machen sollte und nicht nur Fassade für über den Bildschirm fliegende Mädchen im Minirock sein sollte, die ihre Brüste zwischen Explosionen und abgerissenen Gliedmaßen zur Schau stellen.[2]

Man kann drei grundlegende Bereiche unterscheiden, mit denen das filmische Tabu und besonders sein ständiger Bruch verbunden sind. Erstens, das Thema Nacktheit und Erotik, zweitens die Gewalt und Vulgarität (hier vor allem bezüglich Schimpfwörter) und drittens das Benutzen von privaten Erlebnissen und Erfahrungen, das Öffentlich-Machen jener Dinge, die nach gültiger Norm eigentlich in den vier Wänden des Helden oder Künstlers verborgen bleiben sollten.

Am schnellsten rückte das Tabu Gewalt in den Fokus der Öffentlichkeit, so hauptsächlich geschehen durch das Medium Fernsehen sowie Internet. Aufgrund der dort gesendeten Programme und Nachrichten stellt das Thema Gewalt bereits seit langem etwas Selbstverständliches dar, etwas, was kaum noch bewegt bzw. schockiert. Natürlich gibt es auch Zuschauer, die sich über extreme Gewaltszenen empören. Für die Mehrheit der Jugendlichen gehören

---

1   Dąbrowska, Anna (1993): *Eufemizmy współczesnego języka polskiego*. Wrocław: Wyd. Uniwersytetu Wrocławskiego, S. 26.
2   Wypyszyński, Piotr: Kodeks Haysa, http://argumenty-portal.blogspot.com/2013/01/kodeks-haysa.html, (letzter Zugriff: 22.11.2013).

Gewalt und vulgäres Verhalten jedoch zum Alltag. So könnte ggf. auch Empathie gegenüber Opfern blockiert werden. Abgesehen von Spielfilmproduktionen ist ein erschreckender Grund dafür die Popularität solcher Serien und Zeichentrickfilme wie die Welthits: *South Park* (South Park), *Happy Tree Friends* (Fröhliche Baumfreunde) die polnischen *Włascy móch* (Die Herren der Fliegen) sowie der Film *Jeż Jerzy* (Der Igel Jerzy). Für die polnische Filmproduktion stellen Schimpfwörter ein eigenes Thema dar. Bis 1989 konnte man Vulgarismen in polnischen Filmen an den Fingern einer Hand abzählen. Seit dem aufrührerischer Film *Psy* (Hunde), der nach der Wende in die Kinos kam, gehören Vulgarismen im polnischen Kino jedoch zur sprichwörtlichen Tagesordnung.

Geht es um die Sphäre der Erotik, dann sind auch hier die Grenzen weit von dem entfernt, was die Menschen 1972 in dem Film *Ostatnie Tango w Paryżu* (Der letzte Tango in Paris) von Bernard Bertolucci empörte. Die Sphäre der Erotik war schließlich das Gebiet, in welches die Zensoren im letzten Jahrhundert am häufigsten und sehr rigoros eingriffen. Am stärksten wurde diese Sphäre des Lebens, durch den in den dreißiger Jahren des 20. Jahrhunderts entstandenen amerikanischen *Hays Code* überwacht. Seine Richtlinien wurden erst in den sechziger Jahren verworfen. Demnach war die Darstellung von sexuellen Inhalten in amerikanischen Filmen fast 30 Jahre sehr genau definiert. Den Autoren wurde das Zeigen erotischer Szenen nur und ausschließlich im Falle eines genau festgelegten Handlungsablaufs genehmigt. Nicht zugelassen wurden lang andauernde oder leidenschaftliche Küsse, unmöglich aber war es auch, über solche Szenen, wie wir sie heute in einigen modernen Werken erleben, auch nur nachzudenken. In oben genanntem Code geht es auch um die Darstellung von Gewalt, welche völlig verboten ist, ähnlich wie irgendeine Form von „Abartigkeit" bis hin zu einer mündlichen Bezugnahme auf „perverse" Handlungen[3].

---

3   Fragment oryginalnego kodeksu Haysa: „II. Sex – The sanctity of the institution of marriage and the home shall be upheld. Pictures shall not infer that low forms of sex relationship are the accepted or common thing.
    1. Adultery, sometimes necessary plot material, must not be explicitly treated, or justified, or presented attractively; 2. Scenes of Passion: a. They should not be introduced when not essential to the plot.
      b. Excessive and lustful kissing, lustful embraces, suggestive postures and gestures, are not to be shown.
      c. In general passion should so be treated that these scenes do not stimulate the lower and baser element; 3. Seduction or Rape: a. They should never be more than suggested, and only when essential for the plot, and even then never shown by explicit method. b. They are never the proper

Im heutigen Kino ist ein sehr gewinnbringender Trend zu erkennen. Es handelt sich um Filme, in denen es hauptsächlich um Sex, Perversion, Entartung, Vulgarität und Grausamkeit geht. In einem Kodex vorgeschlagene Richtlinien würden unter diesen Umständen lächerlich klingen und den Eindruck erwecken, dass es sich hierbei um einen unangemessenen Eingriff in den Prozess von Produktionen handelt. Hervorzuheben ist, dass ein Tabubruch in jeder seiner Phasen das Verlangen auf den nächsten Tabubruch hervorruft. So entstanden Werke wie der von Gaspar Noe 2002 gedrehte Film *Nieodwracalne* (Irreversibel), der die Öffentlichkeit bis zum heutigen Tag empört. Die Mehrheit der Zuschauer fühlt sich sogar außerstande, bei allen Gewalt- und Mordszenen hin zuschauen. Obwohl die Filmemacher von der „emotionslosen Darstellung menschlicher Gefühllosigkeit" entzückt sind, distanzieren sich Kritiker vom Trend des gewinnbringenden Kinos. Es besteht kein Zweifel daran, dass diese Produktion zu jener Art von Filmen zu zählen ist. In diesem Zusammenhang seien auch zwei polnische Filme erwähnt. Der erste von ihnen aus dem Jahr 1997 heißt – *Sara* – (Das Mädchen und der Bodyguard). Die allgemeine Kritik am Film von Maciej Ślesicki betraf die nicht übermäßig vorhandenen und nicht ungewöhnlich gewagten Erotikszenen, obwohl das Thema Nacktheit schon eine Rolle in dem Film spielt. Jedoch war es die 17-jährige Agnieszka Włodarczyk, über die sich die Zuschauer in verschiedenen Szenen empörten. Sie spielte ein reiches 17-jähriges Mädchen, welches sich in eine Beziehung mit einem viel älteren Bodyguard verstrickte. Es waren aber jene „Momente", in denen eine Minderjährige zu sehen war, die den großen Erfolg des Films ausmachten. Es sei jedoch erwähnt, dass solche Szenen in den neunziger Jahren noch lange die Ausnahme waren. Heute hätte dieser Film aufgrund seines Drehbuchs und des Qualitätsanspruches nicht die geringste Chance auf eine solche Popularität.

Geht es um Tabubruch in der Sphäre der Erotik, dann gehört das abendfüllende Filmdebüt von Filip Marczewski *Bez wstydu* (Schamlos) zu einem der mutigsten Filme der letzten Jahre. In den gezeigten Szenen ist absolut nichts merkwürdig, schließlich kann man ähnliches in jeder zweiten polnischen bzw. ausländischen Produktion sehen. Die Zuschauer erleben eine Annäherung

---

subject for comedy; 4. Sex perversion or any inference to it is forbidden; 5. White slavery shall not be treated; 6. Miscegenation (sex relationships between the white and black races) is forbidden; 7. Sex hygiene and venereal diseases are not subjects for motion pictures.

8. Scenes of actual child birth, in fact or in silhouette, are never to be presented; 9. Children's sex organs are never to be exposed."

zwischen Bruder und Schwester. Der Film gilt als mutig und kompromisslos. Barbara Hollender, eine populäre polnische Filmkritikerin, kommentiert ihn mit den Worten:

> Zwischen Tadek und seiner Schwester Anka existiert ein erotisches Spannungsgefühl und eine ungewöhnliche Harmonie. Der Junge verbirgt seine Faszination für das Mädchen nicht; Marczewski schafft es, diese unterdrückte Leidenschaft zu beobachten. So entsteht ein lebendiger Film und gleichzeitig ein Film, der auf kleine Gesten, Blicke und Stimmungen vertraut. Er bewertet, verurteilt und verteidigt nicht, alles ein wenig so, als ob er uns Toleranz und Empathie lehren möchte.[4]

Dennoch wäre es durchaus angemessen, tiefgründiger darüber nachzudenken, ob eine verbotene inzestuöse Verbindung „ohne Wertung" wirklich der richtige Weg ist, um Toleranz zu vermitteln. Vielleicht aber soll ja die Empathie des Zuschauers auf das Inzest-Paar gelenkt werden? Hinzuzufügen wäre noch, dass der Exporttitel des Films von Filip Marczewski *Taboo* (Tabu) lautet. Es ist klar, Grenzen im Bereich der Erotik verwischen nie völlig. Solche Filme wie Passolinis *Salo* oder *120 Tage von Sodom* als auch *Caligula – der Aufstieg und Fall eines Tyrannen* von Tinto Brass gelten bis heute als skandalös und überschreiten die zulässigen gesellschaftlichen Normen. Jedoch hat sich die erkennbare Grenze dessen, was einst als verboten galt, bedeutend verschoben und die Diskussion über Erotik im Kino scheint sich heute hauptsächlich darauf zu reduzieren, was man noch als für die Allgemeinheit zulässigen Film bezeichnen kann bzw. wo es sich bereits um Pornographie handelt.

Der Bedarf nach einer Skandalisierung ist eine feste Größe im Schaffen nicht weniger Regisseure. Das beste Beispiel dafür ist wohl Lars von Trier mit seinem *Antichrist* sowie seiner neusten Produktion *Nymphomaniac*. Für Polen wären hier Filme wie Małgorzata Szumowskas *Sponsoring* sowie *W imię...* (Im Namen von...) zu nennen, in denen heftige Tabubrüche stattfinden.

In Polen wird momentan sehr rege diskutiert, inwiefern die Überschreitung gewisser Grenzen zulässig ist. Der Grund dafür liegt in einem Skandal begründet, zu welchem es im Nationaltheater von Kraków während einer Vorstellung kam, in der der gegenwärtige Direktor, Jan Klata, Regie führte. Klata, Regisseur und Dramaturg, ist eher wegen seiner nicht alltäglichen Herange-

---

4 Barbara Hollender o „Bez wstydu", https://www.pisf.pl/pl/pierwsze-ujecie/dzieje-sie/barbara-hollender-o-bez-wstydu, (letzter Zugriff: 26.11.2013).

hensweise an die Theaterkunst bekannt geworden. Die neuste Vorstellung *Do Damaszku* (Nach Damaskus), nach einem Drama von A. Strindberg, wurde an die heutige Zeit unter anderem mit Hilfe der Verwendung von Vulgarismen und gewagten Sexszenen angepasst. Wegen des empörten Publikums musste die Vorstellung abgebrochen werden. Ein Dutzend Personen verließ den Saal, der Rest beteiligte sich an einem Streitgespräch mit dem Regisseur und den Schauspielern. Die oben genannten Filmemacher, Lars von Trier und Małgorzata Szumowska sehen die Verwendung von Vulgarismen in ihrem Schaffen sowie das Schockieren des Publikums als filmästhetisches Mittel an, zu dem Tabubruch gehört.

Der dritte Tabubereich ist die Verletzung einer gewissen Privatsphäre, das Preisgeben von Informationen über Personen des öffentlichen Lebens und das Einbinden von Details des Lebens eines Regisseurs oder eines anderen Künstlers in den Film. Auf polnischem Boden hat man bereits 1999 laut über dieses Problem nachgedacht und zwar bezüglich des Dokumentarfilms *Takiego pięknego syna urodziłam* (Die Geburt eines so schönen Jungen) von Marcin Koszałka, welcher die Filmkamera auf sein eigenes Haus richtete und seine Eltern porträtierte. Die Koszałkas sind ein Beispiel für eine pathologisch sehr auffällige Familie (die hysterische Mutter und der passive Vater); daher betrachten viele Personen dieses originelle Experiment kritisch. Der zweite Film, *Tatarak* (Der Kalmus) welcher einige Jahre später ähnliche Diskussionen hervorrief, war eine ungewöhnliche Adaption einer Erzählung von Jarosław Iwaszkiewicz in der Inszenierung von Andrzej Wajda. Die Arbeiten am Drehbuch dauerten wegen des Umfangs des Originals ungewöhnlich lange. Die Bearbeitung erforderte darüber hinaus eigene, zusätzliche Ideen, welche das Original von Iwaszkiewicz ergänzten. Nach vielen Proben entschied sich die Hauptdarstellerin Krystyna Janda, private Erinnerungen und Gedanken über den Tod ihres Mannes, des Kameramanns – Edward Kłosiński –, welche sie zuvor in einem persönlichen Tagebuch notiert hatte, in den Film einfließen zu lassen. Wie Anna Dąbrowska feststellt, „wird aus Wertschätzung (gegenüber dem Zuhörer – Anmerkung der Verfasserin) vermieden, über Krankheiten, Tod und unterschiedliche, menschliche Schwächen zu sprechen"[5]. Die Schauspielerin jedoch entschied sich, ganz offen darüber zu reden. Gefragt danach, ob sie sich nicht fürchte, ihrer privaten Erinnerungen an den Ehemann beraubt zu werden, antwortete sie, dass Wajda der einzige Regisseur sei, welchem

---

5   Dąbrowska 1993, S. 25.

sie so vertraue, dass sie ihm ihre Erinnerungen preisgeben könne. Und Wajda tat etwas mehr als nur die Erzählung von Iwaszkiewicz aus den fünfziger Jahren des 20. Jahrhunderts zu verfilmen. Er bereicherte sie um ein Prosamotiv von Sandor Marai. *Taratak* (Der Kalmus) ist ein Film im Film. Wajda präsentiert ein Filmteam, welches nach einem Plan arbeitet und Wajda fügt vor allem jenen Monolog von Krystyna Janda hinzu. Das ist schmerzhaft. Gekennzeichnet von großem Leid. Janda erzählt aus dem Gedächtnis heraus die kleinsten Details jener Zeit, die sie mit ihrem kranken, sterbenden Mann verbrachte. Vom ersten Augenblick an, als er ihr auf den Stufen des Hauses zu rief: „Ich habe etwas in der Lunge", und sie ins Krankenhaus fuhr, um das Ergebnis seiner Tomographie abzuholen, bis hin zu den letzten gemeinsamen Momenten, als er fragte: „Kann ich mich nun verabschieden?" und er am nächsten Tag zwischen zwei Löffeln Wasser, die sie ihm zu den Lippen führte, starb[6].

Alle Bereiche traditioneller Tabus sind äußerst wichtig. In der Filmperspektive stellt jedoch bzgl. des Tabus die Geschichte eine sehr interessante Problematik dar. Die gesamte polnische Kinematographie gliedert sich in Etappen, in welchen chronologisch Fragmente der Geschichte gezeigt werden. Beginnen sollte man bei dem Film *Zakazane piosenki* (Verbotene Lieder) von Leonard Buczkowski, dem ersten Nachkriegsfilm. Der Film zeigt natürlich in sehr sensibler Form die Zeit der Okkupation und wartet mit authentischen Liedern, die in diesen Zeiten von den Warschauern gesungen wurden, auf. Wichtig zu erwähnen wären hier auch die goldenen Jahre des polnischen Kinos, mit denen mit sicherlich die Zeiten der Polnischen Filmschule sowie die Analyse der gesellschaftlichen Folgen des Zweiten Weltkrieges gemeint waren. An dieser Stelle sollte man nochmals auf den von mir zu Beginn meiner Ausführungen zitierten *Hays Code* zurück kommen. So kann man in vielen Artikeln die Meinung finden, dass sich die Zensur, mit welcher sich die Künstler der fünfziger und sechziger Jahre auseinander zusetzen hatten, auch als ihre größte Chance erwies. Der Umstand, über bestimmte Dinge nicht sprechen zu dürfen, beflügelte die Künstler zu einer Kreativität, die sie heute, in Zeiten der Freiheit des Wortes, nicht im imstande sind zu entwickeln.

Es scheint, dass in der heutigen Zeit historische Fragen über den Zweiten Weltkrieg tiefgründig aufgearbeitet wurden, und dass es keine Themen mehr

---

6 Hollender Barbara, Wstrząsający film Wajdy, http://www.rp.pl/artykul/263063.html?print=tak, (letzter Zugriff: 1.12.2013).

gibt, welche man im Allgemeinen als schwierig bezeichnen würde. Die neusten Produktionen wie *Katyń* (Katyn) von Andrzej Wajda, *Joanna* (Joanna) von Feliks Falk und *Pokłosie* (Nachlese) von Władysław Pasikowski zeigen jedoch, dass Filmemacher stets in der Lage sind, weitere Grenzen zu überschreiten, gegen das anzukämpfen, was verboten ist und das zu zeigen, worüber man sich zu reden schämt bzw. worüber zu sprechen nicht erlaubt ist. Ich meine dabei besonders die letzten beiden Titel. Der Film *Joanna* ist im Prinzip die Geschichte einer Frau, welche während des Zweiten Weltkrieges in ihrer Wohnung ein jüdisches Mädchen versteckt hält. Jedoch wurde in diesem Film sehr deutlich das Rollenverhältnis Pole – Deutscher verkehrt, und das zum ersten Mal in dieser Weise. Ein deutscher Offizier, der in der Wohnung der Protagonistin erscheint, hilft ihr, verhält sich kultiviert, ist gebildet und spricht fließend französisch. Zwischen beiden Hauptdarstellern kommt es zwar zu einer Annäherung, welche aber von Joanna als eine Art „Schweigegeld" inszeniert wurde. Der Zuschauer aber gewinnt den klaren Eindruck, dass, obwohl der Offizier, dem die Protagonistin anscheinend gefällt, auch ohne dieses Opfer der körperlichen Hingabe schweigen würde. Joanna bittet den Deutschen auch um Informationen über ihren Mann, welche dieser unverzüglich prüft und weiterleitet. Die Polen wiederum erscheinen in diesem Film in einem negativen Licht. Sie sind Denunzianten und Folterknechte. Joanna wird für schuldig befunden, für etwas, was sie im Grunde genommen nicht getan hat. Das Mädchen, welches sie versteckt hält, bleibt sich in dieser Situation selbst überlassen, was bei uns eine erhebliche Abneigung gegenüber dem Verhalten der polnischen Untergrundorganisation hervorruft.

Die neuste Produktion von Władysław Pasikowski *Pokłosie* rief noch eine viel größere Welle der Kritik hervor als der Film *Joanna*. Die Geschichte des Films ist einfach zu erzählen. Der Hauptdarsteller kommt aus Amerika, um seinen Bruder zu besuchen. Bei der Ankunft im Heimatdorf erfährt er, dass der Bruder angeblich den Verstand verloren hat. Es zeigt sich, dass dieser begonnen hat, jüdische Grabsteine zu sammeln. Sie dienten bis dahin der Befestigung der Dorfstraße und der Höfe. Die Einwohner beobachteten diese Aktion mit Widerwillen. Es zeigt sich, dass die Dorfbewohner heute in Häusern wohnen, die vor dem Krieg ihren jüdischen Nachbarn gehörten. Juden, die zu Kriegszeiten im Dorf lebten, wurden von ihren polnischen Nachbarn mit samt ihrem Vieh in der Scheune angezündet. Einen großen Anteil an diesem kollektiven Mord hatte der Vater, im Film der Hauptdarsteller.

Der Film ist eine große polnisch-polnische Beichte zum Thema Erinnerung. Es geht um ein verlorenes Gedächtnis, ein ungewolltes, verdrängtes und schließlich schmutziges wie auch schändliches Gedächtnis. Pasilowski widmet sich – wie ich meine – zum ersten Mal im polnischen Kino auf diese Weise, sehr offen und unverblümt diesem Thema und was noch wichtiger ist, er verzichtet dabei auf die Maskerade der Vergangenheit.[7]

Der Mord im Film wird so beschrieben, dass er stark an das Pogrom von Jedwabne im Jahre 1940 erinnert. Hier sei erwähnt, dass es noch eine zweite Idee für den Filmtitel gab. Dabei handelt es sich um ein Dokument von Paweł Łoziński *Miejsce urodzenia* (Der Geburtsort). Die historischen Hintergründe wurden in Polen durch das Buch *Sąsiedzi* (Nachbarn) von Jan Tomasz Gross bekannt. „Die Frage nach der Verantwortung der Polen am Mord sowie dem Grad der Mitverantwortung der deutschen Besatzungsarmee löste eine Diskussion aus. Jan T. Gross bezeichnete den Mord als Pogrom an den Juden, welcher von ihren polnischen Nachbarn begangen wurde. Seine Gegner jedoch behaupten, dass der Mord als eine deutsche Provokation zu sehen sei. In der Diskussion wurden aber auch Stimmen laut, die die Deutschen als direkte Täter oder zumindest als Mitbeteiligte am Pogrom sehen"[8]. Die lebhafte Diskussion, welche eine Weile nach Erscheinen des Buches verstummt war, wurde durch Władysław Pasikowski und seinen Film 2012 erneut entflammt. Es zeigte sich, dass 12 Jahre nicht ausreichend waren, um sich mit den Tatsachen dieser schmerzhaften Episode abzufinden. Sofern man die heftigen Attacken auf den Film und seinen Regisseur noch verstehen kann, so erscheinen die Anfeindungen gegenüber den Schauspielern schon etwas seltsam.

Die Polen neigen als Volk dazu, ihre Rolle in der Geschichte „reinzuwaschen" und zu idealisieren. Und dennoch zeigen Künstler immer häufiger Verhaltensweisen von Polen, besonders während des Zweiten Weltkrieges, die als ambivalent und manchmal sogar eindeutig als falsch angesehen werden. An dieser Stelle sei es gestattet, einen Ausschnitt aus einer Autorenrezension eines Historikers vom Institut für Nationale Erinnerung einzufügen, welchen der Produzent von *Pokłosie,* Dariusz Jabłoński zitiert:

---

7 Mirowski, Mikołaj: http://liberte.pl/bo-to-bardzo-wazny-choc-nie-wybitny-film-jest-recenzja-filmu-poklosie-wladyslawa-pasikowskiego/.
8 http://pl.wikipedia.org/wiki/Pogrom_w_Jedwabnem.

Es genügt an Tadeusz Markiel, der aus Gniewczyna im Landkreis Przeworski stammt, zu erinnern. Nachdem er einige Jahrzehnte abgewartet hatte, bis die unmittelbaren Teilnehmer an den Ereignisse, die Täter, von dieser Welt gegangen waren, beschrieb er den 1942 von den Polen in seinem Heimatort begangenen Mord an den Juden. Nach der Veröffentlichung des Textes wurde er Opfer einer Aggressionswelle und sein Haus wurde mit Jagdwaffen beschossen.[9]

Der Schauspieler Stuhr, dem man sogar mit dem Tod gedroht hat, wurde als Antipole beschimpft. Den Film selbst bezeichnete man als Stimme derer, die die Polen der Teilnahme am Holocaust bezichtigen wollen. Es macht keinen Sinn, diesen Sturm des Hasses an dieser Stelle wiederzugeben. Zum Glück gab es da die besonnenen Stimmen, die durch ruhige und sachliche Argumentation die negativen Stimmen überlagerten und zum Glück nahm die Mehrheit der Zuschauer den Film nicht zu wörtlich. Selbst Pasikowski wiederholte schließlich mehrfach, dass es ihm nicht um einen Film über Jedwabne gegangen sei, sondern um das Ansprechen eines schwierigen Themas, darum, einzugestehen, dass die polnische Geschichte nicht nur aus hehren Episoden besteht: „Wir haben es gegenwärtig mit einem Bild zu tun, bei dem die Geschichte über uns schwebt und durch die zerstörte Mauer des Schweigens zurückkehrt, um uns zugleich die Chance zu eröffnen, die Katharis zu überstehen"[10]. Hoffen wir, dass die durch den Film *Pokłosie* ausgelöste Diskussionswelle, weitere solch kluger Filme entstehen lässt, Filme, die historische Tabus brechen. Selbst wenn diese jedes Mal eine so heftige Diskussion hervorrufen würden, so wäre es dies wert, es wäre notwendig und angemessen. Im November vorigen Jahres kam der Film in einige amerikanische Kinos. Möge es so sein, wie die *New York Times* schreibt, dass dies bedeutet, dass „die Polen bereit sind, (jegliche Tabus zu brechen) und sich (endlich) mit den Tatsachen einer schwierigen Vergangenheit abzufinden"[11].

Aus dem Polnischen übersetzt von Martina Kuhnert

---

9 Mirowski, Mikołaj: http://liberte.pl/bo-to-bardzo-wazny-choc-nie-wybitny-film-jest-recenzja-filmu-poklosie-wladyslawa-pasikowskiego/.
10 Ebd.
11 http://swiat.newsweek.pl/od-piatku-poklosie-w-amerykanskich-kinach,artykuly,273749,1.html.

IV TABUFELDER KÖRPER UND SEXUALITÄT IN DER RUSSISCHEN UND POLNISCHEN KULTUR

Jekatherina Lebedewa

Körper und Tabu – zur ambivalenten Körperauffassung in der russischen Kultur

Der Botschafter des Herzogs von Holstein, Adam Olearius, berichtete in seiner 1659 in Paris publizierten „Reise nach Moskau", dass er selbst in der Hauptstadt Moskau *orgiastische Exzesse* beobachten konnte, während derer Männer und Frauen nackt die öffentlichen Bäder verließen und obszöne Reden führten.[1]

Hier lassen sich Relikte aus heidnischen Kulten der Slaven erkennen, denen die Sauna, genauer das Dampfbad, also die russische Banja, als Ort der Anbetung des Körpers und Kultstätte für Fruchtbarkeitskulte diente. Die Banja besaß eine sakrale Funktion in der vorchristlichen Alltagskultur der Ostslaven.

Doch nach der Christianisierung der Kiever Rus' von 988 wurde in der christlichen Kultur die *Banja* als ehemals „*heidnischer Tempel*" zu seinem Gegenteil, einem „unsauberen, teuflischen" Ort umfunktioniert. Auf diese **christliche Negation** der heiligen Funktion des heidnischen russischen Dampfbades und der Anbetung des Körpers bezogen sich die von Adam Olearius im 17. Jahrhundert vor den Moskauer Bädern beobachteten Schimpftiraden nackter Männer und Frauen.

So blieb lediglich unter negativem Vorzeichen die kultische Funktion der Banja als heidnischer Tempel im christlichen Russland erhalten.[2] Die neue (christliche) Kultur, die sich in Russland als Negation der alten (heidnischen) Kultur konstituiert hatte, konservierte damit praktisch wider Willen den Körperkult der heidnischen Anti-Kultur. Die **konservierte** magische **Kultfunktion** der russischen Badehäuser beruhte darauf, dass sie nach der Christianisierung als im christlichen Sinne „unsaubere Orte" häufig an Stelle einstiger heidnischer Kultstätten und Tempel errichtet wurden.

---

1 Vgl. Olearius, Adam (1659): *Journey to Muscovy.* Paris, S. 152–153.
2 Lotmann, Jurij (2002): „Rol' dual'nych modelej v dinamike russkoj kul'tury." In: Ders.: *Istorija i tipologija russkoj kul'tury.* St. Peterburg: Iskusstvo, S. 94.

Kulturschichten oder kulturelle Textarten gehören zu einer Zweieinheit, die bei Polemik gegen die eine Seite jeweils die Gegenseite aktiviert. Die kultursemiotische Analyse russischer Kulturgeschichte zeigt, dass das Neue hier stets als radikale Umkehrung des Alten auftritt. Daher führte der wiederholte Wechsel zur Aktivierung archaischer Kulturformen wie jener heidnischen Körperkulte, die Adam Olearius in der Mitte des 17. Jahrhunderts in Moskau beobachtete.

Jegliche Analyse des Verhältnisses zum Körper stößt innerhalb der russischen Kultur unausweichlich auf eine zentrale historische Quelle in der russisch-orthodoxen Religion. Das *byzantinische Christentum* oströmischer Kirchentradition unterlag stärker als die Kirche des weströmischen Reiches dem Einfluss der Gnosis mit ihrer streng *dualistischen* Weltsicht. Diese betrachtete die materielle Welt mit ihren Kreaturen als Schöpfung des Bösen. Hier erschien diese materielle Welt in unversöhnlichem Kampf mit der Welt des reinen Geistes, des Guten und des Lichtes. Einer solchen Vorstellung entsprechend gelang es dem Demiurgen im Menschen einen Funken göttlichen Lichtes (die Seele) in ein materielles und somit böses Gefäß, den Körper, einzuschließen. Eine Erlösung der Seele ist hier nur durch die Zerstörung des Körpers möglich. Insofern handelt es sich aus kulturhistorischer Sicht bei der **Tabuisierung** des **Körpers** um das negative Komplement zu der mit einer positiven Konnotation verbundenen **„russischen Seele"**.

Die kirchlich und im 16. Jahrhundert auch staatlich sanktionierten patriarchalischen Sitten in Russland dokumentierte auf deutlichste Weise der *Domostroj* (dt. Hausordnung), ein Sitten- und Moralkodex aus der Mitte des 16. Jahrhunderts. Grundregel war der bedingungslose Gehorsam gegenüber den staatlichen Obrigkeiten und dem Familienoberhaupt, also dem Landesvater und dem Familienvater. Körperliche Gewalt gegenüber Frau und Kind dienten der Durchsetzung dieser despotischen Unterwerfung. So heißt es im *Domostroj*: „Züchtige deinen Sohn von Jugend an... Indem du seinen Körper mit Schlägen strafst, errettest du seine Seele vor dem Tode."[3] Die Frau soll ebenfalls „je nach Schuld mit der Peitsche gestriegelt werden."[4] Bis ins 19. Jahrhundert war es selbst in vornehmen Familien üblich, die Frauen zu verprügeln. „Man sieht sie nicht selten ihre Weiber auf öffentlichen Gassen dergestalt

---

3 Altrussisches Hausbuch „Domostroj" (1987), Leipzig/Weimar, S. 31.
4 Ebd., S. 71.

prügeln, dass sie heulen und bluten."⁵ So hieß es in einem russischen Volkslied: „Was bist du mir für ein Gatte, für ein Mann? Du raufst nicht mein Haar und du schlägst mich nicht!"⁶

Ein derartiges Verhältnis der Geschlechter spiegelten unter anderem die altrussischen Hochzeitsbräuche: So überreichte der Brautvater dem Schwiegersohn eine Peitsche, die als Symbol der Gattenmacht über dem Brautbett aufgehängt wurde. Einen besonders fruchtbaren Boden für diesen *Antagonismus der Geschlechter* bereitete in Russland die aus dem gnostischen Erbe der Ostkirche resultierende **Körperfeindlichkeit** der **russisch-orthodoxen Kirche**. Auch den *Domostroj*, die „russische Hausordnung" hatte ein Novgoroder Geistlicher zusammengestellt, der zugleich als führender Kopf der Frühregierung Ivan IV. (Ivan des Schrecklichen) wirkte. Die Tabuisierung des Körpers durch die russisch-orthodoxe Kirche wurzelt bereits in ihrer Gründung durch griechische Mönche im 9. Jahrhundert. Es waren vor allem Mönche aus dem Athos-Kloster, dessen Inselterritorium von Frauen nicht betreten werden darf. Dies gilt bis heute – trotz hartnäckiger Proteste griechischer Feministinnen. Die griechischen Mönche verbreiteten das Christentum in der Kiever Rus'. Ihr mönchischer Geist prägte die Verbindung von *Seelenheil* und *Körperfeindlichkeit* in den christlichen Texten, als einer spezifischen Schicht russischer Kultur.

Jedoch in eben diesen christlichen Kulturtexten finden sich auch die Spuren entgegengesetzter Auffassungen von Leib und Seele am anderen Pol russischer Kultur, nämlich Erwähnungen **bäuerlicher Fruchtbarkeitsrituale** und deren Bekämpfung durch die Kirche. So ordnete bereits im Jahre 1719 das Konsistorium von Kiev an, dass Kleriker sich einsetzen sollten,

> damit in den kleinrussischen Dörfern die gottwidrigen Zusammenkünfte der Jugend aufhören... auf denen Gott und den Menschen unliebsame Belustigungen stattfinden, indem sich junge und ledige Menschen männlichen und weiblichen Geschlechts des Nachts versammeln, unaussprechliche Garstigkeiten verüben und abscheulichen Bräuchen huldigen, spielen, tanzen, sich betrinken, die Luft mit Liedern, Ausrufen und Ziegenbockmeckern verpesten...; besonderes Ärgernis erregte es jedoch, dass verschiedene

---

5 Stern, Boris (1929): *Russische Grausamkeit einst und jetzt. Ein Kapitel aus der Geschichte der öffentlichen Sittlichkeit in Rußland*. Berlin, S. 296.
6 Ebd.

Ausschweifungen vorkommen, Unzucht, Beraubung der Unschuld, ungesetzliches Kinderzeugen erfolgt...[7]

Das hier ausdrücklich erwähnte Ziegenmeckern weist deutlich auf die ursprünglich kultische Bedeutung dieser ostslavischen Riten hin. Der Kampf der russisch-orthodoxen Kirche gegen diese Rituale zeitigte keinen Erfolg. Dieselben heidnischen Bräuche beobachtete der Ethnologe N. Sumcov in Russland noch über zwei Jahrhunderte später, in der zweiten Hälfte des 19. Jahrhunderts. Derselbe Forscher resümierte 1866: „Auf Grund zahlreicher ethnographischer Daten darf man sagen, dass in der Gegenwart die nächtlichen Vereine (Dosvidki und Posidelki) in Russland beinahe überall eine von der Sitte gebilligte Form von Vergnügen der Jugend darstellen"[8] Bei diesen von Sumcov als „Freizeitvergnügungen der russischen Jugend" bezeichneten Treffen, je nach Region „Večornicy" (abendliche Zusammenkünfte), „Dosvidki" (Wiedersehen) oder „Posidelki" (beieinander sitzen) genannt, handelt es sich bei historischer Betrachtung um Relikte **matriarchalischer** also heidnischer Lebensformen.

Das Matriarchat herrschte bei den Slaven viel länger als beispielsweise bei den Germanen. Davon zeugt u. a. die älteste eigenständige russische Gesetzessammlung, vergleichbar den westlichen frühmittelalterlichen Volksrechten (Leges barbarorum), die aus der Zeit des Kiever Reiches (11.–13. Jahrhundert) stammte. Diese so genannte „Russkaja Pravda" (dt. Russisches Recht), die bis zum Ende des 15. Jahrhunderts in Geltung blieb, belegte, dass zu jener Zeit russische Frauen ohne Zustimmung des Mannes frei über ihren Besitz verfügen und selbständig vor Gericht auftreten durften. Zu den matriarchalischen Relikten gehörten neben den Večernicy, Dosvidki und Posidelki auch andere keinesfalls körperfeindliche Traditionen, die der Ethnologe Sumcov noch um die Mitte des 19. Jahrhunderts auf dem russischen Dorf beobachtete: „So wird in einigen Gebieten die Unschuld eines Mädchens gar nicht bewertet; im Gegenteil findet ein Mädchen, das bereits geboren hat, schneller einen Mann, als eine andere..."[9]

---

7   Sumcov, Nikolai (1866) *Dosvidki i Posidelki*. Kiev. Zit. nach Gurevič, Z. A./Vorošbit, A. J. (1931): „Das Sexualleben der Bäuerin in Russland." In: *Zeitschrift für Sexualwissenschaft und Sexualpolitik*, 1/1931, S. 69.
8   Ebd., S. 68.
9   Ebd.

Diese *matriarchalischen* russischen Dorf-Sitten, die noch im 19. Jahrhundert verbreitet waren, standen im krassen Gegensatz zu den damals in der *offiziellen* Kultursphäre herrschenden *patriarchalischen* Vorstellungen der orthodoxen Kirche. Nach der Christianisierung der Kiever Rus' 988 hatte ein langsamer Übergang zu monogamen patriarchalischen Familienstrukturen begonnen. Doch der heidnische Glaube hielt sich in Russland noch über Jahrhunderte neben dem christlichen und verband sich mit ihm zum Synkretismus des „**Dvoeverie**" (dt. Doppelglaube). Auf diese Weise blieben heidnische matriarchalische Bräuche im ansonsten christlich-patriarchalischen bäuerlichen Leben bis in das 20. Jahrhundert hinein erhalten.

Selbst das orthodoxe „**Mütterchen** Russland" erscheint als Verkörperung der heidnischen „**Mutter** Erde" aus vorchristlichen slavischen Schöpfungsmythen. Unter diesem matriarchalischen Symbol konnte sich in Russland die Verehrung der christlichen Gottesgebärerin etablieren. Innerhalb der Verflechtung von Heidentum und Christentum in der russischen Dorfkultur lag die Betonung in der Verehrung der Gottesmutter nicht auf ihrer Jungfräulichkeit, sondern auf ihrer Mutterschaft. Der das russische Dorf prägende heidnische Kult der Mutter Erde als weibliches Prinzip stand der dörflichen Sozialordnung, die christlich patriarchalisch strukturiert war, diametral gegenüber. Insofern existierten innerhalb der dualen Struktur der russischen Kulturdynamik auch hinsichtlich des Verhältnisses zum Körper kultursemiotisch betrachtet *heidnische* neben *christlichen* Vorstellungen. Eine solche historisch tradierte duale Struktur förderte in der russischen Kultur die extreme **Polarisierung** von Kulturphänomenen in den unterschiedlichen kulturellen Schichten und Kontexten, wie den häufig gegensätzlichen Kontexten von **hoher Kultur** und **Volkskultur**. So besitzt auch das Verhältnis von Leib und Seele innerhalb von hoher Kultur und Volkskultur eine grundsätzlich verschiedene Konnotation.

Aus dem gnostischen Einfluss der Ostkirche erklärt sich die viel stärker als in der katholischen Kirche herrschende Weltverneinung und Körperfeindlichkeit der russisch-orthodoxen Kirche. Ihr Extrem fand diese Auffassung von der Sündhaftigkeit des Leibes in der russischen religiösen Sekte der *Skopzen*, deren Anhänger sich operativ die Geschlechtsorgane entfernen ließen. Dem russisch-orthodoxen Seelenheil diente, was den Leib kasteite – *Fasten*, jedwede Vernachlässigung von Körper und Kleidung einschließlich sexueller *Askese*. Die materielle Welt erschien hier unwichtig, nicht gute Werke, sondern Reue über eigene Sünden, Leiden und Mitleiden sollten zum Seelenheil führen.

„**Schuld** und **Sühne**" bildeten die Grundkategorien einer Weltanschauung, die literarisch am prägnantesten in den Werken Fedor Dostoevskijs und Lev Tolstojs zum Ausdruck kommt. Literarisch spiegelte sich die leibfeindliche gnostisch-christliche Tradition insbesondere im Schaffen Lev Tolstojs, der beispielsweise die Geschlechtsliebe zu den „niederen Trieben" zählte und meinte, dass die unedle, gemeine, sinnliche Verliebtheit, sei sie auch durch das Band der Ehe scheinbar legitimiert, nur „ein den Menschen erniedrigender Zustand ist, dem jeder romantische Zauber vollständig fehlt."[10] Doch während Lev Tolstoj dem russischen Adel körperliche **Askese** predigte, die er persönlich nicht unbedingt einhielt, blieben am anderen Pol der russischen Gesellschaft unter der **bäuerlichen** Bevölkerung **heidnische Körperkulte**, insbesondere Fruchtbarkeitskulte bis ins **20.** Jahrhundert hinein lebendig.

Während innerhalb der offiziellen russischen Kultur im 19. Jahrhundert eine christlich-orthodoxe Leibfeindlichkeit dominierte, erfolgte mit der **Oktoberrevolution** 1917 in der offiziellen Kultursphäre ein radikaler Wandel hin zu einer „Befreiung des Körpers", insbesondere durch eine antireligiös orientierte „**sexuelle Revolution**". Diese endete in den **30er** Jahren durch einen ebenso radikalen Wechsel zur „**stalinistischen Askese**". Hier setzte man Körperkult und Sexualität mit kapitalistischer Dekadenz gleich und ordnete den Körper einschließlich der Sexualität dem Bereich der Hygiene zu[11]. Ungeachtet dieser nunmehr nicht christlichen, sondern stalinistischen Leibfeindlichkeit der offiziellen russischen Kultur blieben Fruchtbarkeitskulte bis in die 30er Jahre des 20. Jahrhunderts[12], also noch etwa zwei Jahrzehnte nach der Oktoberrevolution im russischen Dorfleben nachweisbar. Ein derartiges Kulturphänomen im dörflichen Lebensbereich ist insofern signifikant für die gesamte russische Kultur, als der Anteil der bäuerlichen Bevölkerung in Russland von 1678 bis 1913 durchgängig 80–90% der Gesamtbevölkerung betrug[13].

Auf Grund der in den 30er Jahren einsetzenden stalinistischen Restriktionen, die bis in die Gegenwart nachwirken, wie beispielsweise das Verhältnis

---

10 Tolstoi, Lew (um 1901 ohne J.): *Die sexuelle Frage*. Berlin, S.14.
11 Vgl. Hohmann, Joachim S. (1990): Zum rechtlichen und sozialen Problem der Homosexualität. In: Ders. (Hg.): *Sexualforschung und -politik in der Sowjetunion seit 1917. Eine Bestandsaufnahme in Kommentaren und historischen Texten; mit einer Bilddokumentation und einer Auswahlbibliographie 1896-1989.* Frankfurt a. M.: Lang, S. 283.
12 Vgl. Gurevič/Vorošbit 1931, S. 68–74.
13 Mironov, Boris (1999): „Social'naja struktura rossijskogo obščestva". In: *Social'naja istorija Rossii.perioda imperii (XVII–načalo XX v.)*, Bd. 1. St. Peterburg, S. 130.

zur **Homosexualität**, fanden empirische nachrevolutionäre Untersuchungen keinen Eingang in die kulturwissenschaftliche Forschung. Doch wissenschaftliche Befragungen belegten, dass die nunmehr sowjetischen Bäuerinnen und Bauern ihre tradierten Fruchtbarkeitsrituale noch länger als ein Jahrzehnt unverdrossen weiterpflegten.[14] Der dörfliche Fruchtbarkeitskult wurde nach der Oktoberrevolution ähnlich wie zuvor von der *orthodoxen Kirche*, besonders von der *Kommunistischen Partei* und dem kommunistischen Jugendverband bekämpft. B. Sigal beschrieb in seinem 1927 publizierten Aufsatz zur dörflichen Lebensweise die von Rückschlägen begleitete Bekämpfung der alten Sitten durch Partei und Jugendverband:

> Der Teil der Jugend, der am meisten für Progress und Revolution ist, bekämpft die Sitte der abendlichen Zusammenkünfte und des Übernachtbleibens. Der kommunistische Jugendverband, der hauptsächlich diesen Kampf führt, hat bisweilen Erfolg, lockt die Jugend in Lesehallen und verschafft ihr vernünftige Vergnügen, es kommt aber auch vor, dass die jungen Menschen, die von ‚der Straße' in die Lesehalle gekommen sind, letztere in etwas der Straße ähnliches verwandeln. Ist die Organisation des kommunistischen Jugendverbandes stark, so führt sie den Kampf mit Erfolg durch; so haben z. B. die Mädchen des kommunistischen Jugendverbandes ... aus parteilosen Mädchen einen Verein organisiert. Des Abends versammeln sich die Mädchen in der Lesehalle und arbeiten. Die einen häkeln, die anderen nähen... sie treiben keinen Unfug, sondern lesen Zeitungen und Journale. Somit vergeht die Zeit in einer für die Jugend nützlichen Weise.[15]

Der vollständige Ersatz heidnischer dörflicher Fruchtbarkeitskulte durch Häkeln und Lektüre war dem kommunistischen Jugendverband auch drei Jahre später, im Jahre 1929, noch nicht geglückt. In einem 1929 publizierten Beitrag über die „Einflüsse der alten Lebensweise" berichtete die Zeitschrift *Kommunistka* (Die Kommunistin), dass im südlichen Ural nach wie vor abendliche Zusammenkünfte Brauch waren. Diese Sitte nannte man dort „Osoby" (dt. Personen), eine Bezeichnung, die sich auf den geschlechtlichen Umgang mit mehreren Personen im Laufe einer Nacht bezog. Der Autor dieses Aufsatzes betonte die starke Tradition dieses alten Brauches, sowie den Um-

---

14 Gurevič/Vorošbit 1931, S. 70.
15 Sigal, Boris (1927): „Fragen der Lebensweise und des Gesundheitsschutzes im Dorfe". In: *Medizinisches Journal* 5/1927. Zit. nach Gurevič/Vorošbit 1931, S. 73.

stand, dass nicht nur die Burschen, sondern auch die Mädchen nicht davon lassen wollen.[16]

Die gegensätzliche Polarisierung von körperlicher Restriktion des Patriarchats einerseits und körperlicher Enthemmung heidnischer Fruchtbarkeitskulte („Dosvidki, Posidelki, Osoby und Večernicy") andererseits gehört zu den typischen Phänomenen, die im **dualistischen** Charakter der russischen Kultur wurzeln. Die bis ins 20. Jahrhundert reichende Konservierung des Körperkults in heidnischen Bräuchen innerhalb einer körperfeindlichen orthodoxen christlichen Kultur lässt sich durch die prinzipielle Polarität der russischen Kultur erklären, die Jurij Lotman und Boris Uspenskij als „duale Natur der Struktur russischer Kulturdynamik" bezeichneten. Kulturelle Werte verteilen sich in einem bipolaren Feld, das durch eine scharfe Grenze geteilt ist und keine neutrale Zone besitzt.[17] Selbst während des mittelalterlichen Karnevals, der in **Westeuropa** eine Art von Brücke zwischen „hoher" Kultur und Volkskultur bildete, blieben in **Russland** „hohe" Kultur und „Volkskultur" stets streng getrennt. Würdenträger des Staates und besonders der Kirche nahmen in Russland keinen Anteil an den Tänzen und Spielen. Diese wurden von Skomorochi (Narren), einer Art Wanderschauspieler, inszeniert, die in heidnischen Körperkulten wurzelnde Entblößungs- und Beschimpfungsrituale[18] verwendeten, wie sie zu Beginn meines Beitrags in der Beschreibung von Adam Olearius aus dem 17. Jahrhundert zitiert wurden.

---

16 Saslavskij, D. (1929): „Einflüsse der alten Lebensweise", in: *Kommunistka* 16/1929. Zit. nach Gurevič/Vorošbit 1931, S. 74.

17 Vgl. Uspenskij, Boris/Lotman, Jurij (1996): „Rol' dual'nych modelej v dinamike russkoj kul'tury". In: Uspenskij, Boris: *Izbrannye trudy*, Bd. 1, *Semiotika istorii. Semiotika kul'tury*. Moskva: Škola „Jazyki russkoj kul'tury", S. 339.

18 Uspenskij, Boris/Lotman, Jurij (1977): „Novye aspekty izučenija kultury drevnej Rusi", in: *Voprosy literatury* 3/1977, S.159 f. Vgl. Gurevič, Aron (1981): *Problemy srednevekovoj kul'tury*. Moskva: Iskusstvo; Lichačev, Dmitri/Pančenko, Aleksandr/Ponyrko, Natal'ja (1984): *Smech v Drevnej Rusi*. Leningrad: Nauka.

JOLANTA TAMBOR

Scham als Basis moderner Tabus. Das Sprechen über Sexualität in der polnischen Gegenwartssprache

1 Tabu sowie Angst und Schamgefühl

Das Tabu ist ein Terminus, der schon lange existiert. Er umfasst semantisch ganz allgemein das, was verboten ist. Erforscher polynesischer Gesellschaften, welche als erste die Erscheinung des Tabus beschrieben haben, wiesen auf seine untrennbare Verbindung mit dem Heiligen hin. In diesen kulturellen Typen war ein Tabu hauptsächlich durch Angst motiviert, ein Tabubruch war von der Furcht vor Konsequenzen begleitet, welche für den Menschen als bedrohlich galten. Diesen Tabu-Typ bezeichnet die moderne Wissenschaft als ursprüngliches Tabu und „betrachtet es als Verbot, welches sowohl mit rätselhaften und unerklärbaren Eigenschaften einer Person verbunden ist, als auch mit der Ehrfurcht, die die jeweilige Erscheinung auslöst"[1]. Das Tabu ist eine Erscheinung, welche auch heute noch in den sog. „zivilisierten" Kulturen zu beobachten ist oder besser gesagt – in Kulturen, die Normen des politisch Korrekten wahren – also Kulturen, welche zur modernen Zivilisation zählen.

Das moderne Tabu ist jedoch völlig anders motiviert. Hier spielt die Angst, welche mit dem Wirken übernatürlicher Kräfte verbunden ist, grundsätzlich keine Rolle. Die Ursachen für das moderne Tabu klassifiziert Anna Dąbrowska wie folgt:

1. Religiöser Glaube, Magie, Angst, Aberglaube
2. Anstand, Bescheidenheit, Schamgefühl
3. Sensibilität, Höflichkeit, Mitgefühl, Mitleid
4. Umsicht, Vorsicht, Größenwahn, Cleverness, Nutzen.[2]

---

[1] Dąbrowska, Anna (1993): *Eufemizmy współczesnego języka polskiego*. Wrocław: Wyd. Uniwersytetu Wrocławskiego, S. 19.
[2] Ebd., S. 29.

Nur im ersten Fall stimmen Motive des modernen und ursprünglichen Tabus überein, da ein Tabu, welches mit dem Glauben verbunden ist, in gewisser Hinsicht einem ursprünglichen Tabu gleicht. In den anderen Fällen kann man als gemeinsames Element erkennen: Schamgefühl, welches wiederum die Basis sowohl für Sensibilität als auch für Mitleid sein kann (um nicht der Gefühllosigkeit bezichtigt zu werden), wie auch Umsicht und Vorsicht (um sich nicht der Dummheit bezichtigen lassen zu müssen).

Darüber hinaus kann man ganz allgemein feststellen – wobei wir uns einer gewissen Vereinfachung voll bewusst sind – dass das ursprüngliche Tabu auf Furcht beruht, das moderne Tabu dagegen auf dem Schamgefühl basiert. Ewa Jędrzejko beschreibt, indem sie den Ausführungen von Jurij Lotman folgt, den Übergang von der Angst zum Schamgefühl als diejenigen Gefühle, welche unterschiedlichem menschlichem Verhalten zugrunde liegen:

> Die frühsten Entwicklungsstufen der menschlichen Gesellschaft benötigten einen Organisationsmechanismus, der sich von den in der Tierwelt existierenden unterschied. Sowohl die Tatsache, dass die Tierwelt den Mechanismus der Angst in Vollkommenheit beherrscht, als auch, dass das Schamgefühl eine spezifisch menschliche Erscheinung ist, bewirkt, dass vor allem das Schamgefühl der Regulierung eines ersten bereits zivilisierten Verhaltens zugrunde liegt.[3]

Dabei gilt es festzustellen, dass es sich hierbei nicht um disjunktive Grenzlinien handelt. Denn es gibt durchaus Gemeinsamkeiten. Ewa Jędrzejko zufolge sind „einige Bedeutungskomponenten des **Schamgefühls** identisch (…) mit denen der **Angst**: so, die Assoziation mit unangenehmen Gefühlen, eine negative Beurteilung der Ursachen des Zustandes, ein Urteil über negative Konsequenzen der Tat"[4]. Um das Schamgefühl zu charakterisieren, ist es jedoch von großer Bedeutung, dass „der Mensch, welcher Willens ist, nach moralischen Gesetzen zu handeln, auch in der Lage ist, Schamgefühle vorherzusehen und sie zu vermeiden"[5]. Ewa Kosowska stellt weiter fest, indem sie die

---

3   Łotman, Jurij (1970): „O semiotyce pojęć ‚wstyd' i ‚strach' w mechanizmie kultury (tezy)", Warszawa, S. 203; zitiert nach: Jędrzejko, Ewa (1998): „Wstyd po polsku – czyli o ‚czym' mówią słowa. Kategorie kulturowe z perspektywy współczesnej lingwistyki". In: Kosowska Ewa (Hrsg.): *Wstyd w kulturze. Zarys problematyki.* Katowice: Wydawnictwo „Śląsk", S. 33.
4   Jędrzejko 1998, S. 30.
5   Kosowska, Ewa (1998): „Wstyd. Konotacje antropologiczne". In: Dies. (Hg.): *Wstyd w kulturze. Zarys problematyki.* Katowice: Wydawnictwo „Śląsk", S. 54.

Argumentation von I. Kant kommentiert, dass „Schamgefühl eine natürliche Veranlagung des Menschen darstellt, welche er als inneres Kontrollinstrumentarium nutzt"[6].

Jene inneren Beschränkungen und Gebote sowie ihre Ursachen möchte ich anhand eines Tabubereichs beschreiben, und zwar der Erotik, des Geschlechts und der damit verbundenen Sexualität. Jene Sphäre unterlag und unterliegt eigentlich in allen Kulturen in verschiedenen Entwicklungsetappen einer Tabuisierung. Dennoch werden in jeder jener historischen Phasen (und selbstverständlich in jedem geographischen Raum) jeweils etwas andere Erscheinungen tabuisiert und demnach auch unterschiedlich euphemisiert. Um diese Erscheinungen zu erforschen, möchte ich den erotischen und geschlechtlichen Tabubereich in der Gegenwartskultur in der heutigen jungen Generation Polens untersuchen.

2   Sex und Sexualität

Im Polnischen muss man beide Wörter und Begriffe gemeinsam betrachten[7], da sie eng miteinander verbunden sind. Noch im *Słownik wyrazów obcych* (Fremdwörterbuch) unter der Redaktion von J. Tokarski aus dem Jahre 1972 (also vor nur 40 Jahren) sind beide Begriffe nahezu identisch: „seks (lat. sexus=Geschlecht) umgangssprachl.: płeć (Geschlecht); also die Summe von Eigenschaften, welche auf das andere Geschlecht anziehend wirken"[8]. Das *Słownik języka polskiego* (Wörterbuch der polnischen Sprache) von M. Szymczak beschreibt die Bedeutung des Wortes Sex in der Definition immer mit Hilfe des Adjektivs płciowy (geschlechtlich) oder des Substantivs płeć (Geschlecht) umgangssprachlich als Gesamtheit der mit dem Geschlechtsleben verbundenen Dinge, als Attraktivität unter geschlechtlichem Gesichtspunkt sowie als Summe aller Eigenschaften, welche eine geschlechtliche Anziehungskraft auf das andere Geschlecht ausüben: Dziewczyna z seksem (Mädchen mit Sex-Appeal) und fala seksu w filmie (Sexwelle im Film)[9]. Die Verbindung

---

6   Ebd.
7   Bestimmte lexikalische bzw. spezifisch lexikographische Definitionen dieses Unterkapitels waren Gegenstand meiner Ausführungen zum Thema „Geschlecht". In: Aresin, Lykke/Starke, Kurt (1998): *Leksykon erotyki*. Katowice: Wydawn. Książnica.
8   Tokarski, Jan (1972) (Hg.): *Słownik wyrazów obcych*. Warszawa.
9   Szymczak, Mieczysław (1980) (Hg.): *Słownik języka polskiego*. Warszawa.

zwischen den Begriffen seks (Sex) und płeć (Geschlecht) kann man in der polnischen Sprache von Beginn an beobachten, man findet sie bereits in uralten Zeiten (das Wort płeć wird bereits im *Słownik staropolski/* Altpolnischen Wörterbuch beschrieben). Zwar besaß das płeć (Geschlecht) anfangs eine andere Bedeutung als im modernen Polnischen, denn es bezeichnete vor allem den Menschen, die Schöpfung, das Lebewesen. Dennoch gilt es hervorzuheben, dass auch für diese Bedeutungen bereits die lateinische Entsprechung sexus benutzt wurde, sie galt aber ausschließlich für das polnische Wort płeć (Geschlecht).

Die zweite Bedeutung, in der das Wort płeć bereits im Altpolnischen benutzt wurde, war die des „Körpers", welche sich aber nur auf den Menschen bezog. Für Aleksander Brückner[10] ist dies die älteste Bedeutung des Wortes. Er bezeichnet sie als vom Verb abgeleitet und führt als Beispiel das Verbalsubstantiv opłcenie an „die Annahme des menschlichen Körpers durch Christus". Seit dem 16. Jahrhundert beginnen die aus dem Altpolnischen bekannten ersten beiden Bedeutungen zu verschwinden. Es etablierte sich die Bedeutung płci als „Haut"/"Gesichtsfarbe", welche im Prinzip unverändert über die Jahrhunderte hinweg (man findet sie z. B. auch in Basiswörterbüchern des 19. Jahrhunderts) bis zum heutigen Tag besteht. Obwohl diese Bedeutung gegenwärtig deutlich seltener auftritt (das dreibändige *Słownik języka polskiego/* Wörterbuch der polnischen Sprache von M. Szymczak bezeichnet sie als veraltet); stößt man auf diesen Gebrauch heute noch in künstlerischen bzw. stilisierten Texten, umgangssprachlich sprechen wir eher von einem jasnej cerze (hellen Teint) als von alabastrowej płci (Alabasterhaut). Das 16. Jahrhundert ist auch die Zeit, in der es zu einem ungewöhnlich wichtigen semantischen Wandel kam (płeć als Gesamtheit der Eigenschaften, in denen sich männliche und weibliche Wesen unterscheiden), welchen Brückner als ausschließlich für die polnische Sprache spezifischen Wandel bezeichnete. Ihm zufolge hat im Polnischen lediglich der Wandel zu „rodzaj" (Geschlecht), „genus" (daher zwei Geschlechter) stattgefunden, nicht bei anderen Slawen[11]. Seither verwenden alle Wörterbücher seit dem 16. Jahrhundert diese Bedeutung als ihre Hauptbedeutung und dies bis zum heutigen Tag. Auch in phraseologischen Verbindungen findet man sie: płeć piękna (das schöne Geschlecht), płeć brzydka (das starke Geschlecht), słaba płeć (das schwache Geschlecht). Es

....

10 Brückner, Alexander (1970): *Słownik etymologiczny języka polskiego.* Warszawa.
11 Ebd.

ist jedoch unstrittig, dass dieses Wort im modernen Polnischen hauptsächlich mit sexuellen Empfindungen verbunden ist. Dies ist sicherlich dem Umstand geschuldet, das wir es hier mit einem semantisch einseitigen Gebrauch des vom Substantiv płeć (Geschlecht) abgeleiteten Adjektivs płciowy (Geschlechts-/geschlechtlich) zu tun haben. So wird bereits im *Słownik warszawskim* (Warschauer Wörterbuch) von Karłowicz, Kryński und Niedźwiedzki eben dieser Gebrauch des Adjektivs deutlich. Auch eine neutrale Erläuterung gibt es, nämlich Geschlechtsmerkmale als Besonderheiten, die das männliche und weibliche Geschlecht voneinander unterscheiden[12]. Doch werden faktisch ausschließlich Verbindungen, die den Zusammenhang mit dem Begriff der Sexualität suggerieren, aufgezählt, so „stosunek płciowy" (Geschlechtsverkehr), „narządy płciowe" (Geschlechtsorgane), „chuć płciowa" (geschlechtliches/sexuelles Verlangen), „popęd płciowy" (Geschlechtstrieb), „zdolność płciowa u mężczyzn" (Geschlechtsreife bei Männern)[13]. Eine Dominanz dieser Bedeutung in festen Verbindungen im Vergleich zu einem rein neutral anatomischen Gebrauch finden wir auch im modernen *Słownik frazeologiczny* (phraseologischen Wörterbuch) von S. Skorupka sowie in dem bereits erwähnten *Słownik języka polskiego* (Wörterbuch der polnischen Sprache) von M. Szymczak. Es scheint also, als ob feste phraseologische Verbindungen mit dem Adjektiv płciowy auch eine Veränderung in der bis dato vorherrschenden Bedeutung des Substantivs płeć zur Folge haben. In der weiteren Entwicklung bewirkten daher die Verknüpfung, und manchmal auch die Verschmelzung der Begriffe und Bedeutungen płeć (Geschlecht) und seks (Sex) eine Veränderung bestimmter bis dahin vorherrschender Bedeutungen sowie eine Neutralisierung von płeć (Geschlecht) im Sinne „erotischer" Empfindungen mit dem Wort seks.

Wie bereits erwähnt, existierte bereits im Altpolnischen neben dem slawischen Substantiv *płeć* (Geschlecht) seine lateinische Entsprechung *sexus*. Letztere gab es z. B. im Englischen bereits in dieser Bedeutung – in allen Personalfragebögen liest man eine Rubrik: *seks* in der Bedeutung „*płeć*" (Geschlecht). Im Polnischen jedoch tritt das Wort seks in seiner „erotischen" Bedeutung erst später auf. Es gibt keinen Eintrag in Wörterbüchern vor dem 20. Jahrhundert, welche das Wort in dieser Bedeutung in das Polnische aufgenommen haben. Der Begriff *seks* in oben genannter Bedeutung geht laut

---

12 Karłowicz, J./Kryński, A./Niedźwiedzki, W.: *Słownik języka Polskiego*. Warszawa.
13 Ebd.

Lexikographen auf das Lateinische zurück – so im *Słownik wyrazów obcych* (Fremdwörterbuch) von J. Tokarski und im *Słownik języka polskiego* (Wörterbuch der polnischen Sprache) von M. Szymczak. Über viele Jahrhunderte hinweg gab es das Wort im Polnischen ausschließlich in der Bedeutung, welche – wie bereits erwähnt – sich eher am Adjektiv *płciowy* (Geschlechts-/geschlechtlich) orientiert, also an der Gesamtheit des Geschlechtslebens in seiner physischen Bedeutung.

Es ist charakteristisch, dass sich das Wort *seks* nur auf den Menschen bezieht. Am Ende des 20. Jahrhunderts unterlag seine Bedeutung einer gewissen Modifizierung. Die bis dahin vorherrschende und einzige Bedeutung fiel auf den dritten Platz, also Eigenschaften einer Person, welche Einfluss auf ihre Attraktivität gegenüber dem anderen Geschlecht haben[14]. Die ersten beiden Bedeutungen sind heute hauptsächlich mit körperlichem Kontakt verbunden: das Geschlechtsleben eines Menschen, klar unter seinem physischen und erotischen Aspekt betrachtet (*Man diskutiert darüber, wie man Schülern Sexualwissen vermittelt. Pornofilme sind insofern bedenklich, als dass sie die Vorstellungen der Menschen über Sex verändern, sie täuschen eine nichtexistierende Welt vor „Frauen, die immer wollen und Männer, die stets können"*) oder umgangssprachlich für Geschlechtsverkehr (*Sie hatten fast täglich Sex. Er fragte sie, ob sie Lust auf Sex hat)*[15]. In dieser Bedeutung ist *seks* als wiederholte Entlehnung, diesmal jedoch aus dem Englischen, zu verstehen[16]. Über diesen Sachverhalt sowie über eine weitere Expansion genannter Bedeutung schreiben A. Markowski und R. Pawelec, indem sie diesen Gebrauch von *seks* zur Norm erheben; die Bedeutung von *seks* als „Geschlechtsverkehr" ist eine Entlehnung aus dem Englischen. Sie ist jedoch so weit verbreitet, dass es schwer fällt, sie zu ignorieren, besonders auch wegen der Armut des polnischen Wortschatzes an dieser Stelle. Wie anders kann man das Geschlechtsleben eines Menschen kultiviert bezeichnen.

Gegenwärtig muss man zu den bereits erwähnten Bedeutungen noch eine weitere hinzufügen: den engen, körperlichen Kontakt zwischen Personen ein und desselben Geschlechts, der ihnen sinnliches Vergnügen bereitet. Hier wird Homosexualität angedeutet[17]. Alle Aspekte des modernen Gebrauchs des

---

14 Markowski, Andrzej/Pawelec, Radosław (2001): *Wielki słownik wyrazów obcych i trudnych*. Warszawa.
15 Ebd.
16 Mańczak-Wohlfeld, Elżbieta (2010): *Słownik zapożyczeń angielskich w polszczyźnie*. Warszawa.
17 Markowski/Pawelec 2001.

Wortes *seks* beziehen sich auf körperliche Kontakte. Diesem Terminus, obwohl er erst so spät ins Polnische gelangte, war eine berauschende Karriere beschieden; er wurde zur Basis für eine große Anzahl von Derivaten wie: *seksapil* (Sex-Appeal), *seksbiznes* (Geschäft mit dem Sex), *seksbomba* (Sexbombe), *seksizm* (Sexismus), *seksista* (Sexist), *seksistka* (Sexistin), *seksistowski* (sexistisch), *seksoholik* (Sexsüchtiger), *seksoholizm* (Sexsucht), *seksoholiczny* (sexsüchtig), *seksownie* (sexy), *seksowny* (sexy/attraktiv), *seksparty* (Sexparty), *sekstelefon* (Sextelefon), *seksualizm* („Sexualismus"), *seksualny* (sexuell), *seksualność* (Sexualität), *seksuolog* (Sexualforscher), *seksuologiczny* (sexologisch). Das ist schon eine imponierende Zahl, vor allem deshalb, da hier nur lexikalische Einträge aus Wörterbüchern der polnischen Sprache aufgeführt wurden. Es ist anzunehmen, dass der Durchbruch des Wortes *seks* in der modernen Sprache sicherlich durch die große Bedeutung von Sex im modernen Leben hervorgerufen wurde. Ich möchte untersuchen, ob wir im Polnischen in der Lage sind, über dieses, für den Menschen wohl recht wichtige Thema zu sprechen. Es herrscht die Meinung vor, so auch in oben zitierten Betrachtungen aus dem polnischen Lexikon von A. Markowski und R. Pawelec, dass der Wortschatz im Bereich von Sexualität, Geschlecht und Erotik, sehr mangelhaft ist. Daher soll erörtert werden, wie sich junge Polen an der Schwelle zum 21. Jahrhundert dieser Situation stellen.

3   Untersuchte Gruppe

Das Analysematerial stützt sich auf Umfragedaten. Die Analyse zeigt Unterschiede und Gemeinsamkeiten ursprünglicher und moderner Tabus im Bereich der Erotik und Sexualität. Es wurden 60 Studenten (zwischen 19 und 23 Jahren) und 40 junge Absolventen humanistischer Studienrichtungen – wissenschaftlich-didaktische Mitarbeiter sowie Hörer postgradualer Studien befragt. Außerdem nahmen an der Umfrage zehn ausländische Polonistikstudenten aus der Mongolei, aus Kirgistan, Kasachstan, Russland und der Ukraine teil. Ihre Polnisch-Kenntnisse entsprachen mindestens dem Niveau B2, ihre Angaben erscheinen allerdings nicht in der allgemeinen Statistik, da sie zusätzlich andere interessante kulturelle Spezifika aufwiesen.

Die folgende Annahme, welche aus Beobachtungen in der Popkultur stammt, stellt eine allgemeine Meinung dar. Dabei geht es darum, dass gegenwärtig in Gesprächen über einstige Tabusphären und hier besonders in Gesprächen über Sex und Sexualität eine Lockerung zu bemerken ist. Als Beweis dafür können gängige Meinungen und Erfahrungen über die Art und Weise der Inszenierung von Sexszenen im Kino gelten, welche von symbolischen Bildern – z. B. im Kultfilm *Gilda* durch die Flammen im Kamin bzw. durch das Abstreifen des langen Handschuhs durch Rita Hayworth auf der Bühne – bis hin zu solchen Filmen reicht, die immer mutiger den menschlichen Körper sowie Körper- und Geschlechtsakte zeigen. Tabugrenzen verschieben sich sehr schnell – das, was noch in den 80er Jahren des 20. Jahrhunderts als Pornographie galt, wird heute höchstens noch als sog. „*leichte Erotik*" gesehen und die Grenzen zwischen pornografischen und sog. normalen Produktionen mit leidenschaftlichen erotischen Szenen verblassen Besorgnis erregend. Noch vor 45 Jahren galt für den Film *Pan Wołodyjowski* (Herr Wołodyjowski), eine Verfilmung nach dem gleichnamigen historischen Roman des Nobelpreisträgers Henryk Sienkiewicz (Schullektüre), eine Altersgrenze ab 14 Jahren aufgrund der im Film gezeigten brutalen Szenen und der nackten Brust von Irena Karel (Ewka Nowowiejska, welcher Azja die Bluse aufreißt, um sie den Tataren zu überlassen). Als der Film in die Kinos kam, war ich zwischen 12 und 13 Jahre alt. Alle wollten genau diese Szenen sehen und wir litten sehr darunter, dass wir noch ein Jahr damit warten mussten.

Die Lockerung der Einstellung zur Sexualität ist ein Signum der – vereinfacht gesagt – westlichen Zivilisation. In Kirgistan etwa werden erotische Szenen in Filmen noch immer durch Werbung überspielt und in Russland werden in Zeichentrickfilmen Szenen herausgeschnitten, die erotische Anspielungen enthalten. Dass es sich dabei nicht immer um eine Zensur durch den Staat handelt, sondern mitunter auch rein moralische Werte des Volkes eine Rolle spielen, die in einer gewissen Gemeinschaft mit einem Tabu belegt sind, bezeugen Diskussionen in russischen Internetportalen, die ein Bedeckungsgebot für antike Statuen einführen wollen, weil sie sittenwidrig und mit der Nacktheit des menschlichen Körpers assoziiert werden.

Der zweite mit Sex verbundene Tabubruch, der von einer Lockerung der Norm in Gesprächen über Sex und dem Zeigen von sexuellen Handlungen zeugt, ist die Vermischung von *sacrum* und *profanum* in der Kunst, vor allem in der Werbung, einst heftig diskutiert und verurteilt und heute kaum noch beachtet. Als Beispiel kann hier die Kosmetikwerbung von Axe angeführt werden, welche Engel „sexualisiert".[18] Eine solche Werbung regt niemanden

---

18 Siehe Tambor, Jolanta (2013): „Moderne Tabus. Die Grenzen des politisch Korrekten". In:

mehr auf. Andererseits jedoch gibt es in der Welt der populären Kultur Beispiele dafür, dass solche Grenzen, deren Überschreitung auf Widerstand in der Gesellschaft stößt, noch existieren. Dies geschieht meist dann, wenn eine Verletzung der Welt des *sacrum* durch Elemente der Sexualität und des Sexes plumpe Körperlichkeit suggeriert. So geschehen in Großbritannien bei einer Eiswerbung Antonio Farraras. Diese Werbung wurde von den Zuschauern abgelehnt, da eine schwangere Nonne einen Pfarrer küsst und speziell wegen der folgenden Einblendung: „unbefleckt empfangenes Eis".

4 Umfrage zu Ursachen und Bereichen moderner Tabus

In der ersten Frage ging es um das Wesen eines Tabus. Die Antworten auf die Frage: *Was ist ein Tabu?* bestätigten die Vermutung von Wissenschaftlern, dass heutige, moderne Tabus vor allem auf Schamgefühl beruhen. Die Antworten der Probanden sahen wie folgt aus: 34% wiesen direkt auf das Schamgefühl hin, 16% benutzten in ihrer Tabudefinition Bezeichnungen wie: Intimität/ Privatsphäre, 12% stellten fest, dass Tabus jene Erscheinung sind, welche peinlich bzw. unmoralisch sind und schließlich behaupteten 6%, dass sie unter einem Tabu das verstehen, was sich nicht ziemt (zu tun oder zu sagen). Dabei sollte man nochmals daran erinnern, dass die Grenzen zwischen Schamgefühl und Angst sehr gering sind. Im Folgenden möchte ich die Betrachtungen E. Jędrzejkos zum Verb **wstydzić się** anführen, die diese als grundlegendes Muster für dieses Verb sieht:

X schämt sich wegen ←→ X ereilt ein unangenehmes Gefühl, welches jeden Mensch ereilt, wenn
a) X etwas macht (mit)
b) X glaubt, dass das schlecht/anstößig ist (z ist schlecht/anstößig)
c) X glaubt, dass andere auch denken, dass das schlecht/anstößig ist
d) X möchte nicht, dass ihm aus diesem Grunde so etwas schlechtes/anstößiges widerfährt// dass andere aus diesem Grund denken, dass

---

Lehmann-Carli, Gabriela (Hg.): *Empathie und Tabu(bruch) in Kultur, Literatur und Medizin.* Berlin: Frank & Timme, S. 339 ff.

X schlecht ist

e) X verhält sich aus diesem Grunde (m) entsprechend"[19].

In den Bezeichnungen „das ziemt sich nicht", „peinlich" und „unmoralisch" sind Elemente enthalten, die man sowohl als Maßstab für Schamgefühle als auch für die Angst annehmen kann (vor Begriffen wie: sich lächerlich machen, verurteilt werden, ausgeschlossen werden) – beide Gefühle werden im Punkt d) der oben angeführten Betrachtungen ausgedrückt. Sowohl das Schamgefühl als auch die Angst sind der Grund und die Ursache dafür, dass jemand nicht möchte, dass ihm aufgrund dessen, was er getan oder gesagt hat, etwas Schlechtes widerfährt (eine körperliche Verletzung, ein Sich-der-Lächerlichkeit-Preisgeben, ein Ausschluss aus der Gemeinschaft usw.). Diese enge Verbindung zwischen Angst und Schamgefühl – wegen der zu erwartenden Reaktion der Umwelt – als Ursache des Tabus zeigt die Aussage im Punkt c) der oben angeführten Betrachtungen: „ich spreche nicht über Sex, weil ich nicht möchte, dass die Leute sagen, dass ich es mit jedem treibe, denn die Leute ziehen solche Schlüsse"... Hier steht allerdings das Schamgefühl im Vordergrund.

Unter den Antworten der Probanden befanden sich einige (6%), in welchen die Aussage *kontrovers* fiel. Es ist anzunehmen, dass jene Aussage auf Situationen zielt, die Normen überschreiten (wenngleich Normen, über die man öffentlich nicht diskutiert), z. B. Gespräche über sexuelle Vorlieben – nicht über sexuelle Neigungen, nur über sexuelle Vorlieben. Aus den Antworten geht hervor, dass zwar die Rede von heterosexuellen Personen ist, die Probanden aber das grammatikalische Geschlecht (des Adjektivs und des Verbs) von *one* verwenden, wenn sie z. B. über unterschiedliche Vorlieben hinsichtlich der Position während des Geschlechtsverkehrs schreiben, über welche sie mit Fremden nicht sprechen möchten.

Gegenwärtige Tabus werden vor allem mit Sprachtabus gleichgesetzt. Dies stellten fast 80% der Befragten fest, dabei meinten 62%, dass Tabus Fakten und Erscheinungen seien, über die man nicht sprechen kann und 22% begrenzten das Verbot auf die Sphäre der Öffentlichkeit (ein Tabu ist etwas, über das man öffentlich nicht spricht, zu dem man sich nicht jedem öffnet).

Nur in 10% der Antworten wird ein Tabu mit verbotenen Tätigkeiten, Verhaltensweisen und Gegenständen verbunden. Hier findet also eine Annähe-

---

19 Jędrzejko 1998, S. 29.

rung an das ursprüngliche Tabu statt. Anhand der Umfrage und der daraus resultierenden Antworten kann man feststellen, dass die polnische Gesellschaft – darunter junge, gebildete Menschen – konservativ eingestellt ist. Fast die Hälfte der Probanden, nämlich ganze 46% sind Personen, welche sich offen für die Einhaltung von Tabus aufgrund ihrer Erziehung oder noch klarer, aufgrund ihrer „konservativen Erziehung" aussprechen – „meine Blockaden resultieren aus einer Erziehung zu strenger Disziplin, bei der das Thema Sex etwas Schlimmes, Verbotenes und Unangebrachtes darstellte". Dabei gilt es, besonderes Augenmerk auf die 8% zu lenken, die in ihrer Antwort zu diesem Thema auf eine „gute Erziehung" hinwiesen. Die gesamte Umfrage als auch der Inhalt der folgenden Antworten beweist, dass die Probanden eine „gute Erziehung" mit einer „konservativen" gleichsetzen. Schließlich geschieht dies im Einklang mit dem in der polnischen Kultur bisher vorherrschenden Verständnis von einer *guten Erziehung*, was beispielhaft alle polnischen phraseologischen Sammlungen verzeichnen. Die Aussage „gute Erziehung" wird von den Probanden konkretisiert: „Ich glaube nicht, das Gespräche über Sex mit jeder x beliebigen Person notwendig sind. Das ist für mich kein Zeichen einer Blockade, sondern zeugt von guter Erziehung", „Sex war bei uns zu Hause kein Thema", „Bei uns wurde zu Hause überhaupt nicht über Sex gesprochen und wenn doch, dann beiläufig und indirekt", „Meine Eltern haben mit mir über dieses Thema nicht gesprochen", „In meinem Kulturkreis hat man die Eltern über solche Dinge nicht aufgeklärt. Nun, dass man schwanger wird, damit muss man leben" – diese Aussage verrät eine gewisse Prüderie und wäre Anstoß zu weiteren Betrachtungen.

Die Mehrheit der Probanden weist auf *ihr eigenes (das des Adressanten)* Schamgefühl und *die eigene* Verlegenheit hin, nur eine Person bezieht das Tabu auf den Gesprächspartner *(den Adressaten)*, indem sie schreibt, dass „der Gesprächspartner es nicht verstehen wird und daher peinlich berührt sein könnte".

Betont sei, dass unter 100 befragten Personen, nur eine einzige meinte, es gäbe keine Tabus im Verhalten oder in Gesprächen über irgendein Thema.

Die folgende Frage betraf mögliche Blockaden beim Sprechen über Sex. Auf die Frage *Woraus resultieren bei dir eventuell vorhandene Blockaden in Gesprächen über Sex?* – ganze 32% stellten fest, dass sie generell keine Blockaden hätten, aber das Thema Sex für sie etwas zu Intimes, etwas zu Privates und Persönliches darstelle, als dass man laut darüber reden müsste. Diese Ansicht wird am häufigsten durch Antworten wie „deshalb habe ich keine Lust/sehe keine Notwendigkeit mit jedem darüber zu sprechen", bestätigt. Nur 4% der Probanden stellte fest, dass es keinerlei Blockaden in Gesprächen über Sex gäbe – jedoch zwei davon gaben zu, dass sie mit ihren Eltern nicht über das Thema Sex reden würden. Schließlich schließt die Mehrheit Gespräche zu diesem Thema mit anderen Generationen aus. Die Mutter ist nicht zu derartigen Gesprächen bereit, sagten 56% der Befragten (2% stellen fest, dass sich die Mutter sicher denken kann, dass Sohn oder Tochter Geschlechtsverkehr haben – so die Antwort der jüngsten Probanden). Mit dem Vater würden ganze 76% der Befragten nicht über das Thema Sex reden – interessant ist, dass es sich dabei auch um junge Männer handelt. In Bezug auf beide Eltern schreibt eine befragte Person: „wenn sie fragen würden, würde ich entweder mit *ja* oder mit *nein* antworten".

Selbst mit verhältnismäßig nahe stehenden Personen möchte eine große Anzahl der Probanden nicht über das Thema Sex reden. Darunter würden 40% das Thema nicht mit einer engen Kollegin oder einem engen Kollegen besprechen wollen und 16% sogar nicht mal mit einer Freundin oder einem Freund. Eine Ausnahme bildet hierbei der Partner/die Partnerin (Ehefrau, Ehemann, der eigene Freund/die eigene Freundin), mit dem die Mehrheit der Befragten über das Thema Sex in der Lage ist zu sprechen, sprechen möchte und auch spricht.

5 Umfrage zu Art und Weise des Dialogs über das Thema Sex

Zu Beginn meiner folgenden Ausführungen möchte ich mich ein weiteres Mal auf einen Aspekt zum Thema *Sexualität* aus dem *Słownik wyrazów obcych* (Fremdwörterbuch) von A. Markowski und R. Pawelec beziehen. Der Gebrauch des Wortes *Sex* in seiner modernen Bedeutung sei so weit verbreitet, dass es schwer falle, sie zu ignorieren, besonders wegen der Armut des polnischen Wortschatzes an dieser Stelle. Das semantische Feld ist mit dem Geschlechtsleben des Menschen verbunden.[20] Allgemein wird angenommen, so auch im zitierten Wörterbuch, dass das Polnische zur Benennung von Geschlechtsorganen sowie bestimmter Geschlechtshandlungen ausnahmslos medizinischen oder vulgären Wortschatz verwendet.

---

20 Markowski/Pawelec 2001.

Offen gestanden, glaubte ich zu Beginn der Umfrage, dass 25 Jahre „neue" Gesellschaftsordnung eine Veränderung im Diskurs über Erotik bewirkt hätten, ebenso wie die Entstehung eines neuen Wortschatzes zum Thema Sex (so Metaphern, Diminutive usw.) beschleunigt hätten und letztendlich auch eine größere Menge an Vulgarismen hätten entstehen lassen. Zu dieser Hypothese führte mich ein weiteres Wörterbuch der Umgangssprache, der Kolloquialismen und Vulgarismen, aber auch die Popularität dieses Themas (also die Absicht, mit dem Thema Sex, Erotik und dem dazugehörigen Wortschatz zu beeindrucken) in der Literatur und in Filmen. Die Ergebnisse der Umfrage ergaben jedoch ein völlig anderes Bild als von mir angenommen.

5.1 Bezeichnung sexueller Handlungen

Beginnen wir mit der Bezeichnung für „Geschlechtsverkehr haben". Die Art und Weise über dieses Thema zu reden ist deutlich vom Adressaten abhängig. Im Folgenden betrachten wir diese entsprechend des Status' des Adressaten nacheinander. In folgender Art und Weise haben sich die Befragten über dieses Thema geäußert:

- der Mutter gegenüber (wir erinnern uns, dass nur knapp die Hälfte der Probanden bereit wäre mit der Mutter über das Thema Sex zu sprechen):
- neutral – „uprawiam z nim seks" (ich hatte Sex mit ihm), „współżyłam" (ich hatte mit ihm Geschlechtsverkehr), „odbyliśmy stosunek" (wir hatten Sex)
- euphemistisch – am häufigsten kommt der alte Euphemismus: „kochaliśmy się" (wir haben uns geliebt) (bei 8%) vor, einmal erscheint der völlig neutrale Euphemismus: „miałam z nim bliższy kontakt" (ich hatte mit ihm näheren Kontakt) sowie ebenfalls einmal die umschreibende Bezeichnung „przeżyłam cudowną noc" (ich hatte eine tolle Nacht), die in ihrer Aussage eindeutig positiv klingt und von engem Kontakt mit dem Gesprächspartner (mit der Mutter) zeugt;
- der Kollegin bzw. einer Freundin gegenüber:
- Es überwiegt eindeutig (in Bezug auf die Anzahl solcher Aussagen, bei denen die Mutter die Gesprächspartnerin ist) der Euphemismus: „kochaliśmy się" (wir haben uns geliebt), außerdem „poszliśmy z sobą do łóżka" (wir sind zusammen ins Bett gegangen), „przespałam się z nim" (ich habe mit ihm geschlafen), „uprawiałam seks" (ich

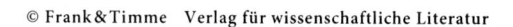

hatte Sex) , „jesteśmy ze sobą (razem)" (wir sind (zusammen) mit uns), mit Pronomen: „zrobiliśmy to"(wir haben es getan), „przydarzyło nam się małe co nieco" (es ist aus Lust heraus passiert).
- Nur ganz vereinzelt trat folgende scherzhafte und anstößige Bezeichnung auf: „seksimy się" (wie haben es miteinander getrieben), „ciupciamy się" (wir haben gebumst);
- Vulgarismen: „pieprzyliśmy się" und „ruchaliśmy się" (wir haben gefickt); einmal wurde „pójdziemy na całość" (wir werden aufs Ganze gehen), was noch vor ein paar Jahrzehnten mit deutlich sexueller Bedeutung und Vulgarität verbunden war. Heute jedoch ist diese Bedeutungsnuancierung außer bei der älteren Generation verblasst. Die Mehrzahl der jungen Leute kennt die ursprüngliche Bedeutung nicht einmal mehr.
- Einige Male konnte man folgende umschreibend – periphrastisch – ephemere Euphemismen finden: „wspólne śniadania są urocze" (das gemeinsame Frühstück danach ist bezaubernd) , „jest fantastyczna w łóżku" (es ist toll im Bett).

5.2 Bezeichnung der Geschlechtsorgane

Bei der Bezeichnung der Geschlechtsorgane verhält es sich ähnlich. Es ist so gut wie keine Kreativität bezüglich des Entstehens von Neologismen zu beobachten. Positiv ist aber auch zu erwähnen, dass es zu keiner großen Neubildung von Vulgarismen gekommen ist. Hier stellten 10% der Probanden fest, dass die Geschlechtsorgane in ihren Gesprächen mit allen Gesprächspartnern keine Rolle spielen.

Personen, die Beschreibungen von Geschlechtsorganen am häufigsten benutzen, verwenden medizinische, anatomische Bezeichnungen – 30% geben *pochwa* (Scheide) oder *macica* (Gebärmutter) an, aber häufig sind diese Begriffe bei ihnen austauschbar.

Im Falle der Geschlechtsorgane und hier besonders bei den weiblichen kann man eine interessante Regelmäßigkeit beobachten, welche die konservative Erziehung bestätigt. Die Probanden unterscheiden in ihren Antworten oft nicht die einzelnen Fortpflanzungsorgane des menschlichen Körpers. So kann man in einer dieser Antworten eine Vermengung von Begriffen und Namen finden; die Befragten schreiben, dass sie bei der Bezeichnung von Geschlechtsorganen in Gesprächen mit der Mutter eher das Wort *pochwa* (Scheide) und in Gesprächen mit einer Freundin (Kollegin) eher das Wort *macica* (Gebärmutter) verwenden würden ohne sich bewusst zu sein, dass es sich hierbei um zwei völlig verschiedene Körperteile handelt. Es fällt auf, dass ein und dieselbe Person zu demselben Thema mit der Mutter über die *Scheide*, mit der Freundin über die *Gebärmutter* und mit dem Arzt über die *Klitoris* sprechen würde. Eine weitere Person würde der Mutter und der Freundin gegenüber das Wort *Gebärmutter* benutzen, dem Arzt gegenüber aber das Wort *Vagina*. Hier werden offenbar tabubehaftete Termini und Bezeichnungen völlig durcheinandergebracht. Dies zeugt seinerseits von kompletter Unkenntnis in Bezug auf die Anatomie des weiblichen Körpers sowie der Geschlechtsorgane, welche für den Geschlechtsakt von Bedeutung sind.

Außerdem ist anzunehmen, dass das Thema Geschlechtsverkehr für Gespräche eher nicht geeignet ist, genau wie ein Reflektieren über das Thema sich als eher schwierig erweist.

Unter den verbleibenden Bezeichnungen finden wir in den Antworten der Probanden äußerst typische Euphemisierungen:
- durch den Gebrauch von Demonstrativpronomen, bei denen die eigentliche Notwendigkeit einer näheren Bezeichnung völlig ignoriert wird: *to* (das), *tam* (dort), *ona* (sie), *tam na dole* (dort unten);
- durch Diminutiva: *cipka, cipeczka, pipka, pipeczka* (Möschen, Muschi), *cipolina* (Fötzchen), *kuciapka* (Mumu); die Verkleinerung neutralisiert sogar die vulgäre Bedeutung;
- durch Metaphern: myszka (Mäuschen) – fast 6%, broszka (kleine Brosche), *piękna* (die Schöne), *przyjaciółka* (die Freundin).

Die Ableitung der männlichen Geschlechtsorgane verläuft prinzipiell analog zu den weiblichen:
- es werden vor allem Begriffe aus der Medizin verwendet: *penis* (Penis, 46%), *członek* (Glied, 8%) sowie 3–4 mal: *fallus* (Phallus), *prącie* (Penis), *jądra* (Hoden). Was auch hier auffällt, es gibt Beispiele, bei denen anatomisch nicht identische Organe miteinander vermengt werden, z. B. *Phallus* und *Hoden*
- einige Metaphern: (nicht viele, aber entschieden mehr als bei den weiblichen Geschlechtsorganen): krecik (kleiner Maulwurf), *pan najważniejszy* (das beste/wichtigste Stück des Mannes), *pan godzinka* (des Mannes Stündchen), *klejnoty intymne* (intimes Prachtstück), *oręż* (Waffe), *Kaktus* (Kaktus), *kutasik* (Pimmelchen), *jajka* (Eierchen), *wacek* (Pullermann), *ptaszek* (Vögelchen), *przyjaciel* (Freund);

- Diminutiva: *ciulik, chujek, fiutek* (Ständerchen, Schwänzchen, Pimmelchen); hier auch methaphorische Verkleinerungen: *kutasik* (Pimmelchen), *jajka* (Eier);
- neben der vulgären Bezeichnung *jaja* (Sack);
- Euphemismen: kein Benennen der Geschlechtsorgane: *on* (er), *mały* (der Kleine), *jego wiesz... nie każ mi tego nazywać* (du weisst schon, sein... bitte verschone mich, diesen zu benennen)
- vereinzelt werden Vulgarismen gebraucht, so: *chuj* (Schwanz), *fiut, kutas, pała* (Pimmel).

6 Zusammenfassung

Die oben angeführte Umfrage kam zu anderen Ergebnissen als ursprünglich erwartet. Diese haben ergeben:

Erstens, dass Schamgefühl und Angst als Grund für ein Tabu auch weiterhin eng miteinander verknüpft sind. Zweifellos ist gegenwärtig das Schamgefühl der Hauptgrund für ein Tabu, jedoch lassen sich nicht alle Faktoren, die ein Schamgefühl hervorrufen, von denen trennen, die ein Gefühl der Angst erzeugen.

Zweitens, die polnische Gesellschaft – die der jungen Menschen – ist entgegen der gängigen Meinung nicht in der Lage die Sexualmoral und das Reden über Sex zu entkrampfen. Dies ist eine konservative Gesellschaft (was ich keineswegs negativ sehe), die unter einer guten Erziehung eine traditionelle Erziehung versteht, wobei, wenn es um Sex geht, eine große Distanz zwischen den Generationen zu beobachten ist. Junge Polen haben beträchtliche Wissenslücken beim Thema Anatomie des Menschen.

Drittens existiert im Polnischen auch weiterhin ein geringer erotischer Wortschatz, was man nicht als positiv bewerten kann. Es überwiegt der medizinische, also ein neutraler Wortschatz, mit einigen Vulgarismen bzw. mit Begriffen, die sich am Rand zum Vulgären bzw. zur Taktlosigkeit befinden. Es gibt wenige Neologismen, die von Kreativität der Partner beim Geschlechtsakt zeugen würden.

Die Ergebnisse bestätigen, dass das Thema Sexualität in der polnischen Gesellschaft auch weiterhin eine deutliche und andauernde Tabuzone darstellt.

Aus dem Polnischen übersetzt von Martina Kuhnert

BJÖRN SEIDEL-DREFFKE

Jugend als unerreichbares Begehren – Überlegungen zu den Texten Evgenij V. Charitonovs

Evgenij V. Charitonov (1941–1981) gehört zu den facettenreichsten Figuren des sowjetischen „Undergrounds". Bekannt wurde er als Theaterregisseur und als Schriftsteller. Dabei war sein Leben als Regisseur ein offizielles, von den Mächtigen geduldetes, das zweite aber, für ihn weitaus Wichtigere, als Autor, musste im Verborgenen bleiben. An dieser Stelle seien zuerst einige Hinweise zu Charitonovs „offiziellem" Leben gegeben.

Charitonov beendete im Jahre 1964 die Moskauer Filmhochschule (VGIK). Aufgrund herausragender Leistungen hatte er die Möglichkeit, an der Hochschule zu verbleiben, wo er in den Jahren 1967–1969 den Kurs für „Schauspielkunst und Pantomime" leitete. Im Jahre 1972 promovierte er mit einer Dissertation zum Thema: *„Die Bedeutung der Pantomime für die Ausbildung des Filmschauspielers".* Der Durchbruch als Regisseur gelang ihm schließlich mit einem selbst geschriebenen Stück für taubstumme Schauspieler *Očarovannyj ostrov („Die verzauberte Insel"),* das zwischen 1972 und 1980 in Moskau ständig auf dem Spielplan stand und einen großen Publikumserfolg hatte. Charitonov unterrichtete auch an der Moskauer Universität, am Lehrstuhl für Psychologie, wo er sich mit der Korrektur sprachlicher Defekte auseinandersetzte. In einem Moskauer Kulturhaus leitete er eine Klasse für nichttraditionelle Schauspielkunst. Daraus ging die populäre Gruppe „Poslednij šans" („Die letzte Chance") hervor, die eine besondere Art des Musiktheaters inszenierte.

Aber nach Charitonovs eigenen Aussagen war für ihn seine Tätigkeit als Schriftsteller weitaus wichtiger. Dabei gehörte er allerdings zu denjenigen Autoren, die in offiziellen sowjetischen Journalen fast keine Möglichkeit hatten, ihre Texte zu veröffentlichen.[1] Ein Hauptgrund für den Umgang mit

---

[1] Seine Arbeiten wurden vor allem im Samizdat („Selbstverlag") und in russischen nichtoffiziellen Ausgaben publiziert: Vgl. „Duchovka". In: Časy, 20, 1979, Leningrad; „Mečty i zvuki (stichi)". In: Časy, 29, 1981, Leningrad; „Dzyn'". In: Časy, 33, 1981, Leningrad; „Slezy na cvetach". In: Časy, 58, 1986, Leningrad. Teilweise wurden Texte Charitonovs auch im Ausland publiziert. Vgl. „Žilec

dem schreibenden Charitonov liegt zweifellos in der Besonderheit seiner Texte, die tabulos die homosexuelle Liebe thematisieren.

Es sah über Jahre so aus, als habe sich Charitonov mit seinem schriftstellerischen „Nischendasein" abgefunden. Kurz vor seinem Tode aber, im Jahre 1980, hatte sich eine Gruppe junger Literaten gebildet (neben Charitonov gehörten ihr an: F. Berman, N. Klimontovič, E. Kozlovskij, W. Kormer, E. Popov, D. Prigov), die beschlossen hatten, den literarischen Almanach *Katalog* herauszugeben. Er sollte der jungen experimentellen Prosa endlich den Weg zum Leser eröffnen. Da aber die Thematik und Schreibweise der sowjetischen Ideologie entgegenstanden, und man wahrscheinlich vorhatte, den Almanach auch im westlichen Ausland zu publizieren, endete der Versuch tragisch.[2] Einige Mitglieder der Gruppe wurden verhaftet.[3] Es fanden Hausdurchsuchungen statt. Auch Charitonov wurde vom KGB verhört, wobei er mehrmals in Ohnmacht fiel. Dies zerrüttete wahrscheinlich seine Gesundheit und war sicher auch ein Grund für seinen frühen Tod.

Nach der Perestrojka wurden Charitonovs Texte auch in der russischen offiziellen Presse veröffentlicht.[4] Seine tabulose Thematisierung der homosexuellen Liebe aber verhinderte es, dass er ähnlich wie andere „nichtoffizielle" Literaten sofort zur verdienten Popularität gelangte. Erst seit einigen Jahren wird sein Schaffen zum Gegenstand literaturkritischer Bestandsaufnahme.[5]

Meine Analysen beziehen sich auf die 1993 erstmals publizierte Textsammlung E. Charitonovs *Slezy na cvetach*[6], die 1996 in einer deutschen Überset-

---

napisal zajavlenie"; „Pokupka spirografa". In: *Neue Russische Literatur*, 2–3, 1979–80, Salzburg; „Žilec napisal zajavlenie", „Odin takoj, drugoj, drugoj", „Nepečatnye pisateli". In: Katalog, 1982, Ann Arbor; „Vil'boa", „Aleša— Sereža", „Žiznesposobny mladenec", „Slezy na cvetach", „Iz pjesy". In: *A-Ja*, 1, 1985, Paris.

2   Zu einigen Hintergründen, was Aktivitäten der Gruppe und das Verbot des Almanachs betrifft – vgl. Klimontovič, Nikolaj (1993): „Desjat' let ‚Katalogu': Itog". In: Charitonov, Evgenij: *Slezy na cvetach*. Kn. 2. Dopolnenija i priloženija. Moskva: Glagol, S. 116–121.

3   Der *Katalog* wurde schließlich 1982 im „Ardis-Verlag" in den USA publiziert.

4   Vgl. „Odin takoj, drugoj, drugoj"; „V cholodnom vysšem smysle". In: *Iskusstvo kino*, 11, 1991, Moskva; „Duchovka". In: *Vestnik nowoj literatury*, 3, 1991, St. Peterburg; „Duchovka". In: *Stolica*, 7, 1992, Moskva; „Predatel'stvo-80". In: *Literaturnaja gazeta*, 11, 1992, Moskva; „Stichi". In: *Gumantiarnyj fond*, 50, 1992, Moskva; „Slezy ob ubitom i sadušennom". In: *Nezavisimaja gazeta*, 64, 1993, Moskva.

5   Vgl. u. a.: Prigov, Dmitrij (1993): „Kak mne predstavljaetsja Charitonov". In: *Glagol*, 2, 10, 1993; E. Popov, E.: Kus ne po zubam. In: Ebd.; Erofeev, Venedikt: „Stranstvie stradajuščej duši". In: Ebd.; A. Goldštejn (1993): „Slezy na cvetach". In: *Novoe literaturnoe obozrenie*, 3; Remizova, M.: „Slezy ob ubitom i sadušennom". In: *Nezavisimaja gazeta*, 30. 10. 1993; Dark, O (1994): „Novaja russkaja proza i zapadnoe srednevekovje". In: *Novoe literaturnoe obozrenie*, 8; Shatalov, Aleksandr (1995): „The last unprintable writer". In: *Index of censorship*, 1, London.

6   Kn. 1.: Pod domašnim arestom; kn. 2.: Dopolnenija i priloženija. Moskva 1993 (Buch 1: Unter

zung von Gabriele Leupold unter dem Titel *Unter Hausarrest. Ein Kopfkissenbuch*[7] erschien. Sie vereint eine Reihe von Erzählungen[8], die zwischen 1968 und 1980 entstanden[9] und einen „Roman", obwohl auch hier diese Bezeichnung eher als Zeichen, denn als reale Genrebestimmung zu sehen ist.

Charitonov hat diese Sammlung seiner Texte kurz vor seinem Tode selbst zusammengestellt. Ich betrachte das so entstandene Buch als ein geschlossenes Opus, das aus einem Zyklus von Erzählungen besteht, deren Anordnung vom Autor bewusst in dieser Reihenfolge vorgenommen wurde. Die einzelnen Texte sind stilistisch und thematisch miteinander verbunden, so dass man den Eindruck gewinnt, es handele sich um einen zusammenhängenden Text über das Leben eines alternden Schwulen im Russland der „Stagnationsperiode" (zu Zeiten des „Kalten Krieges"), der in Anlehnung an die Form der Darstellung des „Bewusstseinsstroms" gestaltet wurde. Dabei ist Charitonovs Textpräsentation äußerst eigenwillig. Manchmal sind Worte und Sätze in einzelne Absätze zerhackt, bedecken auch schon mal als Schlangenlinie das Papier, es finden sich bewusst hervorgehobene Korrekturen und Tippfehler. Charitonov selbst schrieb über seine Textgestaltung:

> Kein Setzer wird alle Entstellungen, Unterstreichungen, Lücken, Tippfehler genau nachmachen, er wird nur seine eigenen hinzufügen, …[10]

Sehr treffend beschreibt G. Witte diese eindrucksvolle Textgestaltung Charitonovs:

> Auf der einen Seite pflegt er avantgardistische oder neo-avantgardistische Schreibverfahren (Gattungszwitter zwischen Dokumentation und Fiktion, Essay und Erzählung; extreme Sujet- und Perspektivbrüche; stilistische Vulgarismen; in der Poesie metrische Collagen und freie Verse, stellenweise

---

Hausarrest; Buch 2: Ergänzungen und Anlagen).

7 Charitonow, Ewgeni (1996): *Unter Hausarrest. Ein Kopfkissenbuch.* Übers. v. Gabriele Leupold. Berlin: Berlin Verlag.

8 Ich definiere Charitonovs Texte in diesem Falle als Erzählungen, obwohl mir die Vagheit der Genrebezeichnung durchaus bewusst ist. Sie sind in keines der existierenden Genres einfach einzuordnen, entsprechende Untersuchungen dazu stehen noch aus. M. E. aber entspricht ihnen die Bestimmung als „Erzählung" doch noch am ehesten.

9 Viele davon sind allerdings schwer zu definieren, da Charitonov zu Lebzeiten nur sehr wenig publiziert wurde. Siehe Anmerkung 1. Erscheinungsdaten seiner Werke decken sich nicht unbedingt mit deren Entstehungszeit. Er selbst verzichtet auf Datierungen am Textende, da dies seiner Schreibstrategie widersprechen würde.

10 Zit. nach Leupold, Gabriele: „Ein Held der Schwäche". In: Charitonow 1996, S. 376.

auch typographische und visuell-poetische Verfahren in der Nachbarschaft von konkreter Literatur und Konzeptualismus).[11]

Charitonovs Textsammlung vereint verschiedene Themen – Schwierigkeiten des sowjetischen Lebens: Bürokratie, Hausdurchsuchungen, Bedrohung durch die Staatsmacht. Wesentlicher Schwerpunkt aber ist die Darstellung homosexueller Erlebnisse und Sehnsüchte des erzählenden Ich: das Verlangen eines älteren (zwischen 30 und 40 Jahre alten)[12] Schwulen nach einem viel jüngeren Partner, der zwischen 15 und 18 Jahre alt ist.[13] Dabei aber wird eine unüberwindliche Kluft zwischen erzählendem Ich und dem Objekt der Begierde aufgetan, die nicht zu überwinden ist. Immer wieder betont der Ich-Erzähler, dass er zu alt sei sowie seine Verlassenheit und Einsamkeit:

> Man kann mich nicht lieben. Man kann keine alten Knochen begehren.[14]

Jugend wird mit Schönheit und Vitalität gleichgesetzt, Alter mit Hässlichkeit und Unbeweglichkeit. Das erzählende Ich entwickelt in den einzelnen Texten unterschiedliche Strategien, um die Kluft zwischen sich und dem jeweiligen Objekt seiner Begierde, dem jugendlichen schönen Jungen, zu überwinden.

Eine Möglichkeit bietet hier der voyeuristische Blick des „beobachteten Erzählers"[15], so in der Erzählung „Ein lebenstüchtiger Kleiner". Es wird beschrieben, wie ein Arzt die Untersuchung an einem Rekruten vornimmt, und dies bis in die Einzelheiten hinein naturalistisch und deutlich:

> Und nackt taugen sie alle, häßliche Gesichter nicht gerechnet, es zählt nur das Relief. Steißbeine, paarige Wölbungen. Sie knöpfen sich auf und gegenseitig, welcher ist größer. Aber keiner mit keinem irgendetwas, auch wenn sie spielen, einander berühren. N., treten Sie hierher. Drehen Sie sich um. Er dreht sich, denkt das muß so sein. Bücken Sie sich. Er bückt sich. Was

---

11 Witte, Georg (1996): „Der beobachtete Erzähler. Literarische Reflexe des Anormalen – am Beispiel Evgenij Charitonovs". In: Peters, Jochen-Ulrich/Ritz, German (Hg.): *Enttabuisierung. Essays zur russischen und polnischen Gegenwartsliteratur*. Bern, Berlin, Frankfurt a. M. u. a.: Lang, S. 145.
12 Soweit die Entstehungszeit einzelner Erzählungen feststellbar ist, deckt sich das Alter des Erzählers mit dem des Autors. In frühen Texten (z. B.: „Die Röhre") charakterisiert er sich als ein Mann um die 30, in den späteren Texten weist er sich selbst als 40jährigen aus.
13 Es erfolgen entweder konkrete Altersangaben oder Hinweise wie: geht in die 9. Klasse, will beginnen zu studieren u. ä.
14 „Im kühlen, höheren Sinne". In: Charitonow 1996, S. 322.
15 Vgl. dazu den Aufsatz von Georg Witte – Anm. Nr. 11.

sein muß muß sein, er hat Vertrauen zu Amtspersonen. Ziehen Sie das Präputium zurück. Was? Na hier das. Und mache es selbst. Natürlich ruhig, sonst schöpfen die Kollegen Verdacht.[16]

Doch der Blick, das bloße Schauen kann die Barriere zum begehrten Objekt nicht wirklich überwinden. Das erzählende Ich versucht es mit Anweisungen, versucht Regelkataloge für sich und die imaginären Rezipienten aufzustellen, wie man es bewerkstelligen könnte, sich die Jugend gefügig zu machen:

> Gebote für den Umgang mit jungen Leuten:
>
> Soll er Ihnen nach dem ersten Mal ruhig drei Tage aus dem Weg gehen. Dann, wenn er sich betrinkt, stürzt er wieder zu Ihnen (nur von selbst) und sagt *ich hatte Sehnsucht nach dir;* dann soll er ruhig wieder verschwinden, und beim dritten Mal kommt er und sagt endlich *ich liebe dich* ich kann ohne dich nicht leben. Und jetzt gehört er Ihnen; warten Sie auf das dritte Mal.[17]

Die Sehnsucht nach einem Jungen kulminiert manchmal sogar in gebetsartige Beschwörungen:

> Gott! Mach daß ein Junge wie ich ihn mir träume sich mir zuneigt und mir ergeben ist wie ein Hund.[18]

Doch auch so lässt sich die Kluft zwischen Jugend und Alter nicht überwinden. Die Sehnsucht bleibt ungestillt.

In späteren (im Textband weiter hinten angeordneten Erzählungen) bedient sich das erzählende Ich noch weiterer Strategien, um aus seinem Dilemma herauszufinden.

In „Die Geschichte eines Jungen 'Wie ich so geworden bin'" schildert der Ich-Erzähler aus der Perspektive eines 14 bis 16-jährigen Jungen sein Coming-out, beschreibt, wie ihn ein um viele Jahre älterer, aber berühmter Maler förderte, und er diesem dafür gefügig war. Die Erzählperspektive wechselt am Ende der Erzählung, und der Ich-Erzähler schlüpft in die Rolle eines weiteren Jungen, der mit dem ersten Erzähler bekannt war und über diesen auch

---

16 „Ein lebenstüchtiger Kleiner". In: Charitonow 1996, S. 56.
17 „Ein nichttrinkender Russe". In: Charitonow 1996, S. 266.
18 Ebd., S. 257.

besagten Maler kennenlernt. Die zweifach jugendliche Perspektive aber verschärft nur den Konflikt zwischen Jung und Alt. Die beiden jungen Erzähler bleiben unter sich, finden schließlich zueinander, der Maler bleibt ausgeschlossen.

Die Bemühungen des Ich-Erzählers um eine Identifikation mit der Jugend gehen schließlich soweit, dass mehr und mehr eigene Jugenderinnerungen in den Text eingeflochten werden. Das erzählende Ich schreibt in einer beinahe infantil wirkenden Kindersprache imaginäre Briefe an „papočka" und „mamočka", erinnert sich daran, wie ihn die Großmutter badete, betrachtet seine eigenen Jugendfotos und erprobt eine neue Strategie zur Überwindung des existentiellen Unterschieds zwischen Jung und Alt. Er sucht Jugend nun in der Umkehr der eigenen Lebensperspektive, sucht Jugend in der Erinnerung an sich selbst als jungen Mann:

> Und wenn ich meine Jugendphotos anschaue und einen durchaus nicht häßlichen Jungen sehe und weiß daß dieser Junge niemals wirklichen Erfolg in der Liebe hatte, tut er mir mehr leid als irgendjemand sonst.
> Ich legte ihm vorsichtig eine Hand auf, fürchtete er schüttelt sie ab.
> Und er schüttelte sie ab.
> Aber ein Junge wie ich sie liebe.
> Ein weißlicher, genauer, gräulicher.[19]

Die Projektion von Jugend ins eigene erinnernde Ich scheint für einen kurzen Moment eine vage Erfüllung zu bringen:

> Ich hörte wie die Tür aufging und ich eintrat. Ich ging auf mich zu, wir umarmten uns mit trockenen vorsichtigen Körpern, angstvoll, zu hitzig zu sein und uns aufeinander zu stürzen, so vertraute Leute, die voneinander alles wissen, ein wirkliches Liebespaar. Wir hatten eine gemeinsame Kindheit.[20]

Der Nachsatz aber demonstriert die Unerfüllbarkeit auch dieser Beziehung:

> Nur können wir keine Kinder haben.[21]

---

19 Ebd., S. 252–253.
20 „Tränen auf Blüten". In: Charitonow 1996, S. 295–296.
21 Ebd., S. 296.

Die angestrebte Schließung des Lebenskreislaufs, die Rückkehr zur Kindheit ist eine Sackgasse, sie ist nicht reproduzierbar. Dann aber kommt das erzählende Ich zu einer entscheidenden Einsicht. Bisher wurde Jugend ausschließlich idealisiert, mit Stärke und Schönheit gleichgesetzt. Nun aber gelangt der Ich-Erzähler zur Erkenntnis der Priorität des Inneren über das Äußere: nicht die äußeren Attribute der Jugend zählen mehr, sondern tatsächlich relevant erscheint ihm nun seelische, geistige Jugend:

> Wenn sie auch jung sind mit rosigen Wangen, man sieht, sie haben die Seele von Klötzen, und ich, obwohl ich unter ihnen gelebt habe und verknöchert bin, die Seele eines zarten Knaben, furchtsam, zitternd, nur unsichtbar im Schutz der finstern Augen in ihren Höhlen, sie aber – sie wirken jung und zerbrechlich und leicht, aber innen die reinsten Klötze.[22]

In zahlreichen klassischen Texten hätte eine solch einschneidende Erkenntnis zweifellos eine entscheidende Wandlung des erzählenden Ichs mit sich gebracht, hätte wahrscheinlich zu Weisheit, Abgeklärtheit und Über-den-Dingen-Stehen geführt, wäre dazu angetan gewesen, nun neue Perspektiven, eine neue Dimension des Seins zu erschließen. Nicht so bei Charitonov.

Wir finden in den folgenden Texten zwar nun nur noch äußerst selten die Thematisierung des sehnsuchtsvollen Begehrens nach einem jugendlichen Partner. Aber das erzählende Ich zieht sich nun völlig auf sich selbst zurück, Alter und Tod rücken in den Mittelpunkt des Betrachters.

In der Erzählung „Im kühlen, höheren Sinne" äußert sich der Ich-Erzähler folgendermaßen:

> Im Alter,
> im Alter werde ich unartikuliert sprechen, Fett ansetzen, die Beine werden halb krumm sein, schwer zu beugen, die Stimme eine Greisenstimme, die Gewohnheiten Greisengewohnheiten, ein schrecklicher Geiz wird sich entwickeln, und überhaupt besser nicht daran denken ...
> Ach, wie schrecklich ich bin. Wo soll ich noch hinfahren.
> Nur um dort den gleichen Schrecken vorzufinden.
> Wo ist mein Sarg! Gebt mir meinen Sarg![23]

---

22 Ebd., S. 303.
23 „Im kühlen, höheren Sinne". In: Charitonow 1996, S. 322.

Der Titel der Erzählung „Im kühlen, höheren Sinne" suggeriert eigentlich die Möglichkeit des Erreichens einer anderen Dimension, nach Erlangen der sehr persönlichen Erkenntnis über das Verhältnis von Jugend und Alter. Doch für das erzählende Ich bedeutet diese Erkenntnis einen Verlust an Vitalität, der Lebenstonus sinkt. Die Einsicht, dass sein lebenslanges Streben auf eine Illusion gerichtet war, führt nicht zu einer freudvollen, abgeklärten Vision eines Neuanfangs, sondern zu Todessehnsucht, Trauer und Ekel.

Die Texte Charitonovs bewegen sich im Spannungsfeld von Jugend (eigentlich deren äußerem Ende: Kindheit) und Alter (auch dessen äußerem Ende: Tod). Eine Mitte existiert im gesamten Text eigentlich nicht: kein mittleres Alter (auch mit 28 ist man unter dem Blickwinkel des Erzählers schon alt, erst recht mit 40), keine emotionale Mitte. Die Spannung scheint unüberbrückbar.

Einen Weg aber weisen die Texte Charitonovs, wie diese Spannung zu überbrücken sei – nämlich in der Sprache. Was dem erzählenden Ich im wirklichen Leben nicht gelingt, lässt sich zum Teil wenigstens in der Sprache realisieren: die Annäherung eines älteren Mannes an einen deutlich jüngeren.

Ein Text, der die Hauptsehnsucht des Ich-Erzählers besonders prononciert zum Ausdruck bringt, ist „Duchovka" („Die Röhre"). Was in späteren Texten oft nur schemenhaft und verschwommen artikuliert wird, was man teilweise aus Wortfetzen nur schwach erahnen kann, wird in dieser, beinahe klassisch anmutenden Erzählung mit aller Deutlichkeit ausgesprochen.

Diese Art der Ausarbeitung einer bestimmten Thematik mit dieser Konzentration und Geschlossenheit finden wir bei Charitonov später nicht mehr vor. Der Ich-Erzähler ist von Moskau aufs Dorf in seine Datscha gefahren. Dort sieht er auf der Straße zufällig den 16jährigen Miša, der ihn sofort beeindruckt, und er beschließt, sich mit diesem bekannt zu machen, ihn für sich zum Freund zu gewinnen, was sich als nicht einfach erweist.

Das Problematische wird dabei nicht so sehr als ein Konflikt zwischen einem Schwulen und einem Jungen, der eventuell heterosexuell sein könnte, beschrieben, sondern wird als ein Konflikt dargestellt, der sich im Altersunterschied manifestiert. Dabei betont der Ich-Erzähler von Anfang an die für ihn kaum überbrückbar erscheinende Kluft zwischen Jugend und Alter. Miša ist 16 Jahre alt und der Ich-Erzähler 12 Jahre älter.[24]

Dabei erscheinen uns als Rezipienten 28 Jahre noch kein „Alter" zu sein. Sie sind es aber aus der Perspektive des Erzählers, der Jugend als ein von ihm

---

24 Dies entspricht dem tatsächlichen Alter Charitonovs beim Abfassen der Erzählung.

derartig weit entferntes und kaum erreichbares Ideal sieht, dass ihm das eigene Alter dagegen beinahe „biblisch" erscheint.

Miša wird nur als „schön" charakterisiert. Es erfolgt weder eine Beschreibung von Haarfarbe, Augen, Statur, wie überhaupt auf jegliche genauere Fixierung seiner Körperlichkeit verzichtet wird. Jugend wird mit Schönheit gleichgesetzt, ist Schönheit schlechthin und bedarf keiner näheren Konkretisierung. Alter aber bedeutet auch hier automatisch Hässlichkeit. So erscheint es auf den ersten Blick, als ob die Beziehung beider von Anfang an zum Scheitern verurteilt wäre.

Aber der Ich-Erzähler findet ein Medium, in welchem die Annäherung möglich wird – die Sprache. Es wird ein sprachlicher Raum geschaffen, in welchem die maximale Begegnung zwischen Jung und Alt möglich zu sein scheint.

Bereits den Beginn der Bekanntschaft beider Protagonisten markiert das Wort. Der Ich-Erzähler bittet Miša um Streichhölzer. Miša reicht sie ihm vorerst schweigend. Zunächst besteht eine Dissonanz zwischen sprechendem Erzähler und dem schweigendem Jungen:

> Ich habe nach Streichhölzern gefragt, er hat nicht geantwortet, kam auf mich zu, ich begriff noch nicht, was kommt er und antwortet nicht, oder sind das Straßenmanieren.[25]

Doch nachdem er von Miša Streichhölzer erhielt, dieser seinerseits nach Zigaretten fragt, startet der Erzähler, der bereits resignieren wollte, einen verbalen Vorstoß. Er bittet Miša, der eine Gitarre dabei hat, auf dieser zu spielen. Dieser kommt der Aufforderung prompt nach. Das gesungene Wort wird zu einer ersten Verbindung zwischen beiden Protagonisten. Allerdings wird auch hier zunächst wieder eine sprachliche Ungleichheit evident. Der Junge singt und der andere hört zu. Aber diese Dissonanz wird schließlich überwunden, als beide einem dritten Jungen, dem Ukrainer Tolja und dessen Gitarrenspiel lauschen:

> ... und Mischa und ich haben Tolja zugehört und gelacht, schon vereint in der Aufmerksamkeit für sein Singen; ...[26]

---

25 „Die Röhre". In: Charitonow 1996, S. 11.
26 Ebd., S. 13.

Der Erzähler will die Distanz zum von ihm Begehrten noch weiter verringern: er bittet diesen darum, ihm das Gitarrenspiel beizubringen. Dieser willigt ein und bringt sogar Textbücher mit Liedern mit. Das gesungene Wort schafft eine erste Brücke zwischen den Protagonisten.

Zu einem weiteren wichtigen Verbindungsglied zwischen beiden wird auch das geschriebene Wort. Miša will Chemie studieren, zeigt dem Ich-Erzähler seine Bücher, versucht, ihn dafür zu interessieren. Der Erzähler lässt sich darauf ein.

Der Kontakt soll nun aber endlich auch über das direkt gesprochene Wort intensiviert werden. Dazu aber bedarf es zunächst noch eines Vermittlers. Da der Erzähler befürchtet, seine eigenen Geschichten könnten Miša langweilen, zieht er einen ihn gerade besuchenden Freund bei einem Treffen hinzu, um über diesen Miša für sich zu interessieren:

> Für Mischa allein kriege ich keine Stimmung und kein anregendes Gespräch zustande, aber über Wanja hört auch Mischa zu, lacht und läßt sich reinziehen, erwärmt sich ein wenig für mich.[27]

Aber schließlich kommt auch zunehmend ein direkter sprachlicher Kontakt zwischen Erzähler und Miša zustande. Die Dialogizität des Textes erhöht sich. Symptomatisch dabei ist, dass Charitonov in den meisten Fällen auf eine klare, traditionelle Kennzeichnung des Dialogs mit einleitenden und abschließenden Zeichen verzichtet. Oft erfolgt eine Art Vermischung des Monologs des Erzählers mit seinem und dem Dialog des anderen:

> Ein richtiges Familienkind, er hat auch, als er ablehnte, gesagt, ich habe kein Glas, aber macht nichts, wir können aus demselben, vielleicht hat er nicht mal gemerkt, daß das sonderbar ist.[28]

Allerdings erfolgt vorerst vor allem eine sprachliche Unterordnung des Erzählers unter den Jungen. Die Jugend spricht einen anderen Jargon, der ihm, dem Älteren nicht immer verständlich ist. Er muss versuchen, diesen zu erkennen oder zu schweigen:

---

27 Ebd., S. 16.
28 Ebd., S. 27.

> Sie haben ihren Jargon: brauchbar ist gut, meine Frau ist ein Mädchen, mit dem sie geschlafen haben, ein Fell ein Jackett; ich darf nicht der Verlockung nachgeben, Mischa um die Schultern zu nehmen und mit dem sanften Lächeln des Älteren zu fragen, was meine Frau heißt oder durchziehen – sofort bin ich ein Mensch aus einer anderen Gesellschaft, ...[29]

Die Sprache des Jüngeren dominiert über weite Teile des Textes den sprachlichen Raum. Sprachdominanz bedeutet auch Macht. Der Ältere kopiert oft passiv die jugendlichen Ausdrücke.

Der Erzähler wird vor allem in der zweiten Hälfte des Textes immer redundanter. Er versucht nun auch selbst, in einem gewissen Rahmen aktiv zu werden. So will er dem Jungen Alkohol geben (obwohl er selbst nicht gern trinkt), um die Zungen zu lösen und die Kommunikation zu erleichtern. Die unklare Artikulation nach Alkoholgenuss würde wohl auch dazu beitragen, die sprachlichen Unterschiede zu verwischen. Der Erzähler erzählt Miša auch seinerseits Geschichten (z. B. von einem Mord), die er allerdings wieder von anderen Jugendlichen gehört hat. Die jugendliche Dominanz des sprachlichen Raumes bleibt vorerst.

Auf jeden Fall aber wird der sprachliche Raum zu einer Möglichkeit einer immer intensiveren Annäherung an den Jungen. Diese Annäherung verlässt allerdings den sprachlichen Rahmen nicht. Es gibt keinerlei Beschreibungen etwaiger körperlicher Annäherungsversuche, keine zärtlichen Berührungen, Gesten u. ä. Auch die Körperlichkeit Mišas bleibt weiterhin außerhalb des Rahmens sprachlicher Fixierung.

Der Höhepunkt des Aufeinanderzubewegens beider Protagonisten vollzieht sich schließlich in dem Moment, da nun Miša seinerseits die Worte des Ich-Erzählers in sein eigenes sprachliches Repertoire übernimmt:

> ... als ich über den Jungen sagte, der gesungen hatte, daß er niemand gleicht, später redete Mischa in meinen Worten von ihm.[30]

Dieser Satz markiert den Höhepunkt des Textes und wird nicht zufällig etwa in der Mitte der Erzählung fixiert. Beide Partner sind damit gleichberechtigt. Der Erzähler muss sich nicht mehr einseitig um die Sprache des Jüngeren bemühen, dieser übernimmt freiwillig seine Worte, macht einen Schritt auf

---

29 Ebd., S. 18.
30 Ebd., S. 25.

ihn zu. Ein sprachlicher Austausch ist entstanden, man könnte auch sagen: im sprachlichen Raum hat sich die vom Älteren gewünschte Vereinigung mit dem Jüngeren vollzogen.

Doch das Dilemma des Ich-Erzählers besteht darin, dass er nicht im sprachlichen Raum verbleiben, sondern dessen Grenzen überschreiten will. Er versucht, eine Annäherung an Miša auch im realen Raum herzustellen und scheitert damit. Der reale Raum trennt, was der sprachliche Raum zu vereinen scheint. Dem Bemühen, die erreichte Annäherung im sprachlichen Raum auch in den realen Raum zu überführen, ist kein Erfolg beschieden.

Dazu einige Beispiele:

Beide Protagonisten begeben sich zum See, um zu baden. Wasser hat hier großen symbolischen Wert, als ein Element, das in der Lage ist, Dinge miteinander zu verbinden. Miša will zum wiederholten Mal zur Insel schwimmen. Der Erzähler schafft es nur einmal, ist danach ausgepumpt. Ein anderes Mal hat der Erzähler eigentlich keine rechte Lust, überhaupt ins Wasser zu gehen. Er ist nicht dazu in der Lage, den realen Raum Wasser mit Miša zu teilen.

Eine ähnliche Situation zeigt sich auf den ebenfalls einen realen Raum markierenden Tanzabenden der Dorfjugend, an denen der Erzähler als einer der wenigen Älteren teilnimmt.[31] Wenn er niemanden zum Reden hat, steht er meist abseits in der Pose des Zuschauers, fühlt sich deplatziert und einsam.

Einmal will er Miša auf dessen Datscha besuchen. Dessen Großmutter verweigert ihm aber den Eintritt. Der Ich-Erzähler nimmt nun an, dass dies geschah, weil er ein um so vieles älterer Bekannter von Miša ist. Eine beinahe märchenhaft konnotierte Situation. Die Großmutter verteidigt eine Grenze – nämlich die zwischen sprachlichem und realem Raum.

Auch der Versuch des Erzählers, Miša in den eigenen, heimatlichen Raum zu überführen, scheitert. Miša will nur ganz kurz mit nach oben, denn der Treffpunkt der Jugend ist die Straße. Die realen Räume werden von den Jugendlichen dominiert: diese können sich den Naturgewalten stellen (z. B. ausdauernd schwimmen), diese können miteinander fröhlich sein (auf den Tanzabenden). Der reale Raum zerstört schließlich auch den gemeinsamen sprachlichen Raum zwischen Ich-Erzähler und Miša. Das Wetter schlägt um. Mišas Familie reist ab. Die beiden Protagonisten werden räumlich getrennt.

Das Gespräch ließe sich nur noch über das Telefon aufrechterhalten, scheitert aber daran, dass die Mutter Mišas ihn einmal nicht mit diesem verbindet,

---

31 Nur einmal bemerkt er einen, der um vieles älter als er zu sein scheint.

was den Erzähler verschreckt. Zum anderen verpasst er es, Miša die eigene Telefonnummer zu geben, und bald findet er selbst keinen Vorwand mehr, der es rechtfertigen würde, den Jungen telefonisch zu kontaktieren.

Der reale Raum zerstört die sich im sprachlichen Raum anbahnende Beziehung, zerstört auch die Erinnerung, denn der Erzähler kann sich gar nicht mehr recht an Miša erinnern; dessen Bild verschwimmt vor dem inneren Blick. Der Andere war für ihn nur im sprachlichen Raum nah und greifbar geworden. Der reale Raum hebt diesen auf und dominiert am Ende die Erzählung.

Schließlich begibt sich der Erzähler noch einmal zu Mišas Datscha. Diese ist nun völlig ausgeräumt, die Gardinen wurden von den Fenstern genommen. In einer der dunklen Fensterscheiben betrachtet er sein Spiegelbild. Er räsoniert:

> Als Mischa und ich früher hier vorbeigingen, war da ein leeres Haus, ich schaute immer mein Spiegelbild an im Fenster, und wenn ich mit Mischa vorbeiging, blieb er auch stehen und schaute sich an, ich dachte, in einem so dunklen Spiegel sieht man die zwölf Jahre Unterschied nicht so. In einem so dunklen Spiegel sieht man die dreizehn Jahre Unterschied nicht so.[32]

Der Blick in den Spiegel reflektiert den Jetztzustand: 12 Jahre Unterschied und die Zukunftsperspektive: 13 Jahre Unterschied. Der Erzähler wird in seiner eigenen Vorstellung immer älter, der andere bleibt jung – dessen Alter verändert sich nicht.

Im Spiegel wird aber auch nochmals die Möglichkeit einer Vereinigung zwischen Erzähler und dem Objekt seines Begehrens evoziert. Der Spiegel fungiert auf diese Weise als imaginär-symbolischer Raum. Dieser imaginäre Raum schafft aber auch einen Gegensatz zum realen Raum, den er verzerrt darstellt.

Der Spiegel ist aber auch ein Vehikel der Selbsterkenntnis. Der Erzähler fixiert am Ende sprachlich den realen Altersunterschied, der ihn von Miša trennt: 12 Jahre. Damit ist auch eine besondere Art von Einsicht verbunden, dass die Kluft zwischen ihm und dem Jungen, zwischen Jugend und Alter für ihn unüberwindlich ist. Aber wie bereits für den gesamten Textband festge-

---

32 „Die Röhre". In: Charitonow 1996, S. 45–46.

stellt, führt die Erkenntnis auch hier nicht wirklich zu einer Betrachtung der Dinge aus einer „höheren" Perspektive, sondern zu einer Todesvision:

> Und jetzt, dachte ich, war dieses Häuschen ein Vorbote. Sie alle sind nur bis zum Herbst bewohnt, alle sterben der Reihe nach aus, und jetzt war Mischas Haus an der Reihe.[33]

Der imaginär-symbolische Raum hat keine Perspektive, ist nur ein dunkler Spiegel. Diese Selbsterkenntnis zerstört die Illusion.

Zum Abschluss möchte ich noch kurz auf den Titel der Erzählung eingehen. Das russische „Duchovka" wurde für den deutschen Text von G. Leupold mit „Röhre" übersetzt, genauer wäre aber „Backröhre". Der Titel verweist semantisch auf alle drei im Text gestalteten Räume.

Im Vordergrund steht der Bezug zum realen Raum. Die Vorstellung einer „Backröhre" suggeriert Gemütlichkeit, Geborgensein, Heimat. Als der Erzähler sich an einem kalten Tag mit Miša treffen will, überlegt er:

> ... zu Hause ist es nett, Piroggen brutzeln in der Röhre.[34]

Draußen sieht er Miša, der in der Kälte sogar einen grauen Pullover trägt. Man spürt das Verlangen des Erzählers, Miša in diesen heimeligen, heimatlichen realen Raum zu überführen, was für ihn leider nicht möglich ist.[35]

Die „Röhre" steht aber auch für den sprachlich-geistigen Raum. Der russische Titel der Erzählung lautet ja „Duchovka". „Duch" bedeutet in der Übersetzung soviel wie „Geist". Der Titel weist damit über den realen Raum hinaus in die geistige Sphäre, die sich in der Sprache artikuliert. Damit haben wir hier auch einen weiteren Hauptkonflikt des Erzählers im Titel komprimiert, den Widerspruch zwischen Leben und Denken, über den er auch in späteren Texten sinniert.

Die „Röhre" verweist aber auch auf den imaginär-symbolischen Raum. In einer Backröhre können Dinge miteinander verschmolzen werden, die dabei ihr Aussehen verändern. Ähnlich dem dunklen Spiegel kann hier das Aussehen verschiedenartiger Materialien einander angeglichen werden. Verschmel-

---

33 Ebena, S. 46.
34 Ebd., S. 23.
35 In späteren Texten wiederholt der Ich-Erzähler mehrmals den Wusch, einen Freund zu haben, mit dem er die Wohnung teilen und einen gemeinsamen Hausstand gründen könnte.

zen bedeutet aber auch Zueinanderfinden, wobei die Hitze, die in der Röhre entwickelt wird, auch für das brennende Verlangen des Erzählers stehen kann.

Wie gezeigt werden konnte, ist die Sprache das einzige Medium, das eine Annäherung des Ich-Erzählers an das Objekt seines Begehrens möglich macht. In späteren Texten definiert sich der Ich-Erzähler häufig auch sehr deutlich, vor allem über die Sprache:

> Also. Glaube Rettung Buße Offenbarung; Sünde.
>   Keine SÜNDE. Man muß begreifen, hier schreibt
>   ein Mensch, der im Wort lebt für den
>   der Wert des Lebens im Wort liegt – ...
> Worin liegt die Bedeutung des Lebens eines (eben) solchen
> Menschen? Die Bestimmung seines Lebens sieht er im
> Kunstwerk (im sprachlichen). Und hier bestärkt ihn sogar
> das Johannes-Ev. am Anfang war das Wort.
> Und das Wort war Gott. Und so liegen sein Leben sein
> Reichtum seine Erfolge auch im Wort, und in nichts
> sonst.[36]

Mit dem „Wort" hat denn wohl auch der Autor, der seinem Erzähler in so vielem ähnelt, einen Weg gefunden, sich mit den Anderen der Welt zu vereinen und damit vielleicht auch diejenigen zu erreichen, die Autor und Erzähler ein Leben lang vergebens versucht hatten, für sich zu gewinnen. Dem Sarg Charitonovs folgten schließlich mehrere hundert Trauergäste, darunter auch viele junge Leute.

---

36 „Tränen über einen Ermordeten und Erhängten". In: Charitonow 1996, S. 183.

Zu den Autorinnen und Autoren

BERNDT, UTE, Dr. phil., Dipl.-Psychologin/Systematische Therapeutin an der Klinik und Poliklinik für Gynäkologie der Universität Halle im Bereich Psychoonkologie

Grundschullehrerin bis 1990; Studium an der Universität Leipzig, Abschluss als Diplom-Psychologin; 1995–2003 Berufsförderungswerk für Blinde und Sehbehinderte Halle; 1999–2003 Systematische Kurzzeittherapie, Familientherapie und Beratung Bremen; seit 2003 Psychologin und Psychoonkologin an der Universität Halle; 2008–2009: Fortbildung Psychoonkologie: Schwerpunkt Brustkrebs (Kassel); Promotion über Mnestische und raumkognitive Funktionen bei Mammakarzinompatientinnen unter endokriner Therapie; Seminare für Mediziner und Pflegende zum Thema Psychoonkologie; Kommunikationstraining für Mediziner und Studenten zum Thema „Überbringen schlechter Nachrichten"; Tätigkeit für die Sachsen-Anhaltische Krebsgesellschaft; aktueller Schwerpunkt: Einflussfaktoren auf Posttraumatische Reifung bei Patientinnen mit Mammakarzinom.

CUDAK, ROMUALD, Prof. Dr. habil., Universität Katowice

1986: Promotion über Probleme der Rezeption der Poesie der Gruppe Skamander, 2005: Habilitation über die Poesie von Rafał Wojaczek, zunächst Mitarbeiter am Institut für polnische Literaturwissenschaft/Seminar für Historische Poetik und Interpretationskunst; langjähriger Direktor der Schule für polnische Sprache und Kultur an der Universität Katowice; gegenwärtig Leiter des Lehrstuhls für „Internationale Polenstudien"; Chefredakteur von *Postscriptum Polonistycznego* (Zeitschrift zur Vermittlung der polnischen Sprache und Kultur an Fremdsprachige); Forschungsschwerpunkte: Geschichte der polnischen Poesie; Neueste Poesie im Kontext der Medien; Genealogie; Rezeption und literarische Komparatistik; polnische Glottodidaktik; Monographien: *Czytając Białoszewskiego* (1999); *Inne bajki. W kręgu liryki Rafała Wojaczka* (2004). Redakteur und Herausgeber von: *Polska genologia literacka* (2007); *Polska genologia. Gatunek w literaturze współczesnej* (2009); *Czytaj po polsku* (seria, 2003–2011); *Literatura polska w świecie* (seria, 2007–2012).

JOHANNSMEYER, KARL-DIETER, PD Dr. med., Panketal

1964–1965: Praktisches Jahr in der Kinderpsychiatrie Ballenstedt; bis 1971 Studium der Humanmedizin in Leipzig, Staatsexamen und Approbation als Arzt; 1975: Diplommediziner mit der Studie *Kohabitationsverletzungen an der Universitäts-Frauenklinik Leipzig*; 1971–1976: Facharztausbildung an der Universitäts-Frauenklinik Leipzig, ab 1976 Stationsarzt; 1978–1988: Stationsarzt und wissenschaftlicher Assistent am Zentralinstitut für Krebsforschung der AdW Berlin (Robert-Rössle-Klinik); 1985: Dissertation A: *Screeninganamnese beim invasiven Zervixkarzinom – ein Beitrag zur Effektivitätsbewertung des Berliner Zytologieprogramms*; 1988–1992: Oberarzt an der Klinik und Poliklinik für Onkologie der Charité der Humboldt-Universität Berlin; 1990/91: Dr. sc. med. und Facultas docendi an der Universität Leipzig: *Retrospektive populationsbezogene und multizentrische klinikbezogene Studie zur Optimierung der Diagnostik und Therapie des Zervixkarzinoms Ia*; 1992 Umhabilitierung und Lehrbefugnis für das Fach Gynäkologie und Geburtshilfe, Charité, Medizinische Fakultät der Humboldt-Universität Berlin (Privat-Dozent); 1992–1997: Oberarzt in der Gynäkologischen Abteilung des Krankenhauses Berlin-Weissensee; 1997: Weiterbildung „Spezielle operative Gynäkologie"; ab 1997 Oberarzt und stellvertretender Abteilungsleiter und von 2006–2010 Chefarzt der Gynäkologischen Abteilung der Park-Klinik Berlin-Weissensee.

KLAPP, CHRISTINE, Dr. med., Oberärztin der Klinik für Geburtsmedizin Charité Virchow Klinikum, Universitätsmedizin Berlin

1979: Staatsexamen Humanmedizin, Approbation (Gießen); 1979–1988 Assistenzärztin in Weiterbildung Gynäkologie und Geburtshilfe, berufsbegleitende Weiterbildung „Psychotherapie" akad. Lehrkrankenhaus Wetzlar und Uni-Frauenklinik Gießen, Promotion 1983; seit 1988 Berlin: „Arztstunde zur Sexualerziehung in Schulen" als Mitglied der ÄGGF e. V. (Ärztliche Gesellschaft zur Gesundheitsförderung der Frau e. V.); Gynäkologische Prävention in Schulen und Frauengruppen; seit 1993 wissenschaftliche Angestellte Charité Virchow Klinikum. Gynäkologisch-geburtshilfliche und psychosomatische Sprechstunde (Facharzt psychosomatische Medizin und Psychotherapie); seit 2000 Oberärztin an der Klinik für Geburtsmedizin, Universitätsmedizin Berlin, Charité Virchow Klinikum. Schwerpunkte: Gynäkologie-Geburtshilfe/ Psychosomatik, Trauerbegleitung bei Abort und spätem Schwangerschaftsabbruch, minderjährige Schwangere, Sexualität nach traumatischen Geburten,

STI bei Jugendlichen, Schwangerschaftsdiabetes; „Breaking Bad News"-Seminare etc.; seit 2005 Mitarbeit im Projekt „Mädchen-Sprechstunde" (Allgemeine Gesprächsführung, Migrantinnen, Essstörungen, Gewalt etc.); 2007–2009: Studie zur Postpartalen Depression; 2009 EU gefördertes Projekt Arztstunde/Sexualaufklärung für Frauen aus Drittländern (ÄGGF e. V.); seit 2012 NZFH (Familienministerium) gefördertes Projekt „Babylotse plus Charité" Risiko-Screening und Unterstützung für psychosozial belastete Familien.

KORNELIUS, JOACHIM, Prof. Dr., Universität Heidelberg

Professor für Übersetzungswissenschaft (Englisch) am Institut für Übersetzen und Dolmetschen der Universität Heidelberg, bis 2012 Leiter der Englischen Abteilung. Forschungsschwerpunkte: Theorie und Praxis einer empirischen, prozessorientierten Übersetzungswissenschaft, die übersetzungsbezogene Kollokationsforschung, *TMT Teaching Medical Translation* (www.tmt-heidelberg.com), die Übersetzungsmethode des Kooperativen Übersetzens und des Übersetzens als Form der Rekonstruktion (Übersetzung von Alltagstexten: private Briefsammlungen, Tagebücher; Biographien; Firmenschriften). In den Schwerpunkten entstanden über zwanzig Dissertationen (vgl. *Heidelberger Studien zur Übersetzungswissenschaft.* Eds. J. Kornelius, J. Lebedewa) und über 190 aus MA-Arbeiten hervorgegangene elektronische Buchpublikationen (vgl. www.lighthouse-unlimited.de und www.american-heartland.com). Mitherausgeber von *T21N. Translation in Transition* (www.t21n.com).

KOWOLLIK, EVA, Dr. phil., Halle (S.)

Studium der Slavistik (Südslavistik/Russistik), der Germanistischen Literaturwissenschaft und des Deutschen als Fremdsprache an der Martin-Luther-Universität Halle-Wittenberg; 2012 Promotion im Fach Südslavistik zum Thema *Geschichte und Narration. Fiktionalisierungsstrategien bei Radoslav Petković, David Albahari und Dragan Velikić* (publ. 2013); „Fremde Erinnerungen. Die Polyphonie traumatischer Kriegserfahrungen in Saša Ilićs Berlinsko okno". In: Burlon, L. [u. a.] (Hg.): *Verbrechen – Fiktion – Vermarktung. Gewalt in den zeitgenössischen slavischen Literaturen* (2013). Aktuelle Forschungsschwerpunkte: Aufklärungskonzepte in der serbischen Gegenwartsliteratur; Gewalt und Verbrechen in aktuellen literarischen Texten; Kinder- und Jugendliteratur in Bosnien-Hercegovina, Kroatien und Serbien.

LEBEDEWA, JEKATHERINA, Prof. Dr. habil., Universität Heidelberg

1980–85: Studium der Literatur- und Übersetzungswissenschaft (Russistik/Rumänistik/Anglistik) an der Humboldt-Universität zu Berlin, danach bis 1991 wissenschaftliche Mitarbeiterin am Zentralinstitut für Literaturgeschichte der AdW Berlin; 1990 Promotion zur Geschichte der Russischen Gitarrenlyrik im 19./20.Jahrhundert; 1992: Postdoktorandenstipendiatin (Max-Planck-Gesellschaft); ab 1992 Humboldt-Universität Berlin; 1997 und 2002/03 Archiv für Sexualwissenschaft am Robert-Koch-Institut, später an der Humboldt-Universität Berlin; 1997–2001: Habilstipendium der Volkswagenstiftung; 2002 Habilitation über *Das Slawophilentum als poetisches Phänomen* an der Europauniversität Viadrina Frankfurt/O.; seit 2004 Professor für Übersetzungswissenschaft (Russistik) an der Universität Heidelberg; Forschungsschwerpunkte: Theorie und Praxis der Literarischen Übersetzung; Literatur- und Übersetzungsgeschichte; Russische Kulturtheorie und Kulturgeschichte; Übersetzerin russischer Lyrik, Prosa und Theaterstücke; Monographien: *Komm Gitarre, mach mich frei! Russische Gitarrenlyrik in der Opposition* (1992); *Russische Träume. Die Slawophilen – ein Kulturphänomen* (2008); Mitherausgeberin der Reihe „Ost-West-Express. Kultur und Übersetzung", Frank&Timme Verlag, Berlin.

LEHMANN-CARLI, GABRIELA, Prof. Dr. habil., Universität Halle (S.)

1980–1984: Studium der Slavistik und Geschichte an der Humboldt-Universität zu Berlin; 1984–1991: Wiss. Mitarbeiterin am Zentralinstitut für Literaturgeschichte (AdW) Berlin, 1987 Promotion (*Varnhagen von Enses Puškin-Interpretation*); 1992–1998 Wiss. Mitarbeiterin und ab 1996 DFG-Projektleiterin am Forschungszentrum Europäische Aufklärung in Berlin/Potsdam; 1997 Habilitation (*N.M. Karamzins Aufklärungsrezeption*), Venia Legendi: Slavische Philologie/Kulturgeschichte; 1996–1999 Konzipierung und Leitung des Studienkreises für vergl. Kulturgeschichte Osteuropas in Potsdam; seit 1998/1999 Professor für Slavische Philologie/Literaturwissenschaft an der Martin-Luther-Universität Halle-Wittenberg; (Mit)Autorin und Hg. u. a. von: *Russische Aufklärungsrezeption im Kontext offizieller Bildungskonzepte (1700–1825)* (2001); *Eighteenth-century Russia: society, culture, economy (2007)*; *Göttinger und Moskauer Gelehrte, Publizisten im Spannungsfeld von russischer Historie, Reformimpulsen der Aufklärung und Petersburger Kulturpolitik* (2008); *Anthropologische Konzepte in der russischen Literatur* (2008); *Russland zwi-*

schen Ost und West? Gratwanderungen nationaler Identität (2011). Forschungsschwerpunkte: Empathie und Tabu(bruch); Zensur, semantische Herrschaft und Medientabus; kulturelle Übersetzung und Erinnerung in Russland und Polen.

LEHNERT, HANS, Dr. phil. Sozialpädagoge freiberuflich für verschiedene sozial-psychiatrische Einrichtungen in Berlin tätig, u. a. Berliner Krisendienst und Netzwerk integrierte Gesundheitsversorgung Pinel.

1967–1971: Lehramtsstudium (Russisch/Geographie) an der Humboldt-Universität zu Berlin und an der Universität Voronež/UdSSR; Aspirantur, 1975 Promotion zur Geschichte der russischen Literatur an der Staatlichen Moskauer Universität, danach wissenschaftlicher Mitarbeiter am Zentralinstitut für Literaturgeschichte der AdW, Berlin; Forschungsschwerpunkte: Literaturtheorie und -soziologie, ästhetisches Denken sowie Kulturpolitik in der Sowjetunion (besonders 20er und 30er Jahre des 20. Jahrhunderts), Romantheorie, Geschichte der Institutionen in der Stalin-Ära; 1995–2013 Sozialpädagoge in der ajb gemeinnützige Gesellschaft für Jugendberatung und psychosoziale Rehabilitation.

LUDERER, CHRISTIANE, Dr. rer. medic., Institut für Gesundheits- und Pflegewissenschaft der Medizinischen Fakultät der Universität Halle

Studium der Gesundheits- und Pflegewissenschaften im Schwerpunkt Allgemeine und Klinische Pflege- und Gesundheitswissenschaft an der Universität Halle; Promotion zum Thema Interprofessionelle Dokumentation der Aufklärung im Krankenhaus; Forschung und Lehre am Institut für Gesundheits- und Pflegewissenschaft der Medizinischen Fakultät sowie im standardisierten Patientenprogramm des Dorothea-Erxleben-Lernzentrums Halle in den Schwerpunkten Kommunikation, Didaktik und Interaktionsforschung. Integration von Methoden der dokumentarischen Methode und der videobasierten Interaktionsanalyse; Forschungen zur Feinfühligkeit in Dyaden der Gesundheitsversorgung sowie zur inter- und intradisziplinären Kommunikation und Organisationsethik in Einrichtungen des Gesundheitswesens.

NELL, WERNER, Prof. Dr. Professor für Allgemeine und Vergleichende Literaturwissenschaft an der Universität Halle.

Adjunct Associate Professor an der Queen's University in Kingston (Ontario), Kanada; Vorstand des Instituts für sozialpädagogische Forschung Mainz (ism). Neuere Publikationen: *Der Atlas der fiktiven Orte* (2012); *Das Rheinland als Zwischenwelt* (2012; mit V. Gallé); *We are ugly, but we have the music. Eine ungewöhnliche Spurensuche in Sachen jüdischer Erfahrung und Subkultur* (2012 mit J. Engelmann); „Miłosz, Sperber, Aron – drei Formen der Deutung totalitärer Systeme und ihre Rezeption in der (alten) Bundesrepublik". In: Andreas Lawaty, Marek Zybura (Hg.): *Czesław Miłosz (1911–2004) im Jahrhundert der Extreme*. Osnabrück 2013, S. 241–266; „Selbstbefremdung im Bann des Antisemitismus in Jurek Beckers ‚Der Boxer' und David Albaharis ‚Die Ohrfeige'" (2007). In: Matthias Kaufmann, Georg Pöhlein, Andrea Pomplun (Hg.): *Warum Piero Terracina sein Schweigen brach*. Bamberg 2013, S. 85–98. Für weitere Informationen siehe: http://nell.germanistik.uni-halle.de/.

PREUß, HILMAR, Dr. phil., Projekt *Empathie und Tabu* (Universität Halle)

Studium der Russistik, Arabistik, Islamwissenschaften und Fachübersetzen Russisch an der Universität Halle; dort seit 2006 Wissenschaftlicher Mitarbeiter und Lehrbeauftragter (Literatur- und Kulturwissenschaft/Russistik) am Seminar für Slavistik; Mitautor von: *Göttinger und Moskauer Gelehrte und Publizisten im Spannungsfeld von russischer Historie, Reformimpulsen der Aufklärung und Petersburger Kulturpolitik* (2008); 2012 Promotion, Promotionsschrift veröffentlicht unter dem Titel *Vorläufer der Intelligencija?! Bildungskonzepte und adliges Verhalten in der russischen Literatur und Kultur der Aufklärung* (Berlin 2013); Teilprojekt Narrative der Behinderung im Projekt Empathie und Tabu(bruch) an der Universität Halle; Mitarbeit an der Forschungsdatenbank des IFETÜ.

SCHULT, MAIKE, Dr. phil., wissenschaftliche Angestellte, Universität Kiel

Doppelstudium Ostslavistik (Russistik) und Evangelische Theologie in Hamburg, St. Petersburg, Berlin und Halle(S.); Promotionsstipendien der Universität Hamburg und des Ev. Studienwerks Villigst; 2000–2005 Wissenschaftliche Mitarbeiterin am Institut für Praktische Theologie an der Martin-Luther-Universität Halle-Wittenberg; in Halle auch Promotion zum Dr. phil. für die

Bereiche Slavistik, Literatur- und Kulturwissenschaft mit einer Arbeit über die theologische Dostoevskij-Rezeption im deutschen Sprachraum; 2004–2008 Vorsitzende der Deutschen Dostojewskij-Gesellschaft e. V.; zudem Mitglied und Regional Coordinator Germany der International Dostoevsky Society; 2005–2007 Lehrbeauftragte der Universität Hamburg; seit 2007 Wissenschaftliche Angestellte am Institut für Praktische Theologie an der Christian-Albrechts-Universität zu Kiel mit einem Habilitationsprojekt zur Traumaarbeit in der Seelsorge. Monographie: *Im Banne des Poeten. Die theologische Dostoevskij-Rezeption im deutschsprachigen Raum* (2012); Mitherausgeberin von: *Wortwelten. Theologische Erkundung der Literatur* (2011).

SEIDEL-DREFFKE, BJÖRN, PD Dr. phil., Berlin

1982–1987: Studium der Russistik an der Universität Kazan'; 1987–1991: Wissenschaftlicher Mitarbeiter am Zentralinstitut für Literaturgeschichte (AdW) Berlin; 1991 Promotion zum Dr. phil. an der Universität Rostock zum Thema *Die Haupttendenzen der internationalen Gogol'-Forschung in der 2. Hälfte des 20. Jahrhunderts (deutschsprachiges Gebiet, USA, Großbritannien, Sowjetunion)*; 1992–1997 Wissenschaftlicher Mitarbeiter im „Wissenschaftler-Integrations-Programm" an der Universität Potsdam; 1997–2001: Habilitationsstipendium der Volkswagen-Stiftung; 2002–2004: Weiterbildung im Bereich Dokumentation, Medien und Archiv an der gGFFD und FH Potsdam mit Spezialisierung auf den sowjetischen Dokumentarfilm; 2004 Habilitation im Fach „Slavische Philologie/Literaturwissenschaft und Kulturgeschichte" an der Universität Halle zum Thema *Die russische Literatur Ende des 19. und zu Beginn des 20. Jahrhunderts und die Theosophie der Blavatskajas*; seit 2004 Privatdozent an der Universität Halle sowie Tätigkeit als freiberuflicher Russist, Autor, Dozent, Dolmetscher und Übersetzer; Stipendiat der DEFA-Stiftung und der Sudermann-Stiftung.

TAMBOR, AGNIESZKA, Assistentin am Lehrstuhl für ausländische Polenstudien, Universität Katowice

Kultur- und medienwissenschaftliche Arbeits- und Forschungsschwerpunkte: Film im Fremdsprachenunterricht; das neueste polnische Kino; Stereotypen im Film; Publikation: *Polska półka filmowa. 100 filmów, które każdy cudzoziemiec zobaczyć powinien*; Bearbeitung von Prosatexten von Zofia Nałkowska und Tadeusz Borowski für ausländische Polnischlernende.

TAMBOR, JOLANTA, Prof. Dr. habil., Universität Katowice

1988: Promotion über die Sprache der polnischen wissenschaftlich-phantastischen Prosa; 2006 Habitilation; Studie ist unter dem Titel *Oberschlesien – Sprache und Identität* (2011) erschienen; Mitarbeiterin des Instituts für polnische Sprache an der Universität Katowice, Direktorin der Schule für polnische Sprache und Kultur für Ausländer, 2003/2004 Gastprofessorin an der Universität Toronto, 2009 an der Universität Edmonton; zwischen 2005 und 2013 Organisatorin von postgradualen Qualifikationsstudien der Vermittlung polnischer Sprache und Kultur für Ausländer in Berlin, Leipzig und Köln. Wissenschaftliche Interessen: Soziolinguistik, Dialektologie, Sprachkultur, Pragmatik der Sprache, Ethnolinguistik, Phonetik und Phonologie der polnischen Gegenwartssprache, Vermittlung des Polnischen als Fremdsprache. Wichtige Publikationen: „Zakres śląskiego tabu. O wyrażaniu emocji w gwarze śląskiej". In: *W świecie sacrum. In the world of sacrum* (2005), S.147–156. „Problems of Codification of Silesian". In: *The Journal of Central & East European and Balkan Studies*; Mitherausgeberin von: *Europäische Sprachpolitik und Zertifizierung des Polnischen und Tschechischen* (2008).

WÜBBELER, MARKUS, M. Sc., Deutsches Zentrum für Neurodegenerative Erkrankungen in Greifswald

Ausbildung zum examinierten Altenpfleger; 2006–2009 Studium Pflege- und Gesundheitsmanagement an der Fachhochschule Münster, zugleich Arbeit in der ambulanten Pflege und dem Qualitätsmanagement einer geriatrischen Rehabilitationsklinik; 2009–2011 Masterstudium im Fach Gesundheits- und Pflegewissenschaften an der Martin-Luther-Universität Halle-Wittenberg, zugleich Kontakte zum Lehrstuhl für Allgemeinmedizin und dem Koordinierungszentrum für klinische Studien an der Universität Halle; seit 2012 beschäftigt am Deutschen Zentrum für Neurodegenerative Erkrankungen (Greifswald); an der Ernst-Moritz-Arndt-Universität Promotionsprojekt zum Themenbereich Integrierte Versorgung bei Menschen mit Demenz. Forschungsschwerpunkte: Interdisziplinäre Lösungen im Bereich der Versorgungsforschung; Verknüpfung quantitativer und qualitativer Forschungsmethoden.

OST-WEST-EXPRESS.
KULTUR UND ÜBERSETZUNG

Band 1 Dilek Dizdar: Translation. Um- und Irrwege. 394 Seiten.
ISBN 978-3-86596-113-6. EUR 39,80

Band 2 Sigrid Freunek: Literarische Mündlichkeit und Übersetzung.
Am Beispiel deutscher und russischer Erzähltexte. 334 Seiten.
ISBN 978-3-86596-104-4. EUR 36,00

Band 3 Şebnem Bahadır: Verknüpfungen und Verschiebungen.
Dolmetscherin, Dolmetschforscherin, Dolmetschausbilderin.
328 Seiten. ISBN 978-3-86596-131-0. EUR 39,80

Band 4 Jekaterina Lebedewa: Russische Träume. Die Slawophilen –
ein Kulturphänomen. 340 Seiten.
ISBN 978-3-86596-068-9. EUR 39,80

Band 5 Ina Müller: Die Übersetzung von Abstracts aus translations-
wissenschaftlicher Sicht (Russisch – Deutsch – Englisch). Eine
Untersuchung am Beispiel von Abstracts aus russischen Fach-
zeitschriften zur Schweißtechnik und ihren Übersetzungen ins
Deutsche und Englische. 392 Seiten.
ISBN 978-3-86596-151-8. EUR 39,80

Band 6 Gabriela Lehmann-Carli, Silke Brohm, Hilmar Preuß: Göttinger
und Moskauer Gelehrte und Publizisten im Spannungsfeld
von russischer Historie, Reformimpulsen der Aufklärung und
Petersburger Kulturpolitik. Mit einer Quellentextausgabe von
Teilen der Korrespondenz zwischen den Moskauer Universitäts-
professoren Johann Gottlieb Buhle sowie Christian August
Schlözer und dem Kurator der Moskauer Universität Michail
Nikitič Murav'ev aus den Jahren 1803 bis 1807. 252 Seiten.
ISBN 978-3-86596-166-2. EUR 36,00

T Frank & Timme

Verlag für wissenschaftliche Literatur

OST-WEST-EXPRESS.
KULTUR UND ÜBERSETZUNG

Band 7 Stefan Schneider: An den Grenzen der Sprache. Eine Studie zur „Musikalität" am Beispiel der Lyrik des russischen Dichters Afanasij Fet. 698 Seiten. ISBN 978-3-86596-197-6. EUR 79,00

Band 8 Christine Engel/Birgit Menzel (Hg.): Kultur und/als Übersetzung. Russisch-deutsche Beziehungen im 20. und 21. Jahrhundert. 348 Seiten. ISBN 978-3-86596-300-0. EUR 29,80

Band 9 Gabriela Lehmann-Carli/Yvonne Drosihn/Ulrike Klitsche-Sowitzki: Russland zwischen Ost und West? Gratwanderungen nationaler Identität. 268 Seiten. ISBN 978-3-86596-338-3. EUR 39,80

Band 10 Werner Creutziger: Schöne neue Sprache. Essays. 168 Seiten. ISBN 978-3-86596-346-8. EUR 19,80

Band 11 Agnieszka Brockmann/Jekatherina Lebedewa/Maria Smyshliaeva/Rafał Żytyniec (Hg.): Kulturelle Grenzgänge. Festschrift für Christa Ebert zum 65. Geburtstag. 442 Seiten. ISBN 978-3-86596-323-9. EUR 49,80

Band 12 Birgit Menzel/Irina Alekseeva (Hg.) unter Mitarbeit von Irina Pohlan: Russische Übersetzungswissenschaft an der Schwelle zum 21. Jahrhundert. 248 Seiten. ISBN 978-3-86596-457-1. EUR 29,80

Band 13 Mihan Rouzbehani: Das Œuvre der amerikanischen Künstlerin Gwen Frostic. Der Nachlass, die Linolkunst und die Prosa unter dem Aspekt der Übersetzung. ISBN 978-3-86596-510-3. 430 Seiten. EUR 49,80

Frank & Timme

Verlag für wissenschaftliche Literatur

OST-WEST-EXPRESS.
KULTUR UND ÜBERSETZUNG

Band 14 Gabriela Lehmann-Carli (Hg.) unter Mitarbeit von Hilmar Preuß: Empathie und Tabu(bruch) in Kultur, Literatur und Medizin. 364 Seiten. ISBN 978-3-86596-514-1. EUR 39,80

Band 15 Olga Hertfelder-Polschin: Verbanntes Denken – verbannte Sprache. Übersetzung und Rezeption des philosophischen Werkes von Nikolaj Berdjaev in Deutschland. 238 Seiten. ISBN 978-3-86596-529-5. EUR 29,80

Band 16 Ines Carola Baumgartl (Hg.): *Skythische Scherben* von Elizaveta Jur'evna Kuz'mina-Karavaeva – Ein Gedichtband des Silbernen Zeitalters. Originaltext und Übersetzung, mit einleitendem Essay und literaturgeschichtlicher Einordnung. 140 Seiten. ISBN 978-3-86596-474-8. EUR 28,00

Band 17 Maria Smyshliaeva: Von Čičikov bis Chodorkovskij: Unternehmer im Literatur- und Mediendiskurs Russlands. 300 Seiten. ISBN 978-3-86596-542-4. EUR 34,80

Band 18 Hilmar Preuß: Vorläufer der Intelligencija?! Bildungskonzepte und adliges Verhalten in der russischen Literatur und Kultur der Aufklärung. 432 Seiten. ISBN 987-3-86596-547-9. EUR 49,80

Band 19 Karl-Dieter Johannsmeyer/Gabriela Lehmann-Carli/Hilmar Preuß (Hg.): Empathie im Umgang mit dem Tabu(bruch). Kommunikative und narrative Strategien. 348 Seiten. ISBN 978-3-7329-0066-4. EUR 39,80

Frank & Timme